BERND BECKMANN

Der Wandel staatlicher Aufgabenwahrnehmung und seine rechtliche Bewältigung am Beispiel der vorhabenbezogenen Bebauungsplanung

Schriften zum Öffentlichen Recht

Band 1006

Der Wandel staatlicher Aufgabenwahrnehmung und seine rechtliche Bewältigung am Beispiel der vorhabenbezogenen Bebauungsplanung

Von

Bernd Beckmann

Duncker & Humblot · Berlin

Die Juristische Fakultät
der Humboldt-Universität zu Berlin
hat diese Arbeit im Jahre 2004
als Dissertation angenommen.

Bibliografische Information Der Deutschen Bibliothek

Die Deutsche Bibliothek verzeichnet diese Publikation in
der Deutschen Nationalbibliografie; detaillierte bibliografische
Daten sind im Internet über <http://dnb.ddb.de> abrufbar.

Fremddatenübernahme und Druck:
Berliner Buchdruckerei Union GmbH, Berlin
Printed in Germany

ISSN 0582-0200
ISBN 3-428-11696-8

Gedruckt auf alterungsbeständigem (säurefreiem) Papier
entsprechend ISO 9706 ♾

Internet: http://www.duncker-humblot.de

Vorwort

Die vorliegende Untersuchung ist in den Jahren 2000 – 2003 entstanden und wurde im Wintersemester 2003 / 2004 von der Juristischen Fakultät der Humboldt-Universität zu Berlin als Dissertation angenommen. Die Literaturangaben befinden sich auf diesem Stand. Die Änderungen des BauGB aufgrund des Europarechtsanpassungsgesetzes Bau vom 24. Juni 2004 wurden noch eingearbeitet.

Das Verfassen dieser Arbeit war für mich ein großes Lern- und Bildungserlebnis. Ich erinnere mich aber auch an mühsame Phasen. Gerade deshalb nutze ich gerne dieses Vorwort, um mich für die von vielen Seiten erfahrene Unterstützung zu bedanken:

Mein Doktorvater, Herr Prof. Dr. Dr. h.c. Ulrich Battis, hat das Thema angenommen, mir alle Freiheit bei seiner Fortentwicklung gelassen und die Arbeit in sensationeller Geschwindigkeit gelesen. Eine tolerantere und effizientere Betreuung konnte ich mir nicht wünschen. Herr Ministerialdirektor Prof. Dr. Michael Krautzberger, Bundesministerium für Verkehr, Bau- und Wohnungswesen, hat mehr als zügig das Zweitgutachten erstellt. Die Stiftung der deutschen Wirtschaft hat die Arbeit mit einem Promotionsstipendium gefördert. Die Konrad-Redeker-Stiftung hat einen Druckkostenzuschuss gewährt.

Meine Familie und Freunde waren belastbare Zuhörer bei Fachmonologen und Lamenti und haben mich obendrein mit Rat und Tat unterstützt. Mark Ebbing, Dr. iur. Alexander Jänecke und Prof. em. Dr. phil. Paul Koch haben das Manuskript kritisch durchgesehen und wichtige Ratschläge gegeben. Dr. iur. Hansjörg Schmitt war treuer Berater in Fragen der Textverarbeitung.

Allen Genannten danke ich ganz herzlich.

Ich widme die Arbeit in tiefer Dankbarkeit meiner Mutter und dem Andenken meines Vaters.

Berlin, im Herbst 2004 *Bernd Beckmann*

Inhaltsverzeichnis

Abkürzungsverzeichnis

a. a. O.	am angegebenen Ort
Abs.	Absatz
Alt.	Alternative
AöR	Archiv des öffentlichen Rechts (Zeitschrift)
BauGB	Baugesetzbuch
BauGBMaßnG	Maßnahmengesetz zum Baugesetzbuch
BauNVO	Baunutzungsverordnung
BauR	Baurecht (Zeitschrift)
BauROG	Bau- und Raumordnungsgesetz
BauZVO	Bauplanungs- und Zulassungsverordnung (DDR)
BayVBl.	Bayrische Verwaltungsblätter (Zeitschrift)
Bd. / Bde.	Band / Bände
BGB	Bürgerliches Gesetzbuch
BGBl.	Bundesgesetzblatt
BRS	Baurechtssammlung
BT-Drucks.	Bundestagsdrucksachen
BVerfG	Bundesverfassungsgericht
BVerfGE	Amtliche Sammlung der Entscheidungen des Bundesverfassungsgerichts
BVerwG	Bundesverwaltungsgericht
BVerwGE	Amtliche Sammlung der Entscheidungen des Bundesverwaltungsgerichts
bzw.	beziehungsweise
c.i.c.	culpa in contrahendo
ders.	derselbe
dies.	dieselben
DÖV	Die öffentliche Verwaltung (Zeitschrift)
DV	Die Verwaltung (Zeitschrift)
DVBl.	Deutsches Verwaltungsblatt (Zeitschrift)
EnWG	Energiewirtschaftsgesetz
etc.	et cetera
f. / ff.	folgende / fortfolgende
Fn.	Fußnote

FS	Festschrift
gem.	gemäß
GewArch	Gewerbearchiv
GG	Grundgesetz
HdbStR	Handbuch des Staatsrechts, hrsg. von Josef Isensee / Paul Kirchhof
Hrsg.	Herausgeber
Hs.	Halbsatz
i. S. d.	im Sinne des / im Sinne der
i.V. m.	in Verbindung mit
insbes.	insbesondere
Jura	Juristische Ausbildung (Zeitschrift)
JuS	Juristische Schulung (Zeitschrift)
JZ	Juristenzeitung
Lfg.	Lieferung
LKV	Landes- und Kommunalverwaltung (Zeitschrift)
mwN	mit weiteren Nachweisen
NJW	Neue Juristische Wochenschrift
Nr.	Nummer
NuR	Natur und Recht (Zeitschrift)
NVwZ	Neue Zeitschrift für Verwaltungsrecht (Zeitschrift)
NWVBl.	Nordrhein-Westfälische Verwaltungsblätter (Zeitschrift)
Rn.	Randnummer
S.	Satz / Seite
sog.	sogenannte(r)
StWStP	Staatswissenschaften und Staatspraxis (Zeitschrift)
ThürVBl.	Thüringer Verwaltungsblätter (Zeitschrift)
TKG	Telekommunikationsgesetz
UPR	Umwelt- und Planungsrecht (Zeitschrift)
u.U.	unter Umständen
VA	Verwaltungsakt
vbBPlan	vorhabenbezogener Bebauungsplan
vbBPlanung	vorhabenbezogene Bebauungsplanung
VBlBW	Baden-Württembergische Verwaltungsblätter (Zeitschrift)
VEP	Vorhaben- und Erschließungsplan
VerwArch	Verwaltungsarchiv (Zeitschrift)
VGH	Verwaltungsgerichtshof

vgl.	vergleiche
VVDStRL	Veröffentlichungen der Vereinigung der Deutschen Staatsrechtslehrer
VwVfG	Verwaltungsverfahrensgesetz
VwGO	Verwaltungsgerichtsordnung
z. B.	zum Beispiel
ZfBR	Zeitschrift für deutsches und internationales Baurecht (Zeitschrift)
ZUR	Zeitschrift für Umweltrecht (Zeitschrift)

Einleitung

Der Wandel staatlicher Aufgabenwahrnehmung und seine rechtliche Bewältigung am Beispiel der vorhabenbezogenen Bebauungsplanung – angesichts dieses etwas sperrigen Titels erscheinen einige einleitende Worte unverzichtbar, um Interesse, Ziel und Gang der vorliegenden Untersuchung zu erläutern.

Ausgangspunkt und erstes Erkenntnisziel der Untersuchung

Die vorhabenbezogene Bebauungsplanung gem. § 12 BauGB[1] bildet eine der bemerkenswertesten Neuerungen der letzten Jahre im Bauplanungsrecht; ihr ist dementsprechend intensive Aufmerksamkeit zuteil geworden. Bei der Beschäftigung mit diesem Planungsinstrument fällt auf, dass es immer wieder mit schillernden Attributen belegt wird, die nicht gerade zum traditionellen Vokabular des Planungsrechts und der Bauplanungspraxis gehören: Kooperation bzw. kooperative Verwaltung, Instrumentalisierung gesellschaftlicher Selbstregulierung, Privatisierung und Public-Private-Partnership sind die insoweit am häufigsten genannten Begriffe. Sie stammen aus einem der gegenwärtig interessantesten Diskussionsfelder im öffentlichen Recht, das man als Modernisierungsdebatte bezeichnen kann; präziser aus dem Bereich dieser umfassenden Diskussion, der sich auf den Wandel, die Modernisierung staatlicher Aufgabenwahrnehmung bezieht. Es handelt sich hierbei um eine komplexe und vielschichtige Auseinandersetzung, die nur schwer zu überschauen ist. Sie bezieht sich auf sozialwissenschaftliche Modellvorstellungen zum Verhältnis Staat und Bürger ebenso wie auf deren rechtliche Umsetzung und die daraus folgenden Probleme. Auch in Publikationen zu diesem, bisweilen von großer Theoriehöhe geprägtem Bereich rechtswissenschaftlicher Forschung ist großes Interesse am Planungsinstrument vbBPlan zu erkennen – es wird außerordentlich oft als Referenzbeispiel herangezogen, gerade im Zusammenhang mit den bereits genannten Stichworten Kooperation, Selbstregulierung und Privatisierung.

Angesichts der Tatsache, dass das Planungsinstrument vbBPlan ständig mit verschiedenen Aspekten der Modernisierungsdiskussion in Verbindung gebracht wird, liegt es nahe, es aus eben dieser Perspektive zu untersuchen. Bislang sind aber lediglich einzelne Facetten dieser Themenstellung beleuchtet worden; die zahl-

[1] Angesichts der Unhandlichkeit dieser Bezeichnung wird im Folgenden der Prozess der vorhabenbezogenen Bebauungsplanung auch als vbBPlanung und sein Ergebnis, der vorhabenbezogene Bebauungsplan, als vbBPlan bezeichnet. Vgl. auch *Gaentzsch,* in: Berliner Kommentar, § 12 Rn. 1.

reichen Veröffentlichungen und ausführlichen Kommentierungen zu § 12 BauGB beziehen sich dagegen ganz überwiegend auf die Verortung des Planungsinstruments im System des Bauplanungsrechts und auf praxisnahe Anwendungsfragen. Die vorliegende Arbeit hat sich vorgenommen, eine umfassende Untersuchung der vbBPlanung aus dem spezifischen Blickwinkel der Diskussion um den Aufgabenwahrnehmungswandel vorzunehmen. Dem Charakter der Modernisierungsdebatte entsprechend, werden dabei sozialwissenschaftliche wie rechtliche Aspekte und Perspektiven gleichermaßen berücksichtigt. Untersucht wird zunächst, ob die vbBPlanung tatsächlich als ein Beispiel „moderner" Aufgabenwahrnehmung zu gelten hat. Anzuknüpfen ist dabei zunächst an die bereits genannten Begriffe: Auf welche Weise verkörpert die vbBPlanung so disparat erscheinende Phänomene wie Kooperation, Selbstregulierung und Privatisierung? Entsprechende Analysen erscheinen besonders deshalb angezeigt, weil diese Zusammenhänge in der Literatur in aller Regel eher festgestellt als erläutert werden. Auch stärker rechtlich geprägte Fragestellungen gehören zu den im Hinblick auf die vbBPlanung interessierenden Diskussionsfeldern der Modernisierungsdebatte: Sie gelten etwa der gesetzlichen Umsetzung neuer Aufgabenwahrnehmungsmodelle, den dabei zu beachtenden (verfassungs-)rechtlichen Vorgaben und der Erfassbarkeit neuer staatlicher Handlungsweisen durch die Dogmatik des allgemeinen Verwaltungsrechts. Auch diese Diskussionsebenen werden in der Untersuchung berücksichtigt und auf die vbBPlanung bezogen.

Die Untersuchung wirft damit einen recht theoretischen Blick auf dieses Planungsinstrument, seine Funktionsweise und Normstruktur, auch wenn im Einzelnen durchaus auch konkrete, praktisch verwertbare Ergebnisse erarbeitet werden. Sie versteht sich insofern als Ergänzung zu den zahlreichen stärker an der Rechtspraxis orientierten Publikationen zu § 12 BauGB. Durch die Verortung der vbBPlanung im Kontext der Modernisierungsdebatte und die Herausarbeitung ihrer spezifischen Antworten auf die sich aus diesem Blickwinkel stellenden Fragen soll ein Beitrag zum tieferen Verständnis dieses innovativen Planungsinstruments geleistet werden.

Zweites Erkenntnisziel der Untersuchung

Der gewählte Blickwinkel der Untersuchung bringt eine Schwierigkeit mit sich: Begibt man sich auf das Terrain der Auseinandersetzung um die Modernisierung staatlicher Aufgabenwahrnehmung, so stößt man auf verwirrende Unübersichtlichkeit und begriffliche Unklarheiten, insgesamt oft auf eine bemerkenswerte „Weichheit" und Ungreifbarkeit der Diskussion. Dies dürfte nicht zuletzt durch die starke sozialwissenschaftliche Prägung der Modernisierungsdiskussion bedingt sein, die für den Juristen diverse Schwierigkeiten begründet, vor allem den Umgang mit für ihn ungewohnter sozialwissenschaftlicher Terminologie und der Notwendigkeit, diese in Beziehung zu rechtlichen Denkkategorien zu setzen. Obendrein ist es wohl dem in weiten Teilen noch recht frühen Stadium der Diskussion geschuldet, dass teilweise auch bei gängigen Schlüsselbegriffen der Modernisierungsdiskussion kein allgemein anerkanntes Verständnis von deren exakter Bedeutung und Implikationen besteht. Diese Ausgangslage macht eine Untersuchung der vbBPlanung aus der Perspektive der Modernisierungsdiskussion zu einem aufwendigen Unterfangen. Denn hinsichtlich der meisten Ansatzpunkte für eine dahingehende Analyse dieses Planungsinstruments ist angesichts der genannten Unklarheiten eine eigene Positionsbestimmung nötig, in der der entsprechende Ausgangspunkt, sein spezifischer Denkansatz und Blickwinkel definiert und die insoweit relevanten rechtlichen Aspekte herausgearbeitet werden. Nur nach einer hinreichend präzisen Bestimmung des jeweiligen Blickwinkels kann die vbBPlanung sinnvoll und gewinnbringend untersucht werden.

Die vorliegende Untersuchung macht aus der Not des Vorklärungsbedarfs eine Tugend: Sie nimmt die Herausforderung eigener Positionsbestimmungen an und versteht sich explizit nicht nur als ein Beitrag zur Aufarbeitung der vbBPlanung aus der Perspektive der Modernisierungsdebatte, sondern auch zur Modernisierungsdebatte selbst. Denn im Rahmen jedes eingenommenen Untersuchungsblickwinkels liefert sie – gleichsam en passant – auch einen Beitrag zur abstrakten Diskussion des Aufgabenwahrnehmungswandels. Auch auf dieses Ziel richtet sich das Erkenntnisinteresse der Untersuchung. Je nach Untersuchungsansatzpunkt beziehen sich die Bemühungen dabei auf die Präzisierung von Grundideen der Diskussion, die Bildung von Typologien, die Erarbeitung von Definitionen, auf die Benennung rechtlicher Rahmenbedingungen und auf rechtsdogmatische Fortentwicklungen. Die so gewonnen Erkenntnisse sind allgemein und unabhängig von der Untersuchung der vbBPlanung verwertbar. Die jeweilige Anwendung der abstrakten Erkenntnisse auf die vbBPlanung wirkt dabei wiederum zurück auf den abstrakten Strang des Erkenntnisinteresses: Die abstrakten Ergebnisse werden konkret veranschaulicht und darüber hinaus beispielhafte Umsetzungswege und Problemlösungsansätze aufgezeigt. Insofern hat die vbBPlanung auch eine über ihre Rolle als Untersuchungsobjekt hinausreichende Beispielfunktion.

Der gewählte Titel, der abstrakte Untersuchungsperspektive und konkretes Untersuchungsobjekt gleichermaßen betont, bringt das zweigliedrige Erkenntnisinteresse der Arbeit zum Ausdruck: Am Fall der vbBPlanung entwirft sie ein Panorama der vielschichtigen Diskussion um den Wandel staatlicher Aufgabenwahrnehmung.

Gang der Untersuchung

Die Untersuchung ist in drei Teile gegliedert.

Der erste Teil widmet sich der Darstellung einiger Grundlagen, um den Boden für die darauf folgenden speziellen Diskussionsfelder zu bereiten. Zunächst wird das Untersuchungsobjekt vbBPlanung mit seiner Funktionsweise, den Grundzügen seiner Entwicklung und seiner Regelung in § 12 BauGB erläutert. Weiterhin werden Grundgedanken zur Untersuchungsperspektive, der Diskussion um den Aufgabenwahrnehmungswandel, dargelegt.

Im zweiten Teil der Untersuchung wird die vbBPlanung im Hinblick auf drei zentrale Strategien gewandelter Aufgabenwahrnehmung, nämlich kooperative Verwaltung, Instrumentalisierung gesellschaftlicher Selbstregulierung und Privatisierung, untersucht. Ausgangspunkt bildet dabei jeweils eine Bestimmung des Untersuchungsblickwinkels mitsamt den notwendigen abstrakten Vorklärungen. Anschließend wird die vbBPlanung unter Zugrundelegung der erarbeiteten Erkenntnisse analysiert; es ist zu zeigen, inwieweit und auf welche Weise die Strategien des Aufgabenwahrnehmungswandels hierbei verwirklicht werden.

Im letzten Teil werden schließlich Ausführungen zu Aspekten der juristischen Bewältigung des Aufgabenwahrnehmungswandels erfolgen. Dazu werden verschiedene Ebenen der juristischen Auseinandersetzung mit der Umsetzung gewandelter staatlicher Aufgabenwahrnehmung aufgezeigt und zur Durchdringung der vbBPlanung fruchtbar gemacht.

Erster Teil

Grundlagen der Untersuchung

§ 1 Die vorhabenbezogene Bebauungsplanung – Grundlagen zum Untersuchungsobjekt

I. Übersicht zum Planungsinstrument vbBPlanung[1]

Der vbBPlan regelt wie ein gewöhnlicher Bebauungsplan (vgl. § 30 Abs. 1 BauGB) die planungsrechtliche Zulässigkeit von Bauvorhaben.[2] Die konstruktive Besonderheit der vbBPlanung gem. § 12 BauGB liegt im Zusammenspiel

- eines von einem Vorhabenträger bzw. Investor[3] erstellten Planungskonzepts in Form eines *Vorhaben- und Erschließungsplans,*
- dem Abschluss eines *Durchführungsvertrags* zwischen Investor und Gemeinde, in dem sich der Investor zur Durchführung der im Vorhaben- und Erschließungsplan geplanten Bebauung verpflichtet, und
- der anschließenden Umsetzung des Vorhaben- und Erschließungsplanes durch die Gemeindeorgane als *vorhabenbezogener Bebauungsplan.*

Die Kombination von tatsächlicher Planerstellung, Vertrag und hoheitlichem Rechtssetzungsakt in einer „Paketlösung"[4] verleiht der vbBPlanung ihre rechtliche Komplexität und Eigenart. Das nötige Zusammenspiel der drei Elemente führt zu einem Planungsverlauf, der grundsätzlich die folgende Grobstruktur aufweist:[5] Ein Investor möchte an einem bestimmten Ort ein konkretes Projekt, ein Vorhaben verwirklichen[6] und findet dafür keine geeigneten planungsrechtlichen Voraussetzungen vor. Er ergreift daraufhin die Initiative und regt bei der Gemeinde die Durchführung einer vorhabenbezogenen Bebauungsplanung für den entsprechenden Ort

---

1 Eine eingängige Kurzdarstellung findet sich bei *Brohm,* Öffentliches Baurecht, § 7 Rn. 23.

2 *Birk,* Planungsrecht, Rn. 561; *Quaas,* in: Schrödter, § 12 Rn. 7.

3 Im Folgenden wird für den Vorhabenträger synonym auch der plastischere Ausdruck Investor verwendet.

4 *Neuhausen,* in: Brügelmann, § 12 Rn. 3.

5 Eine Kurzübersicht über den Ablauf der vbBPlanung findet sich bei *Krautzberger,* in: Ernst / Zinkahn / Bielenberg / Krautzberger, § 12 Rn. 140.

6 *Brohm,* Öffentliches Baurecht, § 7 Rn. 23.

an.[7] Zeigt sich die Gemeinde interessiert, wird der Investor als Vorhabenträger sodann „in Abstimmung mit der Gemeinde" ein Konzept einer Vorhabenplanung entwerfen, den Vorhaben- und Erschließungsplan (VEP). Besteht Einigkeit über den VEP, so wird dieser in einem zweiten Schritt Teil des Durchführungsvertrags, in dem sich der Investor gegenüber der Gemeinde zur Realisierung des geplanten Projektes innerhalb eines bestimmten Zeitrahmens verpflichtet. Die Verpflichtung erstreckt sich auch auf die Übernahme der Erschließung sowie zumindest eines Teiles der Planungs- und Erschließungskosten, § 12 Abs. 1 S. 1 BauGB. Da die finale Fassung des VEP Teil des Vertrages wird, wird dieser in der Praxis kurz vor der rechtsförmlichen Umsetzung des VEP geschlossen.[8] Der Vertrag muss aber zum Zeitpunkt des Satzungsbeschlusses vorliegen.[9] Auf der Grundlage dieser Verpflichtung erlässt sodann die Gemeinde den vorhabenbezogenen Bebauungsplan.[10] Dieser kann identisch mit dem VEP sein, der VEP ist aber zumindest sein Bestandteil, vgl. § 12 Abs. 3 S. 1 BauGB. Mit Erlass des „maßgeschneiderten" vbBPlanes ist die planungsrechtliche Zulässigkeit des Vorhabens gesichert.[11]

II. Zur Genese der gesetzlichen Regelung der vbBPlanung

Die gesetzliche Regelung der vbBPlanung entwickelte sich erst über verschiedene Vor- und Zwischenstufen zur heutigen Regelung in § 12 BauGB.[12] Die erste geregelte Vorstufe der vbBPlanung ist ein Kind des DDR-Rechts der Wendezeit. Die DDR-Regierung hatte sich im Ersten Staatsvertrag über die Schaffung einer Wirtschafts-, Währungs- und Sozialunion vom 18. Mai 1990 zur Schaffung eines dem BauGB entsprechenden Planungsrechts verpflichtet.[13] Dass hierzu Bedarf bestand, verwundert nicht: Das Städtebaurecht spiegelt in sich die Grundlagen einer Staats- und Gesellschaftsordnung[14] – vor allem deren Verhältnis zum Grundeigentum. Dementsprechend musste in der DDR wegen des durch die Währungsunion

---

7 Dies muss aber nicht zwangsläufig so sein – auch ein erster Schritt der Gemeinde ist denkbar, in dem diese an potentielle Investoren herantritt.

8 *Schliepkorte,* Der Vorhaben- und Erschließungsplan, S. 47.

9 *Birk,* Bauplanungsrecht, Rn. 557; *Schliepkorte,* Der Vorhaben- und Erschließungsplan, S. 47; *Krautzberger,* in: Ernst / Zinkahn / Bielenberg / Krautzberger, § 12 Rn. 98.

10 *Finkelnburg / Ortloff,* Öffentliches Baurecht Bd. I, § 12 I.

11 Ein Bauantragsverfahren ist aber dennoch erforderlich, da dem vbBPlan – anders als z. B. der Planfeststellung – keine Genehmigungswirkung innewohnt. Vgl. *Finkelnburg / Ortloff,* Öffentliches Baurecht Bd. I, § 12 I; *Erbguth / Wagner,* Bauplanungsrecht, Rn. 303; auch *Birk,* Bauplanungrecht, Rn. 561; *Turiaux,* NJW 1999, S. 391 (392).

12 Knappe Übersicht hierzu bei *Glombik,* LKV 1999, S. 392.

13 *Battis,* Öffentliches Baurecht, S. 9; *Schliepkorte,* Der Vorhaben- und Erschließungsplan, S. 1.

14 *Krautzberger,* in: Ernst / Zinkahn / Bielenberg, Einleitung Rn. 166; vgl. auch *Battis,* Öffentliches Baurecht, S. 8 f.

manifestierten totalen Umbruchs des gesellschaftlichen und wirtschaftlichen Systems ein völlig neues Städtebaurecht geschaffen werden.[15] Die DDR-Regierung orientierte sich hierbei stark am bundesdeutschen Recht, es erfolgte aber keine direkte Übernahme des BauGB: Die am 20. 6. 1990 erlassene Bauplanungs- und Zulassungsverordnung (BauZVO) wurde von Vertretern des DDR- und des bundesdeutschen Bauministeriums erarbeitet[16] und umfasste in kompakter Form Regelungen der wichtigsten Komplexe des BauGB mit diversen Modifikationen.[17] Grund für diese Modifikationen war nicht zuletzt die Notwendigkeit zur Ermöglichung der raschen Schaffung von Baurecht. Eine schnelle Aufstellung von städtebaulichen Planungen war nötig, da es in der DDR im Wesentlichen keine rechtsverbindlichen städtebaulichen Planungen gab.[18] Diese waren aber als Grundlage für die Verwirklichung von infrastrukturell und wirtschaftlich bedeutenden Investitionen unverzichtbar.[19] Der erforderlichen schnellen, effizienten Planung standen vor allem zwei Faktoren im Wege: Zum einen fehlte es an Planungskapazitäten. Die kommunale Bauleitplanung als Ausdruck kommunaler Selbstverwaltung, ein zentraler Gedanke des bundesdeutschen Städtebaurechts, war für die DDR und ihre Gemeinden neu.[20] Angesichts der schwachen Finanz- und Verwaltungskraft der Kommunen in der DDR war abzusehen, dass die notwendige Schaffung von Baurecht auf der Grundlage des erprobten BauGB-Instrumentariums nicht schnell und effektiv machbar war.[21] Obendrein war das dem BauGB zugrundeliegende Leitbild der Angebotsplanung[22] ohnehin aufgrund seiner Trägheit nicht ideal, zügig die Voraussetzungen für konkrete Investitionsvorhaben zu schaffen. Die Abweichungen der BauZVO trugen dieser besonderen Situation Rechnung.[23] Unter anderem wurde eine Planungsform geschaffen, die sowohl zeitsparend als auch kostengünstig war: Der sogenannte Vorhaben- und Erschließungsplan, der als § 55 Eingang in die BauZVO vom 20. 6. 1990 fand.

---

15 Eine Kurzübersicht über den Charakter des DDR-Städtebaurechts liefert *Battis,* Öffentliches Baurecht, S. 8 f.

16 *Krautzberger,* in: Ernst / Zinkahn / Bielenberg / Krautzberger, Einleitung Rn. 167; *Schliepkorte,* Der Vorhaben- und Erschließungsplan, S. 1; *Söfker,* in: FS Schlichter, S. 389 (390).

17 *Battis,* Öffentliches Baurecht, S. 9; *Schliepkorte,* Der Vorhaben- und Erschließungsplan, S. 1.

18 *Krautzberger,* in: Battis / Krautzberger / Löhr, § 12 Rn. 1; *Erbguth / Wagner,* Bauplanungsrecht, Rn. 282.

19 Vgl. *Battis,* Öffentliches Baurecht, S. 85, *Faber,* in: FS Hoppe, S. 425 (430); *Menke,* NVwZ 1998, S. 577; auch *Gaentzsch,* in: Berliner Kommentar, § 12 BauGB Rn. 1; *Hamberger,* Vorhaben- und Erschließungsplan, S. 2 ff.

20 *Battis,* Öffentliches Baurecht, S. 8.

21 *Schliepkorte,* Der Vorhaben- und Erschließungsplan, S. 2; vgl. auch *Menke,* NVwZ 1998, S. 577.

22 Vgl. hierzu § 5 III 3 c) bb).

23 *Krautzberger,* in: Ernst / Zinkahn / Bielenberg / Krautzberger, Einleitung Rn. 168; vgl. auch *Söfker,* in: FS Schlichter, S. 389 (391); *Turiaux,* NJW 1999, S. 391 (392).

Diese Regelung sah bereits die für die vbBPlanung typische starke Einbindung von Investoren in den Planungsprozess vor und wies auch die Elemente Planentwurf, Vertrag und Satzung auf. Die Schaffung der planungsrechtlichen Voraussetzungen für Investitionsvorhaben sollte auf diese Weise zielgerichtet, schnell und unter geringer Kostenbelastung für die Kommunen erreichbar sein.[24] Der VEP war dabei in Form einer speziellen gemeindlichen Satzung umzusetzen und auf bestimmte Vorhaben beschränkt, die als besonders eilbedürftig angesehen wurden: Wohnraumbau, arbeitsplatzsichernde oder -schaffende Vorhaben und Infrastrukturmaßnahmen. Die Geltungsdauer der BauZVO der DDR war kurz: Bereits mit dem Einigungsvertrag vom 31. 8. 1990 wurde sie aufgehoben (vgl. Art. 9 des Einigungsvertrages) und zeitgleich das BauGB für das gesamte Bundesgebiet in Kraft gesetzt. Allerdings wurde in das BauGB ein neuer § 246a eingefügt, der eine Weitergeltung verschiedener Normen der BauZVO, u. a. auch des § 55 BauZVO festlegte. Grund für die Weitergeltung war das unverändert bestehende Interesse an einer raschen Verwirklichung infrastrukturell bedeutender Investitionen.[25] Die inhaltlichen Modifikationen waren minimal.

Eine deutliche Weiterentwicklung erfuhr die Regelung über den Vorhaben- und Erschließungsplan durch das Investitionserleichterungs- und Wohnbaulandgesetz vom 22. 4. 1993. Dieses fügte dessen Regelung als § 7 in das am 1. 6. 1990 in Kraft getretene Maßnahmegesetz zum Baugesetzbuch (BauGB-MaßnG) ein. Eine der wichtigsten Veränderungen durch dieses Gesetz war nicht rechtstechnischer Art, sondern lag in der Ausweitung des räumlichen Geltungsbereiches der Regelung auf das gesamte Bundesgebiet.[26] Auch in inhaltlicher Hinsicht erfuhr die Regelung einige Veränderungen. Zunächst wurde die zuvor durch zahlreiche Verweise von § 246a BauGB auf § 55 BauZVO schwer lesbare Regelung nun in einer Norm (§ 7 BauGB-MaßnG) zusammengeführt.[27] Dabei flossen sowohl praktische Anwendungserfahrungen als auch erste Ergebnisse der wissenschaftlichen Auseinandersetzung mit diesem neuartigen Planungsinstrument ein.[28] In inhaltlicher Hinsicht ist besonders der Wegfall der inhaltlichen Beschränkung auf bestimmte Vorhaben bemerkenswert.

---

24 *Söfker,* in: Krautzberger / Söfker, Rn. 216.

25 Vgl. die entsprechenden Erläuterungen in BT-Drucks. 11 / 7817 S. 170.

26 Einzige Ausnahme war hierbei die spezielle Regelung des § 7 Abs. 8 BauGB-MaßnahmenG, der eine Verknüpfung mit § 18 des Investitionsvorranggesetzes herstellte und mithin nur für die neuen Länder galt; *Krautzberger,* in: Ernst / Zinkahn / Bielenberg / Krautzberger, § 12 Rn. 9. Die §§ 17, 18 Investitionsvorranggesetz bezogen sich auf § 55 BauZVO der DDR und begründeten im Fall des VEP einen Investitionsvorrang, vgl. *Krautzberger,* in: Battis / Krautzberger / Löhr, 5.A., § 7 BauGB-MaßnG Rn. 45.

27 *Neuhausen,* in: Brügelmann, § 12 Rn. 2.

28 *Krautzberger,* in: Ernst / Zinkahn / Bielenberg / Krautzberger, § 12 Rn. 9. In wissenschaftlicher Hinsicht ist vor allem die Monographie von *Pietzcker,* Der Vorhaben- und Erschließungsplan, zu nennen.

Ihre im Wesentlichen bis heute gültige Form fand die Regelung durch das Bau- und Raumordnungsgesetz 1998 (BauROG) vom 18. 8. 1997.[29] Das BauROG diente der Novellierung des BauGB mit dem Ziel der Vereinfachung des unübersichtlich gewordenen Städtebaurechts.[30] Den Hintergrund für die Neuregelung bildete zumindest auch die sogenannte Standortdebatte: Ein übersichtliches und schlüssiges Bauplanungsrecht wurde als wichtiger Standortfaktor gesehen.[31] Die Regelungen des BauGB-MaßnG, welches am 31. 12. 1997 auslief, wurden nur teilweise erhalten und in das novellierte BauGB integriert.[32] Die Vorhaben- und Erschließungsplanung war einer dieser Fälle: Ihre Regelung in § 7 BauGB-MaßnG wurde als § 12 in das BauGB übernommen. Die Übernahme war von der die Novellierung vorbereitenden unabhängigen Expertenkommission vorgeschlagen worden.[33] Grund hierfür waren die überwiegend positiven Erfahrungen mit der Regelung: Sie hatte sich zur zügigen Schaffung von Bauland bewährt.[34] In rechtstechnischer Hinsicht brachte die Neufassung entscheidende Veränderungen. Die grundsätzlichste Neuerung stellt der Übergang von der Fassung des Vorhaben- und Erschließungsplans als spezielle Satzung zu einem Spezialfall des Bebauungsplans dar. Diese Neuregelung wurde zum Zweck der Vereinheitlichung – und damit Vereinfachung – vorgenommen.[35] Durch die Einordnung als Bebauungsplan wurden die zahlreichen Verweise in § 7 BauGB-MaßnG auf Normen des BauGB überflüssig. Dies führte zu einer deutlichen Verschlankung der Norm.[36] Nach dieser Neuregelung hätte § 12 BauGB der Sache nach mit „Vorhabenbezogener Bebauungsplan" überschrieben werden müssen, um seine Qualität als besonderer Bebauungsplan zum Ausdruck zu bringen. Denn der Begriff Vorhaben- und Erschließungsplan bezeichnet im Grunde nur einen Teil des Planungsinstruments: Die vom Investor vorbereitete Planung, die später durch die zuständigen Gemeindeorgane als vorhabenbezogener Bebauungsplan verabschiedet wird.[37] Die Novellierungskommission hat dann auch „Vorhabenbezogener Bebauungsplan" als Normbezeichnung vorgeschlagen.[38] Der Gesetzgeber hat sich dennoch für den irre-

---

[29] Geringfügige Modifikation erfolgten durch die Einfügung von § 12 Abs. 1 S. 2, 3 BauGB durch das BauGB 2001.

[30] *Dolde,* NVwZ 1996, S. 209.

[31] BT-Drucks. 13/6392 S. 31.

[32] *Dolde,* NVwZ 1996, S. 209 (212).

[33] Vgl. Bundesministerium für Raumordnung, Bauwesen und Städtebau (Hrsg.), Bericht der Expertenkommission, Rn. 153 ff.

[34] Bundesministerium für Raumordnung, Bauwesen und Städtebau (Hrsg.), Bericht der Expertenkommission, Rn. 169; *Dolde,* NVwZ 1996, S. 209 (212); vgl. auch *Reidt,* BauR 1998, S. 909.

[35] BT-Drucks. 13/6392 S. 51.

[36] *Erbguth,* VerwArch 87 (1998), S. 189 (204); vgl. auch *Krautzberger,* in: Ernst/Zinkahn/Bielenberg/Krautzberger, § 12 Rn. 22.

[37] Nach alter Rechtslage als Satzung über den Vorhaben- und Erschließungsplan; insofern war die Paragraphenüberschrift schon immer irreführend.

führenden, aber in der Praxis eingeführten Begriff entschieden, weil er damit gesetzgeberische Kontinuität wahren wollte.[39]

III. § 12 BauGB: Wesentliche Regelungsinhalte

Die wesentlichen Vorgaben für die vbBPlanung befinden sich in § 12 Abs. 1 S. 1 BauGB. Bereits an dieser Stelle werden die drei Elemente bestimmt und ihr Verhältnis zueinander geregelt.[40] § 12 Abs. 1 S. 2, 3 BauGB regeln Anforderungen an die Begründung des Planes.[41] § 12 Abs. 1 S. 4 BauGB stellt klar, dass die Absätze 2 bis 6 die allgemeinen Regeln über die Bauleitplanung, die grundsätzlich auch auf den vbBPlan anwendbar sind, ergänzen und modifizieren.[42]

Bemerkenswert ist die Regelung des § 12 Abs. 2 BauGB. Dieser Absatz regelt einen Anspruch des Investors gegen die Gemeinde, auf seinen Antrag hin „über die Einleitung des Bebauungsplanverfahrens nach pflichtgemäßem Ermessen zu entscheiden". Man spricht hier von einem Initiativrecht des Investors.[43] Klarzustellen ist, dass damit kein Anspruch auf Durchführung des Verfahrens oder gar Planaufstellung verbunden ist – dies verbietet schon § 1 Abs. 3 S. 2 BauGB, der voll anwendbar ist und durch § 12 BauGB nicht modifiziert wird.[44] § 12 Abs. 2 BauGB beschränkt sich auf einen Anspruch auf Ermessensentscheidung bezüglich der Einleitung des Planungsverfahrens.[45] Dies sorgt immerhin für einen gewissen Schutz der Interessen des Investors[46]; er kann sich mithilfe seines Anspruches gegen eine etwaige Untätigkeit der Gemeinde schützen[47], nachdem er u.U. bereits erhebliche Vorleistungen in Form einer Projektplanung erbracht hat. Per Antrag kann er eine Entscheidung der Gemeinde darüber herbeiführen, ob sie ein Planaufstellungsverfahren einleiten wird oder nicht.[48]

---

38 Bundesministerium für Raumordnung, Bauwesen und Städtebau (Hrsg.), Bericht der Expertenkommission, Rn. 158. Denselben Vorschlag hat auch die SPD-Fraktion im Gesetzgebungsverfahren gemacht, siehe BT-Drucks. 13/7589 S. 17.

39 BT-Drucks. 13/7589 S. 17.

40 *Krautzberger,* in: Battis/Krautzberger/Löhr, § 12 Rn. 5.

41 *Krautzberger,* in: Battis/Krautzberger/Löhr, § 12 Rn. 9a.

42 *Krautzberger,* in: Ernst/Zinkahn/Bielenberg/Krautzberger, § 12 Rn. 20; *Reidt,* BauR 1998, S. 909.

43 *Schliepkorte,* Der Vorhaben- und Erschließungsplan, S. 14; *Erbguth/Wagner,* Bauplanungsrecht, Rn. 280.

44 Siehe nur *Quaas,* in: Schrödter, § 12 Rn. 42, noch zur Vorgängerregelung § 2 Abs. 3 BauGB.

45 Siehe zum Ganzen auch *Krautzberger,* in: Ernst/Zinkahn/Bielenberg/Krautzberger, § 12 Rn. 109.

46 *Schliepkorte,* Der Vorhaben- und Erschließungsplan, S. 14.

47 *Krautzberger,* in: Ernst/Zinkahn/Bielenberg/Krautzberger, § 12 Rn. 104.

48 *Söfker,* in: Krautzberger/Söfker, Rn. 226.

§ 12 Abs. 3 S. 1 BauGB legt fest, dass der VEP zum notwendigen Bestandteil des vbBPlan wird.[49] Identität muss hingegen nicht bestehen: § 12 Abs. 4 BauGB ermöglicht die Einbeziehung „einzelner“ Flächen außerhalb des VEP.[50] § 12 Abs. 3 S. 2, 3 BauGB befreit die Gemeinde von den Bindungen an die Festsetzungen des § 9 BauGB hinsichtlich der möglichen Festsetzungen im Bereich des VEP; gleiches gilt für die aufgrund von § 2 Abs. 5 BauGB erlassenen Verordnungen, also die BauNVO und die PlanZVO. Dies verschafft der Gemeinde größere Flexibilität sowohl in der Darstellung als auch hinsichtlich der möglichen Planungsinhalte. Darüber hinaus wird in § 12 Abs. 3 S. 2, 3 BauGB die Nichtanwendbarkeit anderer Regelungskomplexe des BauGB bestimmt, die für den vbBPlan als unpassend oder überflüssig angesehen wurden.[51]

§ 12 Abs. 5, 6 BauGB regeln „Störungen“ bei der Durchführung des Planverfahrens.[52] § 12 Abs. 5 BauGB knüpft den Wechsel des Vorhabenträgers an die Zustimmung der Gemeinde. Diese Regelung verhindert einen Trägerwechsel ohne gemeindliches Einverständnis und sichert damit deren städtebaurechtliche Position.[53] Zugleich wird aber auch die wirtschaftliche Freiheit des Investors unterstützt, indem die Verweigerung der gemeindlichen Zustimmung an klare Voraussetzungen, vgl. § 12 Abs. 5 S. 2 BauGB, geknüpft wird.[54] § 12 Abs. 6 BauGB ermächtigt die Gemeinde zur Aufhebung des vbBPlan für den Fall, dass das Vorhaben nicht innerhalb der sich aus § 12 Abs. 1 S. 1 BauGB ergebenden Frist durchführt wird. Damit besteht für die Gemeinde neben ihren Ansprüchen aus dem Durchführungsvertrag ein weiteres Mittel, auf eine „Verschleppung“ der Vorhabenverwirklichung zu reagieren: Anstatt auf Verwirklichung des Vorhabens – darauf richten sich die Ansprüche aus dem Durchführungsvertrag – zu drängen, kann auch mit der Sanktion der Aufhebung der planungsrechtlichen Grundlage reagiert werden.[55]

---

49 *Krautzberger*, in: Ernst / Zinkahn / Bielenberg / Krautzberger, § 12 Rn. 118.

50 Vgl. *Quaas*, in: Schrödter, § 12 Rn. 44.

51 So z. B. die Plansicherung (§§ 14 – 28 BauGB), das Planentschädigungsrecht (§§ 39 – 45 BauGB) und das Umlegungsrecht (§§ 45 – 79 BauGB), das Erschließungsrecht und die Maßnahmen zum Naturschutz (§§ 127 – 135c) BauGB). Siehe hierzu insgesamt *Krautzberger*, in: Battis / Krautzberger / Löhr, § 12 Rn. 28 ff.

52 *Krautzberger*, in: Ernst / Zinkahn / Bielenberg / Krautzberger, § 12 Rn. 149; *Schliepkorte*, Der Vorhaben- und Erschließungsplan, S. 56 f.

53 *Krautzberger*, in: Ernst / Zinkahn / Bielenberg / Krautzberger, § 12 Rn. 151.

54 *Krautzberger*, in: Ernst / Zinkahn / Bielenberg / Krautzberger, § 12 Rn. 152 f.

55 *Krautzberger*, in: Ernst / Zinkahn / Bielenberg / Krautzberger, § 12 Rn. 155.

IV. Die drei Elemente der vbBPlanung und ihre Interdependenz

Die vbBPlanung beruht also auf drei Elementen, die stark aufeinander bezogen sind: Sie sind „hintereinandergeschaltet, aufeinander abgestimmt und deshalb rechtlich voneinander abhängig“.[56] Inhalt und Zusammenhang der Elemente werden im Folgenden genauer bestimmt.

1. Der Vorhaben- und Erschließungsplan[57]

a) Allgemeines, Vorhaben, Vorhabenträger

Der Vorhaben- und Erschließungsplan ist in § 12 Abs. 1 S. 1 BauGB legaldefiniert[58]: Er ist ein mit der Gemeinde abgestimmter Plan zu Durchführung von Vorhaben und Erschließungsmaßnahmen. Der VEP wird als „Dreh- und Angelpunkt“, „Maß aller Dinge“ und „Kernstück“ der Planaufstellung nach § 12 BauGB bezeichnet.[59] In der Tat erlangt in ihm die Projektplanung ihre Gestalt, während Durchführungsvertrag und vbBPlan in erster Linie der Umsetzung dieser Planung dienen. Der VEP wird vom Vorhabenträger aufgestellt; dieser erarbeitet den Plan in eigener Verantwortung. In aller Regel beauftragt er für diese Aufgabe ein Architektur- oder Planungsbüro.[60] § 12 Abs. 1 S. 1 BauGB definiert den Vorhabenträger nicht näher.[61] Er muss Träger von Rechten und Pflichten sein können[62]; es kommen insofern natürliche und juristische Personen, in der Regel private Investoren[63], in

---

56 *Birk,* Bauplanungsrecht, Rn. 547.

57 Zum VEP umfassend *Krautzberger,* in: Ernst / Zinkahn / Bielenberg / Krautzberger, § 12 Rn. 45 ff.; *Quaas,* in: Schrödter, § 12 Rn. 14 ff.; *Neuhausen,* in: Brügelmann, § 12 Rn. 20 ff.; *Jäde,* in: Jäde / Dirnberger / Weiss, § 12 Rn. 21 f.; *Erbguth / Wagner,* Bauplanungsrecht, Rn. 286 f.

58 *Quaas,* in: Schrödter, § 12 Rn. 14; *Krautzberger,* in: Ernst / Zinkahn / Bielenberg / Krautzberger, § 12 Rn. 45.

59 *Quaas,* in: Schrödter § 12 Rn. 6 und 21; *Finkelnburg / Ortloff,* Öffentliches Baurecht Bd. I, § 12 II; *Wirth,* BauR 1999, S. 131.

60 *Erbguth / Wagner,* Bauplanungsrecht, Rn. 286; *Quaas,* in: Schrödter, § 12 Rn. 14.

61 Vgl. *Krautzberger,* in: Ernst / Zinkahn / Bielenberg / Krautzberger, § 12 Rn. 57.

62 *Krautzberger,* in: Ernst / Zinkahn / Bielenberg / Krautzberger, § 12 Rn. 57; für die Vorregelung schon *Müller,* BauR 1996, S. 491 (494).

63 Die Gemeinde selbst kann nicht Vorhabenträger sein. Möglich ist dagegen, dass eine von der Gemeinde kontrollierte juristisch selbständige Gesellschaft des Privatrechts (etwa eine Wohnungsbaugesellschaft, Stadtwerke GmbH etc.) als Vorhabenträger auftritt und die entsprechenden Verpflichtungen der Gemeinde gegenüber übernimmt. Siehe zum Ganzen *Krautzberger,* in: Battis / Krautzberger / Löhr, § 12 Rn. 12; *ders.,* in: Ernst / Zinkahn / Bielenberg / Krautzberger, § 12 Rn. 13; *Quaas,* in: Schrödter, § 12 Rn. 13; *Neuhausen,* in: Brügelmann, § 12 Rn. 35; *Schliepkorte,* Der Vorhaben- und Erschließungsplan, S. 9 f.; vgl. auch *Bielenberg,* ZfBR 1996, S. 6 (7).

Betracht.[64] Das Gesetz stellt einige Anforderungen an den Vorhabenträger.[65] Er muss „zur Durchführung des Vorhabens und der Erschließungsanlagen bereit und in der Lage" sein. Damit ist unter anderem gemeint, dass der Vorhabenträger finanziell zur Durchführung des Vorhabens fähig sein muss.[66] In rechtlicher Hinsicht ist vor allem die zivilrechtliche Durchführbarkeit des Projektes entscheidend.[67]

Der VEP beschreibt ein Vorhaben. Was hiermit gemeint ist, ist nicht ganz unumstritten. Nach überwiegender und zutreffender Meinung ist der Vorhabenbegriff des § 12 identisch mit demjenigen des § 29 BauGB.[68] Die der Vorgängerregelung geltenden Zweifel hinsichtlich dieser Übereinstimmung dürften durch die Neuregelung erledigt sein.[69] Die rechtliche Reichweite des Vorhabenbegriffs ergibt sich nunmehr eindeutig aus § 12 Abs. 1 S. 1 und § 30 Abs. 2 BauGB.[70] Allgemein wird es für unproblematisch gehalten, in einem VEP mehrere Einzelvorhaben (z. B. einzelne Gebäude, Infrastruktureinrichtungen) zusammenzufassen.[71] Wichtig ist, dass das Projekt im räumlichen und zeitlichen Zusammenhang durchgeführt wird.[72] Neben dem Vorhaben umfasst der VEP auch die entsprechenden Erschließungen.[73]

b) VEP als Plan: Anforderungen und Inhalt

Hinsichtlich der inhaltlichen Beschaffenheit des VEP ergeben sich verschiedene Anforderungen aus der Tatsache, dass er wesentlicher, unter Umständen sogar

---

64 *Krautzberger,* in: Ernst / Zinkahn / Bielenberg / Krautzberger, § 12 Rn. 57; *Jäde,* in: Jäde / Dirnberger / Weiss, § 12 Rn. 13; *Neuhausen,* in: Brügelmann, § 12 Rn. 35.

65 *Gronemeyer,* in: Gronemeyer, § 12 Rn. 12.

66 *Krautzberger,* in: Ernst / Zinkahn / Bielenberg / Krautzberger, § 12 Rn. 46; *ders.,* in: Battis / Krautzberger / Löhr, § 12 Rn. 10; *Jäde,* in: Jäde / Dirnberger / Weiss, § 12 Rn. 17.

67 *Schliepkorte,* Der Vorhaben- und Erschließungsplan, S. 11. Grundsätzlich soll der Vorhabenträger Eigentümer der von der Planung umfassten Flächen sein; es reicht aber auch die rechtliche, u. U. sogar nur schuldrechtliche Verfügungsmöglichkeit über das Grundstück; *Krautzberger,* in: Ernst / Zinkahn / Bielenberg / Krautzberger, § 12 Rn. 63; *ders.,* in: Battis / Krautzberger / Löhr, § 12 Rn. 11; *Gronemeyer,* in: Gronemeyer, § 12 Rn. 19; *Birk,* Bauplanungsrecht, Rn. 553; *Wirth,* BauR 1999, S. 130 (132).

68 *Krautzberger,* in: Ernst / Zinkahn / Bielenberg / Krautzberger, § 12 Rn. 48; *Quaas,* in: Schrödter, § 12 Rn. 18; *Söfker,* in: Krautzberger / Söfker, Rn. 221; *Birk,* Bauplanungsrecht, Rn. 550.

69 *Krautzberger,* in: Ernst / Zinkahn / Bielenberg / Krautzberger, § 12 Rn. 48, mit weiteren Hinweisen. Der Streit erklärte sich nach *Krautzberger* aus dem Wortlaut des § 7 BauGB-MaßnG, vgl. dessen Absätze 1 und 4.

70 *Krautzberger,* in: Ernst / Zinkahn / Bielenberg / Krautzberger, § 12 Rn. 48; auch *Quaas,* in: Schrödter, § 12 Rn. 18.

71 *Krautzberger,* in: Ernst / Zinkahn / Bielenberg / Krautzberger, § 12 Rn. 51; *Söfker,* in: Krautzberger / Söfker, Rn. 221; *Schliepkorte,* Der Vorhaben- und Erschließungsplan, S. 12.

72 *Schliepkorte,* Der Vorhaben- und Erschließungsplan, S. 12.

73 *Quaas,* in: Schrödter, § 12 Rn. 18; vgl. auch *Krautzberger,* in: Ernst / Zinkahn / Bielenberg / Krautzberger, § 12 Rn. 52.

alleiniger Bestandteil des vbBPlanes wird.[74] Generell muss der VEP, da er unmittelbar in die hoheitliche Normsetzung des vbBPlanes umgegossen werden kann, letztlich den gleichen Standards genügen wie die hoheitliche Norm selbst, also planungsrechtskonform sein. Hiervon wird noch ausführlicher die Rede sein.[75] Aus seiner Bezogenheit auf den vbBPlan ergibt sich etwa, dass der VEP nur bodenrechtliche Regelungen enthalten darf, denn § 12 BauGB ermächtigt (nur) zu einer städtebaulichen Regelung.[76] Was die Darstellung dieser bodenrechtlichen Regelungen angeht, so ist nach der erforderlichen Genauigkeit und Form der Darstellung zu fragen. Entscheidend ist insofern, dass der vbBPlan die Zulässigkeitsvoraussetzungen von Vorhaben wie ein qualifizierter Bebauungsplan setzt, § 30 Abs. 2 BauGB.[77] Das Vorhaben muss also jedenfalls so konkret beschrieben werden, dass der VEP als Bestandteil des vbBPlanes über § 30 Abs. 2 BauGB einziger planungsrechtlicher Zulässigkeitsmaßstab für das Vorhaben sein kann.[78] Deshalb empfiehlt es sich, dass der VEP die einem qualifizierten Bebauungsplan entsprechenden Angaben beinhaltet.[79] Allein durch die spezielle Regelung des § 30 Abs. 2 BauGB wird allerdings klar, dass der vbBPlan dem qualifizierten Bebauungsplan nicht ganz und gar entsprechen muss.[80] Unabdingbar ist jedenfalls die klare Darstellung von Art und Maß der baulichen Nutzung.[81] Obwohl die für den normalen Bebauungsplan charakteristische Bindung an Typisierungen nach der BauNVO nicht besteht, ist dennoch eine Orientierung an der in § 9 BauGB, der BauNVO und der PlanzV entwickelten und damit allgemein verständlichen „Plansprache" sinnvoll.[82]

---

[74] Vgl. zur Vorregelung *Bielenberg,* ZfBR 1996, S. 6 (10).

[75] Siehe hierzu § 5 III 3 c) ee).

[76] *Quaas,* in: Schrödter, § 12 Rn. 16 mwN; *Schliepkorte,* Der Vorhaben- und Erschließungsplan, S. 29 f.; *Krautzberger,* in: Battis / Krautzberger / Löhr, § 12 Rn. 8; *ders.,* in: Ernst / Zinkahn / Bielenberg / Krautzberger, § 12 Rn. 84. Alle weisen aber a. a. O. darauf hin, dass nichtbodenrechtliche Festlegungen im Durchführungsvertrag erfolgen können.

[77] *Krautzberger,* in: Battis / Krautzberger / Löhr, § 12 Rn. 6.

[78] *Quaas,* in: Schrödter, § 12 Rn. 15; *Krautzberger,* in: Ernst / Zinkahn / Bielenberg / Krautzberger, § 12 Rn. 78.

[79] *Schliepkorte,* Der Vorhaben- und Erschließungsplan, S. 27; *Birk,* Bauplanungsrecht, Rn. 551 (S. 196 f.); *Erbguth / Wagner,* Bauplanungsrecht, Rn. 287.

[80] *Quaas,* in: Schrödter, § 12 Rn. 15 unter Verweis auf BT-Drucks. 13 / 6392 S. 56; vgl. auch *Schliepkorte,* Der Vorhaben- und Erschließungsplan, S. 27, insbesondere Fußnote 97.

[81] *Krautzberger,* in: Battis / Krautzberger / Löhr, § 12 Rn. 6; *ders.,* in: Ernst / Zinkahn / Bielenberg / Krautzberger, § 12 Rn. 78; *Quaas,* in: Schrödter § 12 Rn. 15; vgl. auch *Gronemeyer,* in: Gronemeyer, § 12 Rn. 29; *Neuhausen,* in: Brügelmann, § 12 Rn. 26; VGH Mannheim, NVwZ 1997, S. 699.

[82] *Jäde,* in: Jäde / Dirnberger / Weiss, § 12 Rn. 22; *Krautzberger,* in: Ernst / Zinkahn / Bielenberg / Krautzberger, § 12 Rn. 82; *ders.,* in: Battis / Krautzberger / Löhr, § 12 Rn. 7; vgl. auch *Neuhausen,* in: Brügelmann, § 12 Rn. 27; *Schliepkorte,* Der Vorhaben- und Erschließungsplan, S. 31; *Birk,* Bauplanungsrecht, Rn. 551.

c) Abstimmung mit der Gemeinde

§ 12 Abs. 1 S. 1 BauGB legt fest, dass der VEP in Abstimmung mit der Gemeinde erstellt wird. Mit dieser Bestimmung trifft der Gesetzgeber eine deutliche Aussage hinsichtlich der Gestaltung des Planungsprozesses und teilt der Gemeinde hierin eine zentrale Rolle zu. Das Abstimmungsgebot wird in dieser Untersuchung eingehend thematisiert werden. Bereits hier ist auf seine mehrdimensionale Bedeutung hinzuweisen[83]: Es entfaltet seine Wirkung sowohl hinsichtlich des Prozesses als auch des Ergebnisses der Planung.[84] Dies bedeutet, dass die Gemeinde keineswegs nur durch die „Sanktionierung" des VEP im Wege der Umformung in die Rechtsnorm des vbBPlanes am Planungsverfahren beteiligt ist. Vielmehr muss der Investor bereits bei der Aufstellung des VEP einen fortlaufenden Austausch mit der Gemeinde unterhalten.[85] Damit wird sichergestellt, dass schon in diesem frühen Stadium beide Akteure einvernehmlich zusammenwirken.[86] Hat die Gemeinde am Projekt eines Investors kein Interesse, muss sie auf dessen Annäherungen hinsichtlich einer Abstimmung zur Planvorbereitung gar nicht eingehen; der Vorbereitung eines VEP ist von vornherein die Grundlage entzogen.[87] Damit verhindert das Abstimmungsgebot einerseits, dass sich die Gemeinde mit einem von ihr nicht gewollten Vorhaben überhaupt auseinandersetzen muss. Andererseits schützt das Abstimmungsgebot auch den Investor. Denn weil nur der abgestimmte VEP Inhalt des vbBPlanes werden kann, darf die Gemeinde den VEP auch nicht eigenmächtig ändern und umsetzen.[88] Das gilt auch für den Zeitraum des Aufstellungsverfahrens.[89] Zwar hat die Gemeinde noch gewisse Möglichkeiten, durch eigene Festsetzungen im vbBPlan Akzente zu setzen. Allerdings darf durch diese Zusätze nicht die Übereinstimmung von VEP und vbBPlan aufgelöst oder auch nur in Frage gestellt werden.[90] Die inhaltlichen Vorstellungen, welche die Gemeinde über die Abstimmung in den Planungsprozess einbringt, werden sich vor allem auch auf die Einhaltung der planungsrechtlichen Vorschriften beziehen.[91] Denkt man sich den Vorgang der Aufstellung des VEP als Prozess, so muss jedenfalls zu dem Zeitpunkt, in dem der VEP Teil des vbBPlanes werden soll, ein Konsens zwischen Gemeinde

---

83 *Krautzberger,* in: Ernst / Zinkahn / Bielenberg / Krautzberger, § 12 Rn. 88.

84 *Quaas,* in: Schrödter, § 12 Rn. 21; *Krautzberger,* in: Ernst / Zinkahn / Bielenberg / Krautzberger, § 12 Rn. 88; *Neuhausen,* in: Brügelmann, § 12 Rn. 21; auch *Bönker,* in: Hoppe / Bönker / Grotefels, Öffentliches Baurecht, § 13 Rn. 183.

85 *Erbguth / Wagner,* Bauplanungsrecht, Rn. 295.

86 *Söfker,* in: Krautzberger / Söfker, Rn. 222, spricht von einem einvernehmlichen Vorgehen, das unter anderem auch ein „Überraschen" der Gemeinde vermeiden soll.

87 *Krautzberger,* in: Ernst / Zinkahn / Bielenberg / Krautzberger, § 12 Rn. 88.

88 *Neuhausen,* in: Brügelmann, § 12 Rn. 22; vgl. auch *Birk,* Bauplanungsrecht, Rn. 556.

89 *Gronemeyer,* in: Gronemeyer, § 12 Rn 26; *Franckenstein,* UPR 2000, S. 288 (291).

90 *Krautzberger,* in: Battis / Krautzberger / Löhr, § 12 Rn. 23; *ders.,* in: Ernst / Zinkahn / Bielenberg / Krautzberger, § 12 Rn. 127.

91 Vgl. *Krautzberger,* in: Ernst / Zinkahn / Bielenberg / Krautzberger, § 12 Rn. 89.

und Investor über die genaue Ausgestaltung erreicht sein[92] – also ein abgestimmtes Planungsergebnis. Insgesamt bewirkt das Abstimmungsgebot eine starke Einflussmöglichkeit der Gemeinde auf den an sich vom Investor bestimmten Teil der vbBPlanung.

d) Form und Rechtswirkungen des VEP

Der VEP kann in einer Form erstellt werden, die einem Bebauungsplan entspricht, sich aber auch von einem solchen Muster lösen. Möglich und bewährt ist auch ein „Paket" verschiedener Unterlagen, die insgesamt einen VEP konstituieren: Übersichtsplan, Lageplan, Projektplan und Erschließungsplan.[93] Hinzu kommt ein Erläuterungsteil, der zwar nicht unmittelbar gesetzlich gefordert ist, aber gemäß § 9 Abs. 8 BauGB für den vbBPlan als Begründung erstellt werden muss und deshalb ebenfalls schon im VEP vorbereitet werden sollte.[94] Der VEP dient aber letztlich allein der Vorbereitung des vbBPlanes. Er selbst entfaltet keine unmittelbare Rechtswirkung; weder schafft er aus sich selbst heraus Planungsrecht, noch bindet er den Vorhabenträger.[95]

2. Der Durchführungsvertrag

Der Vorhabenträger verpflichtet sich durch Vertrag mit der Gemeinde zur Durchführung der im VEP beschriebenen Vorhaben- und Erschließungsmaßnahmen innerhalb einer bestimmten Frist sowie zur Übernahme der Planungs- und Erschließungskosten. Dieser Vertrag ist in § 12 Abs. 1 S. 1 BauGB als Durchführungsvertrag legaldefiniert.[96] Er wirkt als Bindeglied zwischen VEP und vbBPlan[97] und ist Rechtsvoraussetzung[98] für letzteren, ohne wie der VEP dessen Bestandteil zu werden.[99] Die für den Vorhabenträger vertraglich begründeten Pflichten korrespondieren mit den ihm zuwachsenden Rechten, nämlich der Möglichkeit der Wahrnehmung von Planungsaufgaben.[100] Auch der Vertrag begründet

---

92 *Finkelnburg / Ortloff,* Öffentliches Baurecht Bd. I, § 12 II 1; vgl. auch *von und zu Franckenstein,* UPR 2000, S. 288 (291).

93 Siehe zum Ganzen *Schliepkorte,* Der Vorhaben- und Erschließungsplan, S. 27; *Krautzberger,* in: Ernst / Zinkahn / Bielenberg / Krautzberger, § 12 Rn. 86; auch *Birk,* Bauplanungsrecht, Rn. 551.

94 *Krautzberger,* in: Ernst / Zinkahn / Bielenberg / Krautzberger, § 12 Rn. 87; siehe auch *Wirth,* BauR 1999, S. 130 ff.

95 *Quaas,* in: Schrödter, § 12 Rn. 22; *Krautzberger,* in: Ernst / Zinkahn / Bielenberg / Krautzberger, § 12 Rn. 90, mit Ausführungen zur mittelbaren Rechtswirkung des VEP.

96 *Birk,* Bauplanungsrecht, Rn. 549; *Quaas,* in: Schrödter, § 12 Rn. 23.

97 *Erbguth / Wagner,* Bauplanungsrecht, Rn. 292.

98 *Quaas,* in: Schrödter, § 12 Rn. 24.

99 *Krautzberger,* in: Ernst / Zinkahn / Bielenberg / Krautzberger, § 12 Rn. 92.

100 *Krautzberger,* in: Ernst / Zinkahn / Bielenberg / Krautzberger, § 12 Rn. 93.

keinen Anspruch auf Planaufstellung; dies schließt wiederum der die Planungshoheit der Gemeinde sichernde § 1 Abs. 3 S. 2 BauGB aus.[101]

Die Legaldefinition des § 12 Abs. 1 S. 1 2. Hs. BauGB umreißt Mindestanforderungen an den Vertragsinhalt.[102] Unbedingt muss der Durchführungsvertrag die Verpflichtung enthalten, die im VEP beschriebenen Vorhaben und ihre Erschließung zeitgebunden zu realisieren.[103] Unter Inbezugnahme des VEP müssen die Vorhaben konkret genug beschrieben und damit bestimmbar sein; es muss erkennbar sein, welche genauen Leistungen der Vorhabenträger erbringen muss.[104] Auch beim festzulegenden Realisierungszeitraum kommt es auf dessen Bestimmbarkeit an.[105] Weiterer obligatorischer Vertragsgegenstand ist die Festlegung der Kostentragungspflichten.[106] Das Gesetz verlangt eine wenigstens teilweise Übernahme der Planungs- und Erschließungskosten durch den Vorhabenträger.[107] Für die Planungskosten ergibt sich dies regelmäßig durch die vorausgehende Planvorbereitung durch den Vorhabenträger zumindest weitestgehend von selbst.[108] Über diese Mindestanforderungen hinaus kann in den Durchführungsvertrag all das aufgenommen werden, was auch Inhalt eines (sonstigen) städtebaulichen Vertrages sein könnte.[109] Insbesondere können im Vertrag auch Fragen geregelt werden, die keine bodenrechtliche Natur haben und folglich im VEP und vbBPlan nicht festlegbar sind.[110] Aus der Einordnung des Durchführungsvertrages als Rechtsvoraussetzung des vbBPlanes ergibt sich, dass der Vertragsschluss spätestens vor der Beschlussfassung zu dessen Verabschiedung erfolgt sein muss[111] – ansonsten ist

---

101 Vgl. *Krautzberger,* in: Battis / Krautzberger / Löhr, § 12 Rn. 22; siehe auch allgemeiner zu städtebaulichen Verträgen und „Planaufstellungsanspruch" *Hamann,* Verwaltungsvertrag, S. 103 ff.

102 Zu möglichen Vertragsinhalten vgl. den „Vertragsrohling" bei *Stüer,* Der Bebauungsplan, Rn. 110.

103 *Krautzberger,* in: Ernst / Zinkahn / Bielenberg / Krautzberger, § 12 Rn. 93, *ders.,* in: Battis / Krautzberger / Löhr, § 12 Rn. 14; *Söfker,* in: Krautzberger / Söfker, Rn. 223; *Schliepkorte,* Der Vorhaben- und Erschließungsplan, S. 41; *Neuhausen,* in: Brügelmann, § 12 Rn. 40; *Gronemeyer,* in: Gronemeyer, § 12 Rn. 49; *Menke,* NVwZ 1998, S. 577 (580).

104 Vgl. *Jäde,* in: Jäde / Dirnberger / Weiss, § 12 Rn. 24; auch *Wirth,* BauR 1999, S. 130 (132).

105 *Krautzberger,* in: Ernst / Zinkahn / Bielenberg / Krautzberger, § 12 Rn. 93; *Quaas,* in: Schrödter, § 12 Rn. 27. *Quaas* betont, dass keine Datumsangabe erforderlich ist, sondern auch Angaben über einen Zeitraum genügen.

106 *Quaas,* in: Schrödter, § 12 Rn. 26; *Menke,* NVwZ 1998, S. 577 (580); *Wirth,* BauR 1999, S. 130 (132).

107 *Quaas,* in: Schrödter, § 12 Rn. 29; *Neuhausen,* in: Brügelmann, § 12 Rn. 41.

108 *Krautzberger,* in: Ernst / Zinkahn / Bielenberg / Krautzberger, § 12 Rn. 101.

109 *Jäde,* in: Jäde / Dirnberger / Weiss, § 12 Rn. 25; *Krautzberger,* in: Ernst / Zinkahn / Bielenberg / Krautzberger, § 12 Rn. 94; vgl. auch *Wirth,* BauR 1999, S. 130 (132).

110 *Krautzberger,* in: Ernst / Zinkahn / Bielenberg / Krautzberger, § 12 Rn. 93; *Schliepkorte,* Der Vorhaben- und Erschließungsplan, S. 42; *Brohm,* Öffentliches Baurecht, § 7 Rn. 26.

111 *Krautzberger,* in: Ernst / Zinkahn / Bielenberg / Krautzberger, § 12 Rn. 98; *ders.,* in: Battis / Krautzberger / Löhr, § 12 Rn. 16; *Jäde,* in: Jäde / Dirnberger / Weiss, § 12 Rn. 27; *Neu-*

der vbBPlan nichtig.[112] Ein weiterer Grund für diesen zwingenden Zeitpunkt ist die Bedeutung des Durchführungsvertrages für die Abwägung bei der Verabschiedung des vbBPlanes.[113]

3. Der vorhabenbezogene Bebauungsplan

Im vbBPlan manifestiert sich das Ergebnis der vbBPlanung. Baurecht entsteht auch beim Planungsinstrument vbBPlanung erst durch die von den zuständigen Gemeindeorganen zu verabschiedende Satzung. Der VEP wird durch den Satzungsbeschluss zur Rechtsnorm.[114] Der VEP hat vor dieser Umformung in eine Satzung keine Rechtswirkung, und der Durchführungsvertrag entfaltet eine solche nur zwischen den Vertragsparteien, also Gemeinde und Vorhabenträger.[115] Der vbBPlan ist ein Unterfall des normalen Bebauungsplanes.[116] Mithilfe des vbBPlanes kann die Gemeinde, ganz wie beim normalen Bebauungsplan, die Zulässigkeit von Vorhaben bestimmen.[117] Im Grundsatz unterliegen Satzung und Satzungsverfahren den gleichen Vorgaben wie ein normaler Bebauungsplan. Gleichwohl ergeben sich aus der speziellen Struktur der vbBPlanung einige Besonderheiten.

Kern des vbBPlanes ist der VEP.[118] Er wird gemäß § 12 Abs. 3 S. 1 BauGB dessen Bestandteil. Die wesentlichen damit verbundenen Fragen wurden bereits dargelegt. Da aufgrund des Abstimmungsgebotes der VEP unmittelbar in den vbBPlan übernommen werden muss, ist zum Zeitpunkt des Satzungsbeschlusses der mögliche Satzungsinhalt bereits im Wesentlichen vorbestimmt. Die Gemeinde darf wie gesagt keinen vbBPlan verabschieden, der nicht den voll mit dem Vorhabenträger abgestimmten VEP enthält.[119] Eine andere Frage ist, ob die Gemeinde überhaupt eine Satzung verabschiedet: Sie hat diesbezüglich die übliche Abwägung durchzuführen, die durchaus noch zu einem negativen Ergebnis führen

---

hausen, in: Brügelmann, § 12 Rn. 49; *Brohm,* Öffentliches Baurecht, § 7 Rn. 26; *Erbguth/Wagner,* Bauplanungsrecht, Rn. 300; *Wirth,* BauR 1999 S. 130 (132).

112 Vgl. VGH Baden-Württemberg, BauR 2003, S. 504 f.; OVG Bautzen, LKV 1995, S. 84 (85); *Quaas,* in: Schrödter, § 12 Rn. 24 mwN; *Neuhausen,* in: Brügelmann, § 12 Rn. 49; *Finkelnburg/Ortloff,* Öffentliches Baurecht Bd. I, § 12 III 1; auch *Krautzberger,* in: Ernst/Zinkahn/Bielenberg/Krautzberger, § 12 Rn. 98.

113 *Krautzberger,* in: Ernst/Zinkahn/Bielenberg/Krautzberger, § 12 Rn. 98; *Finkelnburg/Ortloff,* Öffentliches Baurecht Bd. I, § 12 III 1; *Schliepkorte,* Der Vorhaben- und Erschließungsplan, S. 47; auch *Jäde,* in: Jäde/Dirnberger/Weiss, § 12 Rn. 27; in Bezug auf die Vorregelung OVG Bautzen, NVwZ 1995, S. 181; VGH Mannheim, BRS 58 Nr. 248.

114 *Jäde,* in: Jäde/Dirnberger/Weiss, § 12 Rn. 32; *Birk,* Bauplanungsrecht, Rn. 558.

115 *Krautzberger,* in: Ernst/Zinkahn/Bielenberg/Krautzberger, § 12 Rn. 119.

116 *Quaas,* in: Schrödter, § 12 Rn. 7, unter Verweis auf BT-Drucks. 13/6392 S. 51.

117 *Quaas,* in: Schrödter, § 12 Rn. 7.

118 *Erbguth/Wagner,* Bauplanungsrecht, Rn. 288.

119 Vgl. *Krautzberger,* in: Ernst/Zinkahn/Bielenberg/Krautzberger, § 12 Rn. 118.

kann.[120] Über den VEP hinaus kann die Gemeinde weitere Regelungen zum Inhalt des vbBPlanes machen. Zum einen ist gemäß § 12 Abs. 4 BauGB der Einbezug einzelner Flächen, die räumlich außerhalb des VEP liegen, möglich.[121] Dies hat sich allerdings auf ergänzende Flächen, d. h. solche von untergeordneter Größe und Bedeutung, zu beschränken.[122] Lassen sich die mit der angestrebten Planung verbundenen städtebaulichen Schwierigkeiten dagegen nur im größeren Maßstab lösen und ist insofern der Einbezug größerer Gebiete nötig, so ist der vbBPlan nicht das adäquate Planungsinstrument – es muss dann eine reguläre Bauleitplanung durchgeführt werden.[123] Durch die Ergänzungsflächen darf die durch den VEP vorgegebene Struktur des vbBPlanes nicht in Frage gestellt werden, diese dürfen dem Plan also nicht widersprechen.[124] Weiterhin kann die Gemeinde innerhalb des vom VEP umfassten Gebietes gemäß § 12 Abs. 3 S. 2, 3 BauGB ergänzende Festsetzungen treffen.[125] Aus dem Abstimmungsgebot und dem Charakter des vbBPlanes ergibt sich wiederum, dass auch diese Festsetzungen dem VEP nicht zuwiderlaufen dürfen.[126]

Die materiellen Anforderungen an den vbBPlan entsprechen grundsätzlich denen an einen regulären Bebauungsplan.[127] Die Anwendbarkeit der entsprechenden Normen ergibt sich aus der Einordnung des vbBPlanes als Bebauungsplan von selbst.[128] Im Mittelpunkt steht – wie bei jedem Bebauungsplan – die abschließende Gesamtabwägung nach den Grundsätzen des § 1 Abs. 7 BauGB.[129] Der vbBPlan als Planungsergebnis hat den Maximen der § 1 Abs. 3 bis 7, § 1 a) und § 8 BauGB zu genügen.[130] Auch in verfahrensrechtlicher Hinsicht unterliegt der vbBPlan

---

120 *Birk,* Bauplanungsrecht, Rn. 559.

121 Hierzu *Krautzberger,* in: Battis / Krautzberger / Löhr, § 12 Rn. 36; *Jäde,* in: Jäde / Dirnberger / Weiss, § 12 Rn. 33; *Söfker,* in: Krautzberger / Söfker, Rn. 234.

122 *Krautzberger,* in: Ernst / Zinkahn / Bielenberg / Krautzberger, § 12 Rn. 122; *Schliepkorte,* Der Vorhaben- und Erschließungsplan, S. 31; *Jäde,* in: Jäde / Dirnberger / Weiss, § 12 Rn. 33 f.

123 Sonst können „Inselplanungen" drohen. Vgl. *Krautzberger,* in: Ernst / Zinkahn / Bielenberg / Krautzberger, § 12 Rn. 123; *Schliepkorte,* Der Vorhaben- und Erschließungsplan, S. 31.

124 *Krautzberger,* in: Ernst / Zinkahn / Bielenberg / Krautzberger, § 12 Rn. 126; *ders.,* in: Battis / Krautzberger / Löhr, § 12 Rn. 37.

125 *Schliepkorte,* Der Vorhaben- und Erschließungsplan, S. 32.

126 *Krautzberger,* in: Ernst / Zinkahn / Bielenberg / Krautzberger, § 12 Rn. 127; *Schliepkorte,* Der Vorhaben- und Erschließungsplan, S. 32; auch *Quaas,* in: Schrödter, § 12 Rn. 44.

127 *Gronemeyer,* in: Gronemeyer, § 12 Rn. 46; *Schliepkorte,* Der Vorhaben- und Erschließungsplan, S. 20.

128 *Krautzberger,* in: Ernst / Zinkahn / Bielenberg / Krautzberger, § 12 Rn. 130.

129 Zur Abwägung als Kern des Planungsaktes *Söfker,* in: Ernst / Zinkahn / Bielenberg / Krautzberger, § 1 Rn. 180.

130 *Krautzberger,* in: Ernst / Zinkahn / Bielenberg / Krautzberger, § 12 Rn. 130; *Quaas,* in: Schrödter, § 12 Rn. 40; *Neuhausen,* in: Brügelmann, § 12 Rn. 8; *Birk,* Bauplanungsrecht, Rn. 559; *Erbguth / Wagner,* Bauplanungsrecht, Rn. 290; *Schliepkorte,* Der Vorhaben- und Erschließungsplan, S. 20 f.

grundsätzlich den gleichen Anforderungen wie ein gewöhnlicher Bebauungsplan.[131] Die Gemeinde fasst einen Planaufstellungsbeschluss.[132] Die Beteiligungen gemäß §§ 3, 4 BauGB sind durchzuführen[133] und die Abstimmung mit der Nachbargemeinde vorzunehmen.[134] Der vbBPlan muss eine Begründung enthalten, § 9 Abs. 8 BauGB. Sind entsprechende Ausführungen nicht bereits im VEP enthalten, so sind sie von der Gemeinde hinzuzufügen.[135] § 10 BauGB findet bezüglich Beschluss, eventueller Genehmigung und Inkrafttreten des vbBPlanes Anwendung.[136]

Schließlich ist zu bemerken, dass vbBPlan und allgemeiner Bebauungsplan in keinem Hierarchieverhältnis zueinander stehen. Der Gemeinde steht es völlig frei, auf die eine oder die andere Art die bauplanungsrechtlichen Grundlagen für die Zulässigkeit eines Vorhabens zu schaffen.[137] Sie ist nicht verpflichtet, eine der beiden Planungsformen zu bevorzugen.[138] Ein Gebiet, dessen Bebaubarkeit durch einen regulären Bebauungsplan geregelt wird, kann ohne weiteres mit einem vbBPlan überplant werden.[139]

---

131 *Krautzberger,* in: Ernst / Zinkahn / Bielenberg / Krautzberger, § 12 Rn. 122; *ders.,* in: Battis / Krautzberger / Löhr, § 12 Rn. 39; *Jäde,* in: Jäde / Dirnberger / Weiss, § 12 Rn. 43; *Finkelnburg / Ortloff,* Öffentliches Baurecht Bd. I, § 12 II 3; *Birk,* Bauplanungsrecht, Rn. 560; *Söfker,* in: Krautzberger / Söfker, Rn. 225. Ausführlich zum Verfahren *Schliepkorte,* Der Vorhaben- und Erschließungsplan, S. 34 ff.

132 *Gronemeyer,* in: Gronemeyer, § 12 Rn. 24; *Neuhausen,* in: Brügelmann, § 12 Rn. 11.

133 *Krautzberger,* in: Ernst / Zinkahn / Bielenberg / Krautzberger, § 12 Rn. 133; *ders.,* in: Battis / Krautzberger / Löhr, § 12 Rn. 39; *Gronemeyer,* in: Gronemeyer, § 12 Rn. 25; *Finkelnburg / Ortloff,* Öffentliches Baurecht Bd. I, § 12 IV 2 b.

134 *Krautzberger,* in: Ernst / Zinkahn / Bielenberg / Krautzberger, § 12 Rn. 134; *ders.,* in: Battis / Krautzberger / Löhr, § 12 Rn. 39; *Söfker,* in: Bielenberg / Krautzberger / Söfker, Rn. 225; *Schliepkorte,* Der Vorhaben- und Erschließungsplan, S. 22; *Finkelnburg / Ortloff,* Öffentliches Baurecht Bd. I, § 12 IV 1b.

135 *Krautzberger,* in: Ernst / Zinkahn / Bielenberg / Krautzberger, § 12 Rn. 131; *Söfker,* in: Krautzberger / Söfker, Rn. 229 (schon für den VEP Begründungspflicht); vgl. auch *Schliepkorte,* Der Vorhaben- und Erschließungsplan S. 26.

136 *Krautzberger,* in: Ernst / Zinkahn / Bielenberg / Krautzberger, § 12 Rn. 136 ff.; *ders.,* in: Battis / Krautzberger / Löhr, § 12 Rn. 39; *Gronemeyer,* in: Gronemeyer, § 12 Rn. 25; *Erbguth / Wagner,* Bauplanungsrecht Rn. 302.

137 *Jäde,* in: Jäde / Dirnberger / Weiss, § 12 Rn. 3; *Krautzberger,* in: Battis / Krautzberger / Löhr, § 12 Rn. 4.

138 *Krautzberger,* in: Battis / Krautzberger / Löhr, § 12 Rn. 4.

139 *Krautzberger,* in: Battis / Krautzberger / Löhr, § 12 Rn. 4; auch *Brohm,* Öffentliches Baurecht, § 7 Rn. 25.

§ 2 Wandel staatlicher Aufgabenwahrnehmung und Rechtswissenschaft – Grundlagen zur Untersuchungsperspektive

I. Wandel staatlicher Aufgabenwahrnehmung und Modernisierungsdebatte

Die Modernisierung des Staates, die Anpassung staatlicher Institutionen und Wirkungsweisen an die sich stets wandelnden gesellschaftlichen Bedingungen ist ein Dauerthema der mit dem Staat befassten Wissenschaften. Es ist aber gerade in jüngerer Zeit auf verstärktes Interesse gestoßen. Vielleicht sogar später als sozialwissenschaftliche Disziplinen wie Politikwissenschaft, Soziologie und Wirtschaftswissenschaft hat dabei die Rechtswissenschaft das Thema für sich entdeckt.[140] In einem Rechtsstaat, wo alles Staatshandeln an Recht und Gesetz gebunden ist, ist dieses Interesse selbstverständlich – jede Reform im staatlichen Sektor wird sich auf die eine oder andere Weise im Recht widerspiegeln, widerspiegeln müssen. Dementsprechend hat auch die Staatsrechtswissenschaft ihre Modernisierungsdebatte. Im Kern geht es hierbei um das Nachdenken über tatsächliche und mögliche Funktionen von Recht unter den veränderten Bedingungen moderner Staatlichkeit.

Für die Untersuchung der vbBPlanung aus dieser Perspektive werden verschiedene Aspekte dieser breiten Debatte relevant. Die insoweit sinnvoll erscheinenden und mit der vbBPlanung immer wieder in Zusammenhang gebrachten Ansatzpunkte einer solchen Untersuchung, ob kooperatives Verwalten, Instrumentalisierung von gesellschaftlicher Selbstregulierung oder Privatisierung, lassen sich einem Teilbereich der Diskussion zuordnen, der sich mit dem Wandel staatlicher Aufgabenwahrnehmung beschäftigt.[141] Die Umrisse dieses Diskussionsfeldes sind recht leicht zu skizzieren: Nach traditioneller Vorstellung nimmt der Staat[142] seine Aufgaben als ein dem gesellschaftlichen Sektor übergeordneter Akteur wahr und bedient sich dabei umfassend eigener Kräfte.[143] Abgesehen davon, dass dieses Bild so nie gestimmt hat, stößt ein solches Staats- bzw. Verwaltungsverständnis besonders heute offenkundig an Grenzen. Ausgangsbefunde, die zum Entstehen eines Reformbedürfnisses beitragen, sind in verschiedenen Bereichen festzustellende Normvollzugsdefizite[144], das Nachlassen staatlicher Steuerungsmöglichkeiten, die

---

140 Allgemein zur Rolle der Rechtswissenschaft in dieser Diskussion *Möllers,* VerwArch 93 (2002), S. 22 ff.; vgl. auch *Köster,* Privatisierung des Bauleitplanverfahrens, S. 9 ff.

141 Vgl. *Seidel,* Privater Sachverstand, S. 13.

142 Im Folgenden ist mit Staat der Staat im weiteren Sinne, unter Einschluss der Kommunen, gemeint; es geht also letztlich um *hoheitliche* Aufgabenwahrnehmung.

143 Dies ist nach *Heintzen,* VVDStRL 62 (2003), S. 220 (222), noch heute der „Normalfall".

144 Vgl. *Schoch,* DVBl. 1994, S. 962 (968); *Voßkuhle,* VerwArch 92 (2001), S. 184 (186); *Lübbe-Wolff/Steenken,* ZUR 1993, S. 263 (264).

„Krise des regulativen Rechts“[145], die Überforderung des staatlichen Personals mit immer komplexeren Sachfragen, obendrein das Blockadepotential der Bürger gegen Verwaltungsentscheidungen aufgrund umfassender Rechtsschutzmöglichkeiten[146] und der daraus resultierende Verlust an faktischer Durchsetzungsfähigkeit des Staates.[147] Zur Bewältigung dieser Probleme werden allerlei Vorschläge gemacht, die sich – neben einem Aufgabenabbau – vor allem auf die Rolle von Privaten bei der Aufgabenwahrnehmung beziehen. Wichtige Beispiele solcher Reformvorschläge bilden unter anderem die Aktivierung privaten Know-hows für effizienteres Verwaltungshandeln[148], die Verbesserung der Akzeptanz von Entscheidungen durch stärkeren Einbezug von Betroffenen und der Rückzug des Staates auf Überwachungs- und Kontrollfunktionen. Zusammenfassend lässt sich sagen, dass die Diskussion auf eine Neubestimmung des Verhältnisses von Staat und Bürger bei der Aufgabenwahrnehmung zielt.

II. Zum Ausgangspunkt der Diskussion: Staatsaufgaben und Verwaltungsaufgaben

1. Staatsaufgaben, Verwaltungsaufgaben, öffentliche Aufgaben

Natürlicher Ansatzpunkt für die rechtswissenschaftliche Auseinandersetzung mit dem Wandel staatlicher Aufgabenwahrnehmung sind die Staatsaufgaben, das Objekt der Aufgabenwahrnehmung.[149] Das Nachdenken über Staatsaufgaben ist ein klassisches Feld der Staatsrechtswissenschaft, das gerade aufgrund der hier thematisierten Reformdebatte wieder verstärkt ins Blickfeld der staats- und verwaltungsrechtlichen Diskussion gerückt ist.[150] Die lange Auseinandersetzung mit den Staatsaufgaben hat sich bis heute nicht zu einer abstrakten, allgemeingültigen

---

145 *Voßkuhle,* VerwArch 92 (2001), S. 184 (185); *Faber,* in: FS Hoppe, S. 425 ff.; *Günther,* in: Grimm (Hrsg.), Wachsende Staatsaufgaben – sinkende Steuerungsfähigkeit des Rechts, S. 51 ff.

146 Unter Hinweis auf Ergebnisse der Implementationsforschung *Treutner,* Kooperativer Rechtsstaat, S. 25.

147 Vgl. insgesamt *Hoffmann-Riem,* in: Hoffmann-Riem / Schneider (Hrsg.), Verfahrensprivatisierung im Umweltrecht, S. 9 (10 f.); *Pitschas,* in: FS Brohm, S. 709 (716).

148 Vor allem geht es hierbei um technisches Spezialwissen, was heute vielfach für Entscheidungen benötigt wird, aber verwaltungsintern kaum noch im ausreichenden Maße zur Verfügung steht. *Schoch,* DVBl. 1994, S. 962 (968); *Ludwig,* Privatisierung von staatlichen Aufgaben, S. 147; *Schink,* VerwArch 85 (1994), S. 251 (253); *Lecheler,* BayVBl. 1994, S. 555 (556).

149 Vgl. zum Zusammenhang Modernisierungsdebatte und Staatsaufgabendiskussion *Faber,* in: FS Hoppe, S. 425.

150 Siehe etwa aktuell *Weiss,* Privatisierung und Staatsaufgaben. Man spricht sogar von einer Renaissance der Staatsaufgabendiskussion. Vgl. *Ludwig,* Privatisierung von staatlichen Aufgaben, S. 30; *Gusy,* in: ders. (Hrsg.), Privatisierung von Staatsaufgaben: Kriterien – Grenzen – Folgen, S. 330 (331). Siehe auch die ältere Darstellung von *Bull,* Staatsaufgaben.

Staatsaufgabenlehre verdichtet.[151] Immerhin aber existiert eine heute weithin anerkannte Definition: Staatsaufgaben sind die Tätigkeitsfelder, die der Staat nach geltendem Recht zulässigerweise für sich in Anspruch nimmt.[152] Man spricht insoweit auch von einem formalen Staatsaufgabenbegriff.[153]

Von den Staatsaufgaben abzugrenzen sind die öffentlichen Aufgaben.[154] Die Begriffe sind nicht identisch.[155] Als öffentliche[156] Aufgaben bezeichnet man diejenigen Aufgaben, an deren Erfüllung die Öffentlichkeit maßgeblich interessiert ist, die also im öffentlichen Interesse liegen.[157] Was aber unter öffentlichem Interesse zu verstehen ist, ist nicht zuletzt aufgrund des hohen Abstraktionsgrades dieses Begriffes schwer zu bestimmen; die Frage hat gerade jüngst wieder große Aufmerksamkeit erfahren.[158] Öffentliche Interessen lassen sich als Einzelfacetten des Gemeinwohls beschreiben.[159] Das Gemeinwohl bezeichnet in seiner originären,

---

151 *Burgi,* Funktionale Privatisierung, S. 41; *Isensee,* in: HdbStR III, § 57 Rn. 132; *Herzog,* in: HdbStR III, § 58 Rn. 1; *von Heimburg,* Verwaltungsaufgaben und Private, S. 15; auch *Ludwig,* Privatisierung von staatlichen Aufgaben, S. 32, und *Schulze-Fielitz,* in: Grimm (Hrsg.), Wachsende Staatsaufgaben – sinkende Steuerungsfähigkeit des Rechts, S. 11.

152 Wobei die Frage, ob bei der Ergreifung die rechtlichen Grenzen eingehalten werden müssen, nicht unumstritten ist. Die Frage wird allerdings in dieser Untersuchung nicht relevant. Siehe zum Thema insgesamt *Isensee,* in: HdbStR III, § 57 Rn. 137; *Löwer,* Energieversorgung, S. 171; *Gramm,* Privatisierung und notwendige Staatsaufgaben, S. 31; *Osterloh,* VVDStRL 54 (1995), S. 204 (207); *Schoch,* DVBl. 1994, S. 962; *Ossenbühl,* VVDStRL 29 (1971), S. 137 (153); *von Heimburg,* Verwaltungsaufgaben und Private, S. 15; *Lee,* Privatisierung, S. 29; ähnlich *Burgi,* Funktionale Privatisierung, S. 9 und 45; *Müller,* Rechtsformenwahl, S. 6 ff.

153 Siehe nur *Burgi,* Funktionale Privatisierung, S. 48 ff.

154 Zu dieser Abgrenzung *Ludwig,* Privatisierung von staatlichen Aufgaben, S. 41, mwN; *Müller,* Rechtsformenwahl, S. 7 f. *Burgi,* Funktionale Privatisierung, S. 41.

155 *Ludwig,* Privatisierung von staatlichen Aufgaben, S. 41; *Osterloh,* VVDStRL 54 (1995), S. 204 (224); *Peters,* in: FS Nipperdey Bd. II, S. 877 (894 f.); *von Heimburg,* Verwaltungsaufgaben und Private, S. 15; *Burgi,* Funktionale Privatisierung, S. 41 f. weist darauf hin, dass vielfach die Begriffe synonym verwendet werden, wenigstens aber ihr Verhältnis zueinander offengelassen wird. Dies erstreckt sich bis hin zu Judikaten des Bundesverfassungsgerichtes, a. a. O. mwN. *Uerpmann,* Das öffentliche Interesse, S. 34, hält angesichts der Verwechselungsgefahr beider Begriffe und dem geringen Erkenntniswert des Begriffes öffentliche Aufgabe dessen zurückhaltende Verwendung für angebracht.

156 Zum Begriff des Öffentlichen anschaulich *von Heimburg,* Verwaltungsaufgaben und Private, S. 13 f.

157 *Uerpmann,* Das öffentliche Interesse, S. 32; *Isensee,* in: HdbStR III, § 57 Rn. 136; *Ludwig,* Privatisierung von staatlichen Aufgaben, S. 41; *Peters,* in: FS Nipperdey Bd. II, S. 877 (878); auch *Gramm,* Privatisierung und notwendige Staatsaufgaben, S. 56; *Löwer,* Energieversorgung, S. 171.

158 Umfassend *Uerpmann,* Das öffentliche Interesse; auch *Voßkuhle,* VVDStRL 62 (2003), S. 266 (273 f.). *Burgi,* Funktionale Privatisierung, S. 44, beklagt eine gewisse Konturlosigkeit des Begriffes. Ältere Aufarbeitungen bei *Martens,* Öffentlich als Rechtsbegriff; und *Peters,* in: FS Nipperdey Bd. II, S. 877 ff.

159 *Isensee,* in: HdbStR III, § 57 Rn. 135; *Gramm,* Privatisierung und notwendige Staatsaufgaben, S. 56.

klassischen Bedeutung „das Leitbild vom guten Zustand des Gemeinwesens.“[160] Die Summe aller öffentlichen Interessen ist identisch mit dem Gemeinwohl im engeren Sinne.[161] Zu betonen ist, dass die Wahrnehmung öffentlicher – also gemeinwohlrelevanter – Aufgaben keineswegs zwangsläufig durch den Staat erfolgt oder gar erfolgen muss. Vielmehr erfüllen vielfach gesellschaftliche Träger, etwa Verbände, Kirchen, aber auch Individuen, öffentliche Aufgaben.[162] Staatsaufgaben bilden also eine Teilmenge der öffentlichen Aufgaben; sie sind diejenigen öffentlichen Aufgaben, mit deren Wahrnehmung sich der Staat befasst.[163] Dieses Begriffsverständnis ist heute ganz herrschend.[164]

Die ganz überwiegende Menge der Staatsaufgaben sind die der Exekutive, also der Verwaltung, zugewiesenen Aufgaben. Diesen wichtigsten Unterfall der Staatsaufgaben bezeichnet man als Verwaltungsaufgaben.[165] Allein um diesen Unterfall wird es im Folgenden gehen. Denn auch bei der Bauleitplanung handelt es sich, trotz des verfassungsrechtlichen Sonderstatus der Gemeinden, um Verwaltungstätigkeit, um eine (Selbst-)Verwaltungsaufgabe.[166]

2. Staatliche Definitionsmacht über Aufgabenbestand und Wahrnehmungsformen

Als naheliegendste Ebene einer rechtlichen Verankerung von Staatsaufgaben erscheint das Verfassungsrecht. Indessen darf die Determinierungskraft der Verfassung für den Staatsaufgabenbestand nicht überschätzt werden. Im Grundgesetz finden sich nur punktuelle Anknüpfungspunkte hinsichtlich der Staatsaufgabenproblematik.[167] Das Grundgesetz als Rahmenordnung trifft keine detaillierten Festlegungen der Inhalte staatlicher Tätigkeit, sondern regelt in erster Linie Staatsfunktionen und Kompetenzen.[168] Dem Staat werden nicht positiv – etwa in Form eines

---

160 *Isensee,* in: HdbStR III, § 57 Rn. 134.

161 *Burgi,* Funktionale Privatisierung, S. 43.

162 *Gramm,* Privatisierung und notwendige Staatsaufgaben, S. 57; *Isensee,* in: HdbStR III, § 57 Rn. 136. *Ludwig,* Privatisierung von staatlichen Aufgaben, S. 41, stellt in diesem Zusammenhang eine Verbindung zu der in der deutschen Staatsphilosophie tief verwurzelten Vorstellung eines Dualismus von Staat und Gesellschaft her, wodurch der obige Befund noch unterstrichen wird: Das Öffentliche ist gerade nicht mit dem Staatlichen gleichzusetzen.

163 *Burgi,* Funktionale Privatisierung, S. 42 und 44, unter Berufung auf BVerfGE 12, S. 205 (243); E 41, S. 205 (218); E 52, S. 63 (85); E 53, S. 366 (401); *Isensee,* in: HdbStR III, § 57 Rn. 137; *Di Fabio,* JZ 1999, S. 585 ff.

164 *Burgi,* Funktionale Privatisierung, S. 42.

165 *Schoch,* DVBl. 1994, S. 962; *Bauer,* VVDStRL 54 (1995), S. 243 (250); *Hoppe/Bleicher,* NVwZ 1996, S. 421 (423).

166 *Battis,* Öffentliches Baurecht, S. 56.

167 Siehe auch die Darstellung der unterschiedlichen Anknüpfungspunkte für Staatsaufgaben im Grundgesetz bei *Gramm,* Privatisierung und notwendige Staatsaufgaben, S. 61 ff.

168 *Isensee,* in: HdbStR III, § 57 Rn. 147; *Kirchhof,* in: HdbStR III, § 59 Rn. 1 u. 19; *Ludwig,* Privatisierung von staatlichen Aufgaben, S. 38.

Aufgabenkataloges[169] – umfassend die von ihm wahrzunehmenden Aufgaben zugewiesen.[170] Mit den Grundrechten ist hingegen vor allen Dingen eine negative Grenze staatlicher Tätigkeit geregelt.[171] Ausgehend von diesem Befund spricht man vom offenen Staatsaufgabenbegriff des Grundgesetzes.[172] Dieser steht im Einklang mit der modernen Staatstheorie, die von der Allzuständigkeit des Staats ausgeht.[173] Im Ergebnis ist dem Staat eine Kompetenz-Kompetenz[174] zuzusprechen, er kann sich zum zuständigen Träger einer Aufgabe erklären.[175] Umgekehrt bedeutet dies aber auch, dass der Staat sich grundsätzlich entscheiden kann, eine Aufgabe nicht mehr auszufüllen.[176] Aufgrund der schwachen verfassungsrechtlichen Determinierung ist also die Bestimmung von Staatsaufgaben, die staatliche Entscheidung über Wahrnehmung bzw. Nichtwahrnehmung einer öffentlichen Aufgabe, in erster Linie eine politische Entscheidung.[177] Damit ist zugleich gesagt, dass die Staatsaufgaben weitgehend zur Disposition der Legislative (und im Rahmen der gesetzlichen Vorgaben auch der Exekutive) stehen.[178] Die Verfassungsebene erweist sich für die Bestimmung des Staatsaufgabenbestandes mithin als weniger bedeutsam, als man zunächst annehmen könnte. Der Staatsaufgabenbestand manifestiert sich vor allem auf unterverfassungsrechtlicher Ebene, auf Gesetzes- oder gar Verordnungsebene: Diese Normen weisen dem Staat Aufgaben konkret zu.

Wenn der Staat aber über seinen Aufgabenbestand weitgehend frei disponieren kann, so muss er auch hinsichtlich konkreter Wahrnehmungsmodalitäten Gestaltungsfreiräume haben.[179] Das beschriebene traditionelle Bild der Aufgabenwahr-

---

169 *Isensee,* in: HdbStR III, § 57 Rn. 147, weist darauf hin, dass die föderalen Kompetenzkataloge nicht zu Staatsaufgabenkatalogen umgedeutet werden dürfen.

170 Ausführlich *Gramm,* Privatisierung und notwendige Staatsaufgaben, S. 41 f.

171 *Osterloh,* VVDStRL 54 (1995), S. 204 (207).

172 *Osterloh,* VVDStRL 54 (1995), S. 204 (207) mwN; *Schoch,* DVBl. 1994, S. 962; *Ossenbühl,* VVDStRL 29 (1971), S. 137 (153); vgl. auch *Ludwig,* Privatisierung staatlicher Aufgaben, S. 43 ff.

173 Siehe nur *Isensee,* in: HdbStR III, § 57 Rn. 156; *Burgi,* Funktionale Privatisierung, S. 61, mit eigener Herleitung; vgl. auch *Gramm,* Privatisierung und notwendige Staatsaufgaben, S. 47. Dies schließt die Begrenzung staatlicher Tätigkeit, etwa durch Grundrechte, allerdings keineswegs aus, vgl. *Osterloh,* VVDStRL 54 (1995), S. 204 (207).

174 *Isensee,* in: HdbStR III, § 57 Rn. 156; *Burgi,* Funktionale Privatisierung, S. 50.

175 *von Heimburg,* Verwaltungsaufgaben und Private, S. 14. Zu den im Verfassungsstaat bestehenden Einschränkungen des Dogmas der Allzuständigkeit umfassend *Isensee,* in: HdbStR III, § 57 Rn. 157 ff.

176 *Schoch,* DVBl. 1994, S. 962; *Ludwig,* Privatisierung von staatlichen Aufgaben, S. 43. Auch hinsichtlich der freien Entscheidung über die Nichtwahrnehmung bestehen freilich gewisse Grenzen, vgl. wiederum *Osterloh,* VVDStRL 54 (1995), S. 204 (207 f.).

177 *Ludwig,* Privatisierung von staatlichen Aufgaben, S. 43; *Ossenbühl,* VVDStRL 29 (1971), S. 137 (153 f.); auch *Gramm,* Privatisierung und notwendige Staatsaufgaben, S. 48.

178 Wiederum *Ludwig,* Privatisierung von staatlichen Aufgaben, S. 43. Zu entsprechenden Grenzen *Osterloh,* VVDStRL 54 (1995), S. 204 (207).

179 Vgl. zum Ganzen *Voßkuhle,* in: Schuppert (Hrsg.), Jenseits von Privatisierung und „schlankem" Staat, S. 47 (57 f.).

nehmung durch eigene Kräfte ist nicht grundsätzlich zwingend: Zentrale und in dieser Untersuchung im Mittelpunkt stehende Möglichkeiten für eine insoweit abweichende Gestaltung bilden verschiedene Formen des Einbezugs Privater in die Aufgabenwahrnehmung.[180] Schon an dieser Stelle ist zu sagen, dass dem Staat bei der Gestaltung seiner Aufgabenwahrnehmung durchaus auch deutliche Vorgaben gesetzt sind; dies gilt besonders hinsichtlich ihn bindender Anforderungen des Rechtsstaats- und Demokratieprinzips, die später noch ausführlich thematisiert werden. Dennoch besteht auch innerhalb dieser Grenzen enorm viel Freiraum für Modernisierungen, der vom Gesetzgeber auch genutzt wird.[181] Auf die Gestaltungsmöglichkeiten hinsichtlich dieser Freiräume bezieht sich die Diskussion um den Wandel, um neue Wege bei der staatlichen Aufgabenwahrnehmung.

III. Zur sozialwissenschaftlichen Prägung der Reformdiskussion

1. Sozialwissenschaftliches Denken in der juristischen Reformdiskussion

Befindet man sich beim Nachdenken über Staatsaufgaben noch im klassischen Fahrwasser des staatsrechtlichen Diskurses, unterscheidet sich die Auseinandersetzung um den Aufgabenwahrnehmungswandel deutlich in Sprache und Stil. Sie wird unter Überschriften wie den genannten Stichworten kooperativer Staat, Selbstregulierung, Privatisierung und Public-Private-Partnership geführt.[182] Ohne den detaillierten Ausführungen im Zweiten Teil vorgreifen zu wollen, lässt sich hier bereits sagen, dass dies zunächst allesamt keine rechtlichen Termini sind. Es handelt sich vielmehr um Begriffe und Modellvorstellungen, die dem sozialwissenschaftlichen Bereich entstammen. Dennoch sind sie zu Schlüsselbegriffen der juristischen Modernisierungsdebatte avanciert.[183] Diese Tatsache verdeutlicht den starken Einfluss verschiedener Sozialwissenschaften, namentlich der Politikwissenschaft, der Soziologie und der Wirtschaftswissenschaft auf die Reformdiskussion, und zwar nicht nur im Bereich der Verwaltungswissenschaft, die ja per se eine Querschnittsdisziplin ist, sondern gerade auch auf die Verwaltungsrechtswissenschaft selbst. Hierbei geht es keineswegs nur um bloße Vokabularadaptionen. Viel weitgehender kann man durchaus bei Teilen der Verwaltungsrechtswissenschaft einen Wandel des Selbstverständnisses feststellen. Dieser ist vom Grundgedanken getragen, dass die Rechtswissenschaft sich nicht allein auf ihre klassi-

---

180 Vgl. *Schoch,* DVBl. 1994, S. 962 f.

181 Zur großen praktischen Relevanz *Heintzen,* VVDStRL 62 (2003), S. 220 (224 f.). Siehe auch *Voßkuhle,* DV 32 (1999), S. 545 (546).

182 *Schmidt,* VerwArch 91 (2000), S. 149 (151): „Hauptthemen der Verwaltungsrechtslehre".

183 Vgl. *Voßkuhle,* VerwArch 92 (2001), S. 184 (196 ff.).

schen dogmatischen Aufgaben beschränken darf, sondern sich auch verstärkt den Wirksamkeitsbedingungen von Recht zuwenden muss.[184] Diesem keineswegs neuen, aber zunehmenden Interesse an den realen Wirksamkeitsbedingungen von Recht lässt sich mit den klassischen juristisch-dogmatischen Methoden einer (rein) normativ denkenden, also an einem Soll-Zustand orientierten Verwaltungsrechtswissenschaft kaum gerecht werden.[185] Geradezu sachnotwendig erfolgt deshalb eine Hinwendung zu den Sozialwissenschaften: Diese arbeiten von vorneherein viel stärker seinsbezogen, ihr Erkenntnisinteresse zielt besonders auf die Durchdringung des Ist-Zustandes. Der Einbezug ihrer Erkenntnisse und Erkenntnismethoden befördert insofern ein umfassenderes Verständnis der Rechtswirklichkeit. Dadurch wird die Bedeutung rechtsdogmatischen Arbeitens aber keineswegs in Frage gestellt. Es geht lediglich um eine Erweiterung des rechtswissenschaftlichen Erkenntnisinteresses, in dessen Spektrum klassische dogmatische Arbeit ihren Platz behält und behalten muss. Auf in diesem Zusammenhang bestehende Probleme und Missverständnisse wird sogleich noch zurückgekommen.

2. Im Besonderen: Steuerungswissenschaftliches Denken

Besonders markanten Ausdruck findet diese Erweiterung von Perspektive und Erkenntnisinteresse im zunehmenden Einbezug steuerungswissenschaftlichen Denkens in die rechtswissenschaftliche Diskussion.[186] Steuerung als Gegenstand steuerungswissenschaftlichen Denkens ist nicht leicht zu definieren. Im Folgenden wird ein sozialwissenschaftliches Verständnis von Steuerung zugrunde gelegt, das für den hiesigen Untersuchungszweck ausreicht.[187] Bausteine dieses Steuerungsbegriffs sind Steuerungssubjekt, Steuerungsobjekt, Steuerungsziel, Steuerungsbedürftigkeit, Steuerbarkeit und Steuerungsfähigkeit.[188] Die im Untersuchungskontext ganz im Vordergrund stehende staatliche Steuerung lässt sich beschreiben als die Art und Weise, in der ein bestimmtes Ziel dem Adressaten gegenüber durchgesetzt wird bzw. in der ein Adressat staatlicher Steuerung zu einem angestrebten Verhalten veranlasst wird.[189] Der Staat als Steuerungssubjekt verfolgt gegenüber

---

184 *Voßkuhle,* VerwArch 92 (2001), S. 184 (194).

185 Vgl. hierzu etwa schon die Überlegungen bei *Brohm,* VVDStRL 30 (1972), S. 245 (250 f.).

186 Kritisch hierzu *Di Fabio,* VVDStRL 56 (1997), S. 235 (252 f.).

187 Gleichsam für den „Hausgebrauch"; so anschaulich *Schuppert,* in: Hoffmann-Riem / Schmidt-Aßmann / Schuppert, Reform des allgemeinen Verwaltungsrechts, S. 65 (68). Zum Begriff der Steuerung *Mayntz,* in: Jahrbuch zur Staats- und Verwaltungswissenschaft 1987, S. 89 (91 ff.).

188 Kompakte Darstellung bei *Schuppert,* in: Hoffmann-Riem / Schmidt-Aßmann / Schuppert, Reform des allgemeinen Verwaltungsrechts, S. 65 (68 f.). *Schupperts* Ausführungen beziehen sich vor allem auf *Mayntz,* in: Jahrbuch zur Staats- und Verwaltungswissenschaft 1987, S. 89 (91 ff.).

189 *Benz,* Kooperative Verwaltung, S. 53 unter Bezugnahme auf *Mayntz,* in: Jahrbuch zur Staats- und Verwaltungswissenschaft 1987, S. 89 (91 ff.). *Finckh,* Regulierte Selbstregulie-

der Gesellschaft als Steuerungsobjekt[190] das Gemeinwohl als Steuerungsfernziel.[191] Dabei lässt sich (Verwaltungs-)Recht als Instrument zur Bewirkung von erwünschten und Vermeidung von unerwünschten Folgen, zur Beeinflussung von Ereignisabläufen begreifen[192] – also als Steuerungsmedium.[193] Recht, d. h. zuvorderst das Gesetz, gilt als wichtigstes Steuerungsmedium des Staates, es hat die „Schlüsselrolle als Instrument der Sozialgestaltung“ inne.[194] Das einzige Steuerungsinstrument ist es hingegen nicht; dem Staat stehen auch diverse Instrumente indirekter Steuerung zur Verfügung, etwa die Setzung finanzieller Anreize und die gezielte Verbreitung von Informationen.[195] Mit der Einordnung von Recht als Steuerungsmedium lässt sich die Verwaltungsrechtswissenschaft (auch) als Steuerungswissenschaft verstehen[196], mit dem zentralen Erkenntnisinteresse, „welche rechtlichen Rahmenbedingungen erfüllt sein müssen, damit das Verwaltungshandeln (...) die inhaltlichen Vorstellungen des demokratisch legitimierten Gesetzgebers verwirklicht und bei möglichst sparsamem Ressourceneinsatz in rechtsstaatlich geordneten Bahnen sachrichtige Entscheidungen produziert werden, die beim Bürger und allen sonstigen Beteiligten auf Akzeptanz stoßen“.[197] Diese gegenüber normativ-dogmatischem Denken erheblich erweiterte steuerungswissenschaftliche Perspektive hat große Vorteile. Denn hierbei lassen sich Handlungs- und Organisationsformen, Handlungsmaßstäbe und Verfahren ebenso miteinbeziehen wie weitere Faktoren, z. B. Finanzmittel und beteiligte staatliche und nichtstaatliche Akteure, und zueinander in Beziehung setzen. Dies eröffnet im Vergleich zu rein dogmatischem

---

rung, S. 32, spricht mit Blick auf die staatliche Steuerung ähnlich von „zielgerichteter Intervention des Staates in die gesellschaftliche Umwelt“. Vgl. zum Ganzen auch *Müller,* Rechtsformenwahl, S. 353 f.

190 Steuerungsobjekt ist allerdings ebenso die Verwaltung: Das Gesetz steuert das Verwaltungshandeln und damit wiederum mittelbar auch die Gesellschaft. Vgl. zu diesen zwei Steuerungsebenen *Schmidt,* VerwArch 91 (2000), S. 149 (152).

191 Vgl. *Voigt,* in: ders. (Hrsg.), Der kooperative Staat, S. 33 (35).

192 Kompakt und anschaulich hierzu *Voßkuhle,* VerwArch 92 (2001), S. 184 (194 f.).

193 Eine Übersicht zum Thema Steuerung durch Recht liefert *Lange,* in: König / Dose (Hrsg.), Instrumente und Formen staatlichen Handelns, S. 173 ff.; vgl. auch *Schmidt,* VerwArch 91 (2000), S. 149 (152).

194 Grund hierfür ist vor allem die Verbindung von Demokratie- und Rechtsstaatsprinzip, die sich im Gesetz verkörpert. Zum Ganzen *Schuppert,* in: ders. (Hrsg), Das Gesetz als zentrales Steuerungsinstrument des Rechtsstaates, S. 105 ff.; *ders.,* Verwaltungswissenschaft, S. 468, unter Bezugnahme auf *Herzog,* in: Maunz / Dürig, GG, Art. 20 VI Rn. 45; *Schulze-Fielitz,* DVBl. 1994, S. 657 (659).

195 Vgl. *Schuppert,* Verwaltungswissenschaft, S. 433; *Finckh,* Regulierte Selbstregulierung, S. 44 f.; letzterer speziell zur indirekten Steuerung a. a. O. S. 42 f.; siehe auch *Hoffmann-Riem,* in: Hoffmann-Riem / Schmidt-Aßmann (Hrsg.), Öffentliches Recht und Privatrecht als wechselseitige Auffangordnungen, S. 261 (301).

196 Siehe *Schuppert,* in: Hoffmann-Riem / Schmidt-Aßmann / Schuppert, Reform des allgemeinen Verwaltungsrechts, S. 65 ff.; *Voßkuhle,* DV 32 (1999), S. 545 (546); *Schmidt,* VerwArch 91 (2000), S. 149 (151 f.).

197 *Voßkuhle,* VerwArch 92 (2001), S. 184 (195 f.); *ders.,* DV 32 (1999), S. 545 (547 f.).

Rechtsdenken verbesserte Analysemöglichkeiten – etwa beim Nachdenken über Normvollzugsdefizite oder die Umsetzung neuer Regulierungsansätze.[198]

3. Zum Umgang mit der sozialwissenschaftlichen Diskussionsprägung

Eine Offenheit der Verwaltungsrechtswissenschaft für die Möglichkeiten sozialwissenschaftlichen Denkens ist schon deshalb notwendig, weil die reine Beschäftigung mit Recht ohne Berücksichtigung seiner Wirkungsbedingungen auf Dauer wenig fruchtbar erscheint.[199] Allerdings entstehen mit der starken Einbeziehung sozialwissenschaftlicher Denkansätze in rechtswissenschaftliche Überlegungen auch Probleme, die nicht übersehen werden dürfen. Die verschiedenen Schwesterwissenschaften sind selbstverständlich jeweils durch eine eigene wissenschaftliche Methodik, ein anderes Problembewusstsein, eine eigene Terminologie geprägt. Dies kann bei interdisziplinärem Arbeiten zu Schwierigkeiten führen. Ein gravierendes Problem entsteht vor allem dann, wenn sozialwissenschaftliches Vokabular allzu unbefangen in der juristischen Argumentation verwendet wird.[200] Denn sozialwissenschaftliche Termini sind eben keineswegs mit Rechtsbegriffen und -institutionen, die durch systematisch-dogmatisches rechtswissenschaftliches Denken entwickelt werden, gleichzusetzen. Heuristisch-typologische Beschreibungen der vorgefundenen Lebenswirklichkeit, wie sie für die seinsbezogene sozialwissenschaftliche Perspektive typisch sind, sind keine Elemente einer normativen Ordnung. Ihre Verwendung auf einer Diskussionsebene mit rechtsdogmatischen Termini kann deshalb zu Verwirrung und Unklarheit führen.[201]

Es ist deshalb von entscheidender Bedeutung, sich des Unterschiedes zwischen seinsbezogenen Sozialwissenschaften und normativer Rechtswissenschaft stets gewahr zu sein.[202] Der Einbezug sozialwissenschaftlichen Denkens darf nicht dazu führen, methodische Unterschiede zwischen den verschiedenen Blickwinkeln einzuebnen[203] und sie argumentativ „kurzzuschließen". Sozialwissenschaftliche und

---

198 Zum Ganzen *Voßkuhle,* DV 32 (1999), S. 545 (548 f.).

199 *Schuppert,* Verwaltungswissenschaft, S. 469 f., betont, dass der starke Einbezug der sozialen Wirklichkeit in die rechtswissenschaftlichen Überlegungen im 19. Jahrhundert, etwa bei *von Mohl, von Stein* und *Gneist,* noch ganz selbstverständlich gewesen ist. Vgl. auch *Battis,* Partizipation, S. 18 ff., zur Bedeutung eines interdisziplinären und methodenpluralistischen Ansatzes für die Rechtswissenschaft.

200 Hierzu *Möllers,* VerwArch 93 (2002), S. 22 (34 ff. und 45 f.).

201 So, wie gewohnt kritisch, *Burmeister,* VVDStRL 52 (1993), S. 190 (196); in der Sache auch *Heintzen,* VVDStRL 62 (2003), S. 220 (226 f.). Eine sehr präzise Problembeschreibung liefert *Voßkuhle,* VerwArch 92 (2001), S. 184 (195).

202 Zum Erfordernis genauer Distinktion der Diskussionsebenen vgl. *Voßkuhle,* VerwArch 92 (2001), S. 184 (195); *Heintzen,* VVDStRL 62 (2003), S. 220 (226 f.); *Battis,* Partizipation, S. 19 f.

203 *Voßkuhle,* VerwArch 92 (2001), S. 184 (195).

juristische Argumentationsebenen sind zu trennen. Es bedarf eines differenziert-integrativen Methodenverständnisses (*Voßkuhle*)[204], welches sowohl jeder Betrachtungsebene gerecht zu werden vermag als auch zugleich ermöglicht, ihre Berührungspunkte herauszuarbeiten, gleichsam „Übersetzungsarbeit" zu leisten – und somit einem wirklich fruchtbaren Austausch zwischen den Disziplinen den Boden bereitet.

Ein problematisches Charakteristikum der juristischen Diskussion um den Wandel staatlicher Aufgabenwahrnehmung, das zumindest mittelbar mit deren sozialwissenschaftlicher Prägung zu tun hat, liegt weiterhin darin, dass sich bislang in kaum einem der Diskussionsbereiche eine einheitliche Terminologie hat durchsetzen können. Dies hat sicherlich teilweise damit zu tun, dass die wissenschaftliche Auseinandersetzung auf diesem Gebiet noch sehr stark in Bewegung ist. Vor allem dürfte aber gerade auch ein Rolle spielen, dass hinsichtlich der in der juristischen Diskussion ungewohnten sozialwissenschaftlichen Termini eine gewisse Unbeholfenheit herrscht: Klare Definitionen fallen hier offenbar schwerer oder aber werden als weniger nötig angesehen als im Bereich juristischer Dogmatik; bisweilen herrscht eine gewisse Großzügigkeit im Umgang mit Begriffen wie Kooperation, Privatisierung etc.[205] Selbst gängige Termini der Diskussion werden mit abweichenden, teils sogar konträren Bedeutungen belegt. Dies ist dem Fortschritt der juristischen Bewältigung von Modernisierung und Aufgabenwahrnehmungswandel hinderlich. Insofern ist es wichtig, sich auch bei der Verwendung sozialwissenschaftlich geprägter Terminologie um größtmögliche Präzision zu bemühen und klare Begriffsbestimmungen vorzunehmen.

---

[204] *Voßkuhle,* Kompensationsprinzip, S. 13.

[205] So *Möllers,* VerwArch 93 (2002), S. 22 (37 f.), unter ausdrücklichem Verweis auf die hier behandelten Themenkomplexe Kooperation, Aufgabenprivatisierung und regulierte Selbstregulierung (S. 38 Fn. 114).

Zweiter Teil

Strategien gewandelter Aufgabenwahrnehmung und ihre Umsetzung bei der vorhabenbezogenen Bebauungsplanung

§ 3 Erkenntnisinteresse und Untersuchungsgang des Zweiten Teiles

Der Zweite Teil der Untersuchung dient der Herausarbeitung des innovativen Charakters der vbBPlanung. Es ist zu zeigen, was genau sie zu einem Beispiel des Aufgabenwahrnehmungswandels macht. Zu diesem Zweck wird die vbBPlanung aus der Perspektive dreier Schlüsselbegriffe der Modernisierungsdiskussion analysiert, mit denen sie regelmäßig assoziiert wird: Kooperation, Instrumentalisierung von (regulierter) Selbstregulierung und Privatisierung.[1] Diese Begriffe sind sämtlich Chiffren für veränderte Begegnungsmuster von Staat und gesellschaftlichen Akteuren. Trotz Überschneidungen handelt es sich – wie gleich zu zeigen sein wird – um zu differenzierende Konzepte mit unterschiedlichen Charakteristika. Sie gehören zum Spektrum von Reaktionsmöglichkeiten des Staates auf die oben beschriebenen Probleme bei der Aufgabenwahrnehmung, etwa der Begrenztheit staatlicher (Personal-)Ressourcen und einseitiger Durchsetzbarkeit von staatlichen Entscheidungen. Der Staat kann diese Konzepte gezielt zur Beseitigung oder Abmilderung dieser Problemlagen einsetzen und auf diesem Wege z. B. staatliche Ressourcen entlasten oder die Akzeptanz von Entscheidungen verbessern. Angesichts dieser funktionalen Bedeutung lassen sich Kooperation, Instrumentalisierung von Selbstregulierung und Privatisierung auch als Strategien zur Verbesserung staatlicher Aufgabenwahrnehmung verstehen.[2] Bei der Gestaltung der Wahrnehmung einer Aufgabe können verschiedene solcher Strategien kombiniert

---

[1] Vgl. die Aufzählung dieser Begriffe bei *Faber,* in: FS Hoppe, S. 425.

[2] *Voßkuhle,* VerwArch 92 (2001), S. 184 (203). Vgl. auch *Faber,* in: FS Hoppe, S. 425 (428), die von einer „Instrumentalisierung" von Kooperation und Selbstregulierung spricht. Die Umsetzung neuer Strategien bei der Aufgabenwahrnehmung führt auch zu Veränderungen der Art und Weise, „in der ein bestimmtes Ziel dem Adressaten gegenüber durchgesetzt wird bzw. in der ein Adressat staatlicher Steuerung zu einem angestrebten Verhalten veranlasst wird", also der staatlichen Steuerung nach obiger Definition; bei der Strategieverwirklichung geht es also auch um die Ausdifferenzierung staatlicher Steuerungsformen. Zu Kooperation und regulierter Selbstregulierung als Steuerungsmodi *Schuppert,* Verwaltungswissenschaft, S. 430; *Koch,* NuR 2001, S. 541 (542).

werden, um maßgeschneiderte, den besonderen Bedürfnissen des betroffenen Bereiches entsprechende Aufgabenwahrnehmungsformen zu entwickeln.

Der konkreten Untersuchung der vbBPlanung im Hinblick auf die Verwirklichung der verschiedenen Konzepte bzw. Strategien werden jeweils abstrakte, allgemein gültige Erörterungen vorausgehen, um den entsprechenden Untersuchungsfokus hinreichend exakt zu bestimmen. In diesem Rahmen wird geklärt, auf welchen Kernideen die Strategien basieren und wie und mit welchem Ziel diese bei der Aufgabenwahrnehmung instrumentalisiert werden. Dabei werden handhabbare Definitionen und Typologien herausgearbeitet, die eine Überprüfung der Strategieverwirklichung am konkreten Beispiel – der vbBPlanung und darüber hinaus – ermöglichen, also gleichsam eine „Subsumierbarkeit" herstellen. Die abstrakten Vorüberlegungen umfassen auch rechtliche Gesichtspunkte, vor allem die Funktion des Rechts bei der Implementierung der verschiedenen neuen Aufgabenwahrnehmungskonzepte bzw. die hierzu notwendigen und charakteristischen rechtlichen Rahmenbedingungen, also des normativen Hintergrundes, vor dem sie sich entfalten können.[3]

Nach diesen Vorklärungen hinsichtlich der einzelnen Untersuchungsansätze wird die vbBPlanung jeweils unter Zugrundelegung der erarbeiteten Ergebnisse analysiert und die Art und Weise der Verwirklichung dieser Ideen im Planungsprozess, mitsamt ihrer spezifischen rechtlichen Implementierung und Strukturierung durch § 12 BauGB und andere Normen, herausgearbeitet.

§ 4 Vorhabenbezogene Bebauungsplanung und Kooperation

I. Einleitung

Kooperation und kooperative Verwaltung – diese Begriffe stehen im Zentrum der Diskussion um den Wandel staatlicher Aufgabenwahrnehmung. Sie beschreiben vielleicht die umfassendste Strategie dieses Wandels. Die vorhabenbezogene Bebauungsplanung wird mit keinem Schlüsselbegriff der Modernisierungsdebatte so häufig assoziiert wie mit diesen. Schon die Überschrift des 4. Abschnittes der Regelung über die Bauleitplanung im BauGB ordnet den vbBPlan der „Zusammenarbeit mit Privaten" zu, was eine begriffliche Nähe zu Kooperation herstellt.[4]

---

[3] Da es in diesem Teil der Untersuchung (nur) um die Herausarbeitung der Strategieverwirklichung bei der vbBPlanung geht, beschränken sich die rechtlichen Ausführungen an dieser Stelle auf diese Aspekte. Erst im Dritten Teil der Arbeit werden hingegen – übergreifend für alle drei untersuchten Konzepte – solche rechtlichen Fragenkreise abgehandelt, die in der Folge der Umsetzung neuer Aufgabenwahrnehmungskonzepte relevant werden.

[4] *Quaas,* in: Schrödter, § 12 Rn. 5; vgl. auch *Battis,* in: 100 Jahre Allgemeines Baugesetz Sachsen, S. 507; *Glombik,* LKV 1999, S. 168 (169);

Der Gesetzgeber intendierte mit der Einfügung dieses Abschnittes eine Stärkung kooperativer Handlungsformen zwischen Gemeinde und Investor.[5] In der Literatur wird die vbBPlanung immer wieder als Ausdruck von Kooperation zwischen Staat und Privaten eingeordnet: Der vbBPlan sei Instrument eines auf Kooperation angelegten Städtebaurechts[6], ja sogar dessen bedeutendstes Beispiel[7] und Ausdruck eines Wandels zum kooperativen Verwaltungshandeln.[8] Der kooperative Charakter der vbBPlanung wird in diesem Abschnitt umfassend beleuchtet.

II. Zur Untersuchungsperspektive Kooperation

1. Kooperation und kooperative Verwaltung

Kooperation zwischen Staat und Privaten, kooperatives Staatshandeln und „kooperatives Recht“: Diese Themen haben in den letzten Jahren große wissenschaftliche Aufmerksamkeit erfahren. Man kann Kooperation als *den* Karrierebegriff der Verwaltungsmodernisierungsdebatte bezeichnen.[9] Besonders die Verwaltungswissenschaft hat sich des Themas intensiv angenommen.[10] Die rechtswissenschaftliche Auseinandersetzung mit Kooperation hat durch einen Aufsatz von *Ritter* aus dem Jahr 1979[11] einen entscheidenden Impuls erfahren und sich seither stetig weiterentwickelt, ohne dass man bis heute von einer vollen Konsolidierung der Diskussion sprechen kann. Sie bezieht sich in erster Linie auf kooperatives Verwaltungshandeln, aber auch auf die Kooperation von Gesetzgeber und gesellschaftlichen Akteuren.[12] Allein Ersteres ist in dieser Untersuchung von Interesse.

---

5 BT-Drucks. 12/3944 S. 24 f.; *Schliepkorte,* Der Vorhaben- und Erschließungsplan, S. 3; *Menke,* NVwZ 1998, S. 577.

6 *Neuhausen,* in: Brügelmann, § 12 Rn. 5.

7 *Koch/Hendler,* Baurecht, § 15 Rn. 13; ähnlich *Battis,* Öffentliches Baurecht, S. 85: „Markantestes Beispiel für städtebauliches Kooperationsprinzip“; *Krautzberger,* in: Battis/Krautzberger/Löhr, § 12 Rn. 2: „weitestgehende Verzahnung gemeindlicher und privater Kooperation im Städtebaurecht“; *Burgi,* Funktionale Privatisierung, S. 134: „Intensivste Form des Zusammenwirkens“; siehe auch *Faber,* in: FS Hoppe, S. 425 (431); *Schulze-Fielitz,* DVBl. 1994, S. 657 (667); *Söfker,* in: FS Schlichter, S. 389 (391).

8 *Battis,* ZfBR 1999, S. 240.

9 So *Koch,* NuR 2001, S. 541.

10 Siehe etwa die umfassenden Ausführungen bei *Schuppert,* Verwaltungswissenschaften, S. 115 ff. und 277 ff.

11 *Ritter,* AöR 104 (1979), S. 389 ff.

12 Man kann von verschiedenen Ebenen der Kooperation sprechen. *Schuppert,* Verwaltungswissenschaft, S. 421 ff., unterscheidet kooperative Rechtserzeugung, kooperative Rechtskonkretisierung und kooperativen Rechtsvollzug. Vgl. auch *Benz,* Kooperative Verwaltung, S. 35, der von Kooperation bei Politikformulierung und -vollzug spricht; sowie *Ritter,* StWStP 1 (1990), S. 50 (53 f.).

a) Das neue Bild der Verwaltung – von hierarchischer zu kooperativer Steuerung

Der Wandel der Verwaltung und ihrer Handlungsmuster lässt sich am besten veranschaulichen, wenn man neue Leitbilder wie Kooperation mit einem traditionelleren Verwaltungsverständnis kontrastiert. Dieses ist grundsätzlich geprägt vom Idealbild des einseitig hoheitlich handelnden Staates. Die Verwaltung konkretisiert und vollzieht das Recht (das Gesetz) gegenüber dem Bürger. Der Bürger als Adressat des Verwaltungshandelns ist insofern lediglich dessen Objekt und wird nicht so sehr als freies und autonomes Subjekt wahrgenommen.[13] Diese Vorstellung hat eine große Nähe zum Bürokratiemodell *Max Webers,* das die Bürger bzw. gesellschaftlichen Akteure in erster Linie als Störfaktoren, nicht aber als willkommene Mitgestalter des Verwaltungshandelns begreift.[14] Aus steuerungswissenschaftlicher Perspektive entspricht diesem Handlungsmuster der Verwaltung das Modell hierarchischer Steuerung: Mit dem einseitig-hoheitlichen Instrument des Gesetzes und durch die gesetzesakzessorischen Mittel hoheitlicher Verwaltung steuert der Staat das Verhalten der Bürger.[15] Der Verwaltungsakt ist prototypisches Instrument einseitig-hoheitlicher Verwaltung. In der Rechtswissenschaft ist dieses traditionelle Staatsbild tief verwurzelt. Man denke nur an die vielzitierte, bis heute nachwirkende Ablehnung des Verwaltungsvertrages durch *Otto Mayer* – nicht zuletzt Ausdruck der Furcht vor dem Verlust autonomer staatlicher Handlungsautorität.[16] Der Widerspruch zwischen dem Über- und Unterordnungsverhältnis im Verhältnis Staat und Bürger und der vertragsimmanenten Gleichstellung der Parteien wurde als unüberwindbar angesehen.[17] Man mag dies auch als Ausdruck einer noch völlig ungebrochenen paradigmatischem Vorstellung eines Dualismus von Staat und Gesellschaft begreifen.[18] Eine Konsequenz dieses Staatsbildes wäre die durchgehende, bewusste Aufrechterhaltung einer Asymmetrie[19] zwischen Verwaltung und Bürger; die Verwaltung diktiert ihre Entscheidungen, der Staat paktiert nicht.[20]

---

13 *Teutner,* Kooperativer Rechtsstaat, S. 19.

14 Vgl. die Zusammenfassung der Implikationen des Weber'schen Bürokratiemodells bei *Teutner,* Kooperativer Rechtsstaat, S. 18 ff.; *Nahamowitz,* in: Voigt (Hrsg.), Der kooperative Staat, S. 119 f.; *Dose,* in: FS Brohm, S. 693 f.

15 *Ritter,* StWStP 1 (1990), S. 50.

16 Vgl. *Mayer,* AöR 3 (1888), S. 3 ff. (42); Kritik aus jüngerer Zeit bei *Burmeister,* VVDStRL 52 (1993), S. 190 ff., vor allem S. 206 ff.

17 *Kopp/Ramsauer,* VwVfG, § 54 Rn. 13.

18 Siehe auch *Schneider,* VerwArch 87 (1996), S. 38.

19 Zum Begriff der Asymmetrie in diesem Kontext vgl. *Treutner,* Kooperativer Rechtsstaat, S. 19.

20 Es wäre allerdings verfehlt, dieses Staatsbild als Ausdruck vordemokratischer Obrigkeitsstaatlichkeit abzutun. Vgl. auch die kritischen Äußerungen bei *Koch,* NuR 2001, S. 541. Vielmehr ist es durchaus auch als Errungenschaft des liberalen Rechtsstaates zu interpretieren. Vgl. *Schneider,* VerwArch 87 (1996), S. 38 (45 f.).

Dieses Bild der Verwaltung ist zumindest unvollständig; es handelt sich um ein Ideal, das in dieser Reinform nie gegolten hat. Die Verwaltungswirklichkeit sieht anders aus. Tatsächlich findet schon sehr lange in verschiedener Form enge Zusammenarbeit zwischen Verwaltung und Privaten in vielen Aufgabenbereichen statt.[21] Auch verzichtet der Staat oftmals darauf, Entscheidungen einseitig zu oktroyieren. Vielmehr tritt vielfach eine Verwaltung in Erscheinung, die bemüht ist, Entscheidungen und Maßnahmen im Konsens und in Kooperation mit den Betroffenen zu treffen. Um diese veränderte Interaktion geht es, wenn von kooperativem Staatshandeln und vom kooperativen Staat gesprochen wird. Dass dieser Wandel stattfindet, kann nicht ernsthaft bezweifelt werden, sondern ist als empirischer Befund anzuerkennen.[22]

Betrachtet man die Ursachen dieses Wandels – aus steuerungswissenschaftlicher Sicht lässt er sich als Paradigmenwechsel von der hierarchischen zur kooperativen Steuerung bezeichnen[23] – so stellt man fest, dass er vor allem als Reaktion zu begreifen ist. Er folgt der Einsicht, dass sich mit hierarchischen Steuerungsmustern heute in vielen Bereichen offenbar nur im begrenzten Umfang Erfolge erzielen lassen und sich insofern der staatliche Steuerungsanspruch schwer verwirklichen lässt.[24] Dies hat damit zu tun, dass für eine erfolgreiche hierarchische Steuerung gewisse Bedingungen bzw. Prämissen erfüllt sein müssen.[25] Etwas vereinfacht ausgedrückt bedarf es hierfür einer Gesellschaft, die so überschaubar strukturiert ist, dass eine Steuerung durch einseitige, gesetzesvollziehende Verwaltungshandlungen effektiv möglich ist. Dem Staat stehen dabei – so eine weitere Prämisse – die für seine Aufgabenwahrnehmung erforderlichen Ressourcen zur Verfügung – z. B. die nötigen Informationen zur korrekten Ausführung der von ihm zu vollziehenden Normprogramme. Außerdem muss eine effektive Durchsetzbarkeit bzw. Vollziehbarkeit von Verwaltungsentscheidungen auch ohne Akzeptanz oder gar Mitwirkung des Maßnahmeadressaten gegeben sein.[26] All diese Prämissen sind heute, wie oben bereits angedeutet, fraglich. Hochkomplexe Sachverhalte (etwa in umweltrechtlichen Genehmigungs- und Planungsverfahren), die in der modernen Industriegesellschaft vermehrt auftreten, machen eine rein behördliche, einseitige normvollziehende Verwaltungsentscheidung oft praktisch unmöglich. Die Verwal-

---

21 *Schneider,* VerwArch 87 (1996), S. 38; *Dose,* DV 27 (1994), S. 91 (95) ausführlich zur Historie von Verhandlungsprozessen (die er mit Kooperation gleichsetzt); *Battis,* Allgemeines Verwaltungsrecht, S. 250 f.

22 *Spannowsky,* Grenzen des Verwaltungshandelns, S. 22; vgl. auch *Hoffmann-Riem / Schmidt-Aßmann,* in: Hoffmann-Riem / Schmidt-Aßmann (Hrsg.), Konfliktbewältigung durch Verhandlungen Bd. II, S. 5; aktuell *Pitschas,* in: Sommermann / Ziekow (Hrsg.), Perspektiven der Verwaltungsforschung, S. 223 f.; *Schulze-Fielitz,* DVBl. 1994, S. 657 (658), spricht von der Allgegenwart kooperativen Verwaltungshandelns.

23 Zur Kooperation als Steuerungsmodus *Koch,* NuR 2001, S. 541 (542).

24 Vgl. etwa *Faber,* in: FS Hoppe, S. 425 (426 ff.).

25 Detailliert *Ritter,* StWStP 1 (1990), S. 50 (51); auch *Remmert,* Private Dienstleistungen, S. 186 f.

26 Zu den einzelnen Voraussetzungen *Ritter,* StWStP 1 (1990), S. 50 (51).

tung ist vielfach auf die Mithilfe von Betroffenen oder auch Dritten zur Verbreiterung ihrer Informationsbasis für Entscheidungen angewiesen.[27] Hinzu kommen die oben erwähnten Blockademöglichkeiten bei fehlender Akzeptanz des Verwaltungshandelns. Vor diesem Hintergrund hat sich der Wandel zum kooperativen Verwaltungshandeln eingestellt. Die Erkenntnis hat sich durchgesetzt, dass viele Steuerungsziele sich besser und schneller durch Kooperation mit den Betroffenen erreichen lassen. Mit dem Einbau kooperativer Elemente in die staatliche Steuerung verbindet sich die Hoffnung, die Steuerungseffizienz zu erhöhen.[28] Man kann sagen, dass der Hinwendung des Staates zu kooperativem Vorgehen damit vor allem ein pragmatisches, ja strategisches Moment zugrunde liegt[29]: Sie dient dem Erhalt seines Steuerungsanspruchs. Insofern ist Kooperation als eine Strategie zur Veränderung staatlicher Aufgabenwahrnehmung zu begreifen.

Das beschriebene traditionelle Leitbild hierarchischer Verwaltung hat eine offene wissenschaftliche Wahrnehmung kooperativen Verwaltungshandelns, ganz zu schweigen von seiner dogmatischen Aufarbeitung, lange erschwert.[30] Heute ist die Scheu vor der wissenschaftlichen Anerkennung dieses Phänomens überwunden: Der kooperative Staat ist längst kein Skandalon mehr.[31] Es findet eine breite und offene Auseinandersetzung über den kooperativen Staat und kooperatives Staatshandeln statt.

b) Begriffsbestimmungen: Kooperatives und konsensuales Verwalten

Überwindung der Hierarchie, Einbindung Privater, Konsenssuche – obige Ausführungen evozieren bereits ein recht anschauliches Bild davon, was unter Kooperation im Verhältnis Staat und Bürger zu verstehen ist. Der Begriff wird uneinheitlich verwendet – mal eher als Sammelbezeichnung oder Oberbegriff für sehr unterschiedliche Phänomene, mal mit sehr konkretem Verständnis.[32]

aa) Kooperatives Staatshandeln

Im allgemeinen Sprachgebrauch versteht man unter Kooperation schlicht die „Zusammenarbeit verschiedener Partner“, kooperativ bedeutet soviel wie „zusammenarbeitend“.[33] Auf der Suche nach einem Kooperationsbegriff für das Verhältnis

---

27 *Benz*, Kooperative Verwaltung, S. 104.

28 *Faber*, in: FS Hoppe, S. 425 (426).

29 *Benz*, Kooperative Verwaltung, S. 103 f. Zu den Motivationen der Verwaltung umfassend *Ziekow*, in: ders. (Hrsg.), Public Private Partnership, S. 25 (33 ff.); vgl auch *Schuppert*, Grundzüge eines zu entwickelnden Verwaltungskooperationsrechts, S. 30.

30 Vgl. wiederum *Schneider*, VerwArch 87 (1996), S. 38.

31 *Gusy*, ZUR 2001, S. 1.

32 Vgl. zu verschiedenen Kooperationsbegriffen *Schulze-Fielitz*, DVBl. 1994, S. 657 f.

33 Duden Fremdwörterbuch.

Staat-Bürger wird man zunächst im Umweltrecht fündig[34], wo das sogenannte Kooperationsprinzip breite Anerkennung genießt[35] – sogar durch das Bundesverfassungsgericht.[36] Es bedeutet, dass Umweltschutz nicht allein Aufgabe des Staates ist und auch vom Staat nicht einseitig (und zwangsweise) gegen Wirtschaft und Gesellschaft durchgesetzt werden sollte, sondern dass Kooperation der Vorzug vor Konfrontation zu geben ist.[37] Diese Definition offenbart eine gewisse Unbestimmtheit und Mehrdeutigkeit des Kooperationsprinzips.[38] Es meint die Aufgabenverteilung zwischen Staat und Gesellschaft ebenso wie die kooperative Aufgabenwahrnehmung durch den Staat[39], wobei letzterem Aspekt besondere Bedeutung zukommt, etwa durch Einbezug Privater in staatliche Entscheidungsverfahren, Suche nach konsensualen Entscheidungen etc.[40] Im Einzelnen kommt das Kooperationsprinzip in vielen Einzelregelungen des Umweltrechts zum Ausdruck.[41]

Für einen allgemeinen Begriff der Kooperation kann man auf das umweltrechtliche Kooperationsprinzip aufbauen und darunter das „Zusammenwirken von Staat und Gesellschaft bei der Erfüllung sämtlicher Aufgaben (...)“ verstehen.[42] Das erscheint noch etwas unspezifisch. Die beim umweltrechtlichen Kooperationsprinzip gefallenen Stichworte – Konsens und „Einbezug“ Privater – weisen hier aber bereits die Richtung: Eine irgendwie geartete, etwa auch zwangsweise Involvierung Privater in die Aufgabenerfüllung kann mit „Zusammenwirken“ nicht gemeint sein. Die Begriffe Zusammenwirken, Zusammenarbeit bzw. Kooperation implizieren eine zumindest im gewissen Maße bestehende Gleichberechtigung im

---

34 Diesen Weg wählt auch *Faber*, in: FS Hoppe, S. 425 (428).

35 Siehe etwa *Kloepfer*, Umweltrecht, S. 185 ff. Explizite Normierungen des Kooperationsprinzips finden sich auch in den Entwürfen zum Umweltgesetzbuch, etwa im Entwurf der Sachverständigenkommission in § 7. Siehe hierzu Bundesministerium für Umwelt, Naturschutz und Reaktorsicherheit (Hrsg.), UGB-KomE; vgl. aber auch die kritischen Ausführungen bei *Koch*, NuR 2001, S. 541 ff.; sowie *Di Fabio*, NVwZ 1999, S. 1153 ff.

36 Siehe die Entscheidungen BVerfGE 98, S. 83 ff. zum Immissionsschutzrecht und E 98, S. 106 ff. zum Abfallrecht.

37 *Kloepfer*, Umweltrecht, S. 185; *Oberrath/Hahn*, Kompendium Umweltrecht, S. 30.

38 *Di Fabio*, NVwZ 1999, S. 1153 (1158).

39 *Kloepfer*, Umweltrecht, S. 185; *Sanden*, Umweltrecht, S. 72 f.

40 *Kloepfer*, Umweltrecht, S. 186.

41 Neuere Überlegungen gehen dahin, ein über das Umweltrecht hinausgehendes, allgemeines Kooperationsprinzip im Verwaltungsrecht zu entwickeln. Hierzu ist zu bemerken, dass es sich bei einem derart allgemeinen Kooperationsprinzip nicht um ein rechtssatzförmiges Prinzip im engeren Sinne handeln kann, sondern eher um ein Leitprinzip unterhalb der „Verdichtungsebene“ des Rechtsprinzips. Vgl. hierzu eingehend *Schuppert*, Verwaltungswissenschaft S. 441; *Koch*, NuR 2001, S. 541 (545 ff.); *Faber*, in: FS Hoppe, S. 425 (428). Zum Stichwort Kooperationsprinzip im Städtebaurecht vgl. *Battis*, Öffentliches Baurecht, S. 85; *ders.*, in: FS Hoppe, S. 303 (314).

42 *Schneider*, VerwArch 87 (1996), S. 38 (39). Einen besonderen Akzent legt *Schneider* dabei auf die Beteiligung von gesellschaftlichen Kräften an staatlichen Willensbildungs- und Entscheidungsprozessen. Zur Ausweitung des umweltrechtlichen Kooperationsprinzip auf andere Bereiche *Gusy*, ZUR 2001, S. 1; vgl. auch *Voßkuhle*, VerwArch 92 (2001), S. 184 (204).

Hinblick auf das spezifische Arbeitsfeld, auf das sich die Kooperation erstreckt.[43] Von echter Kooperation sollte man deshalb nur dann sprechen, wenn im Bezug auf eine bestimmte Entscheidung oder Maßnahme die ansonsten bestehende Asymmetrie zwischen Staat und Privatem nicht zum Tragen kommt. Kooperativ ist danach das Verhalten des Staates, „das darauf abzielt, mit anderen Akteuren mehr oder weniger *von gleich zu gleich* zu verhandeln bzw. zusammenzuarbeiten".[44] Das übliche hierarchische Über- und Unterordnungsverhältnis von Staat und Bürger entspricht dem zunächst nicht. Kooperation erfordert daher, dass der Staat auf den Einsatz einseitig-hoheitlicher Steuerungsmechanismen im Verhältnis zum Kooperationspartner im Kooperationsfeld verzichtet, auch wenn ihm diese oftmals zur Verfügung stehen werden.[45] Dieser Verzichtsaspekt geht Hand in Hand mit dem bereits erwähnten strategischen Moment der Kooperation – der Staat „könnte auch anders", erhofft sich aber von seinem kooperativen Verhalten Vorteile.

bb) Kooperative Aufgabenwahrnehmung im Allgemeinen

Kooperative Aufgabenwahrnehmung bedeutet also allgemein eine gleichberechtigte Zusammenarbeit von Staat und Privaten in einem Aufgabenfeld. Wenn beide Akteure bei der tatsächlichen Aufgabendurchführung Hand in Hand auf ein gemeinsames Ziel hinarbeiten, und sei es auch mit unterschiedlichen Interessen oder Motiven[46], dann wird sich die Frage des „Hierarchieverzichts" oft nicht stellen, da die Verwaltung den Privaten in vielen Bereichen gar nicht zu seinem Beitrag zwingen könnte. Es ist aber auch in diesen Fällen grundsätzlich richtig, von kooperativer Verwaltung zu sprechen, weil sich die Akteure auch hier auf gleicher Augenhöhe begegnen und eben nicht im typischen Über-Unterordnungsverhältnis.[47] Auch insoweit liegt das kooperationstypische Abweichen von hierarchischen Begegnungsmustern vor.

cc) Kooperatives Entscheiden im Besonderen

Deutlicher wird die Besonderheit kooperativen Staatshandelns, wenn sich die Kooperation auf Verwaltungsentscheidungen bezieht. Dort wird der Verzicht auf

---

43 Ansonsten erscheint das von *Di Fabio,* NVwZ 1999, S. 1153 (1154) verwendete Bild passend, bei dem der Meister zum Lehrling sagt: „*Wir* müssen mal die Werkstatt fegen". Von Zusammenarbeit kann man in diesem Fall nicht wirklich sprechen.

44 *Voigt,* in: ders. (Hrsg.), Der kooperative Staat, S. 33 (42); ähnlich *Benz,* Kooperative Verwaltung, S. 38; *Schuppert,* Verwaltungswissenschaft, S. 118; *Kippes,* Bargaining, S. 49; *Schulze-Fielitz,* DVBl. 1994, S. 657 f.; *Schmidt-Aßmann,* in: FS Brohm, S. 547 (555).

45 *Voigt,* in: ders. (Hrsg.), Der kooperative Staat, S. 33 (42).

46 Zur Frage der interessengeleiteten Kooperation vgl. *Gusy,* ZUR 2001, S. 1 (3).

47 Mit diesem Ergebnis *König/Benz,* in: dies. (Hrsg.), Privatisierung und staatliche Regulierung, S. 13 (49).

hierarchisches Handeln am sichtbarsten. Mit kooperativem Entscheiden ist hierbei mehr gemeint als die bloße Interaktion von Staat und Bürger im Vorfeld der Entscheidung[48], denn die hat es selbstverständlich, bei aller theoretischer Dominanz des Weber'schen Bürokratieideals, immer gegeben.[49] So würde man z. B. beim Anhörungsrecht des § 28 Abs. 1 VwVfG nicht auf die Idee kommen, dies bereits als Ausdruck des kooperativen Staates zu interpretieren.[50] Hier bleibt es bei der Asymmetrie zwischen Staat und Bürger im Hinblick auf die zu treffende Verwaltungsentscheidung. Entscheidend ist vielmehr, dass der Staat bis zum Ende nicht von seiner einseitigen Entscheidungsmöglichkeit Gebrauch macht, sondern auch im Hinblick auf die Entscheidung selbst auf einer Augenhöhe mit dem Privaten bleibt; diese muss also im Konsens getroffen werden. Geht es nicht um eine Entscheidung im Konsens, sondern handelt es sich nur um eine Zusammenarbeit im Vorfeld, etwa zur Vorbereitung einer Entscheidung, die dann letztlich frei und einseitig staatlich getroffen wird, so sollte man nicht von kooperativem Entscheiden sprechen. Es handelt sich dann eher um einen Fall der kooperativen Aufgabendurchführung.

Die Konsensgebundenheit des kooperativen Entscheidens führt auch zu dessen Bezeichnung als konsensuales Verwaltungshandeln. Im Vorfeld der Entscheidung tritt der verhandelnde Staat bzw. die verhandelnde Verwaltung[51] in Aktion. Beide Begriffe fallen häufig im Zusammenhang mit Kooperation, sind aber nicht identisch mit ihr[52], sondern bezeichnen jeweils einen bestimmten Aspekt kooperativen Handelns und setzen dieses voraus. Ohne Kooperationsbereitschaft des Staates im oben erläuterten Sinne sind weder Verhandlungen noch Konsensfindung denkbar.[53] Konsensuales Staatshandeln bildet eine wichtige Fallgruppe des kooperativen Staatshandelns.[54]

Einer kooperativen Entscheidungsfindung ist es im Übrigen nicht abträglich, dass der Staat regelmäßig die Möglichkeit der Rückkehr zu einseitig-hoheitlichen Maßnahmen hat und dies auch spürbar bleibt. Dieses Drohpotential wird sogar oftmals wesentliches Element der staatlichen Verhandlungsposition sein. Dem setzen die gesellschaftlichen Akteure dann ihre Verhandlungsmacht (Drohpotential:

---

48 Vgl. hierzu *Schulze-Fielitz,* DVBl. 1994, S. 657.

49 Vgl. auch *Voigt,* in: ders. (Hrsg.), Der kooperative Staat, S. 33 (58 f.).

50 Treffender erscheint hier die Einschätzung, dass es eher um die bloße Abmilderung der Stellung des Privaten als „Objekt des Verwaltungshandelns" geht, vgl. *Trautner,* Kooperativer Rechtsstaat, S. 24.

51 Hierzu *Schuppert,* Verwaltungswissenschaft, S. 120 ff.; ausführlich *Dose,* Die verhandelnde Verwaltung.

52 *Benz,* Kooperative Verwaltung, S. 37 ff., setzt dagegen kooperatives und konsensuales Verwaltungshandeln gleich.

53 Vgl. die Kontrastierung von hierarchischem Staat und verhandelndem Staat bei *Schuppert,* Verwaltungswissenschaft, S. 122 f.

54 *Schneider,* VerwArch 87 (1996), S. 38 (39); *Erbguth,* VerwArch 89 (1998), S. 189 (190).

Standortentscheidungen, Arbeitsplatzabbau etc.) entgegen. Die Rückkehrmöglichkeit steht der Annahme von Kooperation keineswegs entgegen[55]; vielmehr ist *Schuppert* zuzustimmen, wenn er diesen Aspekt unter den Stichworten Tauschförmigkeit und Verhandlungsmacht (neben dem erwähnten partnerschaftlichen Element) gerade für charakteristisch für das kooperative Verwaltungshandeln hält.[56]

c) Abgrenzung zur Public-Private-Partnership

Public-Private-Partnership (PPP) ist ein verbreitetes Schlagwort der Reformdiskussion. Es gehört zu den Kategorienbildungen des New Public Management[57] bzw. der Verwaltungswissenschaft.[58] Eine Definition fällt nicht leicht; in der Literatur zur PPP wird sogar geäußert, dass es keine exakte und allgemeingültige Definition von PPP gibt.[59] Man kann den Begriff zunächst allgemein als Beschreibung einer Zusammenarbeit von Staat und Privaten verstehen – dann hat er keinen Mehrwert über die bereits definierte Kooperation hinaus.[60] Verbreiteter ist ein engeres Verständnis; danach bedeutet PPP Folgendes: „Integration zwischen öffentlicher Hand und Akteuren aus dem privaten Sektor, Fokus auf Verfolgung komplementärer Ziele, Synergiepotentiale bei der Zusammenarbeit, Prozessorientierung, Identität und Verantwortung der Partner bleiben intakt und die Zusammenarbeit ist (gesellschafts-)vertraglich formalisiert".[61] Dies umfasst etwa die sogenannten Betreibermodelle (etwa in Bezug auf Strassen, Abfallentsorgung und Krankenhäuser) ebenso wie gemischtwirtschaftliche Unternehmen zur Wahrnehmung bestimmter Aufgaben, z. B. zur Erbringung kommunaler Leistungen (Stadtreinigung, Abwasserentsorgung).[62] Wenn man mit dem Terminus PPP arbeiten will, erscheint dieser engere Begriff schärfer und insofern vorzugswürdig. PPP beschreibt insofern eine

---

55 *Schulze-Fielitz,* DVBl. 1994, S. 657 (659).

56 *Schuppert,* Verwaltungswissenschaft, S. 118 f.; zur Tauschförmigkeit auch *Treutner,* Kooperativer Rechtsstaat, S. 35 f.; *Gusy,* ZUR 2001, S. 1 (3).

57 Unter dieser Überschrift spielt sich international die Verwaltungsreformdiskussion ab; *Budäus / Grüning,* in: Budäus / Eichhorn (Hrsg.), Public Private Partnership, S. 25 (27). Vgl. hierzu *Mehde,* Neues Steuerungsmodell, S. 41 ff.; *Rehbinder,* in: FS Brohm, S. 727 ff.

58 *Burgi,* Funktionale Privatisierung, S. 98; *Tettinger,* DÖV 1996, S. 764.

59 *Budäus / Grüning,* in: Budäus / Eichhorn (Hrsg.), Public Private Partnership, S. 25 (40) mit zahlreichen Beispielen, die die Vielfältigkeit von PPP-Feldern zum Ausdruck bringen. Aktuelle Bemühungen um eine „juristisch anschlussfähige" Begriffsbestimmung bei *Ziekow,* in: Sommermann / Ziekow (Hrsg.), Perspektiven der Verwaltungsforschung, S. 269 (270 ff.); *ders.,* in: ders. (Hrsg.), Public Private Partnership, S. 25 (28 ff.).

60 *Budäus / Grüning,* in: Budäus / Eichhorn (Hrsg.), Public Private Partnership, S. 25 (46): „Der Begriff (. . .) verliert restlos an Schärfe." Für einen offeneren Begriff aber *Ziekow,* in: ders. (Hrsg.), Public Private Partnership, S. 25 (33).

61 *Budäus / Grüning,* in: Budäus / Eichhorn (Hrsg.), Public Private Partnership, S. 25 (54); zustimmend *Schuppert,* im gleichen Band, S. 93 (94); *Burgi,* Funktionale Privatisierung, S. 98.

62 *Burgi,* Funktionale Privatisierung, S. 98 f.; *Tettinger,* DÖV 1996, S. 764 ff.

spezielle Form der Kooperation, aber kein qualitativ anderes Begegnungsmuster von staatlichen und gesellschaftlichen Akteuren. Insofern wird zur Vermeidung von Verwirrung durch zusätzliche Begriffskategorien im Folgenden nur mit dem Terminus Kooperation gearbeitet.[63]

2. Kooperative Verwaltung und Recht

Im demokratischen Rechtsstaat erhebt das Recht, insbesondere das Gesetz, den Anspruch auf Steuerung des Verwaltungshandelns: Art. 20 Abs. 3 GG bindet die vollziehende Gewalt ausdrücklich an Gesetz und Recht. Dies gilt selbstverständlich auch dann, wenn die Verwaltung mit Privaten kooperiert. Insofern stellt sich die Frage nach den spezifischen rechtlichen Anforderungen an und Voraussetzungen für kooperatives Verwalten.

a) Kooperatives Recht?

Teilweise wird die Auseinandersetzung mit der Rolle des Rechts bei Kooperation unter der Überschrift „kooperatives Recht" ausgetragen.[64] Diese Bezeichnung ist in mehrfacher Hinsicht irreführend. Sie legt nahe, für die Kooperation zwischen Staat und Privaten sei ein spezieller Rechtstyp maßgeblich.[65] Diese Annahme ist unzutreffend und trübt den Blick auf die erheblich komplexeren Beziehungen zwischen Kooperation und Recht. Zunächst ist schon der Begriff ungünstig gewählt. Der Staat kann kooperativ sein, sich kooperativen Handelns bedienen – wie Recht kooperieren soll, erscheint dagegen unklar. Selbst wenn man der Prämisse des besonderen Rechtstyps folgen wollte, wäre „Recht der Kooperation" sicher eine glücklichere Begriffsbildung. Aber auch diese läuft inhaltlich ins Leere. Denn kooperatives Verwaltungshandeln ist in erster Linie eine Strategie, ein Verwaltungsstil, ein Handlungsmodus[66] mit den oben beschriebenen Charakteristika. Es kann sich vor bestimmten normativen Hintergründen auf unterschiedliche Weise entfalten. Sicherlich gibt es rechtliche Strukturen, die kooperatives Verwaltungshandeln begünstigen, unterstützen oder sogar anordnen.[67] Andererseits findet Kooperation häufig auch dann statt, wenn normative Vorgaben das keineswegs nahe

63 *Erbguth*, VerwArch 89 (1998), S. 189 (203), und *von und zu Franckenstein*, UPR 2000, S. 288 ff., ordnen die vbBPlanung als einen Fall von Public-Private-Partnership ein. Vgl. auch den Entwurf der Bundesregierung, zitiert bei *Wagner*, DVBl. 1996, S. 704 (707).

64 Z. B. *Dose*, DV 27 (1994), S. 91 ff.; *Pitschas*, in: Blümel/Pitschas (Hrsg.), Reform des Verwaltungsverfahrensrechts, Schriftenreihe der Hochschule Speyer, Bd. 114, S. 236; *Schulze-Fielitz*, DVBl. 1994, S. 657 ff.

65 *Schuppert*, Verwaltungswissenschaft, S. 420.

66 Vgl. *Gusy*, ZUR 2001, S. 1 (6).

67 *Ritter*, StWStP 1 (1990), S. 50 (54), spricht treffend von „kooperativen Strukturen im Recht".

zu legen scheinen.[68] So kann ein einseitig zu erlassender VA kooperativ, etwa durch informelle Verhandlungen, vorbereitet werden, ohne dass die anzuwendenden Normen dies widerspiegeln. Dies sehen wohl auch die Vertreter des Begriffs vom kooperativen Recht so, wenn sie per definitionem Recht schon dann als kooperativ ansehen, wenn kooperatives Handeln nicht strikt unterbunden wird.[69] Damit ist der Begriff völlig uferlos und sorgt für keinen Erkenntnisfortschritt. Er sollte deshalb nicht verwendet werden.[70] Sinnvoller ist der umfassendere Blick darauf, welche Rolle Recht bei Kooperationsprozessen spielt.[71] Dem ist im Folgenden nachzugehen.

b) Rechtsgebundenheit kooperativen Verwaltungshandelns

Aus der Ablehnung eines „Sonderrechts" der Kooperation folgt, dass sich hinsichtlich der rechtlichen Anforderungen an das Verwaltungshandeln letztlich keine besonderen Maßstäbe im Vergleich zum sonstigen Verwaltungshandeln ergeben (dürfen). Die Verwaltung unterliegt zuvorderst den Bindungen der Verfassung – zentral sind insbesondere das Rechtsstaats- und das Demokratieprinzip – und des Gesetzes.[72] Im demokratischen Rechtsstaat ist die Bindung allen Verwaltungshandelns an Gesetz und Recht selbstverständlich; über die Kette Wahlen, Parlamentsgesetz und Gesetzeskonkretisierung durch die Verwaltung legitimiert sich das das Gemeinwesen steuernde Verwaltungshandeln.[73] Das Gesetz verklammert Demokratie- und Rechtsstaatsprinzip.[74] Hieraus ergibt sich ein Steuerungsanspruch des Gesetzes im demokratischen Rechtsstaat.[75] Dieser bezieht sich auf zwei Ebenen: Das Gesetz steuert sowohl das Verwaltungshandeln mittels Handlungsanweisungen[76] als auch, zumeist über die Vermittlung eines von der Verwaltung vorgenommenen Konkretisierungsschrittes, die Gesellschaft. Diese zentrale Rolle muss das Gesetz selbstverständlich auch im Falle des kooperativen Verwaltens einnehmen;

---

68 So selbst *Dose*, DV 27 (1994), S. 91 (99).

69 *Dose / Voigt*, in: Dose / Voigt (Hrsg.), Kooperatives Recht, S. 11 (12 f.).

70 *Schuppert*, Verwaltungswissenschaft, S. 420 f.; ähnlich *Trute*, DVBl. 1996, S. 950 (951); kritisch auch *Voßkuhle*, in: Schuppert (Hrsg.), Jenseits von Privatisierung und „schlankem" Staat, S. 47 (60).

71 *Trute*, DVBl. 1996, S. 950 (951); siehe auch umfassend *Schuppert*, Grundzüge eines zu entwickelnden Verwaltungskooperationsrechts.

72 Zur Gesetzesbindung umfassend *Schmidt-Aßmann*, in: FS Brohm, S. 547 ff.

73 Vgl. auch *Benz*, Kooperative Verwaltung, S. 37. Diese Konzeption wird auch als rechtsstaatliches Steuerungsmodell bezeichnet, vgl. *Ritter*, StWStP 1 (1990), S. 50 f.

74 *Eichenberger*, VVDStRL 40 (1982), S. 7 (10); *Schuppert*, Verwaltungswissenschaften, S. 468 f.

75 Zu Details hierzu *Schuppert*, Verwaltungswissenschaften, S. 461 ff., besonders 468 ff.; siehe auch *Di Fabio*, VVDStRL 56 (1997), S. 235 (265).

76 *Herzog*, in: Maunz / Dürig, GG, Art. 20 VI Rn. 45; *Schulze-Fielitz*, DVBl. 1994, S. 657 (661).

dieses darf nicht im rechtsfreien Raum stattfinden oder auch nur eine Aufweichung der Gesetzesbindung mit sich bringen.

Nun liegt der Gedanke nicht fern, angesichts der für kooperatives Verwalten typischen Erscheinungen wie ausgehandelten Entscheidungen einen Bedeutungsverlust der normativen Steuerung anzunehmen.[77] Die Bindung der Verwaltung an das Gesetz kann wohl, so mag es scheinen, so streng nicht sein, wenn diese Entscheidungen selbst aushandeln kann. Diese Überlegung greift aber zu kurz; ein zwangsläufiger Bedeutungsverlust des Rechts im Hinblick auf die Steuerung kooperativen Verwaltungshandelns lässt sich damit nicht begründen. Zwar ist es hinsichtlich des kooperativen Entscheidens zutreffend, dass hierfür ein gewisser inhaltlicher Entscheidungs- und damit auch Verhandlungsspielraum der Verwaltung gegeben sein muss. Die inhaltliche Programmierung der Entscheidung darf also nicht zu strikt determinierend sein.[78] Insoweit ist aber zu bedenken, dass die Steuerungsrolle des Gesetzes gegenüber dem Verwaltungshandeln viel umfassender zu verstehen ist; die inhaltliche Entscheidungsprogrammierung ist nur ein kleiner Teil der normativen Steuerung. Diese bezieht sich ebenso auf Verfahrensregeln, Organisationsvorgaben etc. In die Überlegungen zur rechtlichen Steuerung des Verwaltungshandelns muss dieses gesamte Spektrum rechtlicher Steuerungsmöglichkeiten mit einbezogen werden. Aus dieser umfassenderen Perspektive lässt sich feststellen, dass im Hinblick auf kooperatives Verwalten die Rolle des Gesetzes keineswegs marginalisiert oder auch nur geschmälert werden muss. Der Steuerungsanspruch des Gesetzes kann jedenfalls insgesamt auch hier breit entfaltet werden; die Bedeutung des Gesetzes besteht fort, „um die unerlässlichen Ordnungs- und Verfahrensrahmen zu schaffen, um als letztes Druckmittel bei mangelnder Kooperationsbereitschaft zu dienen, um Außenseiter einzubinden (...)“.[79] Kurz: Dem Gesetz kommt auch im Bereich kooperativen Verwaltungshandelns die zentrale Strukturierungsfunktion zu.[80] Per Gesetz können Kooperationsmuster vorstrukturiert, transparenzsichernde Verfahrensregeln für Kooperationsprozesse aufgestellt und Kooperationsergebnisse inhaltlich gesteuert werden.[81] Dabei ist es durchaus möglich, dass die normative Steuerung kooperativer Verwaltung anderes akzentuiert ist als die des hierarchischen Staatshandelns. Werden etwa der Verwaltung die eben erwähnten Verhandlungsspielräume hinsichtlich des Entscheidungsinhalts

---

77 *Voigt*, in: ders. (Hrsg.), Der kooperative Staat, S. 33 (63 f.); *Schulze-Fielitz*, DVBl. 1994, S. 657 (659).

78 Das ist sie allerdings in aller Regel auch sonst nicht, da der Verwaltung generell gewisse Entscheidungsfreiräume eingeräumt sind – ob sie diese für Verhandlungen nutzt oder nicht. Dazu sogleich § 4 II 2 c) aa) (2).

79 *Ritter*, StWStP 1 (1990), S. 50 (62). Vgl. auch *Gusy*, ZUR 2001, S. 1 (5).

80 Siehe hierzu etwa *Schuppert*, Verwaltungswissenschaft, S. 443 f.; *Schulze-Fielitz*, DVBl. 1994, S. 657 (660 f.); speziell im Zusammenhang mit dem Städtebaurecht *Hamann*, Verwaltungsvertrag, S. 118 f.

81 Diese Formalisierungen können aus demokratischen und rechtsstaatlichen Gründen geboten sein; vgl. *Ritter*, StWStP 1 (1990), S. 50 (66). Dazu mehr im Dritten Teil der Untersuchung.

eingeräumt, so kann sich z. B. eine stärkere Steuerung durch Verfahrens- und Beteiligungsregeln anbieten, also eine stärkere prozedurale Steuerung des Verwaltungshandelns.[82] Die Steuerungsfunktion des Gesetzes und seine daraus abzuleitende Bedeutung für das kooperative Verwalten erschließt sich erst aus der Gesamtschau aller insoweit bestehenden Steuerungsmöglichkeiten.

Da die demokratisch-rechtsstaatlich begründete Gesetzesbindung der Verwaltung voll bestehen bleibt und bleiben muss, ergibt sich folgender Schluss: Die Möglichkeiten der Verwaltung, sich kooperativ zu verhalten, bestehen ausschließlich innerhalb der durch die normative Steuerung flankierten Korridore. Verlässt die Verwaltung diese, so ist ihr Handeln rechtswidrig.[83]

c) Ermöglichung und Förderung kooperativen Verwaltungshandelns durch Recht

Aufgrund der soeben betonten unbedingten Bindung der Verwaltung an Recht und Gesetz stellt sich die Frage, welcher rechtlichen Rahmenbedingungen es bedarf, damit kooperatives Verwalten möglich wird.

aa) Kooperationsinduzierung bzw. -ermöglichung durch Gesetz

Zunächst sind für ein rechtmäßiges kooperatives Verwaltungshandeln gesetzliche Strukturen notwendig, die Kooperation nicht entgegenstehen.

(1) Kooperationsinduzierung per Gesetz

Das Gesetz kann im besten Fall direkte Impulse zum kooperativen Verwaltungshandeln geben. Am offensichtlichsten ist dies bei gesetzlichen Regelungen, die eine Kooperation explizit vorsehen oder implizit voraussetzen. Solche Regelungen nennt man Kooperation programmierendes Recht.[84] In Betracht kommen insofern zunächst gesetzliche Regelungen, die eine Einbindung von Privaten in die Aufgabenwahrnehmung unter Bedingungen vorsehen, die für Kooperation als kennzeichnend herausgearbeitet wurden, also die Zusammenarbeit auf gleicher Augenhöhe, sei es im Aufgabendurchführungsbereich oder im Hinblick auf eine Entscheidung. Impulsgebend sind insofern auch Fälle, in denen per Gesetz der verwaltungsrechtliche Vertrag für bestimmte Fälle als Handlungsform bestimmt wird, da dieser einem kooperativen Handeln grundsätzlich förderlich ist.[85] Etwas abge-

---

82 Ausführlich *Schmidt-Aßmann,* in: FS Brohm, S. 547 (563 ff.). Man spricht hier auch von einer *Prozeduralisierung* des Rechts. Siehe hierzu § 5 II 3 c) cc).

83 Vgl. *Schmidt-Aßmann,* in: FS Brohm, S. 547 (554).

84 *Dose,* DV 27 (1994), S. 91 (94); vgl. auch *Treutner,* Kooperativer Rechtsstaat, S. 37 f.

85 Zum Vertrag als Rechtsform des Verwaltungshandelns siehe ausführlicher sogleich und § 11 III 1 b) bb).

schwächt liegt eine entsprechende Programmierung schon allein dadurch vor, dass das VwVfG den Verwaltungsvertrag überhaupt als Handlungsform vorsieht.[86]

(2) Kooperationsermöglichende Gesetzesstrukturen

Eine wichtiges Kooperationsfeld besteht aber auch in Bereichen, wo Kooperation nicht direkt programmiert wird, aber Normstrukturen eine Beschaffenheit aufweisen, die kooperatives Handeln begünstigt bzw. ermöglicht.[87] Dies gilt insbesondere für die kooperative Entscheidungsfindung. Voraussetzung hierfür sind Normstrukturen, die der Verwaltung Spielräume einräumen, die im kooperativen Zusammenwirken mit Privaten ausgefüllt werden können.[88] Hat die Verwaltung keine derartigen Freiheiten, macht ihre Kooperationsbereitschaft wenig Sinn, da sie sich nicht über normative Bindungen hinwegsetzen darf. Allerdings lässt selbst eine starke normative Steuerung des Verwaltungshandelns in aller Regel entsprechende Entscheidungsspielräume für die Verwaltung offen, sei es durch unbestimmte Rechtsbegriffe oder Ermessenseinräumung in der Norm. Durch diese „sekundären Elastizitäten" (*Luhmann*)[89] wird die normative Programmierung des Verwaltungshandels sozusagen aufgeweicht.[90] Noch größere Offenheit besteht in Bereichen, wo sich der Gesetzgeber von vornherein auf Zielvorgaben für das Verwaltungshandeln beschränkt. Hierauf wird später noch zurückgekommen.[91] Die Einräumung von gewissen, je nach Sachgebiet unterschiedlich weiten Entscheidungsspielräumen ist schon aus praktischen Gründen der Rechtsanwendung erforderlich: Eine durchgängige und vollständige Programmierung des Verwaltungshandelns würde der Verwaltung jede Einzelfallflexibilität nehmen und damit ihre Funktionsfähigkeit zur Gemeinwohlförderung demontieren.[92] Durch die beschriebenen flexiblen Elemente in der normativen Programmierung findet deshalb eine (mitunter weitreichende) Delegation der Rechtskonkretisierung im Einzelfall an die Verwaltung statt. Diese Spielräume können gut für eine kooperativ erarbeitete Konkretisierung genutzt werden.[93]

---

86 *Spannowsky,* Grenzen des Verwaltungshandelns, S. 22: „Tor zu einem grundlegenden Wandel".

87 Vgl. *Dose,* DV 27 (1994), S. 91 (94); *Schmidt-Aßmann,* in: FS Brohm, S. 547 (551 f.).

88 *Treutner,* Kooperativer Rechtsstaat, S. 62; *Schulze-Fielitz,* DVBl. 1994, S. 657 (658).

89 VerwArch 55, S. 1 (13).

90 Vgl. *Battis,* Öffentliches Baurecht, S. 17; *Ludwig,* Privatisierung staatlicher Aufgaben, S. 50.

91 Siehe *Treutner,* Kooperativer Rechtsstaat, S. 50. Es handelt sich hierbei um sog. Finalprogrammierungen anstatt der sonst üblichen Konditionalprogrammierungen. Siehe genauer § 4 III 3 b).

92 *Wolff/Bachof/Stober,* Verwaltungsrecht Bd. 1, § 20 Rn. 23; *Ludwig,* Privatisierung staatlicher Aufgaben, S. 50. Zu den unterschiedlichen Entscheidungstypen mit ihren jeweiligen Freiräumen *Schuppert,* in: Hoffmann-Riem / Schmidt-Aßmann / Schuppert (Hrsg.), Reform des Allgemeinen Verwaltungsrechts, S. 65 (101 ff.).

93 *Schulze-Fielitz,* DVBl. 1994, S. 657 (658); *Schuppert,* Verwaltungswissenschaft, S. 423 f.

bb) Kooperation und die Formen des Verwaltungshandelns

Wichtig für die kooperative Verwaltung ist weiterhin, dass Formen des Verwaltungshandelns zur Verfügung stehen, die Kooperation ermöglichen.[94] Standort dieser weiteren Diskussionsebene ist die sogenannte Handlungs- bzw. Rechtsformenlehre des Verwaltungsrechts[95], auf die später noch ausführlich zurückgekommen wird.[96] Hinsichtlich der denkbaren Formen des kooperativen Verwaltens ist zu unterscheiden zwischen Kooperationsprozess und -ergebnis. Zunächst kann man sich mit dem Kooperationsprozess befassen, beispielsweise mit Verhandlungen im Vorfeld einer Entscheidung. Große Teile kooperativer Handlungsweisen werden unter dem Stichwort informelles Verwaltungshandeln diskutiert, dessen sich die kooperative Verwaltung oft bedient.[97] Eine andere Frage ist die nach der Rechtsform, die das Ergebnis der Kooperation annimmt.[98] Auch wenn der Vertrag hier sofort in den Sinn kommen mag, so darf sich der Blick keinesfalls hierauf verengen.[99] So kann das konsensuale Ergebnis eines kooperativen Aushandlungsprozesses durchaus (von der Verwaltung) in eine Rechtsform gegossen werden, die an sich mit einseitig-hoheitlichem Handeln assoziiert wird – etwa in eine Norm (VO, Satzung) oder einen VA.[100] In diesem Fall sieht man dem *Ergebnis* des Verwaltungshandelns seinen kooperativen Charakter nicht an; dieser erschließt sich erst bei Betrachtung des Vorfeldes der Verförmlichung. Denkbar ist weiterhin auch ein Kooperationsergebnis, das gar keine Rechtsform annimmt (Gentlemen's agreement).[101] Dadurch, dass die Rechtsordnung kooperationsfreundliche Rechtsformen vorsieht, fördert sie auch Kooperation. Gleichwohl muss sich Kooperation keineswegs auf diese Rechtsformen beschränken.

d) Zusammenfassung

Die Ausführungen haben deutlich gemacht, dass kooperatives Verwaltungshandeln grundsätzlich bei fast jedem normativen Umfeld möglich ist. Selbst eine rela-

---

94 Vgl. *Schuppert,* Grundzüge eines zu entwickelnden Verwaltungskooperationsrechts, S. 67.

95 *Schuppert,* Verwaltungswissenschaft, S. 421.

96 Siehe § 11. Im Zusammenhang mit Kooperation *Dose,* DV 27 (1994), S. 91 (97 f.); vgl. auch *Schulze-Fielitz,* DVBl. 1994, S. 657 (661) mwN.

97 *Schuppert,* Verwaltungswissenschaft, S. 114 f. und 428. *Schulze-Fielitz,* DVBl. 1994, S. 657 (658), bezeichnet dies als eigene Problemebene des „kooperativen Rechts". Vgl. zum Ganzen auch *Kippes,* Bargaining, S. 34 f.

98 Vgl. *Schulze-Fielitz,* DVBl. 1994, S. 657.

99 *Schulze-Fielitz,* DVBl. 1994, S. 657 (662 f.).

100 Vgl. etwa *Ziekow,* in: ders. (Hrsg.), Public Private Partnership, S. 25 (57 f.). Zum durch Konsens herbeigeführten VA vgl. auch *Battis,* Allgemeines Verwaltungsrecht, S. 254; zu „unfreiwilligen" Verwaltungsverträgen *Hamann,* Verwaltungsvertrag, S. 127 f.

101 Siehe etwa *Gusy,* ZUR 2001, S. 1 (4).

tiv starke normative Programmierung räumt in aller Regel gewisse Freiräume ein, die kooperativ ausfüllbar sind. Die Verfolgung der Strategie Kooperation setzt also nicht zwingend die Veränderung verwaltungsrechtlicher Normstrukturen voraus. Allerdings eröffnet eine schwache materielle Determinierung des Entscheidungsinhalts besondere Flexibilität und erweitert den Raum für kooperative Verwaltungsentscheidungen.

III. Kooperation und vbBPlanung

Auf der Grundlage der erarbeiteten Ergebnisse kann nunmehr die Untersuchung des kooperativen Charakters der vbBPlanung erfolgen. Zu dieser Analyse gehört der Nachweis kooperativer Elemente ebenso wie die Auseinandersetzung mit der konkreten rechtlichen Umsetzung des Kooperationsmodells.

1. Hintergrund: Stadtplanung als typisches Kooperationsfeld

Das Städtebaurecht gilt (mit dem Umweltrecht) als das Gebiet, wo sich der Wandel zum kooperativen Recht am stärksten ausgewirkt hat[102]; es bildet hierfür ein Referenzgebiet.[103] Das Bauplanungsrecht bietet heute in vielfältiger Weise die Möglichkeit, Private intensiv in den Planungsprozess und sonstige städtebauliche Vorgänge einzubinden. Schon das reguläre Bebauungsplanaufstellungsverfahren mit seinen Beteiligungsrechten ermöglicht es, Bürgerinteressen während des Planungsprozesses zu erfassen und im hohen Maße in die Planung einfließen zu lassen. Vor allem aber finden sich im Stadtplanungsrecht auch diverse vertragliche Instrumente, die auf eine partnerschaftliche Rolle des Bürgers in der Stadtplanung schließen lassen. Insofern erscheint die Einschätzung von einer kooperativen Prägung dieses Verwaltungsfeldes berechtigt.[104] Dabei ist festzuhalten, dass das Stadtplanungsrecht keineswegs immer so konzipiert war. Es hat vielmehr eine „Rechtsentwicklung von der imperativen zur kooperativen Städtebaupolitik“ stattgefunden.[105] Sie vollzog sich über mehrere Schritte, von der frühen Regelung der öffentlichen Planauslegung über die ersten Erschließungsverträge und die städtebaulichen Sanierungsmaßnahmen bis zu differenzierten vertraglichen Instrumenten.[106] Man wird dies auch als Ausdruck eines Lernprozesses und der zunehmen-

---

102 *Battis,* ZfBR 1999, S. 240, unter Verweis auf *Grziwotz,* JuS 1998, S. 1113.

103 *Grigoleit,* DV 33 (2000), S. 79; *Erbguth,* VerwArch 89 (1998), S. 189 f.; *Busse,* BayVBl. 1994, S. 353; *Schneider,* VerwArch 87 (1996), S. 38 (41); siehe auch *Köster,* Privatisierung des Bauleitplanverfahrens, S. 1 ff.; *Hamann,* Verwaltungsvertrag, S. 17 f.

104 *Löhr,* in: Battis / Krautzberger / Löhr, § 11 Rn. 1 u. 9, spricht im Hinblick auf die Regelung des § 11 BauGB von „Formen kooperativen Handelns im Städtebaurecht“.

105 *Stich,* ZfBR 1999, S. 304 ff.

106 Im Einzelnen *Stich,* ZfBR 1999, S. 304 ff.; vgl. auch *Grigoleit,* DV 33 (2000), S. 79 (80).

den Bewusstwerdung über die Limitationen hierarchischer Steuerung in der Stadtplanung zu deuten haben.[107] Die Gründe für diese Limitationen sind offensichtlich. Von der Bauleitplanung ist der Bürger als Eigentümer, Bauherr oder Investor in besonderer Weise betroffen; er möchte im Planverfahren nicht als bloßes Verwaltungsobjekt wahrgenommen werden.[108] Geschieht dies aber, so wird dadurch eine Blockadehaltung provoziert. Auch im Hinblick auf das Ziel von Planungen, die städtebauliche Entwicklung in eine bestimmte Richtung zu steuern, kommen die Kommunen im Ergebnis kaum ohne Bürger aus, die diese Vorstellungen akzeptieren. Dies wird am deutlichsten bei der Neuerschließung eines Baugebietes: Solange es nicht um eine reine „Verhinderungsplanung" geht, sollen bestimmte Bebauungsformen und Nutzungen eines Stadtraumes durch die Aufstellung eines rechtlichen Rahmens aktiv gelenkt und gefördert werden. Weil die Kommunen nur in den seltensten Fällen selber an Bauvorhaben im Planungsgebiet maßgeblich beteiligt sind, ist die Verwirklichung von im Bebauungsplan zum Ausdruck kommenden städtebaulichen Vorstellungen von der Aktivität privater Bauherren abhängig.[109] Vor diesem Hintergrund können durch die Bauleitplanung unliebsame Entwicklungen verhindert, gewollte aber nur sehr begrenzt einseitig durchgesetzt werden. Ein so komplexes Ziel wie eine bestimmte städtebauliche Entwicklung lässt sich rechtlich kaum erzwingen.[110] Ein noch so gutgemeinter Bebauungsplan kann nutzlos bleiben oder einer positiven anderweitigen Entwicklung sogar hinderlich sein, wenn er auf keine Nachfrage von Bauwilligen stößt. Insbesondere in Zeiten knappen Investitionskapitals tun Gemeinden deshalb gut daran, die Bedürfnisse privater Investoren ernst zu nehmen und nicht an ihnen vorbeizuplanen, sondern sie im Gegenteil in die Planung als Kooperationspartner einzubinden.[111] Die Kooperationalisierung der Stadtplanung hat mithin zumindest auch eine strategische Motivation: Sie ist mit der Erwartung der Verbesserung der eigenen Steuerungsleistung verbunden.[112]

2. Kooperation bei der vbBPlanung

Zur Begründung des kooperativen Charakters der vbBPlanung bleibt es in der Literatur teilweise beim bloßen Hinweis auf das Vorhandensein des vertraglichen

107 *Krautzberger* spricht insofern von einem „Zwang zur Kooperation"; Die Erfüllung öffentlicher Aufgaben, S. 112 f.; vgl. auch *Köster,* DVBl. 2002, S. 229 (232).

108 *Busse,* BayVBl. 1994, S. 353.

109 *Stich,* ZfBR 1999, S. 304 (305); *Koch,* in: Hoffmann-Riem / Schneider (Hrsg.), Verfahrensprivatisierung im Umweltrecht, S. 170 (172).

110 *Busse,* BayVBl. 1994, S. 353; allgemeiner *Hoffmann-Riem,* in: Hoffmann-Riem / Schmidt-Aßmann, Öffentliches Recht und Privatrecht als wechselseitige Auffangordnungen, S. 261 (267); *Köster,* DVBl. 2002, S. 229 (232).

111 Zum Ganzen *Grigoleit,* DV 33 (2000), S. 79 (89 f.); *Brohm,* JZ 2000, S. 321.

112 Vgl. *Spannowsky,* GewArch 44 (1998), S. 362 (363): „Wandel aus gestiegenem Kooperationsbedürfnis".

Elementes.[113] Allerdings reicht ein alleiniges Abstellen auf das Vorhandensein eines Vertrages keineswegs aus, um kooperative Strukturen des Verwaltungshandelns voll zu erfassen.[114] Nichthierarchische Begegnungsmuster als Merkmal kooperativen Verwaltens können sich wesentlich differenzierter äußern. Dementsprechend ist auch ein genaueres Vorgehen nötig, um den kooperativen Charakter der vbBPlanung umfassend herauszuarbeiten. Vielversprechend erscheint insofern, zunächst den Ablauf der vbBPlanung chronologisch nachzuvollziehen und dabei deren einzelne Phasen bzw. Elemente im Hinblick auf einen etwaigen kooperativen Charakter zu untersuchen, bevor Aussagen über die kooperative Prägung der vbBPlanung als Ganzes zu treffen sind.

a) Kooperative Elemente im Prozess der vbBPlanung

Der Ablauf des Planungsprozesses, von privater Planerarbeitung über Abschluss des Durchführungsvertrages bis zur Verabschiedung des vbBPlan, wurde oben eingehend beschrieben. An die dort erläuterten Elemente bzw. Phasen des Planungsprozesses wird bei der nun vorzunehmenden Analyse angeknüpft.

aa) Die abgestimmte Ausarbeitung des VEP

Am Beginn der Planung steht die Erstellung des VEP. Diese liegt nach der Konzeption des § 12 BauGB in der Verantwortung des Investors; er hat den VEP vorzulegen.[115] Bei diesem Teil des Planungsprozesses steht also zunächst die Aktivität des Investors im Vordergrund, der die Initiative ergreift und im Plan seine inhaltlichen Vorstellungen verwirklichen will. Insofern erscheint die Phase VEP-Erarbeitung für sich genommen zunächst nicht durch kooperatives Verhalten der Verwaltung und durch kooperatives Zusammenwirken von staatlichen und gesellschaftlichen Akteuren geprägt zu sein; es scheint sich eher um einen „vorleistenden“ Eigenbeitrag des Investors zur Vorbereitung des vbBPlanes zu handeln.[116] Das Bild ändert sich, wenn man die bereits in dieser Phase erforderliche Abstimmung des Investors mit der Gemeinde über den VEP in die Überlegungen einbezieht. Nur ein mit der Gemeinde abgestimmter VEP hat Aussicht, Grundlage des vbBPlanes zu werden. Der Investor muss sich insofern von vornherein an den Vorstellungen der Gemeinde orientieren. Die Gemeinde spielt also schon in dieser Phase der Planung eine bedeutende Rolle. Es kommt zur intensiven Begegnung der Akteure

113 Vgl. *Busse,* BayVBl. 1994, S. 353.

114 *Schulze-Fielitz,* DVBl. 1994, S. 657 (662 f.).

115 Vgl. *Krautzberger,* in: Battis / Krautzberger / Löhr, § 12 Rn. 10.

116 Sie könnte sich insofern allenfalls im Gesamtprozess der Aufgabenwahrnehmung als Beitrag eines „gleichberechtigten“ privaten Akteurs erweisen. Diese Gesamtbetrachtung wird aber erst im nächsten Abschnitt vorgenommen. Für sich genommen wäre die Planerarbeitung nicht durch Kooperation geprägt.

Verwaltung und Investor, so dass sich die Frage nach der Art ihres Begegnungsmusters durchaus schon hier stellt.

Das die Begegnung der beiden Akteure in dieser Phase bestimmende Abstimmungsgebot entfaltet wie oben erläutert eine mehrdimensionale Bedeutung[117], es bezieht sich sowohl auf den Prozess als auch auf das Ergebnis der Planung.[118] Die Gemeinde muss sich zunächst – auch dafür sorgt das Abstimmungsgebot – gar nicht erst auf eine vbBPlanung einlassen.[119] Sodann muss während des Prozesses der Planausarbeitung ein laufender Dialog mit der Gemeinde aufrechterhalten werden.[120] Schließlich muss das Planungsergebnis abgestimmt sein, also inhaltlich den Vorstellungen der Gemeinde entsprechen. Der Investor ist also in seiner Planung keineswegs frei, sondern muss seine Vorstellungen stets in Einklang mit denen der Gemeinde bringen. Diese kann jegliche Planungsvorstellungen des Investors blockieren. Damit bleibt die Gemeinde letztlich Herrin des Verfahrens. Das Abstimmungsgebot mit der daraus folgenden Abstimmungspflicht stellt sich insofern als Instrument hierarchischer Kontrolle des Eigenbeitrages des Investors dar. Dem kooperationstypischen Gedanken des Verzichts auf hoheitliche Machtausübung scheint es entgegenzustehen.

Eine Einordnung der abzustimmenden Planausarbeitung als weitgehend fremdbestimmter Eigenbeitrag an der kurzen Leine hierarchischer Lenkung greift aber wiederum zu kurz. Denn zunächst wirkt das Abstimmungsgebot schon rechtlich nicht nur einseitig. Es stärkt nämlich auch die Position des Investors: Da nur der abgestimmte VEP Inhalt des vbBPlanes werden kann, darf die Gemeinde den VEP nicht eigenmächtig verändern und Satzungsform verabschieden.[121] Dem Vorhabenträger darf also ebenso wenig ein Plan aufgedrängt werden, den er nicht durchführen will[122], wie der Gemeinde ein Vorhaben, das nicht in ihr Planungskonzept passt.[123] Weiterhin dürfen verschiedene faktische Momente nicht außer Acht gelassen werden. So ist zunächst zu bedenken, dass die Gemeinde nach dem Einlassen auf das Procedere der vbBPlanung reges Interesse an einer erfolgreichen Planung haben wird. Die Übernahme der Planungskosten und die vertragliche Verpflichtung zur Planverwirklichung machen den Investor zum attraktiven Partner für die städtebauliche Entwicklung, den Gemeinden in Zeiten des Wettbewerbs um Investitionen eher hofieren als brüskieren werden. Dies verleiht ihm eine faktische

---

[117] *Krautzberger,* in: Ernst / Zinkahn / Bielenberg / Krautzberger, § 12 Rn. 88.

[118] *Quaas,* in: Schrödter, § 12 Rn. 21; *Krautzberger,* in: Ernst / Zinkahn / Bielenberg / Krautzberger, § 12 Rn. 88; *Neuhausen,* in: Brügelmann, § 12 Rn. 21.

[119] *Krautzberger,* in: Ernst / Zinkahn / Bielenberg / Krautzberger, § 12 Rn. 88.

[120] *Erbguth / Wagner,* Bauplanungsrecht, Rn. 295.

[121] *Neuhausen,* in: Brügelmann, § 12 Rn. 22; *Gaentzsch,* in: Berliner Kommentar, § 12 Rn. 20; vgl. auch *Birk,* Bauplanungsrecht, Rn. 556.

[122] *Gronemeyer,* in: Gronemeyer, § 12 Rn. 26. Zur früheren Regelung *Gaentzsch,* in: Berliner Kommentar, § 12 Rn. 20.

[123] *Birk,* Bauplanungsrecht, Rn. 556.

Verhandlungsmacht, die in der Norm § 12 BauGB nicht unmittelbar zum Ausdruck kommt. Angesichts dieser großen faktischen Macht des Investors wirkt die Stärkung der Position der Gemeinde durch das Abstimmungsgebot letztlich eher paritätssichernd denn als Instrument hoheitlicher Gängelung.

Bezieht man die tatsächliche Machtposition des Investors in die Überlegungen mit ein und bedenkt, dass dieser und die Gemeinde letztlich einen Konsens über den VEP erreichen müssen – darin liegt die ergebnisbezogene Dimension der Abstimmung –, dann tritt die den VEP-Erstellungsprozess prägende Funktion des Abstimmungsgebotes vor Augen: Durch seine prozessbezogene Dimension hat es den entscheidenden Effekt, im Hinblick auf die erforderliche Konsensfindung schon im Rahmen des Ausarbeitungsprozesses Austausch und Verständigung beider Seiten zu fördern. Es stellt sicher, dass schon im frühen Stadium Gemeinde und Investor einvernehmlich zusammenwirken.[124] Man kann insofern sagen, dass das Abstimmungsgebot Verhandlungen zwischen Investor und Gemeinde initiiert. Bei diesen Verhandlungen stehen sich Gemeinde und Investor auf gleicher Augenhöhe gegenüber. Zur Erreichung des Zieles (vbBPlan) sind beide Seiten aufeinander angewiesen. Ein Konsens über den VEP ist dabei zwingend notwendige Etappe. Die Gemeinde kann diesen nicht erzwingen, sondern muss sich auf einen gleichberechtigten Dialog einlassen. Damit interagieren Gemeinde und Investor während der Planausarbeitung nach dem typischen Begegnungsmuster kooperativen Verwaltens.

Innerhalb dieses Verhandlungsprozesses bedeutet die „Nutzung" des Abstimmungsgebotes durch die Gemeinde zur Einbringung ihrer Vorstellungen keine Rückkehr zu hierarchischen Handlungsmustern. Es ist insofern nochmals darauf hinzuweisen, dass die fortbestehende Möglichkeit des Gebrauchs hoheitlicher Machtmittel, der „Schatten der Hierarchie", kooperatives Verwaltungshandeln keineswegs ausschließt, sondern eher typischer Teil der Verhandlungsposition der Verwaltung ist. So weit reichen die Möglichkeiten der Gemeinde hier noch nicht einmal, denn das Abstimmungsgebot verleiht nicht die Möglichkeit zur hierarchisch-einseitigen Durchsetzung der Vorstellung der Gemeinde; sie kann insofern letztlich keinen Zwang ausüben, sondern allenfalls zur regulären hoheitlichen Planung zurückkehren.

Insgesamt lässt sich also schon in der frühesten Phase der vbBPlanung, während der privaten VEP-Ausarbeitung, kooperatives Verwaltungshandeln nachweisen. Das Abstimmungsgebot bringt die Gemeinde schon zu diesem Zeitpunkt ins Spiel und initiiert ein kooperatives Zusammenwirken von Gemeinde und Investor. Dabei ist der VEP an sich noch kein Ergebnis kooperativen Entscheidens, denn er stellt gerade keine staatliche Entscheidung dar, sondern ist zunächst nicht mehr als eine private Planung. Dass es in der Folge auf dieser Basis zu einer staatlichen Entscheidung kommt, wird sogleich thematisiert.

---

124 *Söfker,* in: Krautzberger / Söfker, Rn. 222 spricht von einem einvernehmlichen Vorgehen, dass unter anderem ein „Überraschen" der Gemeinde vermeiden soll.

bb) Der Durchführungsvertrag

Nach der Erarbeitung des wegen des Abstimmungserfordernisses konsensual zu erstellenden VEP und vor Verabschiedung des vbBPlanes (dem Satzungsbeschluss i. S. d. § 10 Abs. 1 BauGB) kommt es zum Abschluss des Durchführungsvertrages zwischen Gemeinde und Investor.

Beim Durchführungsvertrag handelt es sich um einen Verwaltungsvertrag.[125] Dieser gilt als die konsensuale Handlungsform schlechthin und deshalb als Inbegriff kooperativen Verwaltungshandelns. Es wurde bereits dargelegt, dass das Vorliegen bestimmter Handlungsformen im Hinblick auf das Vorliegen kooperativen Verwaltungshandelns in erster Linie indiziellen Charakter hat.[126] Dem Verwaltungsvertrag jedenfalls wohnt aber schon begriffslogisch eine Konsensfindung inne, er bedeutet eine „gemeinsame Herbeiführung eines Rechtserfolges kraft Einigung".[127] In der subordinationsrechtlichen Variante beinhaltet er den für Kooperation typischen Verzicht auf einseitig-hoheitliches Handeln.

Der kooperative Charakter dieses Elements der vbBPlanung ist mithin offenkundig, Gemeinde und Investor sind gleichberechtigte (Vertrags-)Partner.[128] Hinsichtlich des durch den Vertrag verkörperten Konsenses ist dabei zu bedenken, dass dieser sich hauptsächlich auf die Verpflichtung zur Umsetzung des VEP bezieht, und dieser mithin den wesentlichen Vertragsinhalt bildet. Die Konsensfindung wurde insoweit soeben thematisiert.[129] Sieht man die VEP-Erarbeitung und den darauffolgenden Vertrag im Zusammenhang, so lässt sich die kooperative VEP-Erstellung auch als Phase der Vertragsanbahnung verstehen; die in diesem Rahmen stattfindenden Verhandlungen sind mithin mittelbar auch Vertragsverhandlungen. Allerdings finden sich im Vertrag noch verschiedene Punkte, über die erstmalig ein Konsens gefunden wird, beispielweise hinsichtlich der Einzelheiten der Kostenübernahme, des Zeitraums der Durchführung etc.[130] Hinsichtlich dieser Punkte werden dementsprechend weitere Verhandlungen nötig sein. Insgesamt manifestiert sich im Durchführungsvertrag das Ergebnis kooperativer, konsensualer Interaktion von Investor und Gemeinde.

cc) Das Planaufstellungsverfahren

Mit der Eingliederung in das BauGB wurde der vbBPlan dem regulären Planaufstellungsverfahren unterworfen. Für dessen Untersuchung auf kooperative Aspekte

---

125 *Krautzberger,* in: Ernst / Zinkahn / Bielenberg / Krautzberger, § 12 Rn. 91 u. 97; *Quaas,* in: Schrödter, § 12 Rn. 25.

126 *Schulze-Fielitz,* DVBl. 1994, S. 657 (662 f.).

127 Vgl. *Kopp / Ramsauer,* VwVfG, § 54 Rn. 21.

128 Siehe hierzu *Battis,* in: 100 Jahre Allgemeines Baugesetz in Sachsen, S. 507 (517).

129 Vgl. zum konsensualen Charakter auch *Erbguth,* VerwArch 89 (1998), S. 189 (195 f.).

130 *Krautzberger,* in: Ernst / Zinkahn / Bielenberg / Krautzberger, § 12 Rn. 91 ff. und 101.

bilden die dem Verfahren innewohnenden kommunikativen Elemente zwischen Bürger und Gemeinde den natürlichen Anknüpfungspunkt. Auch bei der vbBPlanung spielt insofern die Bürgerbeteiligung nach § 3 BauGB, und zwar sowohl die frühzeitige Bürgerbeteiligung nach § 3 Abs. 1 BauGB wie die öffentliche Auslegung nach § 3 Abs. 2 BauGB, eine wichtige Rolle.[131] Was den Investor angeht, so hat er durch die bereits beschriebene kooperative VEP-Erarbeitung per se ein „exklusives" Verhältnis zur Gemeinde. Er ist deshalb auf die Beteiligungsrechte des Planaufstellungsverfahrens nicht weiter angewiesen. Insofern ist zum Verhältnis Gemeinde-Investor nichts weiter zu sagen; hier ergibt sich jedenfalls kein weitergehendes kooperatives Moment.

Will man über das in der Untersuchung maßgebliche Verhältnis zwischen Gemeinde und Investor hinausblicken, so kann man sich allerdings noch fragen, ob nicht dem allgemeinen Planungsverfahren per se durch die Rolle, die es der Bürgerbeteiligung im Planungsprozess einräumt, kooperative Elemente innewohnen.[132] Das kooperative Verfahren der vbBPlanung würde dann sozusagen für andere Parteien geöffnet. Immerhin bringt das Beteiligungsrecht des § 3 BauGB den Berechtigten zumindest potentiell in eine starke Position, eine „Subjektstellung" im Verfahren.[133] Sein Einfluss auf die Entscheidung hat dabei vor allem mit politischem Druck zu tun, für dessen Generierung ihm ein Forum geboten wird.[134] Dem hier vertretenen Kooperationsbegriff, nach dem sich Verwaltung und Private auf einer Augenhöhe begegnen müssen, entspricht dies aber nicht.[135] Man kann deshalb ebenso gut sagen, dass Beteiligungsrechte lediglich eine Abschwächung der Objektstellung des Privaten im Verfahren bedeuten.[136] Immerhin bringen diese Rechte sichtbar eine Aufwertung der Rolle gesellschaftlicher Akteure im administrativen Geschehen zum Ausdruck.[137] Ansonsten sollte es bei einer begrifflichen Trennung von Partizipation[138] und Kooperation bleiben, auch wenn beide in die Richtung gehen, den Bürger als Subjekt ernster zu nehmen.

dd) Der Bebauungsplan als Ratifizierung der abgestimmten Planung

Der vbBPlan selbst ist ein reiner Hoheitsakt, in den zwar das Ergebnis des kooperativen Planungsprozesses einfließt, der für sich genommen aber einseitig von der Gemeinde erlassen wird. Das Ergebnis des Kooperationsprozesses, der form-

---

131 Detailliert *Schliepkorte,* Der Vorhaben- und Erschließungsplan, S. 35. Dort auch zu der hier nicht weiter vertieften Beteiligung der Träger öffentlicher Belange nach § 4 BauGB.

132 Siehe hierzu etwa *Schuppert,* Verwaltungswissenschaft, S. 313 ff. und S. 812 f.

133 *Schrödter,* in: Schrödter, § 3 Rn. 3; ähnlich *Treutner,* Kooperativer Rechtsstaat, S. 24.

134 *Schrödter,* in: Schrödter, § 3 Rn. 4.

135 So auch *Treutner,* Kooperativer Rechtsstaat, S. 36; *Kunig / Rublack,* Jura 1990, S. 1 (5).

136 Vgl. *Treutner,* Kooperativer Rechtsstaat, S. 24.

137 *Treutner,* Kooperativer Rechtsstaat, S. 79.

138 Hierzu umfassend *Battis,* Partizipation.

lose VEP, wird dadurch in die Rechtsform Satzung gegossen und damit gleichsam ratifiziert. Zu diesem Umsetzungsakt ist rechtlich allein die Gemeinde in der Lage. Er hat für sich betrachtet kein kooperatives Moment.

b) Der kooperative Charakter der vbBPlanung insgesamt

aa) Kooperative Aufgabenwahrnehmung

Betrachtet man die vbBPlanung als Gesamtprozess, so ist zunächst zu sagen, dass es sich hierbei insgesamt um ein Zusammenwirken von Gemeinde und Investor bei der Wahrnehmung der Aufgabe Bauleitplanung handelt. Mit der Erstellung des Planentwurfs leistet der Investor hierzu einen bedeutenden Beitrag, den die Gemeinde in die von ihr wahrgenommenen Aspekte der Planaufstellung integriert. Mit dieser Arbeitsteilung wird eine Zusammenarbeit beider Akteure in Richtung des gemeinsamen Zieles, nämlich der Aufstellung des vbBPlanes, praktiziert. Die Akteure begegnen sich bei dieser Zusammenarbeit nicht in einem Verhältnis der Über- und Unterordnung. Die Stellung des Investors, der seinen Planentwurf liefert, geht weit über die übliche Rolle des privaten Planbetroffenen, der sich in „abgemilderter Objektstellung“ im Rahmen des Planaufstellungsverfahrens in den Planungsprozess einbringt, hinaus. Der Investor ist bei der vbBPlanung ohne Zweifel Subjekt im Planungsprozess, Dialogpartner der Gemeinde und Mitgestalter der Planung. Dies kam besonders bei den Ausführungen zur notwendigen Abstimmung bei der Planung plastisch zum Ausdruck. Mithin ist die vbBPlanung tatsächlich von dem geprägt, was entsprechend obiger Definition den Charakter kooperativer Aufgabenwahrnehmung ausmacht, nämlich der Bereitschaft der Verwaltung, „mit anderen Akteuren (...) von gleich zu gleich (...) zusammenzuarbeiten“.[139] Die vbBPlanung bildet mithin ein Beispiel für kooperative Aufgabenwahrnehmung.[140]

bb) Kooperative Entscheidungsfindung

Neben dem Aspekt der Zusammenarbeit von gleich zu gleich beinhaltet die vbBPlanung, wie in der Analyse der Einzelelemente zum Ausdruck gekommen ist, auch die Kooperationsform des kooperativen Entscheidens: Zunächst muss hinsichtlich des VEP als Grundlage des Endproduktes vbBPlan ein Konsens erzielt werden. Die entsprechenden Rechtsakte, in denen sich dieser Konsens schließlich manifestiert, sind sowohl der Durchführungsvertrag als auch die Plansatzung. Als Phase der Entscheidungsfindung, in der die für das kooperative Entscheiden typi-

---

[139] *Voigt,* in: ders. (Hrsg.), Der kooperative Staat, S. 33 (42); ähnlich *Benz,* Kooperative Verwaltung, S. 38; *Schuppert,* Verwaltungswissenschaft, S. 118; *Kippes,* Bargaining, S. 49; *Schulze-Fielitz,* DVBl. 1994, S. 657 f.

[140] *Koch,* in: Hoffmann-Riem / Schneider (Hrsg.), Verfahrensprivatisierung im Umweltrecht, S. 170 (171): Kooperative Aufgabenerfüllung.

schen Kommunikationsprozesse bzw. Verhandlungen stattfinden, fungiert dabei vorrangig die vom Abstimmungsgebot geprägte VEP-Ausarbeitung. Deren Ergebnis findet sich auch in Vertrag und Plansatzung wieder.

Während dem Durchführungsvertrag per se eine kooperative Entscheidungsfindung innewohnt und seine Einordnung als konsensuale „Entscheidung“ nicht zu überraschen vermag, sei im Hinblick auf die Plansatzung des vbBPlanes nochmals betont, dass auch eine Rechtsnorm als an sich typische einseitig-hierarchische Handlungsform der Verwaltung durchaus das Ergebnis einer kooperativen Entscheidung manifestieren kann. Die förmliche Ratifizierung eines Kooperationsergebnisses durch einen einseitigen Hoheitsakt steht einer kooperativen Entscheidung keineswegs entgegen.[141]

c) Zwischenergebnis

Die vbBPlanung stellt ein Beispiel kooperativer Aufgabenwahrnehmung dar. Innerhalb des kooperativen Planungsprozesses, bei dem Investor und Gemeinde auf gleichberechtigter Ebene zusammenarbeiten, kommt es darüber hinaus zu konsensualem Verwaltungshandeln in Form einer kooperativen Entscheidungsfindung. Die vbBPlanung gem. § 12 BauGB ist mithin ein kooperatives[142] und konsensuales[143] Planungsinstrument.

3. Die Rolle des Gesetzes beim Kooperationsmodell vbBPlanung

Nach der Herausarbeitung des kooperativen Charakters der vbBPlanung wird nun die Rolle des Rechts, genauer des Gesetzes, in diesem Kooperationsmodell untersucht.

a) Normative Induzierung des Kooperationsmodells durch § 12 BauGB

§ 12 BauGB bedeutet eine explizite Normierung einer kooperativen Bebauungsplanung. Die Regelung führt zur normativen Induzierung kooperativen Planens: Zunächst wird die vbBPlanung als konkrete Handlungsoption für die Gemeinde bei der Planung bestimmt. Zwar handelt es sich hierbei um ein Alternativverfahren, auf das sich die Gemeinde keineswegs einlassen muss. Sie hat die Wahl zwischen verschiedenen Planungsmodi. Will die Verwaltung aber eine vbBPlanung

141 *Benz,* Kooperative Verwaltung, S. 40.

142 *Schneider,* VerwArch 87 (1996), S. 38 (56 ff.); *Schuppert,* in: Budäus/Eichhorn (Hrsg.), Public Private Partnership, S. 25 (27).

143 *Glombik,* LKV 1999, S. 168 (170); *Erbguth,* VerwArch 89 (1998), S. 189 (196).

durchführen und deren Vorteile nutzen, so muss sie sich kooperativ verhalten, denn darauf basiert die spezifische Planungsstruktur. Schon aufgrund der normativen Ergänzung des Handlungsinstrumentariums der Verwaltung[144] durch kooperative Instrumente kann man von deren Induzierung in die Verwaltungspraxis sprechen; normative Induzierung muss nicht bedeuten, dass gegenüber der Verwaltung kooperatives Verwaltungshandeln alternativlos angeordnet wird.

Durch die detaillierte gesetzliche Regelung des § 12 BauGB bestimmt der Gesetzgeber zugleich die exakte Struktur der Planungsform vbBPlanung. Ihre Elemente und der Planungsablauf sind durch die Norm selbst und durch ihre systematische Einbettung vorgegeben. Damit werden per Gesetz auch die Rollen und Aufgaben von Gemeinde und Investor im Planungsprozess verteilt. Der oben als kooperative Aufgabenwahrnehmung erläuterte Aspekt des gemeinsamen und gleichberechtigten Arbeitens auf ein Ziel hin ist hier normativ angelegt.

§ 12 BauGB setzt auch verschiedene konkrete Impulse für konsensuales Verwalten: So wird durch das gesetzlich verankerte Abstimmungsgebot der Verhandlungsprozess bei der VEP-Ausarbeitung initiiert. Die gesetzliche Integration des Durchführungsvertrages in den Planungsprozess begründet die Notwendigkeit einer Einigung. Die Festlegung, dass der vbBPlan auf Basis des VEP zu erlassen ist (§ 12 Abs. 1 S. 1 und § 12 Abs. 3 S. 1 BauGB), bedeutet für die Verwaltung, dass sie diesen einseitigen Rechtssetzungsakt in diesem Verfahren im Wesentlichen nur als „Ratifizierungsinstrument" nutzen kann – sein Inhalt muss zuvor kooperativ erarbeitet werden.

In diesem Zusammenhang sei im Übrigen die allgemeine Feststellung getroffen, dass in der Regelung des § 12 BauGB eine gesetzliche Anerkennung von kooperativen Prozessen liegt, die schon zuvor ohne gesetzliche Regelung stattfanden: Denn auch früher gab es durchaus Planungen, die faktisch durch den Investor ausgearbeitet wurden.[145] Es hat insofern eine Formalisierung des Informalen stattgefunden.[146] Neben den vorgenannten „harten" Wirkungen der gesetzlichen Regelungen resultiert hieraus eine wichtige „weiche" Folge: Mit der gesetzlichen Regelung wird deutlich, dass eine kooperativ erarbeitete und damit auch stark vom Investoreninteresse bestimmte Planung vom Gesetzgeber als durchaus wünschenswertes Planungsmodell akzeptiert wird.[147] Dies ist umso augenfälliger, seit es nach mehreren zeitlich und örtlich begrenzten Vorläufern in das BauGB integriert wurde. Darin drückt sich der Wille aus, nach vorsichtigeren Anfängen diese kooperative Planungsform zu einem Normalfall kommunaler Planung zu machen. Wichtig ist dies nicht zuletzt aufgrund einer psychologischen ermutigenden Wirkung auf die Verwaltung; schon früher wurde bemerkt, dass die gesetzliche An-

---

144 Vgl. *Glombik,* LKV 1999, S. 168 (169).

145 *Bachmann,* Verhandlungen, S. 73 f.; *Gaentzsch,* in: Berliner Kommentar, § 12 Rn. 3.

146 *Quaas,* in: Schrödter, § 12 Rn. 5; *Schmidt-Preuß,* VVDStRL 56 (1997), S. 178 (184); *Grigoleit,* DV 33 (2000), S. 79 (80); *Voßkuhle,* VerwArch 92 (2001), S. 184 (206).

147 Vgl. *Grigoleit,* DV 33 (2000), S. 79 (92); *Uechtritz,* Öffentliches Baurecht, Rn. 98.

erkennung einer rechtlichen Neuerung deren endgültige Akzeptanz und Durchsetzung in der Praxis erleichtert.[148] Die Integration des Planungsmodells in das „Standardgesetz" der Bauleitplanung kann dem nur förderlich sein, da es ihm gleichsam den Hauch des Exotischen nimmt. Insofern fördert die gesetzliche Regelung des § 12 BauGB die kooperative Bauleitplanung in besonderem Maße.[149] Diese Unterstützung der Zusammenarbeit zwischen Privaten und Kommunen war auch ein explizites Ziel des Gesetzgebers bei Erlass der Regelung.[150] Auch insoweit kann man von einer Induzierungswirkung des § 12 BauGB im Hinblick auf kooperatives Verwalten sprechen.

b) Das normative Umfeld: Entscheidungsspielraum und Steuerung

§ 12 BauGB bewirkt also eine Induzierung der kooperativen Planung und strukturiert den Planungsablauf. Durch diese Aspekte ist aber die Rolle des Gesetzes für die vbBPlanung noch nicht umfassend beschrieben. In die Überlegungen einbezogen werden muss auch das normative Umfeld der vbBPlanung. Zentral sind insofern die Regelungen des BauGB, dessen allgemeine Anforderungen weitestgehend unmittelbar auf den vbBPlan anzuwenden sind.[151] Die kooperative vbBPlanung wird durch ihre Integration in das BauGB mithin ganz ähnlich wie die reguläre Bebauungsplanung gesteuert, sowohl in verfahrensmäßiger wie auch in inhaltlicher Hinsicht. Sie ist durch ihre Verflechtung in dieses normative Umfeld in einem umfassend steuernden Regelungskorsett verhaftet.

Diese normative Steuerung ist allerdings für die kooperative Entscheidungsfindung ausgesprochen günstig: Im Bauplanungsrecht finden sich im besonderen Maße die hierfür zwingend notwendigen Entscheidungsspielräume der Verwaltung. Der Grund hierfür liegt in der spezifischen Struktur des Steuerungsinstruments Planungsrecht. Das Planungsrecht weist eine andere Struktur auf als etwa das klassische Ordnungsrecht. Typische ordnungsrechtliche Normen enthalten regelmäßig direkte Verhaltensanweisungen an die Verwaltung. Mithilfe dieser Anweisungen steuert der Gesetzgeber das Handeln der Exekutive. Die Normen sind dabei grundsätzlich konditional programmiert, d. h. sie enthalten ein Wenn-Dann-Programm, und sind damit „direkte Verhaltensregeln mit abstrakt-genereller Vorwegprogram-

---

[148] Vgl. die insoweit ähnliche Situation beim städtebaulichen Vertrag nach § 11 BauGB, *Krautzberger,* in: Ernst / Zinkahn / Bielenberg / Krautzberger, § 11 Rn. 4 und 20; *Brohm,* JZ 2000, S. 321 (322); *Grigoleit,* DV 33 (2000), S. 79 (92).

[149] Siehe wiederum *Krautzberger,* in: Ernst / Zinkahn / Bielenberg / Krautzberger, § 11 Rn. 20, zum städtebaulichen Vertrag.

[150] *Krautzberger,* in: Ernst / Zinkahn / Bielenberg / Krautzberger, § 12 Rn. 12, unter Verweis auf Begründungen des Gesetzesentwurfes der Bundesregierung, BT-Drucks. 13 / 6392 S. 31 und S. 38; *Wagner,* DVBl. 1996, S. 704 (707); vgl. auch *Neuhausen,* in: Brügelmann, § 12 Rn. 4.

[151] *Krautzberger,* in: Ernst / Zinkahn / Bielenberg / Krautzberger, § 12 Rn. 130.

mierung".[152] Weil aber Planung eine hochkomplexe Informationsverarbeitung und -bewertung verlangt, ist sie einer solchen Konditionalprogrammierung kaum zugänglich. Es wird daher ein unterschiedlich beschaffenes Entscheidungsprogramm benötigt. Der Gesetzgeber verlegt sich in diesem Bereich besonders auf die Vorgabe von Zielen der Planung. Man spricht hierbei von finaler Programmierung.[153] Den Planungsnormen liegt ein Zweck-Mittel-Schema zugrunde[154]; in ihnen können zahlreiche, auch widersprüchliche Ziele der Planung gesetzt werden und zugleich Mittel zu deren Erreichung zur Verfügung gestellt werden.[155] Die Gewichtung der Ziele, die Optimierung der Zielverwirklichung insgesamt sowie die Auswahl und Kombination der hierfür erforderlichen Mittel ist Sache der planenden Verwaltung.[156] Die Verwaltung erhält dadurch einen besonders breiten Entscheidungsspielraum, sie hat planerische Gestaltungsfreiheit.[157] Die Anwendung von Planungsnormen ist mithin nicht nur Subsumtion, sie ist mehr als bloßer Normvollzug[158]: Planung ist ein schöpferischer Rechtssetzungsakt.[159]

Aufgrund dieses schöpferischen Freiraumes kann sich die Verwaltung auch in Verhandlungen mit dem Investor relativ gut „bewegen". Diese Offenheit des Planungsrecht begünstigt fraglos die kooperative Entscheidungsfindung und macht die Stadtplanung insofern zum guten Feld für Kooperation. Die weiten Entscheidungsspielräume, die bei der vbBPlanung auf kooperative Weise gefüllt werden, dürfen aber nicht vergessen machen, dass die Planung dennoch gerichtlich überprüfbaren, materiellen Vorgaben unterliegt. Das kooperative Entscheiden darf sich nur in den normativ eröffneten Korridoren entfalten.

---

152 *Hoppe,* in: HdbStR III, § 71 Rn. 19; *Bönker,* in: Hoppe / Bönker / Grotefels, Öffentliches Baurecht, § 5 Rn. 20; vgl. auch *Wahl,* Rechtsfragen, S. 49, mit systemtheoretischem Hintergrund.

153 Vgl. *Hoppe,* in: HdbStR III, § 71 Rn. 19. Zur Unterscheidung von Konditional- und Finalprogrammen *Ludwig,* Privatisierung staatlicher Aufgaben, S. 49 ff.; *König,* DV 7 (1974), S. 137 (141 f.); die beiden „Entscheidungsprogramme" differenziert auch *Luhmann,* VerwArch 55 (1964), S. 1 (7 ff.).

154 *Hoppe,* in: HdbStR III, § 71 Rn. 19; *Battis,* Öffentliches Baurecht, S. 17; *Dreier,* Normative Steuerung, S. 48.

155 *Battis,* Öffentliches Baurecht, S. 17. *Dreier,* Normative Steuerung, S. 48 mwN.

156 *Battis,* Öffentliches Baurecht, S. 17; *Hoppe,* in: Hoppe / Grotefels, Öffentliches Baurecht (1. Auflage), § 5 Rn. 5; ähnlich auch *Bönker,* in: Hoppe / Bönker / Grotefels, Öffentliches Baurecht, § 5 Rn. 24.

157 *Bönker,* in: Hoppe / Bönker / Grotefels, Öffentliches Baurecht, § 5 Rn. 22; *Köster,* DVBl. 2002, S. 229 (232). *Ludwig,* Privatisierung staatlicher Aufgaben, S. 51, spricht von einem „größeren Eigenverantwortungsbereich". *Dreier,* Normative Steuerung, S. 49 f., betont, dass der Grund für diese Gestaltungsfreiheit in der großen Komplexität des Sachbereichs liege. Die Finalprogramme bilden die normative Bestätigung der praktisch notwendigen Entscheidungsfreiräume.

158 Nach *Di Fabio,* in: FS Hoppe, S. 75, lässt sich die planende Verwaltung nicht auf das „verfassungsrechtlich bereitete Prokrustesbett des Gesetzesvollzuges spannen". Es handelt sich jedenfalls sicherlich um die politischste Verwaltungsentscheidung, siehe a. a. O. S. 85.

159 Vgl. *Köster,* DVBl. 2002, S. 229 (232).

Weitere Fragen der normativen Steuerung der vbBPlanung, deren Abhandlung an dieser Stelle denkbar wäre – etwa die Steuerung der kooperativen VEP-Erstellung – werden später im Kapitel zur Instrumentalisierung gesellschaftlicher Selbstregulierung erörtert. Zwischen den Kapiteln ergeben sich diesbezüglich starke Überschneidungen; die hier einstweilen ausgesparten Fragen scheinen thematisch im folgenden Kapitel besser aufgehoben.

4. Ergebnis

Die vbBPlanung stellt ein durch § 12 BauGB gesetzlich induziertes und strukturiertes Instrument kooperativen und konsensualen Verwaltens dar. Es handelt sich dabei um ein optionales, alternatives Planungsinstrument, das der Gemeinde als Erweiterung ihrer Handlungsmöglichkeiten neben dem herkömmlichen Planungsverfahren zur Verfügung steht.

§ 5 Vorhabenbezogene Bebauungsplanung und Instrumentalisierung von Selbstregulierung

I. Einleitung

Ein weiteres zentrales Thema der Diskussion um den Aufgabenwahrnehmungswandel ist die Nutzbarmachung gesellschaftlicher Selbstregulierung im Rahmen der staatlichen Aufgabenwahrnehmung – zumeist diskutiert unter dem Stichwort regulierte Selbstregulierung.[160] Die vbBPlanung wird auch hiermit immer wieder in Zusammenhang gebracht.[161] Im Folgenden wird untersucht, ob und auf welche Weise im Rahmen der vbBPlanung Elemente gesellschaftlicher Selbstregulierung genutzt werden.

---

160 Auch hierbei handelt es sich um einen Schlüsselbegriff der Diskussion, vgl. *Voßkuhle,* VerwArch 92 (2001), S. 184 (213 f.); ähnlich *Koch,* NuR 2001, S. 541; *Faber,* in: FS Hoppe, S. 425.

161 Siehe nur *Faber,* in: FS Hoppe, S. 425 (430 ff.); *Burgi,* Funktionale Privatisierung, S. 135; *Schmidt-Preuß,* VVDStRL 56 (1997), S. 160 (184); *Trute,* DVBl. 1996, S. 950 (952); vgl. auch *Di Fabio,* VVDStRL 56 (1997), S. 235 (267 f.).

II. Zur Untersuchungsperspektive instrumentalisierte Selbstregulierung

1. Gesellschaftliche Selbstregulierung und regulierte Selbstregulierung

a) *Gesellschaftliche Selbstregulierung*

In der juristischen Modernisierungsdebatte wird der Terminus gesellschaftliche Selbstregulierung viel verwendet, aber nur sehr selten definiert[162] – obwohl von einem allgemeinen, einheitlichen Verständnis keineswegs ausgegangen werden kann.

Selbstregulierung ist kein Rechtsbegriff.[163] Der Begriff Selbststeuerung bzw. Selbstregulierung hat seine Wurzeln in der Soziologie, besonders in der Systemtheorie. Dort wird er definiert als „Bestimmung eines Systems über eigene Ziele und Mittel gegenüber Einflüssen aus der Umwelt".[164] Selbstregulierung enthält begrifflich ein reflexives Element. Indem die Gesellschaft sich selbst reguliert, wird sie zugleich zum Subjekt und Objekt der Regulierung.[165] Zugleich impliziert Selbstregulierung eine Abgrenzung nach außen.[166] Selbstregulierung steht im Gegensatz zu Regulierung von außen, zu „Fremdregulierung". In der verwaltungs(rechts)wissenschaftlichen Auseinandersetzung mit gesellschaftlicher Selbstregulierung ist mit Regulierung von außen staatliche Regulierung gemeint. Diese bildet das Gegenbild zur gesellschaftlichen Selbstregulierung.[167] Charakteristisches Merkmal der Selbstregulierung ist also ihr Ablauf in gesellschaftlichen Eigenbereichen in Abwesenheit staatlicher regulativer Intervention.[168] Gesellschaftliche Selbstregulierung bezieht sich dabei immer auf einen bestimmten ge-

---

162 Siehe hierzu die ausführliche Auswertung von *Faber,* Gesellschaftliche Selbstregulierungssysteme, S. 35 ff., wonach sich in Gesetz und Rechtsprechung keine Definition findet und Definitionsversuche in der Literatur selten sind. *Faber,* a. a. O., S. 39, beklagt besonders das Vorgehen vieler Autoren, Definitionen auszuweichen oder Begriffe durch (tautologische) Wiederholung ihrer Sprachelemente zu definieren.

163 *Faber,* Gesellschaftliche Selbstregulierungssysteme, S. 36 u. 40 f.

164 *Weinrich,* Recht als Medium gesellschaftlicher Selbststeuerung, S. 22.

165 *Faber,* Gesellschaftliche Selbstregulierungssysteme, S. 41 f.

166 *Weinrich,* Recht als Medium gesellschaftlicher Selbststeuerung, S. 25.

167 *Schmidt-Preuß,* VVDStRL 56 (1997), S. 160 (163). Hier klingt wieder die Modellvorstellung eines Dualismus von Staat und Gesellschaft an. Vgl. hierzu die speziell auf den Kontext Selbstregulierung bezogenen Ausführungen von *Schmidt-Preuß,* a. a. O., S. 164 f. Bei systemtheoretischer Orientierung steht die Autonomie des sich selbst regulierenden Systems gegenüber seiner Umwelt – und einem staatlichen „Fremdregulierer" als Teil derselben – im Vordergrund, was hier letztlich auf die gleiche Gegenüberstellung von innen und außen hinausläuft. Vgl. im Einzelnen *Weinrich,* Recht als Medium gesellschaftlicher Selbststeuerung, S. 24 ff.

168 *Weinrich,* Recht als Medium gesellschaftlicher Selbststeuerung, S. 24.

sellschaftlichen Bereich[169]; sie setzt selbstverständlich nicht die völlige Abwesenheit staatlicher Regulierung der Gesellschaft insgesamt voraus.

Im juristischen Diskussionskontext werden als entscheidende Merkmale gesellschaftlicher Selbstregulierung unter anderem deren Freiwilligkeit sowie ihre Regelungs- oder Vollzugssubstitution in Bezug auf staatliche Regulierung bezeichnet.[170] Problematisch ist hier das zweite Merkmal, weil damit Selbstregulierung auf Konstellationen beschränkt zu werden scheint, in denen gesellschaftliche Akteure staatliches Handeln ersetzen. Diese Beschränkung scheint insofern unglücklich, weil sie all die Fälle ausschließt, bei denen staatliche Regulierung gar nicht zur Debatte steht. Es ist nicht ersichtlich, warum nicht auch hier eine „Bestimmung eines Systems über eigene Ziele und Mittel" stattfinden sollte. Jedenfalls können mit Selbstregulierung nicht allein „Regularien" wie private Regelwerke und Normen gemeint sein[171], obwohl diese aufgrund des technischen Klanges von „Regulierung" vielleicht zuerst in den Sinn kommen.[172] Der Begriff muss umfassender verstanden werden. Dem trägt eine Begriffsbestimmung Rechnung, wonach unter gesellschaftlicher Selbstregulierung „die individuelle oder kollektive Verfolgung von Privatinteressen in Wahrnehmung grundrechtlicher Freiheiten zum legitimen Eigennutz"[173] zu verstehen ist. Die von Eigennutzerwägungen bestimmte Handlungsrationalität gesellschaftlicher Akteure als Funktionsprinzip der Selbstregulierung konstituiert den entscheidenden Unterschied zu der am Gemeinwohl orientierten staatlichen Regulierung. Die positive Definition lässt sich ergänzen durch eine negative Begriffsbildung, wonach gesellschaftliche Selbstregulierung bei der Abwesenheit von über die allgemein anwendbare Rechtsordnung (z. B. dem BGB etc.) hinausgehenden regulativen Interventionen anzunehmen ist.[174] Während die erste Definition den Aspekt der Freiheitsausübung und des zur Selbstregulierung notwendigen gesellschaftlichen Freiraumes betont[175], wird mit der Abwesenheit

---

169 *Weinrich,* Recht als Medium gesellschaftlicher Selbststeuerung, S. 24, spricht von „einzelnen Gesellschaftssektoren".

170 *Faber,* Gesellschaftliche Selbstregulierungssysteme, S. 50.

171 So auch *Faber,* Gesellschaftliche Selbstregulierungssysteme, S. 53 f. *Faber* unterscheidet zwischen Selbstregulierung im engeren Sinne und im weiteren Sinne, wobei unter letztere auch Realakte fallen.

172 Darauf rekurrieren etwa ausschließlich *Kloepfer/Elsner,* DVBl. 1996, S. 964 (965 ff.), allerdings unter dem Stichwort *regulative* Selbstregulierung. *Schmidt-Preuß,* VVDStRL 56 (1997), S. 160 (202) bezeichnet die private Normgebung lediglich als Feld der gesellschaftlichen Selbstregulierung „par excellence".

173 *Schmidt-Preuß,* VVDStRL 56 (1997), S. 160 (162 f.); siehe auch *Kämmerer,* Privatisierung, S. 484; *Remmert,* Private Dienstleistungen, S. 188 f.

174 *Hoffmann-Riem,* in: Hoffmann-Riem / Schmidt-Aßmann (Hrsg.), Öffentliches Recht und Privatrecht als wechselseitige Auffangordnungen, S. 261 (303). Es ist allerdings zu betonen, dass auch die allgemeine Rechtsordnung (BGB etc.) regulierend wirkt, wie *Hoffmann-Riem* a. a. O. klarstellt.

175 Kritisch *Hoffmann-Riem,* in: Hoffmann-Riem / Schmidt-Aßmann (Hrsg.), Öffentliches Recht und Privatrecht als wechselseitige Auffangordnungen, S. 261 (299).

von regulierenden Eingriffen eher die Voraussetzung für diesen Freiraum benannt. Der Sache nach in eine ähnliche Richtung geht eine Begriffsbestimmung, die gesellschaftliche Selbstregulierung dann als gegeben ansieht, wenn öffentliche Aufgaben von gesellschaftlichen Kräften außerstaatlich, insbesondere innerhalb des Marktes, in organisierter Form übernommen werden.[176] Auch hier findet sich die Bezugnahme auf die eigeninteressengeleitete gesellschaftliche Handlungsrationalität, die sich im Markt versinnbildlicht.

Insgesamt wird mithin in der juristischen Diskussion der gesellschaftlichen Selbstregulierung die dabei waltende gesellschaftliche Handlungsrationalität, kontrastierend zum gemeinwohlgebundenen Staatshandeln, als zentrales Merkmal betont. Dem wird hier gefolgt. Zusammenfassend, unter Einbezug des eingangs herausgearbeiteten reflexiven Elements, lässt sich also sagen: Gesellschaftliche Selbstregulierung liegt in Gesellschaftsbereichen vor, deren interne Abläufe durch die ihr Eigeninteresse verfolgenden gesellschaftlichen Akteure selbstbestimmt gestaltet werden.

b) Staatlich regulierte Selbstregulierung

aa) Regulierte Selbstregulierung als Steuerungsmodus

Vom unmittelbaren Wortsinn ausgehend, scheint regulierte Selbstregulierung ein Paradoxon zu beschreiben: Soeben wurde die Abwesenheit von (staatlicher) Regulierung als ein Merkmal von Selbstregulierung herausgearbeitet. Kann man von Selbstregulierung also überhaupt noch sprechen, wenn sie wiederum der Regulierung unterliegt? Die Antwort ist darin zu suchen, Regulierung und Selbstregulierung als Extrempunkte einer gleitenden Skala der Regulierungsformen zu begreifen.[177] Hierarchische Regulierung als die stärkste Form staatlicher Intervention, gesellschaftliche Selbstregulierung als deren Abwesenheit bilden gleichsam „reine Regulierungsformen". Dazwischen finden sich mannigfaltige „Verzahnungen und Durchmischungen".[178] Der Begriff regulierte Selbstregulierung beschreibt dieses Nebeneinander, genauer das Ineinandergreifen von staatlicher Regulierung und gesellschaftlicher Selbstregulierung. Die hierarchische Steuerung wird zurückgenommen und beschränkt sich auf eine „Korsettfunktion".[179] Dadurch entstehen Freiräume für gesellschaftliche Selbstregulierung. Dies befördert die Aktivierung von Privatinteressen, die zur Hervorbringung von Gemeinwohlergebnissen regulativ kanalisiert werden.[180] Auf diese Weise können und sollen die Vorteile privater

---

176 *Di Fabio,* VVDStRL 56 (1997), S. 235 (241).

177 *Hoffmann-Riem,* in: Hoffmann-Riem / Schmidt-Aßmann (Hrsg.), Öffentliches Recht und Privatrecht als wechselseitige Auffangordnungen, S. 261 (303); *Schneider,* DV 28 (1995), S. 361 (364).

178 *Schmidt-Preuß,* VVDStRL 56 (1997), S. 160 (165).

179 *Faber,* in: FS Hoppe, S. 425 (429).

Handlungsrationalität genutzt werden, ohne den gemeinwohlbezogenen staatlichen Steuerungsanspruch aufzugeben.[181] Selbstregulative Potentiale der Gesellschaft – basierend auf eigennütziger Aktivität gesellschaftlicher Akteure – werden also vom Staat bewusst aktiviert und in die eigene Zielverfolgung integriert. Das Konzept der regulierten Selbstregulierung stellt sich damit als ein gegenüber der hierarchischen Steuerung gewandelter Steuerungsmodus des Staates dar.[182] Es ist Teil einer „ganzheitlichen Regulierungsstrategie", die zu differenzierten Zuordnungen hoheitlicher Regulierung und privater Selbstregulierung mit wechselseitigen Auffang-, Ergänzungs-, Bezugs- und Substitutionsfunktionen führt".[183] Als Element einer solchen differenzierten Steuerungsstrategie kann obendrein auch auf die Kombination von Formen direkter und indirekter Steuerung (etwa durch Anreizmodelle) gesetzt werden.[184]

bb) Definition regulierter Selbstregulierung

Die Vielgestaltigkeit des Phänomens regulierte Selbstregulierung bringt zwangsläufig eine gewisse Abstraktheit seiner Definition mit sich. Angemessen umfassend und zugleich hinreichend präzise erscheint nach den soeben angestellten Erwägungen, hierunter ein Regelungskonzept zu verstehen, das die Eigendynamik gesellschaftlicher Teilbereiche respektiert, indem es Freiraum für die Einbringung privaten Wissens und privater Initiative schafft, zugleich aber die Wahrung des Gemeinwohls über rechtliche Rahmen-, Struktur- und Zielvorgaben gewährleistet.[185] Dieses Verständnis wird den folgenden Ausführungen zugrunde gelegt.

---

180 *Schmidt-Preuß,* VVDStRL 56 (1997), S. 160 (168 f.); *Schuppert,* Verwaltungswissenschaft, S. 433; *Finckh,* Regulierte Selbstregulierung, S. 45 f.; *Hoffmann-Riem,* DÖV 1997, S. 433 (436); vgl. auch *Remmert,* Private Dienstleistungen, S. 187.

181 Ähnlich *Finckh,* Regulierte Selbstregulierung, S. 48; *Trute,* DVBl. 1996, S. 950 f.

182 *Schuppert,* Verwaltungswissenschaft, S. 434, nennt die regulierte Selbstregulierung einen „Steuerungstyp".

183 *Schneider,* VerwArch 87 (1996), S. 38 (48).

184 Siehe *Finckh,* Regulierte Selbstregulierung, S. 45; zustimmend *Schuppert,* Verwaltungswissenschaft, S. 433. Allerdings ist *Finckh* zu widersprechen, wenn er gerade diese Kombination zum Charakteristikum regulierter Selbstregulierung erhebt. Es sind auch Erscheinungsformen regulierter Selbstregulierung vorstellbar, die sich nicht der „Beimischung" indirekter Steuerung bedienen, sondern allein auf einen rechtlichen Ordnungsrahmen für die selbstregulative Tätigkeit setzen.

185 *Finckh,* Regulierte Selbstregulierung, S. 45 f.; *Schuppert,* Verwaltungswissenschaft, S. 433; in der Sache ebenso *Trute,* DVBl. 1996, S. 950.

cc) Verhältnis zu ähnlichen Begriffen

Der Terminus regulierte Selbstregulierung und die Diskussion darum ist noch relativ neu.[186] Dementsprechend verwundert es kaum, dass sich einheitliche Begrifflichkeiten in der Wissenschaft noch nicht recht durchsetzen konnten.[187] Statt von Selbstregulierung ist oft auch von gesellschaftlicher Selbststeuerung die Rede[188], ohne dass damit inhaltlich etwas ersichtlich anderes gemeint ist[189]; teilweise werden die Begriffe auch synonym verwendet.[190] Aufgrund seiner größeren Verbreitung spricht einiges dafür, den Terminus Selbstregulierung zu verwenden.[191] Was den Themenkreis regulierte Selbstregulierung angeht, so wird dieser auch unter den Überschriften „gesteuerte“[192], „staatlich veranlasste“[193], „gestützte“[194] oder „induzierte“[195] Selbstregulierung diskutiert. Festzustellen ist jedenfalls auch hier, dass unter diesen Überschriften im Wesentlichen stets die gleichen Fragen abgehandelt werden.[196] Was den gelegentlich verwendeten Terminus staatlich „induzierte“ bzw. auch „veranlasste“ Selbstregulierung angeht, so bezieht sich dieser auf die Anleitung (etwa durch Normen) zur Selbstregulierung; nimmt die normative Flankierung derselben aber zumindest begrifflich nicht auf. „Reguliert“ ist insofern der umfassendere Begriff. Relativ häufige Verwendung findet der Begriff „gesteuerte Selbstregulierung“, worunter in der Regel nichts anderes verstanden

---

186 Etwa bei *Hoffmann-Riem,* in: Hoffmann-Riem / Schmidt-Aßmann (Hrsg.), Öffentliches Recht und Privatrecht als wechselseitige Auffangordnungen, S. 261 (301). Laut *Finckh,* Regulierte Selbstregulierung, S. 45 Fn. 140, geht der Begriff überhaupt auf *Hoffmann-Riem* zurück. Dem ist allerdings zu entgegnen, dass sich etwas abweichende, aber das gleiche Phänomen beschreibende Termini schon wesentlich früher finden, etwa „gelenkte Selbststeuerung“ bei *Brohm,* in: Hill (Hrsg.), Zustand und Perspektiven der Gesetzgebung, S. 217 ff. (221).

187 *Schmidt-Preuß,* VVDStRL 56 (1997), S. 160 (162 Fn. 3).

188 Z. B. bei *Weinrich,* Recht als Medium gesellschaftlicher Selbststeuerung.

189 Für die sozialwissenschaftliche Diskussion differenziert allerdings *Weinrich,* Recht als Medium gesellschaftlicher Selbststeuerung, S. 24, systemtheoretisch orientiert zwischen Selbstregulierung, die in „passiv offenen Systemen“, und Selbststeuerung, die in „aktiv offenen Systemen“ stattfindet. Es ist aber nicht ersichtlich, dass eine vergleichbare Differenzierung im Rahmen der juristisch-verwaltungswissenschaftlichen Diskussion vorgenommen wird.

190 Etwa *Trute,* DVBl. 1996, S. 950.

191 Vgl. die entsprechende Begriffswahl bei *Faber,* Gesellschaftliche Selbstregulierungssysteme.

192 *Schmidt-Preuß,* DÖV 2001, S. 45 (51), der aber an gleicher Stelle auch „regulierte Selbstregulierung“ benutzt.

193 *Burgi,* Funktionale Privatisierung, S. 87.

194 *Brohm,* in: Hill (Hrsg.), Zustand und Perspektiven der Gesetzgebung, S. 217 ff. (219). *Brohm* spricht im gleichen Beitrag, S. 221, auch von „gelenkter Selbststeuerung“.

195 *Schmidt-Preuß,* VVDStRL 56 (1997), S. 160 (165), der aber gleichzeitig von Steuerung spricht, etwa a. a. O., S. 168; *Faber,* Gesellschaftliche Selbstregulierungssysteme, S. 1.

196 *Voßkuhle,* in: Schuppert (Hrsg.), Jenseits von Privatisierung und „schlankem“ Staat, S. 47 (60 Fn. 84).

wird und dementsprechend die gleichen Themen behandelt werden.[197] Die Bezeichnung „regulierte Selbstregulierung" hat wohl mittlerweile die weiteste Verbreitung gefunden, bis hinein in einen Standardkommentar zum VwVfG.[198] Zugunsten einer der Diskussion förderlichen einheitlichen Begriffsverwendung sollte deshalb hiermit gearbeitet werden.[199]

2. Instrumentalisierung von Selbstregulierung für die Aufgabenwahrnehmung

Das beschriebene Konzept regulierter Selbstregulierung ermöglicht es dem Staat, Elemente gesellschaftlicher Selbstregulierung unmittelbar in seine Aufgabenverfolgung zu integrieren und sie mithin für seine Zwecke zu instrumentalisieren. Entsprechende selbstregulative Elemente erschließen gesellschaftlich vorhandene und staatlicherseits u.U. nur schwer erlangbare Potentiale wie Know-how, Motivation, Lernfähigkeit, Kreativität und Problemlösungskapazitäten.[200] Auch der Wahl dieses Steuerungsmodells bei der Aufgabenwahrnehmung liegt also wiederum ein strategisches Moment zugrunde, es ist Mittel zum Zweck[201]: Konzepte regulierter Selbstregulierung werden vor allem eingesetzt, um die staatliche Steuerungseffizienz zu erhöhen.[202]

Die Bandbreite der Möglichkeiten zur Instrumentalisierung von Selbstregulierung ist dabei immens. Sie kann unter Umständen sehr umfassende selbstregulative Aktivitäten betreffen, wie im Konzept der Verwertung von Verkaufsverpackungen des „Dualen Systems".[203] Besonders interessant ist aber gerade auch die speziel-

---

197 Siehe etwa die Berichte zu der unter der Überschrift „Verwaltung und Verwaltungsrecht zwischen gesellschaftlicher Selbstregulierung und staatlicher Steuerung" geführten Auseinandersetzung mit dem Thema auf der Tagung der Staatsrechtslehrervereinigung in Dresden 1996 in dem in dieser Untersuchung bereits viel zitierten Tagungsband VVDStRL 56 mit den Beiträgen von *Schmidt-Preuß*, S. 160 ff., und *Di Fabio*, S. 235 ff.

198 *Kopp/Ramsauer*, VwVfG, § 54 Rn. 12.

199 Dies tun auch *Schuppert*, Verwaltungswissenschaft, S. 432; *Finckh*, Regulierte Selbstregulierung, S. 45; *Voßkuhle*, VerwArch 92 (2001), S. 184 (213 f.); *Koch*, NuR 2001, S. 541 (544); *Schmidt-Preuß*, DÖV 2001, S. 45 (51); *Hoffmann-Riem*, in: Hoffmann-Riem/Schneider, Verfahrensprivatisierung im Umweltrecht, S. 9 (19).

200 Siehe etwa *Finckh*, Regulierte Selbstregulierung, S. 46; *Voßkuhle*, VerwArch 92 (2001), S. 184 (214); *ders.*, in: Schuppert (Hrsg.), Jenseits von Privatisierung und „schlankem" Staat, S. 47 (49–51) mwN; ferner *Hoffmann-Riem*, in: Hoffmann-Riem/Schmidt-Aßmann (Hrsg.), Öffentliches Recht und Privatrecht als wechselseitige Auffangordnungen, S. 261 (300).

201 Vgl. *Hoffmann-Riem*, DV 28 (1995), S. 425 (447).

202 Steuerungseffizienz ist hier im weiteren Sinne zu verstehen und umfasst Ressourcenschonung und Ergebnisoptimierung. Vgl. hierzu *Faber*, in: FS Hoppe, S. 425 (430).

203 Siehe hierzu besonders die Monographie von *Finckh*, Regulierte Selbstregulierung; *Koch*, NuR 2001, S. 541 (544); *Voßkuhle*, VerwArch 92 (2001), S. 184 (214); *Di Fabio*, VVDStRL 56 (1997), S. 235 (249); *Burgi*, Funktionale Privatisierung, S. 94 f.; *Trute*, DVBl.

lere oder punktuellere Nutzung selbstregulativer Potentiale. So kann der Staat besonders im Bereich sehr aufwendiger Verwaltungsaufgaben, etwa komplexer Planungs- und Genehmigungsverfahren und Überwachungsaufgaben, in seine eigene Tätigkeit die selbstregulative Aktivität privater Akteure integrieren und sich damit sehr gezielt gesellschaftliche Ressourcen zunutze machen. Gleichzeitig können durch die flankierende Regulierung staatlicherseits gewollte Standards der Aufgabenwahrnehmung aufrechterhalten werden. Beispiele für solche punktuelleren Nutzungen selbstregulativer Potentiale bilden etwa die private Überwachung im Sinne des Öko-Audit[204], der Einsatz privater Projektmanager als Verfahrensbevollmächtigte[205], die betriebliche Selbstüberwachung durch Betriebsbeauftragte im Umweltrecht[206], die Eigenermittlung des Sachverhalts durch den Vorhabenträger nach dem UVPG[207], verschiedene Fälle technischer Normung[208], aber auch der Ausbau privater Verantwortung von Bauherrn und Sachverständigen im Bauordnungsrecht in der Folge von Genehmigungsfreistellungen[209]. Die Möglichkeiten zur differenzierten Nutzung selbstregulativer Potentiale der Gesellschaft im Rahmen der staatlichen Aufgabenerfüllung werden mehr und mehr erkannt und vom Staat ergriffen. Die Instrumentalisierung gesellschaftlicher Selbstregulierung kann insgesamt als sehr vielversprechende Strategie zur Effektivierung staatlicher Aufgabenwahrnehmung gelten.

1996, S. 950 (954); *Schmidt-Preuß,* DÖV 2001, S. 45 (51 f.); *Frenz,* Selbstverpflichtungen der Wirtschaft, S. 37 ff.

204 Umfassend *Möller,* Öko-Audit und Substitution; *Voßkuhle,* VerwArch 92 (2001), S. 184 (214); *Hoffmann-Riem,* in: Hoffmann-Riem / Schmidt-Aßmann (Hrsg.), Öffentliches Recht und Privatrecht als wechselseitige Auffangordnungen, S. 261 (301); *ders.,* DV 28 (1995), S. 425 (432 f.); *Burgi,* Funktionale Privatisierung, S. 93; *Schmidt-Preuß,* DÖV 2001, S. 45 (51); vgl. auch *Di Fabio,* VVDStRL 56 (1997), S. 235 (243 f.); ausführlich und aktuell *Frenz,* Selbstverpflichtungen der Wirtschaft, S. 19 ff.

205 *Voßkuhle,* VerwArch 92 (2001), S. 184 (214).

206 *Voßkuhle,* VerwArch 92 (2001), S. 184 (214); *Ronellenfitsch,* Selbstverantwortung und Deregulierung, S. 32 f.; *Hoffmann-Riem,* in: Hoffmann-Riem / Schneider, Verfahrensprivatisierung im Umweltrecht, S. 9 (19); *ders.,* in: Hoffmann-Riem / Schmidt-Aßmann (Hrsg.), Öffentliches Recht und Privatrecht als wechselseitige Auffangordnungen, S. 261 (301); *Burgi,* Funktionale Privatisierung, S. 92; siehe auch *Di Fabio,* VVDStRL 56 (1997), S. 235 (247).

207 *Burgi,* Funktionale Privatisierung, S. 91; *Hoffmann-Riem,* in: Hoffmann-Riem / Schmidt-Aßmann (Hrsg.), Öffentliches Recht und Privatrecht als wechselseitige Auffangordnungen, S. 261 (301).

208 *Di Fabio,* VVDStRL 56 (1997), S. 235 (245); siehe auch *Trute,* DVBl. 1996, S. 950 (952). Umfassend zur technischen Normung *Marburger,* Regeln der Technik.

209 *Schmidt-Preuß,* DÖV 2001, S. 45 (52); *Burgi,* Funktionale Privatisierung, S. 91.

3. Rechtliche Aspekte der Instrumentalisierung von Selbstregulierung

a) Ansatzpunkt der juristischen Betrachtung

Hinsichtlich rechtlicher Überlegungen zur Instrumentalisierung von Selbstregulierung ergeben sich gewisse Parallelen zur Auseinandersetzung mit dem kooperativen Staatshandeln: Wieder wird ein durch sozialwissenschaftliches Modelldenken geprägtes Konzept mit juristischen Kriterien untersucht. Und aus den gleichen Gründen wie dort kann es auch hier nicht darum gehen, nach einem spezifischen Recht der regulierten Selbstregulierung zu suchen; vielmehr kommt es darauf an, die verschiedenen Funktionen des Rechts für den Steuerungsmodus regulierte Selbstregulierung bzw. bei der Instrumentalisierung gesellschaftlicher Selbstregulierung in der staatlichen Aufgabenerfüllung zu verdeutlichen.

b) Verfassungsrechtliche Aspekte

Zunächst stellt sich die Frage, inwieweit die Verfassung normative Aussagen zum Verhältnis von gesellschaftlicher Selbstregulierung und staatlicher Regulierung macht.[210] Daraus ließen sich dann für die Instrumentalisierung regulierter Selbstregulierung begünstigende bzw. begrenzende Faktoren ableiten. Als Faktoren, die eine Förderung selbstregulativer Aktivität verfassungsrechtlich unterstützen, werden vor allem die Freiheitsgrundrechte (allgemeine Handlungsfreiheit und wirtschaftsspezifische Freiheitsrechte) genannt, und zwar im Hinblick auf eine Verdrängung staatlicher Herrschaftsansprüche zugunsten von Autonomie und Subsidiarität.[211] Unterstützend wird auch das Ordnungsprinzip der sozialen Marktwirtschaft herangezogen.[212] Hieraus folgende Aussagen über unser Gesellschaftsmodell (Wettbewerb, Privatinitiative etc.) sollen sich sogar zu einem Postulat der größtmöglichen Aktivierung selbstregulativer Beiträge verdichten lassen.[213] Hier

---

210 *Schmidt-Preuß,* VVDStRL 56 (1997), S. 160 (170).

211 *Di Fabio,* VVDStRL 56 (1997), S. 235 (253); *Voßkuhle,* in: Schuppert (Hrsg.), Jenseits von Privatisierung und „schlankem" Staat, S. 47 (63); vgl. auch *Hoffmann-Riem,* in: Hoffmann-Riem / Schmidt-Aßmann (Hrsg.), Öffentliches Recht und Privatrecht als wechselseitige Auffangordnungen, S. 261 (299 und 310 ff.); *Faber,* in: FS Hoppe, S. 425 (429). Zur Subsidiarität in diesem Zusammenhang ausführlich *Frenz,* Selbstverpflichtungen der Wirtschaft, S. 135 ff., der in diesem Kontext deren Leitliniencharakter und den weiten Gestaltungsspielraum des Staates betont.

212 *Schmidt-Preuß,* VVDStRL 56 (1997), S. 160 (171); *Voßkuhle,* in: Schuppert (Hrsg.), Jenseits von Privatisierung und „schlankem" Staat, S. 47 (63). Trotz der vielzitierten wirtschaftspolitischen Neutralität des GG dürften die eigentums- und wirtschaftsrelevanten Grundrechte ohne eine freiheitliche Wirtschaftsordnung in der Tat „nicht mehr ausgefüllt" werden können, *Frenz,* Selbstverpflichtungen der Wirtschaft, S. 125, mit ausführlicher Begründung.

213 *Schmidt-Preuß,* VVDStRL 56 (1997), S. 160 (170 f.).

scheint eine gewisse Skepsis angebracht. Konkrete rechtliche Vorgaben lassen sich aus solchen Postulaten nicht ableiten; sie haben allenfalls den Charakter politischer Handlungsanweisungen.[214] Im Hinblick auf verbindliche rechtliche Vorgaben ist allenfalls denkbar, dass im konkreten Einzelfall Grundrechtsverletzungen durch eine unzulässige „Überregulierung" vorliegen. Diesbezügliche allgemeine Aussagen ohne Einzelfallbezug sind aber angesichts der Offenheit des Grundgesetzes für die Ausgestaltung der Gesellschaftsordnung kaum formulierbar.

Etwas handfester erscheinen dagegen verfassungsrechtliche Bedenken gegen die staatliche Instrumentalisierung regulierter Selbstregulierung.[215] Hier wird vor allem auf die Grundrechte[216] (in ihrer negatorischen Funktion und in ihrer Schutzpflichtbegründung) sowie auf das Demokratie- und Rechtsstaatsprinzip[217] rekurriert. Probleme sind insoweit in dem bei verschiedenen Erscheinungsformen regulierter Selbstregulierung entstehenden diffusen Gefüge von staatlichen und gesellschaftlichen Sphären und Verantwortlichkeiten angelegt. Der demokratisch legitimierte, auf das Gemeinwohl verpflichtete Staat steht den Partikularinteressen verfolgenden gesellschaftlichen Akteuren nicht mehr klar gegenüber; mit der Mobilisierung von gesellschaftlichem Engagement im Rahmen staatlicher Aufgabenwahrnehmung verwischen hier Trennlinien. Machtstrukturen werden unübersichtlicher, demokratische Legitimationen fraglich. Schwer wiegt auch das Problem, dass die Interessen des sich selbst regulierenden Gesellschaftsteiles oftmals dem Gemeinwohlinteresse entgegenlaufen werden. Insgesamt wirft die regulierte Selbstregulierung mithin durchaus verfassungsrechtliche Problemlagen auf. Es ist Aufgabe der regulativen Flankierung, diese einzelfalladäquat aufzufangen.[218] Auf diese Fragen wird im Dritten Teil der Untersuchung noch zurückgekommen.

c) *Die Rolle des Gesetzes*

aa) Allgemeines

Bei der Betrachtung der Rolle des Gesetzes für die Instrumentalisierung gesellschaftlicher Selbstregulierung (bzw. regulierte Selbstregulierung) sind zwei Gesichtspunkte von Interesse. Zunächst gelten auch hier die im Kapitel zur Kooperation getroffenen allgemeinen Aussagen zur Bedeutung des Gesetzes bei der staatlichen Aufgabenwahrnehmung; besonders auf den Aspekt der selbstverständlich fortbestehenden Gesetzesbindung der Verwaltung kann insofern uneingeschränkt

---

214 Vgl. *Faber,* in: FS Hoppe, S. 425 (428). Ähnlich auch *Frenz,* Selbstverpflichtungen der Wirtschaft, S. 137 f.

215 Siehe etwa *Schmidt-Preuß,* VVDStRL 56 (1997), S. 160 (172 ff.).

216 Zur Grundrechtsproblematik ausführlich *Di Fabio,* VVDStRL 56 (1997), S. 235 (252 ff.); *Schmidt-Preuß,* VVDStRL 56 (1997), S. 160 (172 ff.).

217 *Schmidt-Preuß,* VVDStRL 56 (1997), S. 160 (175).

218 Vgl. *Finckh,* Regulierte Selbstregulierung, S. 46.

verwiesen werden. Während bei den Überlegungen zur Kooperation aber allein die gesetzlichen Bindungen des Staates im Vordergrund standen, liegt eine spezifische Funktion des Gesetzes bei der regulierten Selbstregulierung gerade in der Steuerung privater Aktivität. In dieser Funktion ist das Gesetz integraler Bestandteil dieser Aufgabenwahrnehmungsstrategie. Die Rolle des Gesetzes reflektiert die sich hierbei selbst bescheidende Rolle des Staates: Die staatliche Regulierung beschränkt sich auf die „Initiierung, Anleitung und Absicherung der eigenverantwortlichen Erfüllung öffentlicher Aufgaben durch private Akteure im Sinne einer normativen Umhegung".[219] Auf dieser speziellen Funktion des Gesetzes als „normative Umhegung" der Selbstregulierung liegt der Schwerpunkt der folgenden Überlegungen.

bb) Induzierung des Konzeptes durch Gesetz

Zunächst kann dem Gesetz die Funktion der Initiierung bzw. Induzierung des Konzeptes regulierter Selbstregulierung zukommen.[220] Dabei ist im soeben genannten Sinne zwischen der Steuerungsfunktion des Gesetzes gegenüber der Verwaltung und den gesellschaftlichen Akteuren zu unterscheiden: Normen können zunächst die Verwaltung so steuern, dass sie bei ihrer Aufgabenwahrnehmung selbstregulative Beiträge aus der Gesellschaft nutzen kann oder muss.[221] Steuerungsadressat ist hier die Verwaltung. Es handelt sich dann im Grunde um die normative Induzierung der Integration selbstregulativer Beiträge in die staatliche Aufgabenwahrnehmung, nicht um Induzierung der Selbstregulierung an sich. Die das Verwaltungshandeln steuernden Normen müssen hierbei Fenster bzw. Freiräume für selbstregulative gesellschaftliche Aktivität vorsehen sowie deren Integration in die staatliche Aufgabenwahrnehmung ermöglichen. Dagegen bedarf die Selbstregulierung an sich, als gesellschaftlicher Prozess, im Grunde nicht der normativen Induzierung, sondern läuft in der gesellschaftlichen Sphäre von sich aus ab. Allerdings können Normen hier die Funktion übernehmen, gesellschaftlichen Akteuren neue Betätigungsfelder für selbstregulative Prozesse zu eröffnen, z. B. durch Aufgabenübertragung. Dies bedeutet dann normative Induzierung von Selbstregulierung im eigentlichen Sinne. In einem Gesetz, das die Integration selbstregulativer Selbstregulierung in die staatliche Aufgabenwahrnehmung vorsieht, fallen oft beide Steuerungsaspekte zusammen. In seiner Induzierungsfunktion ist das Gesetz

---

219 So treffend *Voßkuhle,* VerwArch 92 (2001), S. 184 (214).; vgl. auch *Schuppert,* in: Grimm (Hrsg.), Wachsende Staatsaufgaben – sinkende Steuerungsfähigkeit des Rechts, S. 217 (242); *Hoffmann-Riem,* in: Hoffmann-Riem / Schneider, Verfahrensprivatisierung im Umweltrecht, S. 9 (11).

220 Zur induzierten Selbstregulierung *Schmidt-Preuß,* VVDStRL 56 (1997), S. 160 (165); *Faber,* Gesellschaftliche Selbstregulierungssysteme, S. 1.

221 § 12 BauGB hat eben diese Steuerungswirkung; vgl. unten § 5 III 3 a) und c) bb). Weitere Beispiele bilden etwa die Verankerung von Elementen der Selbstkontrolle im Bauordnungsrecht, vgl. § 56a BauO Berlin, und die Integration der privaten Eigenermittlung des Sachverhalts in das staatliche Verwaltungsverfahren durch § 6 UVPG.

streng genommen nicht Teil der Regulierung der Selbstregulierung, sondern setzt diese erst in Gang. Da das Gesetz aber auch insoweit letztlich schon eine steuernde Funktion auf die Selbstregulierung ausübt, kann man die normative Induzierung ebenso bereits als Teil der Regulierung begreifen.

cc) Regulierung der Selbstregulierung durch Gesetz

Sodann nimmt das Gesetz die bereits beschriebene Flankierungsfunktion war – dies ist die eigentliche Regulierung der Selbstregulierung. Die gesetzlichen Flankierungen können sich gleichermaßen auf den selbstregulativen Prozess wie auf sein Ergebnis beziehen.[222]

Typisches Element der Regulierung selbstregulativer Prozesse sind zunächst Verfahrensnormen bzw. „prozedurale" Normen.[223] Diese dienen verschiedenen Zielen: Etwa der Gewährleistung von Transparenz der selbstregulativer Aktivität überantworteten Abläufe sowie der Sicherung von Partizipationsmöglichkeiten und ausgewogener Interessenberücksichtigung.[224] Damit ergibt sich eine Überschneidung[225] mit der Diskussion um die sogenannte Prozeduralisierung des Rechts, worunter die vermehrt zu findende Akzentuierung von Verfahrensregeln zulasten von materiellen Determinierungen zu verstehen ist.[226] Prozedurales Recht beinhaltet eine Möglichkeit, Felder für gesellschaftliche Selbstregulierung zu öffnen, sie aber zugleich gewissen kanalisierenden Ordnungsprinzipien zu unterwerfen.

Hinsichtlich des Ergebnisses selbstregulativer Aktivität spielen aber auch materielle Vorgaben an die selbstregulativ tätigen Akteure als Teil des regulativen Rahmens eine wichtige Rolle. In Frage kommen hier etwa Zielvorgaben, Grenzwerte und Kontrollnormen. Sie stecken den inhaltlichen Spielraum für die Selbstregulierung ab.[227]

---

222 *Burgi,* Funktionale Privatisierung, S. 87 ff., konzentriert sich allein auf den Veranlassungsaspekt.

223 *Hoffmann-Riem,* DV 28 (1995), S. 425 (434); *Finckh,* Regulierte Selbstregulierung, S. 48; siehe auch *Trute,* DVBl. 1996, S. 950 (960 f.); *Weinrich,* Recht als Medium gesellschaftlicher Selbststeuerung, S. 147.

224 Speziell hierzu *Trute,* DVBl. 1996, S. 950 (961 f.); *Finckh,* Regulierte Selbstregulierung, S. 45; *Hoffmann-Riem,* DV 28 (1995), S. 425 (434); vgl. auch *ders.,* in: Hoffmann-Riem / Schneider (Hrsg.), Verfahrensprivatisierung im Umweltrecht, S. 9 (11).

225 *Voßkuhle,* VerwArch 92 (2001), S. 184 (213); *ders.,* in: Schuppert (Hrsg.), Jenseits von Privatisierung und „schlankem" Staat, S. 47 (61).

226 Zur prozeduralen Entscheidungsregulierung umfassend *Hagenah,* Prozeduraler Umweltschutz, S. 49 ff.

227 Zum Ganzen *Hoffmann-Riem,* in: Hoffmann-Riem / Schmidt-Aßmann (Hrsg.), Öffentliches Recht und Privatrecht als wechselseitige Auffangordnungen, S. 261 (300 f.); *ders.,* in: Hoffmann-Riem / Schneider, Verfahrensprivatisierung im Umweltrecht, S. 9 (21); *Finckh,* Regulierte Selbstregulierung, S. 48; *Trute,* DVBl. 1996, S. 950; *Faber,* in: FS Hoppe, S. 425 (429).

All diese verschiedenen Regulierungselemente können, angepasst an den Regelungsbereich und die ihm immanente Sachlogik, variantenreich kombiniert werden. Die bisweilen starke Korsettwirkung der rechtlichen Regulierung kann von dem für Selbstregulierung benötigten Freiraum unter Umständen nicht viel übrig lassen. Solange aber die verbleibenden Freiräume noch im Sinne der obigen Definition mit der typischen, auf Eigennützigkeit gerichteten gesellschaftlichen Handlungsrationalität gefüllt werden können, kann man auch von regulierter Selbstregulierung sprechen.[228]

III. Instrumentalisierte Selbstregulierung bei der vbBPlanung

1. Einleitung

Zur Herausarbeitung der für die Instrumentalisierung von Selbstregulierung typischen Aufgabenwahrnehmungsstruktur bei der vbBPlanung bietet es sich an, zunächst Elemente der Selbstregulierung zu bestimmen und anschließend ihre normative Regulierung und Integration in die staatliche Aufgabenerfüllung zu analysieren.

2. Selbstregulative Elemente in der vbBPlanung

a) Potentielle selbstregulative Elemente

Inwieweit kommt es bei der vbBPlanung zu selbstregulativer gesellschaftlicher Aktivität? Gesellschaftliche Selbstregulierung liegt in Gesellschaftsbereichen vor, deren interne Abläufe durch die ihr Eigeninteresse verfolgenden gesellschaftlichen Akteure selbstbestimmt gestaltet werden. Die gesellschaftlichen, d. h. privaten Beiträge im Planungsprozess sind also im Hinblick auf die in dieser Definition formulierten Qualitäten zu untersuchen.

Offensichtlichster Ansatzpunkt ist zunächst die Erstellung des VEP durch den Investor, der damit für sich selbst eine maßgeschneiderte Planung entwirft. Hierbei handelt es sich um den eindeutig wichtigsten Privatbeitrag im Rahmen der vbBPlanung; eine Untersuchung im Hinblick auf seine selbstregulative Qualität erscheint vielversprechend. Ansonsten sind letztlich keine gesellschaftlichen Aktivitäten im Rahmen des Planungsprozesses auszumachen, die eine selbstregulative Qualität besitzen könnten. Insoweit ist es allenfalls denkbar, die Rolle des Investors bzw. auch bisher unbeteiligter gesellschaftlicher Akteure in dem der Planvorbereitung folgenden Planaufstellungsverfahren als selbstregulative Aktivität zu begreifen. Denn immerhin werden in diesem Verfahren Eigeninteressen artikuliert. Der Inves-

[228] Vgl. auch *Remmert,* Private Dienstleistungen, S. 189.

tor wird allerdings aufgrund seiner vorherigen Einbringungsmöglichkeiten während der späteren Planaufstellung ohnehin kaum noch in Erscheinung treten. Im Übrigen entspricht die Rolle der Privaten, d. h. der Bürger, in dieser Phase nicht dem, was mit selbstregulativer Aktivität gemeint ist. Die eigentliche Bebauungsplanaufstellung ist letztlich ein rein hoheitlich bestimmtes Verfahren. Die ihm eigenen partizipatorischen Elemente[229] ändern daran nichts. Die bloße Gewährleistung von Beteiligungsrechten schafft nicht den für selbstregulative Entfaltung nötigen Freiraum, sondern sorgt für die Einräumung von Interessenartikulationsmöglichkeiten des Bürgers. Ein selbstregulativer Beitrag im Planungsprozess ergibt sich hieraus nicht. Im Ergebnis bleibt mithin allein die private VEP-Erstellung als geeigneter Anknüpfungspunkt für die Herausarbeitung eines selbstregulativen Elementes in der vbBPlanung.

b) Die VEP-Erstellung als selbstregulatives Element in der vbBPlanung

Der zentrale Anteil des Investors an der vbBPlanung besteht in der Erstellung des VEP, dem von ihm und auf seine Initiative hin gefertigten Planentwurf für das zu beplanende Gebiet. Zur Beantwortung der Frage, ob diese Planvorbereitung ein Element gesellschaftlicher Selbstregulierung im hoheitlichen Planungsprozess ist, kommt es zunächst auf den selbstbestimmten bzw. reflexiven Charakter der VEP-Erstellung an. Diese Selbstbestimmung muss dabei durch Eigeninteressenverfolgung als dem mit der Gemeinwohlgebundenheit des Staates kontrastierenden Charakteristikum gesellschaftlicher Handlungsrationalität geprägt sein.

Was das reflexive Element angeht, so ist Grundbedingung für jedwede Selbstbestimmung zunächst ein entsprechender Freiraum. Die Erstellung des VEP bietet dem Investor insoweit ganz beträchtliche Freiräume: Er hat hier zunächst die Möglichkeit, die Initiative zu ergreifen und im Hinblick auf das interessierende Gebiet überhaupt eine baurechtliche Beplanung anzustoßen. Hierzu kann der Investor ein Areal auswählen, dessen Neubeplanung er aus Gründen einer von ihm angestrebten Entwicklung (Bebauung etc.) für sinnvoll und nötig hält. Er kann selbst, mit gestalterischer Freiheit, einen planerischen Rahmen für dieses Gebiet entwerfen, mit all den für ihn aus der Planung folgenden Möglichkeiten und Einschränkungen hinsichtlich seiner Nutzungsmöglichkeiten. Die Planerarbeitung zielt insofern durchaus auf selbstbestimmtes Handeln hinsichtlich des für das betreffende Gebiet zu etablierenden Planungsrahmens. Das für den selbstregulativen Charakter der Planerstellung entscheidende reflexive Moment ist also zu bejahen.

An dieser Stelle kann man allerdings auf den Gedanken kommen, dass die Tatsache, dass es im Ergebnis nicht beim selbstbestimmten Handeln bleibt, sondern

229 Siehe hierzu bereits § 4 III 2 a) cc). Eine Zusammenfassung zu Funktionen und Bedeutung der Bürgerbeteiligung findet sich bei *Schrödter,* in: Schrödter, § 3 Rn. 1 ff. Vgl. auch erneut *Battis,* Partizipation.

letztlich auf dessen Grundlage eine inhaltlich deckungsgleiche hoheitliche Regelung des Baurechts für das Gebiet in Form des vbBPlanes ergeht, dem selbstregulativen Charakter der Planausarbeitung entgegenstehen könnte. Dem ist aber nicht so. Es ist daran zu erinnern, dass für den Steuerungsmodus regulierte Selbstregulierung, der bei der Integration von gesellschaftlicher Selbstregulierung in die Aufgabenwahrnehmung zum Einsatz kommt, bisweilen sehr weitgehende regulative Kanalisierungen und Überlagerungen des gesellschaftlichen Beitrages gerade charakteristisch sind.[230] Insofern kann es sich bei dem gesellschaftlichen Beitrag in diesen Fällen nie um Selbstregulierung in Reinform handeln. Konstellationen, in denen private Beiträge im Rahmen fortbestehender staatlicher Entscheidungsverantwortung erfolgen und durch die staatliche Entscheidung gleichsam „mediatisiert" werden, bilden sogar eine typische Fallgruppe regulierter Selbstregulierung.[231] Allein entscheidend ist insofern, dass die Art und Weise der Ausfüllung der real vorhandenen gesellschaftlichen Freiräume einen selbstregulativen Charakter aufweist.

Zu fragen ist also weiter, inwieweit der Investor bei seinem Beitrag, in der Ausfüllung seiner Freiräume, von den für die gesellschaftliche Selbstregulierung als typisch beschriebenen Eigennutzerwägungen geleitet wird. Insofern ist zu überlegen, welche Motivation den Investor zur Mitarbeit an einer vbBPlanung bewegt. Seine Mitwirkung am Verfahren ist freiwillig, für ihn aber mit durchaus beträchtlichem Aufwand verbunden. Eigennützig ist seine Aktivität dann, wenn die erhofften persönlichen Vorteile den zu betreibenden Aufwand aus der Sicht des Investors überwiegen.

Zunächst wird ein Engagement des Investors in der Planung überhaupt nur erfolgen, wenn er für die Verwirklichung seiner Pläne unzureichende planungsrechtliche Voraussetzungen vorfindet, d. h. aus seiner Sicht Planungsdefizite bestehen. Bei der Einschätzung etwaiger Planungsdefizite orientiert er sich ausschließlich an seinen eigenen subjektiven Nutzungsinteressen und mithin an seinem eigenen Vorteil. Die Beseitigung dieses Planungsdefizits ist insofern ein von Eigennutzerwägungen geprägtes Motiv des Investors für sein Engagement.[232] Auch bei der konkreten inhaltlichen Gestaltung des Planentwurfes verfolgt der Investor seine persönlichen, insbesondere wirtschaftlichen Interessen; ihm geht es um die Schaffung optimaler Nutzungsmöglichkeiten für das Grundstück aus der Warte seiner subjektiven Nutzungspläne. Daran orientiert er seine Planvorstellungen.[233]

Neben diesen inhaltlichen Aspekten der maßgeschneiderten Planung bietet sich für den Investor noch ein weiterer Anreiz, der sein aufwendiges Engagement in Form der VEP-Erstellung aus seiner Perspektive rational erscheinen lässt: Nämlich die erhoffte Zeitersparnis.[234] Fällt eine Investitionsentscheidung, so wird in aller

230 Vgl. nochmals § 5 II 3 c) cc).

231 *Trute,* DVBl. 1996, S. 950 (952).

232 *Schneider,* VerwArch 87 (1996), S. 38 (53); auch *Burgi,* DV 33 (2000), S. 183 (188).

233 *Burgi,* Funktionale Privatisierung, S. 134 f.

234 Siehe etwa *Schneider,* VerwArch 87 (1996), S. 38 (53).

Regel Interesse an einer zeitnahen Verwirklichung bestehen. Die vbBPlanung verspricht hier durch eine zügige private Planausarbeitung und die Effektivierung des förmlichen Verfahrens durch die Reduktion des Abwägungsmaterials[235] eine Zeitersparnis auf dem Weg zur investitionsermöglichenden Schaffung von Baurecht.[236]

Diese im Interesse des Investors liegenden Faktoren vermögen ihn zu motivieren, den entstehenden Planungsaufwand auf sich zu nehmen. Die Hoffnung, für das eigene Projekt optimale planungsrechtliche Voraussetzungen zu schaffen, ist der entscheidende Beweggrund für das Engagement des Investors. Gemeinwohlbelange – denen die hoheitliche Planung bekanntlich verpflichtet ist – hat er dabei in aller Regel nicht im Blick. Dass ihn die Bezogenheit des Planentwurfes auf einen hoheitlich zu verabschiedenden Bebauungsplan und die entsprechende Abhängigkeit von der insoweit gemeinwohlgebundenen Gemeinde von vornherein zu Konzessionen in Form der Berücksichtigung eben jener Gemeinwohlbelange zwingt, ist zunächst zweitrangig. Dies sind für die regulierte Selbstregulierung typische Kanalisierungen der gesellschaftlichen Aktivität. Der Konzessionszwang ändert aber nichts an der Einschätzung, dass das Engagement von Eigennutzerwägungen getragen wird. Das Engagement des Investors im Planungsprozess wird durch eine maßgeschneiderte Planung belohnt. Insofern wird die VEP-Erstellung zum eigeninteressengeleiteten Handeln, sie ist in typischer Weise durch die Handlungsrationalität der gesellschaftlichen Sphäre geprägt: Die Erstellung des Planentwurfes stellt eine Betätigung zum „legitimen Eigennutz" dar.[237] Es ist zu unterstreichen, dass das egoistische Handeln des Investors durchaus nicht per se negativ zu bewerten ist. Vielmehr wird es von der Gemeinde gezielt (aus-)genutzt. Inwieweit das Investorenengagement im Einzelnen für die Gemeinde Vorteile bietet und man deshalb von seiner Instrumentalisierung sprechen kann, wird sogleich noch in einem gesonderten Abschnitt erläutert.

Durch die starke Prägung durch das Eigeninteresse unterscheidet sich die private Planvorbereitung bei der vbBPlanung übrigens entscheidend von der seit langem üblichen Planerarbeitung durch von Gemeinden beauftragte Planungsbüros. Diese haben zwar ein wirtschaftliches Eigeninteresse an der Erlangung des Planungsauftrages aufgrund des entsprechenden Honorars, nicht aber ein Interesse am Planungsergebnis an sich. Wo es bei der Beauftragung um eine reine Dienstleistung geht, ist bei der VEP-Erstellung durch den Investors das unmittelbare Eigeninteresse an der Planung ganz dominant. Denn der Investor entwirft eine Planung, der er sich selbst zu unterwerfen hat.[238]

---

235 Vgl. *Grigoleit,* DV 33 (2000), S. 79 (93).

236 Allerdings sind in jüngerer Zeit Zweifel geäußert worden, ob die vbBPlanung wirklich zu einer Zeitersparnis führt; vgl. *Quaas,* in: Schrödter, § 12 Rn. 2; *Thurow,* UPR 2000, S. 16 (20). Vgl. hierzu § 7 II.

237 *Burgi,* Funktionale Privatisierung, S. 135: „Bezugspunkt des privaten Handelns (...) ist das Eigeninteresse an der Verwirklichung der jeweiligen Bauvorhaben." Siehe zur Selbstregulierung bei der Planvorbereitung auch *Schmidt-Preuß,* VVDStRL 56 (1997), S. 160 (184).

Ergänzend ist zu festzustellen, dass man für die private VEP-Erstellung letztlich auch das oben erwähnte, nicht für zwingend gehaltene Selbstregulierungsmerkmal der Regelungs- bzw. Vollzugsfunktion bejahen kann. Denn ohne den selbstregulativen Beitrag des Investors, also in einem regulären Bauleitplanungsverfahren, müsste dessen potentielles Bauland auf Grundlage eines hoheitlichen Planentwurfes beplant werden. Insoweit substituiert der Investorenbeitrag hoheitliches Handeln.

3. Das selbstregulative Element im Prozess der vbBPlanung

a) Die Integration des VEP in die staatliche Aufgabenwahrnehmung

Der VEP bildet nur ein vorbereitendes Element des staatlich fortgeführten Planungsprozesses. Die als Element gesellschaftlicher Selbstregulierung eingeordnete VEP-Erstellung findet also nicht für sich selbst statt, sondern ist in die staatliche Aufgabenwahrnehmung eingebunden und von vornherein auf sie bezogen. Der VEP als Ergebnis selbstregulativer Tätigkeit wird in die staatliche Planungstätigkeit aufgenommen und zu einer staatlichen Plansatzung transformiert. Die Gemeinde integriert also bei der Wahrnehmung ihrer Aufgabe Bauleitplanung ein selbstregulatives Element. Dies geschieht sogar auf sehr umfassende Weise, der gesellschaftliche Beitrag geht in der staatlichen Planung auf. *Faber* findet für den vbBPlan als Produkt des gesamten Planungsprozesses das anschauliche Bild, der § 12 BauGB regele einen staatlichen Planerlass in Form eines Bebauungsplanes, der „wie ein Gefäß gesellschaftliche Selbstregulierung in sich aufnimmt“.[239]

b) Die Instrumentalisierung der Selbstregulierung bei der vbBPlanung

Bei der Integration selbstregulativer Beiträge in die staatliche Aufgabenwahrnehmung geht es darum, die Potentiale selbstregulativer Aktivität für die Wahrnehmung bestimmter Aufgaben gezielt zu instrumentalisieren.[240] Die Verwaltung will aus dieser Einbindung Vorteile in Hinblick auf die Verbesserung ihrer Aufgabenwahrnehmung ziehen. Dass dies auch bei der vbBPlanung der Fall sein muss, liegt auf der Hand: Die Gemeinde wird sich auf dieses neben der hergebrachten Bauleitplanung alternative Verfahren gar nicht erst einlassen, wenn sie dies nicht für vorteilhaft hält.

---

238 Diese Frage wird im Rahmen der Privatisierungsdiskussion nochmals aufgegriffen, vgl. § 6 III 3 a) bb) (1).

239 *Faber*, in: FS Hoppe, S. 425 (431).

240 Zur Instrumentalisierung der Selbstregulierung bei der vbBPlanung *Faber*, in: FS Hoppe, S. 425 (428 ff.).

Im Einzelnen ergeben sich verschiedene für die Gemeinde vorteilhafte Aspekte. Es sind letztlich typische Gründe für die Nutzung selbstregulativer Aktivität, nämlich die Verbesserung der Wirksamkeit der Aufgabenwahrnehmung und die Erschließung privater Ressourcen wie Know-how und Geld.[241] Was den Vorteil der Aktivierung privater Ressourcen angeht, so ist dieser bei der vbBPlanung evident. Der Investor trägt die Planungskosten, was den Gemeindehaushalt entlastet.[242] Zugleich werden personelle Planungsressourcen der Gemeinde zunächst nicht bzw. weniger gebunden.[243] Gerade letzteres war ein tragendes Argument in den neuen Ländern, wo ausreichende Planungskapazitäten vielfach nicht vorhanden waren. Die durch die Selbstregulierung freigesetzten Investorenressourcen werden bei der vbBPlanung erschlossen und für die städtebauliche Planung genutzt. Dadurch können von der Gemeinde gewollte städtebauliche Planungen auch dann vorangetrieben werden, wenn die Gemeinde sich dies selbst gar nicht leisten könnte.

Auch hinsichtlich der Verbesserung der stadtplanerischen Aufgabenwahrnehmung ergeben sich durch das Investorenengagement Vorteile. Durch das Planungsengagement von Investoren wird gesellschaftliches Wissen in Bezug auf vorhandene Planungs- und letztlich Bodennutzungsbedürfnisse hinsichtlich bestimmter Gebiete mobilisiert, und es können auf effiziente Weise die aus Investorenperspektive bestehenden Planungsdefizite offengelegt werden. Dies ist für die Gemeinde insofern von Interesse, als dass sie Fehlplanungen – nämlich solche, die an potentiellen Nutzern vorbeigehen – vermeiden kann. Dass die Investoren konkrete Aussicht auf Umsetzung ihrer Vorstellungen haben (und nicht nur vage Gespräche mit der Gemeinde führen), ist einer besonders präzisen Formulierung von Planungsinteressen zuträglich. Die so erlangten Anregungen zur planerischen Optimierung des Gemeindegebietes sind jedenfalls nützlich, die Gemeinde verbreitert ihre Wissensbasis. Ob sie die Investoreneinschätzungen teilt, steht auf einem anderen Blatt. Jedenfalls erwachsen der Gemeinde aus der gewonnenen Klarheit zusätzliche Handlungsoptionen. Hält sie die angeregte Entwicklung für wünschenswert, kann sie offensiv darauf reagieren und die investitionsförderliche Planung auf den Weg bringen. Dies ist angesichts des interkommunalen Wettbewerbs um Investitionen von großem Gewicht.[244] Zusätzlich kann sich die Gemeinde durch das Einlassen auf die vbBPlanung als investorenfreundlich profilieren.

---

241 Vgl. *Trute,* DVBl. 1996, S. 950 (962); *Hoppe,* in: Hoppe / Grotefels, Öffentliches Baurecht (1. Auflage), § 5 Rn. 192.

242 *Schneider,* VerwArch 87 (1996), S. 38 (53). Selbstverständlich kann eine solche Kostentragung auch auf anderem Wege erreicht werden, etwa durch einen städtebaulichen Vertrag. Zum Entlastungseffekt siehe auch *von und zu Franckenstein,* UPR 2000, S. 288 (292); *Grigoleit,* DV 33 (2000), S. 79 (93).

243 Wiederum *Schneider,* VerwArch 87 (1996), S. 38 (53). Allerdings wird es allein schon zur effektiven Durchführung der Abstimmung einer gewissen planerischen Begleitung und insofern auch der Nutzung eigener Planungsressourcen bedürfen.

244 Vgl. auch *Grigoleit,* DV 33 (2000), S. 79 (100).

Diese Aspekte der Vorteilsabschöpfungen durch die Gemeinde verdeutlichen, dass es bei der vbBPlanung zu einer gezielten Nutzung selbstregulativer Energie, zu einer Instrumentalisierung von gesellschaftlicher Selbstregulierung für die gemeindliche Planungsaktivität kommt.[245]

c) Die Regulierung des selbstregulativen Elementes VEP

aa) Allgemeines

Nach Feststellung der Einbindung der VEP-Erstellung in den Prozess der vbBPlanung ergibt sich von selbst, dass der Eigeninitiative des Investors zahlreiche Grenzen gesetzt sind. § 12 BauGB eröffnet zwar Freiraum für Selbstregulierung und ermöglicht dem Investor durchaus beträchtliche Gestaltungsspielräume. Gleichzeitig sorgen § 12 BauGB und sonstige anzuwendende planungsrechtliche Normen für eine Rahmensetzung: Die entstehenden Freiräume können nur in Abstimmung mit der Gemeinde ausgefüllt werden, der VEP muss ein Aufstellungsverfahren durchlaufen und im Sinne dessen verabschiedbar sein, er muss dementsprechend bestimmten inhaltlichen Standards genügen etc. Struktur, Funktionsweise und Steuerungsrichtung dieses die VEP-Erstellung erfassenden regulativen Korsetts, eben ihre Regulierung, sind nun zu untersuchen.

bb) Normative Induzierung

§ 12 BauGB schafft explizit die Möglichkeit für private Investoren, einen VEP für das von ihnen zu bebauende Gebiet zu erstellen. Die oben als Ausdruck von Selbstregulierung eingeordnete Planerstellung wird mit dieser Möglichkeitseröffnung im besten Sinne des Wortes induziert, sie wird aktiv angeregt.[246] Aufmerksamkeit verdient hierbei, dass die selbstregulative VEP-Ausarbeitung keine Form der Selbstregulierung ist, die gleichsam natürlicherweise in der Gesellschaft stattfindet und lediglich von Seiten des Staates genutzt wird.[247] Vielmehr geht es hier um die Eröffnung eines neuen Feldes für selbstregulative Aktivität[248]: Im Aufgabenfeld Planvorbereitung, das an sich der Staat ausfüllt und das diesem sonst vorbehalten ist[249], wird ein Freiraum eröffnet und der eigennützigen, selbstregulativen Aktivität Privater überlassen. Der Sinn der privaten Planerstellung ergibt sich

---

245 Im Ergebnis auch *Trute,* DVBl. 1996, S. 950 (962).

246 Vgl. *Schmidt-Preuß,* VVDStRL 56 (1997), S. 160 (165); *Faber,* Gesellschaftliche Selbstregulierungssysteme, S. 1.

247 So auch *Faber,* in: FS Hoppe, S. 425 (431).

248 Vgl. *Schmidt-Preuß,* VVDStRL 56 (1997), S. 160 (184).

249 Zu der Verlagerung der zuvor staatlichen Tätigkeit Planvorbereitung in die gesellschaftliche Sphäre wird sogleich im Abschnitt zur Privatisierung ausführlich Stellung genommen.

ganz allein aus ihrer funktionalen Einbindung, aus ihrem Bezug auf den später aufzustellenden vbBPlan. Induzierung bedeutet insofern eben nicht nur die einfache Nutzung selbstregulativer gesellschaftlicher Aktivität, sondern gerade auch Kreation neuer Freiräume für diese. Die Induzierung der Möglichkeit für eine selbstregulative Betätigung des Investors durch § 12 BauGB lässt sich bereits als Teil der normativen Lenkung der VEP-Erstellung und damit als ein Aspekt ihrer Regulierung verstehen.[250]

Dass die Regelung des § 12 BauGB nicht eine zwangsläufige Aktivierung selbstregulativer Potentiale bewirkt, sondern ein besonderes Planverfahren regelt, auf das sich der Investor nicht einlassen muss, spricht wiederum nicht gegen die Annahme einer entsprechenden normativen Induzierung.[251] Auch ein optional geregeltes Alternativmodell kann diese Induzierungsfunktion durchaus erfüllen.[252] In diesen Fällen wird die Setzung von Anreizen für die selbstregulative Aktivität die Induzierungsstrategie komplettieren.[253] Denn ansonsten wird diese Alternative von den gesellschaftlichen Akteuren nicht gewählt. Bei der vbBPlanung bestehen entsprechende Anreize für selbstregulative Aktivität[254] – sie liegen in den oben erläuterten Vorteilen des Investors. Mithin wird bei der vbBPlanung die Induzierung der Selbstregulierung durch die normative Eröffnung der Möglichkeit hierzu und das Bestehen entsprechender Anreize erreicht.

In diesem Zusammenhang ist im Übrigen festzustellen, dass mit der normativen Induzierung der auf Eigeninitiative des Investors bauenden selbstregulativen Planvorbereitung zugleich ein Fall der Nachfrageplanung gesetzlich anerkannt wird.[255] Denn die auf die Vorbereitung hin ergehende Planung orientiert sich ganz an den Bedürfnissen des Investors und reagiert mithin auf Nachfrage. Eine solche Nachfrageplanung steht im Gegensatz zu der dem BauGB als Leitbild zugrundeliegenden Angebotsplanung: Bei der Angebotsplanung erstellt die Gemeinde für ein Planungsgebiet eine ihren Vorstellungen entsprechende Planung und macht damit zukünftigen potentiellen Bauherren das Angebot, die beplanten Grundstücke im vorgesehenen Umfang zu nutzen. Die Gemeinde verwirklicht ihren städteplanerischen Steuerungsanspruch präventiv und orientiert sich im Prinzip nicht an Nutzungsinteressen konkreter Bauherren. Sind der Gemeinde aber konkrete Nutzungsinteressen bekannt und orientiert sie ihre Planung darauf, betreibt sie Nachfrageplanung. Spätestens seit der Flachglasentscheidung des

---

250 Vgl. § 5 II 3 c) bb).

251 Vgl. die Ausführungen zum Alternativverfahren im Kapitel zur Kooperation, § 4 III 3 a). Dort bezog sich die Alternativität allerdings auf die Wahlmöglichkeit der Gemeinde zwischen zwei Planungsmodi, während es hier um die Wahl des Investors geht, sich auf eine vbBPlanung einzulassen oder nicht.

252 *Seidel,* Privater Sachverstand, S. 21.

253 Vgl. nur *Seidel,* Privater Sachverstand, S. 21 f.

254 *Schneider,* VerwArch 87 (1996), S. 38 (53).

255 *Schmidt-Preuß,* VVDStRL 56 (1997), S. 160 (184); *Grigoleit,* DV 33 (2000), S. 79 (92 f.); auch *Battis,* ZfBR 1999, S. 240.

BVerwG[256] ist zumindest die prinzipielle Möglichkeit des Abweichens vom Gedanken der Angebotsplanung zugunsten einer Nachfrageplanung allgemein anerkannt. Eine solche liegt bereits dann vor, wenn die Gemeinde selbst sämtliche Planungsarbeiten wahrnimmt, dabei aber im genannten Sinne auf Nutzerwünsche reagiert. Bei der vbBPlanung handelt es sich noch um einen weitergehenden Fall, nämlich eine echte Investorenplanung, wo der Investor selbst einen Planentwurf ausarbeitet – und damit seine Nachfrage denkbar konkret formuliert. § 12 BauGB regelt insofern einen speziellen Fall der Nachfrageplanung in Form der selbstregulativen Investorenplanung.[257] Auf damit verbundene Probleme, insbesondere im Hinblick auf die gemeindliche Abwägungsentscheidung, wird später noch ausführlich eingegangen.[258]

cc) Normative Strukturierung und kontextuale Einbindung

Dass § 12 BauGB die selbstregulative VEP-Erstellung in die Struktur der vbBPlanung einbindet, ist mehrfach gesagt worden: Der VEP wird funktional auf das Endprodukt vbBPlan bezogen; weiterhin wird sein Verhältnis zu den anderen Elementen der vbBPlanung im Planungsverlauf festgelegt. Auch diese Einbindung ist Teil der normativen Steuerung des selbstregulativen Elementes.

dd) Verfahrensregulierung / Prozedurale Steuerung

Weiterhin ist die VEP-Erstellung Verfahrensregulierungen bzw. prozeduralen Vorgaben unterworfen. Als verfahrensmäßiges Regulierungselement für die VEP-Aufstellung selbst lässt sich zunächst das Abstimmungsgebot verstehen, da es die stetige Koordination der Planung mit der Gemeinde verlangt. Damit ergibt sich für die Gemeinde während der VEP-Erarbeitung ständig die Möglichkeit, ihre gemeinwohlbezogenen Vorstellungen in den Planungsprozess einzubringen und damit von vornherein auf ein planungsrechtskonformes Ergebnis hinzuwirken.[259] Der Investor kann insofern den VEP-Aufstellungsprozess nicht frei gestalten, sondern muss sich immer wieder der Intervention durch gemeindliche Interessenartikulation öffnen. Dies macht den bereits erwähnten prozeduralen Charakter des Abstimmungsgebotes aus.[260]

[256] BVerwGE 45, S. 309 ff. Vgl. zu dieser Entscheidung *Schulze-Fielitz,* Jura 1992, S. 201 ff.

[257] Vgl. *Grigoleit,* DV 33 (2000), S. 79 (92 f.).

[258] Hierzu § 10.

[259] Vgl. *Krautzberger,* in: Ernst / Bielenberg / Zinkahn / Krautzberger, § 12 Rn. 89. Zu den inhaltlichen Anforderungen an den VEP wird sogleich noch ausführlich Stellung genommen.

[260] Siehe nochmals *Quaas,* in: Schrödter, § 12 Rn. 21; *Krautzberger,* in: Ernst / Zinkahn / Bielenberg / Krautzberger, § 12 Rn. 88; im Ergebnis wohl auch *Neuhausen,* in: Brügelmann, § 12 Rn. 21.

Weiterhin ist daran zu erinnern, dass der VEP vor seiner Transformation zum vbBPlan das Bebauungsplanaufstellungsverfahren durchläuft und diesbezüglich die allgemeinen Regelungen des BauGB, insbesondere §§ 1–4a) BauGB, zur Anwendung kommen. Dies geschieht allerdings erst in der Phase, in der die Gemeinde den VEP in das Planungsverfahren einbringt und ihn sich dabei letztlich zu eigen macht. Die eigentliche selbstregulative Tätigkeit durch den Investor ist zu diesem Zeitpunkt schon abgeschlossen. Für die VEP-Erstellung selbst finden die Beteiligungsregeln der §§ 3–4a) BauGB hingegen keine direkte Anwendung; der Investor ist zur Durchführung einer formellen Beteiligung nicht befugt.[261] Insofern ergeben sich hieraus unmittelbar keine weiteren Verfahrensanforderungen. Der Investor sollte dennoch bemüht sein, entsprechende Stellungnahmen zu berücksichtigen.[262] Hierbei erweist sich die Abstimmung mit der Gemeinde als hilfreich: In diesem Rahmen kann die Gemeinde aus dem von ihr nach ihrem Aufstellungsbeschluss (§ 2 Abs. 1 S. 2 BauGB) durchzuführenden Verfahren nach §§ 3–4a) BauGB stammende Anregungen einbringen, um die anschließend unter Umständen erforderliche einvernehmliche VEP-Anpassung zu erreichen.[263]

Insgesamt ist die VEP-Erstellung keiner allzu detaillierten normativen Verfahrenssteuerung ausgesetzt. Der Investor hat hier viel Freiraum. Dies ist insofern unproblematisch, als dass das Selbstregulierungsergebnis VEP noch das aufwendige Planaufstellungsverfahren durchläuft und auf diese Weise dem Sinn von Verfahrensregeln – z. B. der Schaffung von Möglichkeiten zur Interessenartikulation betroffener Kreise – Genüge getan werden kann.

ee) Regulierung des inhaltlichen Gestaltungsspielraumes

Weiterhin ist von Interesse, in welcher Weise der VEP als selbstregulatives Element in der vbBPlanung einer inhaltlichen Steuerung ausgesetzt ist. Dass der Planungstyp vbBPlan insgesamt durch seine Eingliederung in das BauGB und die daraus folgende Anwendbarkeit der BauGB-Normen inhaltlich stark normativ determiniert wird, ist selbstverständlich. Im hiesigen Kontext ist aber nur die Regulierung der Selbstregulierung zu beleuchten, nämlich der VEP-Erstellung, nicht die normative Steuerung des Ergebnisses der letztlich hoheitlichen Planung nach § 12 BauGB, also des vbBPlanes. Die den vbBPlan steuernden Normen finden auf den VEP keine unmittelbare Anwendung.[264] Es stellt sich aber die Frage, inwieweit sich durch die normative Steuerung des Planungsergebnisses vbBPlan nicht auch

---

261 *Krautzberger,* in: Ernst / Zinkahn / Bielenberg / Krautzberger, § 12 Rn. 133.

262 *Krautzberger,* in: Ernst / Zinkahn / Bielenberg / Krautzberger, § 12 Rn. 133.

263 *Quaas,* in: Schrödter, § 12 Rn. 21; *Krautzberger,* in: Ernst / Zinkahn / Bielenberg / Krautzberger, § 12 Rn. 89 und 133; siehe auch *Neuhausen,* in: Brügelmann, § 12 Rn. 22; *Grigoleit,* DV 33 (2000), S. 79 (99). Siehe zur Beteiligungsproblematik noch unten, § 10 IV 2 c) bb).

264 *Krautzberger,* in: Ernst / Zinkahn / Bielenberg / Krautzberger, § 12 Rn. 68.

zumindest eine mittelbare Steuerung des VEP ergibt. Anders formuliert: Erstreckt sich der normative Steuerungsanspruch des BauGB in punkto Planungsinhalt schon auf den privat ausgearbeiteten Plan?

Ein kleiner Hinweis hinsichtlich etwaiger normativer Inhaltsanforderungen an den VEP liegt in der Bezeichnung dieser Projektplanung als Plan, worin man durchaus eine vom Gesetzgeber bewusst gewählte terminologische Nähe zur Bauleitplanung sehen kann.[265] Das Gesetz stellt dennoch keine unmittelbare Anwendbarkeit der BauGB-Regelungen her. Diese richten sich allein an den Adressaten Gemeinde als Verantwortliche für die Bebauungsplanaufstellung. Über die inhaltliche Ausgestaltung des VEP und die an ihn zu stellenden Anforderungen sagt das BauGB unmittelbar nichts[266] – lediglich, dass der Plan Bestandteil des vbBPlanes wird. Durch letztere Bestimmung ergibt sich aber auf indirekte Weise eine eindeutige Regelung der rechtlichen Anforderungen an den VEP.[267] Dies erschließt sich über zwei gedankliche Schritte: Zum ersten ist der vbBPlan als Endprodukt der Planung ein Bebauungsplan. Zum zweiten ist zu bedenken, dass der VEP unmittelbarer Bestandteil des vbBPlanes wird, und zwar eventuell alleiniger[268] – dies ergibt sich aus § 12 Abs. 3 S. 1 und 2, Abs. 4, aber letztlich auch bereits aus § 12 Abs. 1 S. 1 BauGB: Die Zulässigkeit von Vorhaben wird durch den vbBPlan auf Grundlage des VEP bestimmt. Das Gesetz setzt voraus, dass der VEP selbst das von der Gemeinde akzeptierte planerische Ergebnis enthält, was dann durch den vbBPlan „sanktioniert“ wird.[269] Nun hat die Gemeinde sicherlich die Möglichkeit, im vbBPlan über den VEP hinaus weitere Festsetzungen zu treffen.[270] Dies ergibt sich wiederum aus § 12 Abs. 3 S. 2, 3 BauGB sowie besonders auch aus § 12 Abs. 4 BauGB. Diese Regelungen beziehen sich aber nur auf Ergänzungen, die besonders die Fälle betreffen, in denen dem Investor schlicht die Gestaltungsmöglichkeit fehlt: Dies gilt etwa für die Enteignungsmöglichkeit des § 12 Abs. 3 S. 3 oder den Einbezug weiterer Flächen nach § 12 Abs. 4 BauGB. Auch was die vom VEP als Kern der Planung erfassten Bereiche angeht, bleibt es über die finale Entscheidungskompetenz und der mit ihr verbundenen Abwägung zwar bei der Verantwortlichkeit der Gemeinde für den vbBPlan. Aber nach der Konzeption des § 12 BauGB soll in diesem finalen Stadium die Gemeinde im Grunde keine grundsätzlichen Abwägungsmängel mehr korrigieren.[271] Vielmehr soll der VEP bereits vor der gemeindlichen Letztentscheidung eine in sich schlüssige, verabschiedungsfähi-

---

265 *Krautzberger,* in: Ernst / Zinkahn / Bielenberg / Krautzberger, § 12 Rn. 46; vgl. auch *Quaas,* in: Schrödter, § 12 Rn. 15.

266 *Jäde,* in: Jäde / Dirnberger / Weiss, § 12 Rn. 22; *Krautzberger,* in: Battis / Krautzberger / Löhr, § 12 Rn. 7; *Quaas,* in: Schrödter, § 12 Rn. 15.

267 *Krautzberger,* in: Ernst / Zinkahn / Bielenberg / Krautzberger, § 12 Rn. 66.

268 *Krautzberger,* in: Ernst / Zinkahn / Bielenberg / Krautzberger, § 12 Rn. 46, *ders.,* in: Battis / Krautzberger / Löhr, § 12 Rn. 6; *Menke,* NVwZ 1998, S. 577.

269 *Krautzberger,* in: Ernst / Zinkahn / Bielenberg / Krautzberger, § 12 Rn. 67.

270 *Söfker,* in: Krautzberger / Söfker, Rn. 228.

271 *Krautzberger,* in: Ernst / Zinkahn / Bielenberg / Krautzberger, § 12 Rn. 67.

ge Form besitzen.[272] Im Ergebnis heißt dies, dass auch für den VEP selbst de facto das Bauplanungsrecht zur Anwendung kommt.[273] Der Investor muss somit einen VEP erarbeiten, der bereits in sich ein der Städtebaurechtsordnung entsprechendes Ergebnis trägt.[274] Damit wirkt die normative Steuerung des BauGB schon auf der Ebene der VEP-Ausarbeitung. Es findet mithin eine zwar indirekte, da nicht unmittelbar auf den VEP bezogene, aber letztlich sehr präzise inhaltliche Steuerung der selbstregulativen Aktivität statt.

ff) Zusammenfassung zur Regulierung des VEP

Der VEP als selbstregulativer Anteil der vbBPlanung wird normativ induziert sowie durch normative Rahmensetzungen intensiv reguliert. Der Spielraum der selbstregulativen Betätigung wird durch den normativen Kontext, in den sie eingebunden ist, klar abgesteckt. § 12 BauGB selbst und die ansonsten anwendbaren Normen des Planungsrechts leisten damit die für die regulierte Selbstregulierung typische differenzierte Zuordnung hoheitlicher Regulierung und privater Selbstregulierung.[275]

4. Ergebnis

Bei der vbBPlanung findet eine Integration selbstregulativer Aktivität in die staatliche Aufgabenwahrnehmung statt. Die Erstellung des VEP wird der selbstregulativen Aktivität des Investors überlassen, aber gleichzeitig durch ein straffes normatives Korsett in Richtung einer gemeinwohlverträglichen Bebauungsplanung reguliert. Gesellschaftliche Selbstregulierungspotentiale werden auf diese Weise für die im Ganzen nach wie vor staatliche Bauleitplanung instrumentalisiert. Auch insofern bildet die vbBPlanung ein beispielhaftes Modell moderner staatlicher Aufgabenwahrnehmung.

---

272 *Jäde,* in: Jäde / Dirnberger / Weiss, § 12 Rn. 48.

273 *Krautzberger,* in: Ernst / Zinkahn / Bielenberg / Krautzberger, § 12 Rn. 66; *Finkelnburg / Ortloff,* Bauplanungsrecht Bd. I, § 12 II 3; *Schliepkorte,* Der Vorhaben- und Erschließungsplan, S. 20.

274 *Krautzberger,* in: Ernst / Zinkahn / Bielenberg / Krautzberger, § 12 Rn. 67; auch *Neuhausen,* in: Brügelmann, § 12 Rn. 20; *Jäde,* in: Jäde / Dirnberger / Weiss, § 12 Rn. 48.

275 Vgl. nochmals *Schneider,* VerwArch 87 (1996), S. 38 (48).

§ 6 Vorhabenbezogene Bebauungsplanung und Privatisierung

I. Einleitung

Privatisierung – auch hinter diesem Begriff verbirgt sich eine Strategie zur Veränderung staatlicher Aufgabenwahrnehmung. Im Gegensatz zu den zuvor diskutierten Phänomenen kooperative Verwaltung und regulierte Selbstregulierung erscheint Privatisierung geradezu als Alltagsbegriff: Als Leitbild, Programm und politischer Begriff wirkt er über den engen Kreis wissenschaftlicher Diskurse hinaus und hat die tagespolitischen Diskussionen erreicht. Die von der Privatisierungsdiskussion erfassten Lebensbereiche sind von denkbar großer Vielfalt und reichen von der jedermann unmittelbar vor Augen stehenden Veränderung im Telekommunikationssektor über den Straßenbau und die kommunale Wasserversorgung bis zu weniger offensichtlichen Erscheinungen wie der privaten Übernahme von Überwachungsaufgaben im Umwelt- und Baurecht.[276] Auch die vbBPlanung wird in unterschiedlicher Weise mit Privatisierung assoziiert: Der Gesetzgeber habe mit der vbBPlanung einen Schritt in Richtung Privatisierung der Planung getan[277], die vbBPlanung sei Konsequenz der Privatisierungstendenz im BauGB[278], es finde hierbei eine „privatisierte Abwägungsvorbereitung" statt.[279] Teilweise wird die vbBPlanung mit verschiedenen Privatisierungsformen verbunden; sie wird als Fall materieller Teilprivatisierung[280], funktionaler Privatisierung[281] und Verfahrensprivatisierung[282] bezeichnet.[283] Im Folgenden soll Licht in diese Begriffsvielfalt gebracht und der Art und Ausgestaltung der Privatisierung bei der vbBPlanung auf den Grund gegangen werden.

---

276 Diese und andere Beispiele mit Nachweisen im Einzelnen bei *Voßkuhle,* VerwArch 92 (2001), S. 184 (208).

277 *Spannowsky,* GewArch 44 (1998), S. 362 (366).

278 *Reidt,* BauR 1998, S. 909.

279 *Schneider,* VerwArch 87 (1996), S. 38 (57).

280 *von und zu Franckenstein,* UPR 2000, S. 288 (291).

281 *Erbguth/Wagner,* Bauplanungsrecht, Rn. 265a; *Lee,* Privatisierung als Rechtsproblem, S. 168; offensichtlich auch *Grigoleit,* DV 33 (2000), S. 79 (93); *Trute,* DVBl. 1996, S. 950 (952), spricht von „funktioneller Beteiligung" Privater an der staatlichen Aufgabenerfüllung.

282 *Schuppert,* in: Gusy (Hrsg.), Privatisierung von Staatsaufgaben: Kriterien – Grenzen – Folgen, S. 72 (77); *Koch/Hendler,* Baurecht, S. 202; *Hoffmann-Riem,* in: Hoffmann-Riem/Schneider (Hrsg.), Verfahrensprivatisierung im Umweltrecht, S. 9 (14); *Pietzcker,* in: Hoffmann-Riem/Schneider (Hrsg.), Verfahrensprivatisierung im Umweltrecht, S. 284 (288 und 291 f.); *Faber,* in: FS Hoppe, S. 425 (435).

283 Ein Zusammenhang von vbBPlanung und Privatisierung wird auch hergestellt bei *Schneider,* VerwArch 87 (1996), S. 38 (57); von „privaten Vorleistungen" sprechen *Söfker,* in: FS Schlichter, S. 389 (391); *Krautzberger,* in: Ernst/Zinkahn/Bielenberg/Krautzberger, § 12 Rn. 3; ähnlich auch *Turiaux,* NJW 1999, S. 391 (392).

II. Zur Untersuchungsperspektive Privatisierung

1. Allgemeines zur Privatisierungsdiskussion

In der juristischen Auseinandersetzung mit der Modernisierung staatlicher Aufgabenwahrnehmung nimmt das Thema Privatisierung eine große Rolle ein. Privatisierung ist wiederum kein juristisch geprägter Begriff, sondern ein die gesamte sozialwissenschaftliche, ökonomische und juristische Diskussion um die Rolle des Staates in unserer Zeit mitbestimmender Terminus.[284] Der juristische Einfluss bei der wissenschaftlichen Begleitung der Privatisierung war lange Zeit alles andere als bestimmend.[285] In jüngerer Zeit hat allerdings die Aufarbeitung von Privatisierung in der Rechtswissenschaft erhebliche Dynamik entwickelt.[286] Dementsprechend breit ist die Diskussion. Im Folgenden werden aus der Vielfalt der Diskussionsebenen und Begriffe die Grundlagen herausdestilliert, die für die konkrete juristische Bewältigung von Privatisierung im Untersuchungskontext hilfreich und notwendig sind.

2. Privatisierung und Private – Begriffsklärungen

Aufgrund der Vielschichtigkeit ihrer Erscheinungsformen ist eine allgemeingültige und dennoch aussagekräftige Begriffsbestimmung von Privatisierung kaum formulierbar.[287] Ganz allgemein ist zu sagen, dass es sich bei Privatisierungen um Verlagerungen vom staatlichen in den privaten Bereich handelt[288]; Privatisierung ist eine „Chiffre für vielfältige Umverteilungsprozesse vom öffentlichen in den privaten Sektor."[289] Von dieser weiten Definition ist die bloße Umwandlung in eine

---

284 *Gusy,* in: ders. (Hrsg.), Privatisierung von Staatsaufgaben: Kriterien – Grenzen – Folgen, S. 330 (331).

285 *Osterloh,* VVDStRL 54 (1995), S. 204 (206 und 208); *Lee,* Privatisierung als Rechtsproblem, S. 4 f.; *Gramm,* Privatisierung und notwendige Staatsaufgaben, S. 20; vgl. auch die Diagnose von *Schoch,* DVBl. 1994, S. 962 (965).

286 Dies wird nicht zuletzt dadurch deutlich, dass die deutsche Staatsrechtslehrervereinigung die Privatisierung von Verwaltungsaufgaben 1994 zum Thema ihrer Jahrestagung gemacht hat, vgl. *Ludwig,* Privatisierung von staatlichen Aufgaben, S. 131, mit Verweis auf die Tagungsreferate von *Bauer, Hengstschläger* und *Osterloh* in VVDStRL 54. Siehe auch den Aufsatz zur Tagung von *Schoch,* DVBl. 1994, S. 962, und zeitnah *Schuppert,* in: StWStP 5 (1994), S. 541 ff.

287 *Peine,* DÖV 1997, S. 353 (354); *Helm,* Rechtspflicht zur Privatisierung, S. 29. *Schoch,* DVBl. 1994, S. 962, konstatiert: „Einen einheitlichen Privatisierungsbegriff gibt es nicht." In der Sache auch *Gramm,* Privatisierung und notwendige Staatsaufgaben, S. 27; *Ludwig,* Privatisierung von staatlichen Aufgaben, S. 131. Zu verschiedenen Privatisierungsbegriffen *Lee,* Privatisierung als Rechtsproblem, S. 20 ff.

288 *Bauer,* VVDStRL 54 (1995), S. 243 (251); *Ludwig,* Privatisierung von staatlichen Aufgaben, S. 131; *Bree,* Die Privatisierung der Abfallentsorgung, S. 35.

289 *Voßkuhle,* VerwArch 92 (2001), S. 184 (208); *Bauer,* VVDStRL 54 (1995), S. 243 (251). Vgl. auch *Gramm,* Privatisierung und notwendige Staatsaufgaben: „(...) Privatisie-

private Organisationsform ebenso umfasst wie die im Kontext der Arbeit eher relevante echte Verlagerung von Aufgaben in den Privatsektor. Eine alternative Definition spricht von Privatisierung als Abgabe von Rechtsmacht durch den Staat zugunsten von Privatrechtssubjekten.[290] Ob Abgabe oder Verlagerung – festzuhalten ist, dass Privatisierung bei genauer Betrachtung einen dynamischen Akt bezeichnet, nicht den statischen Zustand, der *nach* Privatisierung erreicht ist.

Privater, in dessen Richtung die Verlagerung erfolgen kann, ist nach einer im Folgenden zugrunde gelegten negativen Definition „jede natürliche Person, soweit sie nicht als Beamter oder sonstiger professioneller Funktionär des Staates tätig wird, sowie jede juristische Person, die nicht in die Staatsorganisation eingebunden ist.“[291]

3. Privatisierung als Strategie: Motive für Privatisierungen

Diese Untersuchung interessiert sich für Privatisierung als Ausdruck des Aufgabenwahrnehmungswandels. Der Wille zur Verbesserung staatlicher Aufgabenwahrnehmung ist ein wichtiges Motiv für die Durchführung von Privatisierungen: Ziel ist es, Private hierbei verstärkt einzubinden, mit all den damit verbundenen, je nach Privatisierungsform differierenden Vorteilen. Insofern bildet auch die Durchführung von Privatisierungen eine Strategie zur Optimierung der Aufgabenwahrnehmung. Daneben besteht noch ein ganzes Bündel weiterer Privatisierungsmotive, die man unter drei Oberbegriffen ordnen kann: Allgemeiner politischer Privatisierungsdruck, spezieller der faktisch höchst bedeutende finanzpolitische Druck sowie – weniger wichtig – normativer Privatisierungsdruck.[292] Auch diese Faktoren tragen zur vermehrten Verwirklichung von Privatisierungsvorhaben bei.[293]

rung (. . .) ist (. . .) Sammelbezeichnung für vielfältige und abgestufte Formen des Rückzugs staatlicher Organisationseinheiten aus ihrer Aufgabenverantwortung und dem entsprechenden Nachrücken gesellschaftlicher Kräfte.“

290 *Kämmerer,* JZ 1996, S. 1042 (1044).

291 *Hengstschläger,* VVDStRL 54 (1995), S. 165 (174); *Ludwig,* Privatisierung von staatlichen Aufgaben, S. 132, im Ergebnis auch *Dagtoglou,* DÖV 1970, S. 532 (533 f.). Ebenfalls zu einer negativen Bestimmung tendiert *v. Heimburg,* Verwaltungsaufgaben und Private, S. 20. Bei formeller bzw. Organisationsprivatisierung befriedigt diese Definition nicht recht, vgl. *v. Heimburg,* a. a. O.

292 *Schuppert,* StWStP 5 (1994), S. 541 (546 ff.). Zu den verschiedenen Privatisierungsmotiven auch *Osterloh,* VVDStRL 54 (1995), S. 204 (209 ff.); *Ludwig,* Privatisierung von staatlichen Aufgaben, S. 140 ff.; *Schoch,* DVBl. 1994, S. 962 (965, 967); *Bauer,* VVDStRL 54 (1995), S. 243 (257); *Möschel,* in: FS Gernhuber, S. 905 (914 ff.); *Lecheler,* BayVBl. 1994, S. 555; *Gramm,* Privatisierung und notwendige Staatsaufgaben, S. 17 f.; *Hengstschläger,* VVDStRL 54 (1995), S. 165 (168); *Monopolkommission,* BT-Drucks. 12/3031 Tz. 51; *Berg,* ThürVBl. 1994, S. 145 (145); *Lee,* Privatisierung als Rechtsproblem, S. 55 f.

293 Letztere dürften faktisch eine größere Rolle spielen als die hier besonders interessierenden Bemühungen um die Verbesserung der Aufgabenwahrnehmung.

4. Formen der Privatisierung

a) Typologie als Ordnungsprinzip

Angesichts der sich schon in der Definition andeutenden Vielfalt der Privatisierungsphänomene ist es üblich, die verschiedenen Formen der Privatisierung einem typologischen Ordnungssystem zu unterwerfen, um eine differenzierte Diskussion über die einzelnen Formen zu ermöglichen. Die gebräuchlichsten Typenbegriffe[294] sind die folgenden:

- *Formelle Privatisierung / Organisationsprivatisierung:* Aufgabenwahrnehmung durch den Staat, der sich dabei privatrechtlicher Organisationsformen bedient.[295]
- *Materielle Privatisierung / Aufgabenprivatisierung:* Übertragung vormals staatlicher Aufgaben an Private, der Staat nimmt diese Aufgaben selbst nicht mehr wahr; es handelt sich also um eine echte Aufgabenverlagerung.[296]
- *Vermögensprivatisierung:* Übertragung staatlichen Vermögens auf Private, vor allem durch die Veräußerung von Liegenschaften und Unternehmensbeteiligungen.[297]
- *Funktionale / funktionelle Privatisierung:* Übertragung der Aufgabenwahrnehmung bzw. von Teilen derselben an Private, wobei der Staat zuständig für die Aufgabe an sich bleibt.[298]

---

294 Zu den zahlreichen existierenden Differenzierungen *Lee,* Privatisierung als Rechtsproblem, S. 24 u. 148 ff.

295 *Schuppert,* in: Gusy (Hrsg.), Privatisierung von Staatsaufgaben: Kriterien – Grenzen – Folgen, S. 72 (75); *Gusy,* in: ders. (Hrsg.), Privatisierung von Staatsaufgaben: Kriterien – Grenzen – Folgen, S. 330 (338); *Ludwig,* Privatisierung von staatlichen Aufgaben, S. 133; *Schoch,* DVBl. 1994, S. 962; *Lee,* Privatisierung als Rechtsproblem, S. 148 ff.

296 *Schuppert,* in: Gusy (Hrsg.), Privatisierung von Staatsaufgaben: Kriterien – Grenzen – Folgen, S. 72 (76); *Ludwig,* Privatisierung von staatlichen Aufgaben, S. 133 ff.; *Schoch,* DVBl. 1994, S. 962 f.; *Seidel,* Privater Sachverstand, S. 17; *Helm,* Rechtspflicht zur Privatisierung, S. 29 f.; *Lee,* Privatisierung als Rechtsproblem, S. 162 ff.; *Bauer,* VVDStRL 54 (1995), S. 243 (251); *Gusy,* in: ders. (Hrsg.), Privatisierung von Staatsaufgaben: Kriterien – Grenzen – Folgen, S. 330 (338). *Gusy* nennt dies Aufgabenprivatisierung, während er den Begriff materielle Privatisierung synonym für Vermögensprivatisierung verwendet.

297 Gemeinhin wird dies auch als „Veräußerung des Tafelsilbers" bezeichnet. Siehe zum Thema *Schuppert,* in: Gusy (Hrsg.), Privatisierung von Staatsaufgaben: Kriterien – Grenzen – Folgen, S. 72 (75 f.); *Gusy,* in: ders. (Hrsg.), Privatisierung von Staatsaufgaben: Kriterien – Grenzen – Folgen, S. 330 (338); *Ludwig,* Privatisierung von staatlichen Aufgaben, S. 139; *Schoch,* Privatisierung von Verwaltungsaufgaben, in: DVBl. 1994, S. 962; *Lee,* Privatisierung als Rechtsproblem, S. 158 ff.; *Bauer,* VVDStRL 54 (1995), S. 243 (251).

298 *Schuppert,* in: Gusy (Hrsg.), Privatisierung von Staatsaufgaben: Kriterien – Grenzen – Folgen, S. 72 (76); *Gusy,* in: ders. (Hrsg.), Privatisierung von Staatsaufgaben: Kriterien – Grenzen – Folgen, S. 330 (338); *Ludwig,* Privatisierung von staatlichen Aufgaben, S. 136 f.; *Schoch,* DVBl. 1994, S. 962 (963); *Lee,* Privatisierung als Rechtsproblem, S. 165 ff. *Lee* spricht auch von Aufgabenwahrnehmungsprivatisierung.

- *Verfahrensprivatisierung:* Übertragung von zuvor staatlich wahrgenommenen Verfahrenshandlungen auf Private.[299]
- *Finanzierungsprivatisierung:* Übertragung von Finanzierungen öffentlicher Investitionen auf Private, vor allem bei Infrastrukturmaßnahmen.[300]

Eine völlig einheitliche Terminologie hat sich allerdings noch nicht etabliert.[301] Die verschiedenen Typenbegriffe werden oftmals ohne klare Abgrenzungen und auch uneinheitlich verwendet. Prinzipiell sind zwar verschiedene, parallel anwendbare, sich überlagernde und damit nicht trennscharfe Privatisierungstypologien insofern kein grundsätzliches Problem, weil es sich nicht um rechtliche, sondern verwaltungswissenschaftliche Ordnungsmodelle handelt.[302] An die einzelnen Typen knüpfen sich keine unmittelbaren Rechtsfolgen.[303] Die Typologien haben vielmehr eine heuristische Funktion, und insofern sind auch unterschiedliche Ordnungskriterien denkbar. Um den zugedachten Zweck, die Diskussion zu ordnen und die einzelfallübergreifende Aufarbeitung typischer Probleme zu erleichtern, zu gewährleisten, ist allerdings die Durchsetzung einer einheitlichen und stringenten Privatisierungstypologie hilfreich.

Eine für die juristische Diskussion bestimmte Typologie wird sinnvollerweise so weit wie möglich versuchen, hinsichtlich ihrer Differenzierung an rechtlich fassbare Kriterien anzuknüpfen. Diese Möglichkeit bietet sich bei der Privatisierung durch das Anknüpfen an die Staatsaufgabe.[304] Privatisierung ist aus dieser Perspektive als Aufgabenübertragung in den Privatsektor zu verstehen. Die Grundformen der Aufgabenübertragung sind es, die es zu erarbeiten gilt. Aus der Aufgabenübertragung ergeben sich rechtliche Konsequenzen: Ist eine Aufgabe (weiterhin) einem staatlichen Akteur zugewiesen und mithin als Staatsaufgabe zu definieren, so knüpfen sich an ihre Erfüllung die vielfältigen Bindungen an staatliches Handeln. Wird sie dagegen in den Privatsektor verlagert, also privatisiert, entfallen diese Bindungen – denn der neue, private Aufgabenträger ist nicht deren (unmittelbarer) Adressat.[305] Eine an die Aufgabenverteilung anknüpfende Typologie er-

---

299 *Gusy,* in: ders. (Hrsg.), Privatisierung von Staatsaufgaben: Kriterien – Grenzen – Folgen, S. 330 (338); *Lee,* Privatisierung als Rechtsproblem, S. 172 ff.

300 *Gusy,* in: ders. (Hrsg.), Privatisierung von Staatsaufgaben: Kriterien – Grenzen – Folgen, S. 330 (338); *Schuppert,* in: Gusy (Hrsg.), Privatisierung von Staatsaufgaben: Kriterien – Grenzen – Folgen, S. 72 (76); *Lee,* Privatisierung als Rechtsproblem, S. 170, mit zahlreichen Unterdifferenzierungen.

301 *Seidel,* Privater Sachverstand, S. 16; siehe aber auch *Schuppert,* in: Gusy (Hrsg.), Privatisierung von Staatsaufgaben: Kriterien – Grenzen – Folgen, S. 72 (75), der „weitgehenden Konsens“ konstatiert.

302 *Gusy,* in: ders. (Hrsg.), Privatisierung von Staatsaufgaben: Kriterien – Grenzen – Folgen, S. 330 (338).

303 *Bree,* Die Privatisierung der Abfallentsorgung, S. 35.

304 Vgl. zu diesem Ordnungskriterium auch *Burgi,* Funktionale Privatisierung S. 71 f.

305 Allerdings werden für das private Handeln in privatisierten Aufgabenbereichen, besonders in solchen mit hoher Gemeinwohlrelevanz, oftmals spezielle Regulierungsregime etab-

reicht dementsprechend auch eine Zuordnung unterschiedlicher Rechtsfolgen. Dabei ist nochmals klarzustellen, dass die entstehenden Typen selbst keine rechtlichen Institutionen bzw. Rechtsbegriffe sind. Durch ihre Orientierung an der Aufgabenverteilungsstruktur und den sich daraus ergebenden Rechtsfolgen erreichen sie aber bisweilen eine Rechtsbegriffen ähnliche Aussagekraft, sie sind gleichsam „vordogmatische" Begriffe und reichen deshalb über eine rein heuristische Funktion hinaus.[306] Insofern ist dieser aufgabenorientierte Typisierungsansatz für eine einzelfallübergreifende Erarbeitung typischer Rechtsprobleme besonders geeignet. Er führt dabei von vornherein zu einer gewissen Konzentration der Perspektive. So hat etwa die Vermögensprivatisierung mit dem staatlichen Aufgabenbestand und seiner Verlagerung nichts zu tun; sie hat keinen Aufgabenbezug.[307] Dieser Typ wird hier deshalb keine weitere Rolle spielen.

b) Aufgabenorientierte Typologie

aa) Extrempunkte: Formelle und materielle Privatisierung

Mit der Staatsaufgabe als Differenzierungskriterium ergeben sich für die Privatisierungstypologie zunächst zwei Extrempunkte, zwei „reine" Privatisierungsformen.[308] In einem Fall wird eine Aufgabe vollständig vom Staat wahrgenommen, der er sich dabei lediglich einer privatrechtlichen Organisationsform bedient. Diesen Fall bezeichnet man als Organisationsprivatisierung bzw. formelle Privatisierung. Um eine Veränderung des Aufgabengefüges zwischen Staats- und Privatsektor geht es hierbei nicht.[309] Insofern kann man sich sogar fragen, ob der Begriff Privatisierung in diesem Kontext eigentlich wirklich passt.[310] Rechtliche Konse-

---

liert, die ganz erhebliche Bindungen für die privaten Akteure mit sich bringen – siehe nur für den Telekommunikationsbereich das TKG oder für den Energiebereich das EnWG. Zur Etablierung derartiger Regulierung ist in diesen speziellen Fällen der Staat sogar durch Art. 87f GG verpflichtet, es besteht insofern ein Struktursicherungsauftrag; vgl. *Schuppert,* in: Gusy (Hrsg.), Privatisierung von Staatsaufgaben: Kriterien – Grenzen – Folgen, S. 72 (87). Die auf diese Weise begründeten besonderen normativen Bindungen der privaten Akteure sind aber nicht zu verwechseln mit der unmittelbaren Verfassungsbindung staatlicher Akteure. Zur speziellen Situation nach (rein) formeller Privatisierung siehe allerdings sogleich § 6 II 4 b) aa).

306 *Burgi,* Funktionale Privatisierung S. 72. Vgl. auch *Lee,* Privatisierung als Rechtsproblem, S. 24.

307 *Di Fabio,* JZ 1999, S. 585. Gleichwohl hält *Helm,* Rechtspflicht zur Privatisierung, S. 30, die Vermögensprivatisierung für einen Unterfall der materiellen Privatisierung. Zu bedenken ist, dass Aufgabenprivatisierung und Vermögensprivatisierung oft Hand in Hand gehen. So sind z. B. bei der Privatisierung von Post und Bahn (Aufgabenprivatisierungen) *auch* Vermögensverlagerungen vorgenommen worden, etwa hinsichtlich der entsprechenden Immobilien. Vgl. zum Ganzen auch *Schuppert,* StWStP 5 (1994), S. 541 (544).

308 Vgl. *Lee,* Privatisierung als Rechtsproblem, S. 25; *Gramm,* Privatisierung und notwendige Staatsaufgaben, S. 107 ff.

309 *Burgi,* Funktionale Privatisierung, S. 161.

quenz dieser Privatisierungsform ist die volle Fortgeltung der mit staatlichem Handeln untrennbar verbundenen Rechtsbindungen[311]; es darf keine „Flucht ins Privatrecht“[312] geben. Der andere Extrempunkt des Privatisierungsspektrums ist dann erreicht, wenn der Staat sich entscheidet, eine Aufgabe nicht mehr wahrzunehmen und sie voll in den Privatsektor zu übertragen: Dann spricht man von Aufgabenprivatisierung, materieller Privatisierung oder auch echter Privatisierung. Hierin liegt letztlich der „actus contrarius“ zur Aufgabenbegründung durch den Staat.[313] Die Aufgabe wird mit der Übertragung aus dem öffentlich-rechtlichem Regime entlassen, das die Staatsaufgabenwahrnehmung prägt. Wird nur ein Teil einer (Gesamt-)Aufgabe privatisiert, so spricht man von materieller Teilprivatisierung.[314]

bb) Funktionale Privatisierung als Zwischentyp

(1) Zur Relevanz hybrider Aufgabenwahrnehmungsmodelle

Die genannten „Reinformen“ reichen allerdings nicht aus, um die Vielfalt tatsächlich zu beobachtender Privatisierungsmodelle hinreichend zu beschreiben.[315] In jüngerer Zeit sind gerade die Privatisierungskonstellationen in den Vordergrund der Diskussion getreten, die im Spektrum zwischen diesen beiden Polen anzusiedeln sind.[316] Dies sind all die Fälle, in denen es weder bei einer vollständig staatlichen Aufgabenwahrnehmung bleibt, noch die Aufgabe voll in den Privatsektor übertragen wird. Insofern sind verschiedenste Abstufungen und Teillösungen denkbar.[317] Es kommt in der Folge zu einer Aufgabenteilung zwischen Staat und Privatsektor hinsichtlich bestimmter Aufgabenfelder. Privatisierungsmodelle dieser Art gewinnen ständig an Bedeutung.[318] Man kann sie als die spannendsten Privatisie-

---

310 So prononciert *Gramm,* Privatisierung und notwendige Staatsaufgaben, S. 110; *Isensee,* VVDStRL 54 (1995), S. 303 (Diskussionsbeitrag): „Etikettenschwindel“. Ein treffenderer Begriff ist deshalb „Verwaltung in Privatrechtsform“, hierzu eingehend *Ehlers,* Verwaltung in Privatrechtsform; *Burgi,* NVwZ 2001, S. 601 (603 Fn. 19).

311 Siehe z. B. *Seidel,* Privater Sachverstand, S. 18.

312 Die Angst vor der Flucht ins Privatrecht scheint in letzter Zeit der Erkenntnis gewichen zu sein, dass es eher um den „Zukauf gesellschaftlicher Handlungsrationalität“ geht, vgl. *Burgi,* NVwZ 2001, S. 601 (602 u. 604) mwN.

313 Siehe wiederum *Osterloh,* VVDStRL 54 (1995), S. 204 (223).

314 Vgl. hierzu sogleich § 6 II 4 b) bb) (3).

315 *Schuppert,* StWStP 5 (1994), S. 541 (543 f.); *ders.,* Verwaltungswissenschaft, S. 370; *Gramm,* Privatisierung und notwendige Staatsaufgaben, S. 108 f. u. 173; *Ludwig,* Privatisierung von staatlichen Aufgaben, S. 136; zu Bedeutung und Problemen von Hybridlösungen auch *Bauer,* VVDStRL 54 (1995), S. 243 (251); *Gusy,* in: ders. (Hrsg.), Privatisierung von Staatsaufgaben: Kriterien – Grenzen – Folgen, S. 330 (333).

316 *Gramm,* Privatisierung und notwendige Staatsaufgaben, S. 173; *Gusy,* in: ders. (Hrsg.), Privatisierung von Staatsaufgaben: Kriterien – Grenzen – Folgen, S. 330 (332).

317 *Voßkuhle,* VerwArch 92 (2001), S. 184 (209); *Bauer,* VVDStRL 54 (1995), S. 243 (252).

318 *Gramm,* Privatisierung und notwendige Staatsaufgaben, S. 109, hält diese Mischformen für den Schwerpunkt von Privatisierungen in der Staatswirklichkeit.

rungsformen ansehen, da sich in ihnen die Wandlungsprozesse der öffentlichen Verwaltung manifestieren.[319] Auch im Kontext dieser Untersuchung, in der es besonders um die Einbindung Privater in die staatliche Aufgabenwahrnehmung geht, liegt hier der Schwerpunkt des Interesses. Typologisch sind diese vielfältigen Formen der Aufgabenteilung nicht leicht zu fassen.

(2) Der Typus funktionale Privatisierung

Zum aussagekräftigsten Typenbegriff in diesem Spektrum hat sich die funktionale Privatisierung entwickelt.[320] Seine wissenschaftliche Durchdringung ist in jüngerer Zeit verstärkt vorangetrieben worden.[321] Im Gegensatz zum zuvor vorgestellten Begriffspaar handelt es sich hierbei um einen relativ neuen Typus[322], der insofern einiger Erläuterungen bedarf. Die Grundidee der funktionalen Privatisierung folgt aus der Erkenntnis, dass eine Staatsaufgabe nicht unbedingt vollständig eigenhändig, also mit staatlichen Kräften, durchgeführt werden muss.[323] Auch wenn der Staat ein Aufgabenfeld weiterhin als eigenes betrachtet, also als Staatsaufgabe definiert und nicht als solches privatisieren will, ist der Einsatz Privater in diesem Aufgabenfeld nicht ausgeschlossen. Denn dem Staat steht es weitgehend frei, auf welcher Weise er der ihm zugewiesenen Aufgabe nachkommt. So kann er sich Privater bedienen, indem er diesen lediglich die Aufgabenwahrnehmung oder Teile davon überträgt, nicht dagegen die (ganze) Aufgabe an sich. Die entsprechenden Aufgabenwahrnehmungshandlungen werden mithin sozusagen isoliert privatisiert. Gleichzeitig behält die Aufgabe, auf die sich die Wahrnehmungshandlungen beziehen, ihren Charakter als Staatsaufgabe – sie bleibt dem Staat zugewiesen. Eben diese Konstellation, in der der Staat für ein Aufgabenfeld die Aufgabenzuständigkeit behält, die Aufgabenwahrnehmung oder Teile davon aber in die Hände eines echten[324] Privatrechtssubjekts legt, wird als funktionale Privatisierung bezeichnet.[325]

---

[319] *Schuppert,* Verwaltungswissenschaft, S. 371.

[320] Hierzu *Schuppert,* Verwaltungswissenschaft, S. 371; *Schoch,* DVBl. 1994, S. 962 (963); *Ludwig,* Privatisierung von staatlichen Aufgaben, S. 136 ff.; *Lee,* Privatisierung als Rechtsproblem, S. 165 ff., unter Verwendung des synonymen Begriffs funktionelle Privatisierung.

[321] Siehe insbesondere die Untersuchung von *Burgi,* Funktionale Privatisierung.

[322] Zu den Wurzeln *Ludwig,* Privatisierung von staatlichen Aufgaben, S. 136, der *Schoch* für den Ersten hält, der den Begriff nachhaltig in der Debatte verankert hat.

[323] *Ludwig,* Privatisierung von staatlichen Aufgaben, S. 136; *Schoch,* DVBl. 1994, S. 962 (974); *Schuppert,* StWStP 5 (1994), S. 541 (555); *Lee,* Privatisierung als Rechtsproblem, S. 165.

[324] *Schuppert,* StWStP 5 (1994), S. 541 (543); *Schoch,* DVBl. 1994, S. 962 (963); d. h. keine Übertragung auf einen privatrechtlich organisierten Verwaltungstrabanten – dann liegt in der Sache keine funktionale Privatisierung, sondern eine Organisationsprivatisierung vor, auch wenn sich der Fall strukturell ähnlich darstellt. Entscheidend für die funktionale Privatisierung ist aber die Einbeziehung eines „echten" Privaten in die Aufgabenwahrnehmung. Vgl. *Burgi,* Funktionale Privatisierung, S. 161 f.

[325] *Schoch,* DVBl. 1994, S. 962 (963); *Schuppert,* Verwaltungswissenschaft, S. 371; *Bauer,* VVDStRL 54 (1995), S. 243 (252); *Hoffmann-Riem,* in: Hoffmann-Riem / Schneider (Hrsg.),

Von funktionaler Privatisierung spricht man deshalb, weil sich die auf den Privaten übertragenen Aufgabenwahrnehmungshandlungen durch einen *funktionalen Bezug* zur Staatsaufgabe auszeichnen, d. h. sie dienend auf die Staatsaufgabe bezogen sein müssen.[326] Nicht ausreichend ist dagegen, dass sie allgemein auf einen öffentlichen Zweck gerichtet sind.[327] Viele Wahrnehmungshandlungen sind auf diese Weise privatisierbar. Ein wichtiges Feld hierfür bilden zunächst verschiedene Aspekte der Aufgabendurchführung bzw. des Aufgabenvollzugs.[328] Als Standardbeispiele gelten insofern etwa sogenannte Betreibermodelle[329], Betriebsführungsmodelle[330] sowie privat wahrgenommene Abfallentsorgungsaufgaben.[331] Weiterhin kommt die Privatisierung von Vorbereitungshandlungen für die staatliche Aufgabenwahrnehmung in Betracht[332]; zu nennen ist die sachverständige Beratung[333] des Staates ebenso wie die Einschaltung Privater zur Vorbereitung staatlicher Planungen.[334] Die genannten Beispiele bringen die Vielfältigkeit des Typus funktionale Privatisierung zum Ausdruck; das gemeinsame Merkmal ist allein der funktionale Bezug des verlagerten Vorbereitungs- bzw. Durchführungsbeitrages zur verbliebenen Staatsaufgabe.[335]

(3) Funktionale Privatisierung und materielle Teilprivatisierung

Funktionale Privatisierung bedeutet also die zumindest teilweise Verlagerung der Aufgabenwahrnehmung in den Privatsektor. Wurde diese zuvor staatlich betrieben, so waren die Wahrnehmungshandlungen nach dem formalen Staatsauf-

---

Verfahrensprivatisierung im Umweltrecht, S. 9 (13); *Hoppe/Bleicher,* NVwZ 1996, S. 421 (422); *Erbguth,* UPR 1995, S. 369; *Bree,* Die Privatisierung der Abfallentsorgung, S. 38; *Lee,* Privatisierung als Rechtsproblem, S. 165; *Ludwig,* Privatisierung von staatlichen Aufgaben, S. 136; *Seidel,* Privater Sachverstand, S. 18 f.; in der Sache auch *Osterloh,* VVDStRL 54 (1995), S. 204 (223), *Gramm,* Privatisierung und notwendige Staatsaufgaben, S. 107 u. 109; *Pippke,* Öffentliche und private Abfallentsorgung, S. 27 f.

326 *Burgi,* DV 33 (2000), S. 183 (186); *ders.,* Funktionale Privatisierung, S. 146. Mit Vorsicht zu begegnen ist dagegen den Ausführungen *Di Fabios,* JZ 1999, S. 585 (589), der den Begriff funktionale Privatisierung mit der „Funktionslogik des Marktes" in Verbindung bringt.

327 *Burgi,* Funktionale Privatisierung, S. 146.

328 Zur Durchführungsprivatisierung siehe *Schoch,* DVBl. 1994, S. 962 (974), *Tettinger,* in: FS Friauf, S. 571 f.; *Schuppert,* Verwaltungswissenschaft, S. 371 f.; ferner *Ludwig,* Privatisierung von staatlichen Aufgaben, S. 136; *Burgi,* Funktionale Privatisierung, S. 147.

329 *Schuppert,* Verwaltungswissenschaft, S. 372; *Schoch,* DVBl. 1994, S. 962 (974).

330 *Schuppert,* Verwaltungswissenschaft, S. 372; *Schoch,* DVBl. 1994, S. 962 (974).

331 *Burgi,* Funktionale Privatisierung, S. 108 ff.

332 *Burgi,* Funktionale Privatisierung, S. 130 ff. u. 147; *Lee,* Privatisierung als Rechtsproblem, S. 167 f.; vgl. auch *Schoch,* DVBl. 1994, S. 962 (975).

333 *Burgi,* Funktionale Privatisierung, S. 130 f.

334 *Burgi,* Funktionale Privatisierung, S. 133 ff.; *Lee,* Privatisierung als Rechtsproblem, S. 167 f.

335 *Burgi,* Funktionale Privatisierung, S. 147.

gabenverständnis zuvor auch Staatsaufgaben. Nach Übertragung auf den Privaten sind sie dies nicht mehr, denn Staatsaufgaben sind trägerabhängig.[336] Somit stellt sich die funktionale Privatisierung aus diesem Blickwinkel auch als materielle Teilprivatisierung dar; sie drückt sich in Teilprivatisierungen aus.[337] Beide Privatisierungsformen sind nicht als Widerspruch aufzufassen: Jede Staatsaufgabe enthält eine Vielzahl nachrangiger, enger zu definierender Staatsaufgaben, denn jede Aufgabenzuweisung an den Staat bringt letztlich die implizite Zuweisung der nötigen Ausführungshandlungen mit sich. Diese „Teilaufgaben" sind prinzipiell einzeln privatisierbar – im Wege materieller Teilprivatisierung. Es ist gerade diese Konstellation der Gleichzeitigkeit der Beibehaltung einer staatlichen (Gesamt-)Aufgabe und einer gleichzeitig materiell privatisierten Teilaufgabe, welche durch den Begriff der funktionalen Privatisierung beschrieben wird.[338] Der Umkehrschluss gilt freilich nicht: Eine materielle Teilprivatisierung ist nur dann zugleich eine funktionale Privatisierung, wenn die verlagerte Teilaufgabe die Aufgabenwahrnehmung betrifft und einen funktionalen Bezug zu der breiter definierten Aufgabe hat. Fehlt dieser für die funktionale Privatisierung konstituierende funktionale Bezug, wird also ein selbstständiger Aufgabenteil abgespalten, so handelt es sich um eine „schlichte" Teilprivatisierung.[339]

(4) Funktionale Privatisierung und Verfahrensprivatisierung

Der „jüngste Zweig des sich zunehmend verästelnden Privatisierungsbaumes"[340] ist die Verfahrensprivatisierung.[341] Auch dieser Typus bedarf noch der begrifflichen Schärfung.[342] Im Schrifttum finden sich verschiedene Definitionen. Die Verfahrensprivatisierung wird beschrieben als Übertragung früher staatlich oder in staatlicher Verantwortung wahrgenommener Verfahrenshandlungen auf Private[343],

---

336 Vgl. *Burgi,* Funktionale Privatisierung, S. 156 f.

337 *Schuppert,* StWStP 5 (1994), S. 541 (555); *Ludwig,* Privatisierung staatlicher Aufgaben, S. 136; *Seidel,* Privater Sachverstand, S. 19; synonyme Verwendung bei *Schuppert,* Verwaltungswissenschaft, S. 371; *Bauer,* VVDStRL 54 (1995), S. 243 (252), spricht von der funktionalen Privatisierung als Variante der Aufgabenteilprivatisierung. Anderer Ansicht *Erbguth,* UPR 1995, S. 369 f., und offenbar auch *Krölls,* GewArch 41(1995), S. 129 (131). Vgl. auch *Erbguth/Wagner,* Bauplanungsrecht, Fn. 265a: „Aufgabenübertragung ist (...) nicht materieller Natur (...), sondern funktional."

338 Ähnlich auch *Seidel,* Privater Sachverstand, S. 19.

339 *Burgi,* Funktionale Privatisierung, S. 159.

340 So anschaulich *Schuppert,* Verwaltungswissenschaft, S. 372.

341 Siehe insbesondere das facettenreiche Material in der Aufsatzsammlung von *Hoffmann-Riem/Schneider,* Verfahrensprivatisierung im Umweltrecht.

342 *Koch,* in: Hoffmann-Riem./Schneider (Hrsg.), Verfahrensprivatisierung im Umweltrecht, S. 170 (171).

343 *Gusy,* in: ders. (Hrsg.), Privatisierung von Staatsaufgaben: Kriterien – Grenzen – Folgen, S. 330 (338). Bei *Hoffmann-Riem,* in: Hoffmann-Riem/Schneider (Hrsg.), Verfahrensprivatisierung im Umweltrecht, S. 9 (13 f.), und *Schuppert,* in: Gusy (Hrsg.), Privatisierung

als Übertragung der Vorbereitung staatlicher Entscheidungen auf Private[344] oder als die „im weitesten Sinne (...) prozedurale Beteiligung gesellschaftlicher Akteure in verwaltungsrechtlich reglementierten Entscheidungsprozessen".[345] Dementsprechend vielfältig sind die insoweit genannten Beispiele: Sogenannte verfahrensentlastende Eigenbeiträge sollen ebenso darunter fallen wie der Einsatz behördlich beauftragter privater Projektmanager und die Übertragung von Prüf- und Planungsvorgängen auf private Sachverständige.[346] Als gesetzliche Regelungsbeispiele werden oft das Scoping im Rahmen des § 5 UVPG[347], die Einschaltung Privater nach § 4 b) BauGB[348] und auch die Planvorbereitung bei § 12 BauGB genannt.[349]

Grundsätzlich wird man die Vornahme von Verfahrenshandlungen durch die Verwaltung als Teil von deren Aufgabenwahrnehmung zu betrachten haben. Werden diese Handlungen privatisiert, so entspricht dies den oben entwickelten Voraussetzungen der funktionalen Privatisierung: Denn dass Verfahrenshandlungen funktional auf eine Staatsaufgabe bezogen sind, liegt auf der Hand. Werden dagegen auch Aufgabenverlagerungen an staatliche Eigengesellschaften wie der DEGES der Verfahrensprivatisierung zugerechnet[350], so handelt es sich dabei um Fälle der unechten funktionalen Privatisierung, die der Sache nach der Organisationsprivatisierung zuzurechnen ist.[351] Ebenfalls nicht kongruent mit der funktionalen Privatisierung ist die Verfahrensprivatisierung dann, wann man unter sie auch den Einsatz beliehener privater Sachverständiger im Umweltrecht fasst.[352] Versteht man den Begriff Verfahrensprivatisierung derart weit, dann fasst er Fälle zusammen, die nach der hier gewählten aufgabenbezogenen Privatisierungstypologie eine unterschiedliche Struktur besitzen.[353] Aus der Aufgabenverteilungsperspektive wären sie z. B. sowohl der funktionalen als auch der Organisationsprivatisie-

---

von Staatsaufgaben: Kriterien – Grenzen – Folgen, S. 72 (77), taucht diese Definition freilich nur als eine Fallgruppe der Verfahrensprivatisierung neben anderen auf.

344 *Hoppe / Bleicher,* NVwZ 1996, S. 421.

345 *Seidel,* Privater Sachverstand, S. 23.

346 *Hoffmann-Riem,* in: Hoffmann-Riem / Schneider (Hrsg.), Verfahrensprivatisierung im Umweltrecht, S. 9 (13 f.).

347 Zum Scoping-Verfahren siehe *Nisipeanu,* NVwZ 1993, S. 319 ff.

348 *Battis,* in: Battis / Krautzberger / Löhr, § 4b Rn. 6 f.

349 *Schuppert,* in: Gusy (Hrsg.), Privatisierung von Staatsaufgaben: Kriterien – Grenzen – Folgen, S. 72 (77); *Hoffmann-Riem,* in: Hoffmann-Riem / Schneider (Hrsg.), Verfahrensprivatisierung im Umweltrecht, S. 9 (14) mit weiteren Beispielen; *Koch,* in: Hoffmann-Riem / Schneider (Hrsg.), Verfahrensprivatisierung im Umweltrecht, S. 170 (171); siehe auch *Schmidt-Preuß,* VVDStRL 56 (1997), S. 160 (178 ff.), besonders zum Scoping, sowie auf S. 228 Leitsatz 3b) zur vorhabenbezogenen Satzungsgebung.

350 So *Pietzcker,* in: Hoffmann-Riem / Schneider (Hrsg.), Verfahrensprivatisierung im Umweltrecht, S. 284 (289 f.).

351 *Burgi,* Funktionale Privatisierung, S. 98.

352 *Burgi,* Funktionale Privatisierung, S. 97. Beleihung und echte funktionale Privatisierung schließen sich nach hier vertretener Ansicht aus.

353 Vgl. *Burgi,* Funktionale Privatisierung, S. 97.

rung zuzurechnen. In diesem Sinn wäre Verfahrensprivatisierung dann eine Begriffsklammer, die Fälle mit sachlicher Gemeinsamkeit (Verfahrensbezug), nicht mit struktureller Übereinstimmung (Aufgabenverteilung) zusammenfasst.[354] Damit stünde der Begriff Verfahrensprivatisierung quer zur hier entwickelten Privatisierungstypologie. Es ist aber zu bedenken, dass mit dieser Begriffsprägung kein neuer Privatisierungstyp auf einer Ebene mit Organisations-, materieller und funktionaler Privatisierung kreiert werden soll[355], sondern eine Zusammenfassung der Privatisierungsfälle mit Verfahrensbezug jenseits dieser Kategorien im Vordergrund steht, also ein „übergeordneter Privatisierungsbegriff" gemeint ist.[356]

Im Ergebnis sind die allermeisten unter Verfahrensprivatisierung fassbaren Fälle letztlich als durch Verfahrensbezug gekennzeichnete Unterfälle der funktionalen Privatisierung einzuordnen.[357] Die Bildung einer Unter- oder gar Nebenkategorie erscheint insofern nicht angezeigt, da ein struktureller Unterschied zu den nicht verfahrensbezogenen Fällen der funktionalen Privatisierung nicht ersichtlich ist.[358] Gleichwohl soll hier nicht die pauschale Kritik unterstützt werden, der Begriff Verfahrensprivatisierung sei ein „unscharfer Oberbegriff"[359] und „für die juristische Problembewältigung untauglich"[360]. Denn es ist durchaus so, dass bei verfahrensbezogenen Privatisierungen typische Problemlagen auftreten, die z. B. bei anderen funktionalen Privatisierungen (Betreibermodellen etc.) nicht drohen: etwa der Problemkreis privater Vorbereitung staatlicher Entscheidungen.[361] Zur übergrei-

---

354 *Burgi,* Funktionale Privatisierung, S. 97.

355 Das sagt ausdrücklich auch keiner der Autoren, die die Verfahrensprivatisierung *neben* der funktionalen Privatisierung erwähnen, was deren Einordnung der Verfahrensprivatisierung als eigener Privatisierungstyp neben der funktionalen Privatisierung als denkbar erscheinen lässt: *Gusy,* in: ders. (Hrsg.), Privatisierung von Staatsaufgaben: Kriterien – Grenzen – Folgen, S. 330 (338); *Schuppert,* in: Gusy (Hrsg.), Privatisierung von Staatsaufgaben: Kriterien – Grenzen – Folgen, S. 72 (77); *ders.* zählt die Verfahrensprivatisierung allerdings noch nicht gesondert auf in StWStP 5 (1994), S. 541 (543 f.).

356 Vgl. *Seidel,* Privater Sachverstand, S. 23. Der „systematische Ort" der Verfahrensprivatisierung liegt hingegen „insbesondere" bei der funktionalen Privatisierung, *Hoffmann-Riem,* in: Hoffmann-Riem / Schneider (Hrsg.), Verfahrensprivatisierung im Umweltrecht, S. 9 (13).

357 Sie bilden insofern eine Teilmenge der funktionalen Privatisierung. Als Unterfall der funktionalen Privatisierung sehen die Verfahrensprivatisierung auch *Lee,* Privatisierung als Rechtsproblem, S. 165 ff., 172; *Voßkuhle,* in: Schuppert (Hrsg.), Jenseits von Privatisierung und „schlankem" Staat, S. 47 (59); *Faber,* Gesellschaftliche Selbstregulierungssysteme, S. 33; wohl auch *Schoch,* DVBl. 1994, S. 962 (975).

358 Vgl. *Burgi,* Funktionale Privatisierung, S. 147, der bei Vorliegen eines funktionalen privaten Beitrages eine weitere Differenzierung nach dem „Charakter" der Beiträge für letztlich unnötige Unterdifferenzierung hält. Gegen die Verfahrensprivatisierung als eigene Privatisierungskategorie – wenn auch mit etwas anderem argumentativem Hintergrund – *Di Fabio,* JZ 1999, S. 585 (590).

359 *Seidel,* Privater Sachverstand, S. 23.

360 *Burgi,* Funktionale Privatisierung, S. 97.

361 Vgl. z. B. die Ausführungen von *Schmidt-Preuß,* VVDStRL 56 (1997), S. 160 (178 ff.). Hierzu auch *Di Fabio,* JZ 1999, S. 585 (589); *Di Fabio* versteht allerdings unter Verfahrensprivatisierung offensichtlich das, was hier als funktionale Privatisierung bezeichnet wird.

fenden Aufarbeitung solcher Problemkreise kann der Begriff Verfahrensprivatisierung durchaus eine sinnvolle Integrationsfunktion ausüben.[362]

(5) Funktionale Privatisierung und Finanzierungsprivatisierung

Eine andere Möglichkeit für die Einbeziehung Privater in die Aufgabenwahrnehmung ist die Finanzierungsprivatisierung. Auch wenn dies nicht ganz so offenkundig wie bei Verfahrenshandlungen sein mag: Letztlich ist auch die Finanzierung der Aufgabenwahrnehmung ein abspaltbarer und funktional auf die Aufgabe bezogener Teil derselben. Insofern hat man auch hierin strukturell einen Fall der funktionalen Privatisierung zu sehen.[363]

c) Ergebnis zur Typologiebildung

Formelle, materielle und funktionale Privatisierung bilden die zentralen Bausteine einer aufgabenbezogenen Privatisierungstypologie.

5. Funktionen von Recht bei Privatisierung: Impulse, Grenzen, Strukturvorgaben

a) Privatisierung und Verfassungsrecht

Die juristische Privatisierungsdiskussion wird seit jeher stark von verfassungsrechtlichen Überlegungen geprägt. Zu unterscheiden ist dabei zwischen zwei Diskussionsebenen, nämlich den Vorgaben des Verfassungsrechts hinsichtlich des „Ob“ und des „Wie“ der Privatisierung.[364]

aa) Begrenzungs- und Impulsfunktion

Hinsichtlich der Ob-Frage ist zwischen verfassungsrechtlichen Grenzen und Impulsen für Privatisierungen zu unterscheiden. Die Auseinandersetzung mit den verfassungsrechtlichen Grenzen der Privatisierung stand dabei lange Zeit ganz im Vordergrund der Privatisierungsdiskussion; dabei wurden stets in etwa dieselben denkbaren verfassungsrechtlichen Grenzen thematisiert.[365] Die Diskussion reicht

362 Siehe wiederum das Spektrum der Beiträge in *Hoffmann-Riem/Schneider* (Hrsg.), Verfahrensprivatisierung im Umweltrecht.

363 Siehe etwa *Burgi,* Funktionale Privatisierung, S. 101 ff.; *Schuppert,* StWStP 5 (1994), S. 541 (544); *Lee,* Privatisierung als Rechtsproblem, S. 167 ff., 170 ff.; wohl auch *Schoch,* DVBl. 1994, S. 962 ff. (974).

364 Diese Differenzierung bei *Bauer,* VVDStRL 54 (1995), S. 243 (263 ff. und 267 ff.); *Burgi,* Funktionale Privatisierung, S. 175 ff. und 247 ff.

von den nicht privatisierbar geltenden obligatorischen Staatsaufgaben[366] über Art. 33 Abs. 4 GG mit dem in ihm verankerten Funktionsvorbehalt des Beamtentums[367], den Verwaltungskompetenzen[368], dem Demokratieprinzip[369], dem Vorbehalt des Gesetzes[370], dem Sozialstaatsprinzip[371] und den Grundrechten[372] bis

---

365 Ausführlicher hierzu *Ludwig,* Privatisierung von staatlichen Aufgaben, S. 148 ff.; *Lee,* Privatisierung als Rechtsproblem, S. 67 ff.; speziell zu den Verfassungsgrenzen bei der Verwaltungshilfe *Ossenbühl,* VVDStRL 29 (1971), S. 137 (159 ff.); *Burgi,* Funktionale Privatisierung, S. 175 ff.

366 Umfassend *Gramm,* Privatisierung und notwendige Staatsaufgaben. Zum Begriff obligatorische Staatsaufgaben *Isensee,* in: HdbStR III, § 57 Rn. 150; auch *Krautzberger,* Die Erfüllung öffentlicher Aufgaben, S. 49 ff. Zum Thema auch *von Heimburg,* Verwaltungsaufgaben und Private, S. 24, mwN; *Hengstschläger,* VVDStRL 54 (1995), S. 165 (174 f.). Musterbeispiele sind Landesverteidigung, Justiz und Ausübung der auswärtigen Gewalt; vgl. *Ludwig,* Privatisierung von staatlichen Aufgaben, S. 149; *Krautzberger,* Die Erfüllung öffentlicher Aufgaben, S. 50.

367 Ausführlich *Burgi,* Funktionale Privatisierung, S. 221 ff.; *Remmert,* Private Dienstleistungen, S. 353 ff.; *Di Fabio,* JZ 1999, S. 585 (591). Da dieser aber gerade nur bei der Ausübung von Hoheitsaufgaben eingreift, beschränkt dies von vornherein seine Anwendbarkeit auf die meisten Privatisierungsmodelle; vgl. *Ludwig,* Privatisierung von staatlichen Aufgaben, S. 150 f.; *Lee,* Privatisierung als Rechtsproblem, S. 88 f. Darüber hinaus wirkt der Funktionsvorbehalt nur „in der Regel", was jedenfalls ein Abweichen in sachlich begründeten Fällen ermöglicht. Ähnlich *Hofmann,* VBlBW 1994, S. 121 (123); auch *Battis,* in: Sachs, GG, Art. 33 Rn. 58. Im Ergebnis hat Art. 33 Abs. GG als Privatisierungsschranke kaum praktische Bedeutung; *Ossenbühl,* VVDStRL 29 (1971), S. 137 (161 f.); *von Heimburg,* Verwaltungsaufgaben und Private, S. 22 ff.; *Bauer,* VVDStRL 54 (1995), S. 243 (264); *Schoch,* DVBl. 1994, S. 962 (969).

368 *Ludwig,* Privatisierung von staatlichen Aufgaben, S. 151 f., mwN; ausführlich *Lee,* Privatisierung als Rechtsproblem, S. 99 ff.; *Burgi,* Funktionale Privatisierung, S. 216 ff.; gegen eine Privatisierungserheblichkeit *von Heimburg,* Verwaltungsaufgaben und Private, S. 24 f.; *Ossenbühl,* VVDStRL 29 (1971), S. 137 (162 f.).

369 Dies wirkt vor allem hinsichtlich der Ausgestaltung der Privatisierung, nicht so sehr hinsichtlich des „Ob". Eine prinzipielle Privatisierungsschranke wird durch das Demokratieprinzip jedenfalls nicht errichtet; *Ludwig,* Privatisierung von staatlichen Aufgaben, S. 152 u. 153; *Schoch,* DVBl. 1994, S. 962 (969 f.); *Hofmann,* VBlBW 1994, S. 121 (123); *Ossenbühl,* VVDStRL 29 (1971), S. 137 (159 ff.).

370 Auch dieser bezieht sich weniger auf die Zulässigkeit als auf die Modalitäten der Privatisierung – namentlich die Aufgabenverlagerung mit oder ohne Gesetz als Handlungsgrundlage; *Ludwig,* Privatisierung von staatlichen Aufgaben, S. 154 f.; *Bauer,* VVDStRL 54 (1995), S. 243 (267); ältere Ausführungen bei *Ossenbühl,* VVDStRL 29 (1971), S. 137 (169 ff.); zu den Anforderungen bei formeller, materieller und funktionaler Privatisierung *Schoch,* DVBl. 1994, S. 962 (970); *Lee,* Privatisierung als Rechtsproblem, S. 72.

371 Hier bleiben die Ergebnisse sehr dürftig. Denn dieses legt den Staat in seiner Tätigkeit zwar auf das Ziel einer gerechten Sozialordnung fest, ist aber offen hinsichtlich der dorthin zu beschreitenden Wege, siehe nur BVerfGE 22, S. 180 (204). Privatisierungsverbote ergeben sich daraus grundsätzlich nicht. Zum Ganzen *Ludwig,* Privatisierung von staatlichen Aufgaben, S. 153 f.; *von Heimburg,* Verwaltungsaufgaben und Private, S. 25; auch *Bauer,* VVDStRL 54 (1995), S. 243 (264); *Lee,* Privatisierung als Rechtsproblem, S. 69; *Hofmann,* VBlBW 1994, S. 121 (124).

372 Prinzipielle Privatisierungshindernisse ergeben sich nicht. Man kann allenfalls an staatliche Schutzpflichten denken, die bei Privatisierungen in grundrechtssensiblen Bereichen ent-

zum kommunalen Selbstverwaltungsrecht[373]. Privatisierungsfördernde Impulse der Verfassung sind im Vergleich dazu relativ selten behandelt worden.[374] Diskutiert werden die expliziten Privatisierungsimpulse der Art. 87e Abs. 3 und Art. 87f Abs. 2 S. 1 GG, die im Rahmen von Bahn- und Postreform ins Grundgesetz aufgenommen wurden[375], ebenso wie abstraktere Impulse aus dem haushaltsverfassungsrechtlichen Wirtschaftlichkeitsprinzip[376] sowie allgemeine Subsidiaritätserwägungen.[377] Fasst man die Ergebnisse dieser Diskussionen zusammen, so ergibt sich daraus zunächst, dass sich die Verfassung hinsichtlich der Frage des „Ob" im Wesentlichen privatisierungsneutral verhält[378], sie hat hier nur eine sehr schwache Determinationskraft. Daraus folgt, dass die Grundentscheidung für oder gegen Privatisierungen in erster Linie politischer Art ist. Hierin zeigt sich die unmittelbare Verbindung der Privatisierungs- mit der Staatsaufgabendebatte (actus contrarius): Hier wie dort hat der Staat große Freiheiten. Diese Einsicht ist auch in der rechtswissenschaftlichen Diskussion zu spüren: Nach langer Konzentration auf die Frage des „Ob" der Privatisierung hat sich der Diskussionsschwerpunkt auf die Ebene des „Wie" verlagert; die dogmatische Aufarbeitung und Bewältigung der einzelnen Privatisierungsformen und ihre Einbindung in verwaltungsrechtliche Strukturen tritt in den Vordergrund.[379] Damit werden nicht (mehr) lediglich rechtliche Grenzen des Machbaren aufzeigt, sondern es wird positiv und gestaltend in die Diskussion eingriffen.[380]

---

stehen können. Hierzu *Ludwig,* Privatisierung von staatlichen Aufgaben, S. 158 f.; *Schoch,* DVBl. 1994, S. 962 (971); auch *Kämmerer,* JZ 1996, S. 1042 (1049).

373 Das kommunale Selbstverwaltungsrecht aus Art. 28 Abs. 2 GG garantiert den Gemeinden in ihrem Wirkungskreis die eigenständige Aufgabenwahrnehmung, so dass bei Aufgabenentzug durch staatliche Privatisierungsentscheidungen eine Verletzung dieser Rechte zwar theoretisch denkbar ist. Im für die Arbeit relevanten Kontext wird dies aber nicht erheblich, da der Gemeinde gerade eine Erweiterung ihrer Handlungsmöglichkeiten durch die eigene Entscheidung für den Einbezug von Privaten eröffnet wird. Art. 28 Abs. 2 GG kann dem grundsätzlich nicht entgegenstehen. Siehe hierzu *Hofmann,* VBlBW 1994, S. 121 (122 f.); *Ludwig,* Privatisierung von staatlichen Aufgaben, S. 157; *Lee,* Privatisierung als Rechtsproblem, S. 95 f.

374 Ausführlich allerdings *Helm,* Rechtspflicht zur Privatisierung; gute Ausführungen auch bei *Burgi,* Funktionale Privatisierung, S. 225 ff.; knapp *Bauer,* VVDStRL 54 (1995), S. 243 (263 ff.); *Schoch,* DVBl. 1994, S. 962 (969).

375 *Burgi,* Funktionale Privatisierung, S. 225; *Bauer,* VVDStRL 54 (1995) S. 243 (263 f.).

376 *Burgi,* Funktionale Privatisierung, S. 238 ff.; vgl. auch *Bauer,* VVDStRL 54 (1995), S. 243 (264).

377 Hierzu *Lee,* Privatisierung als Rechtsproblem, S. 82 ff.; *Burgi,* Funktionale Privatisierung, S. 229.

378 *Lee,* Privatisierung als Rechtsproblem, S. 67; *Bauer,* VVDStRL 54 (1995), S. 243 (264 u. 266); *Ludwig,* Privatisierung von staatlichen Aufgaben, S. 149 mwN; *Burgi,* Funktionale Privatisierung, S. 224.

379 Vgl. *Gramm,* Privatisierung und notwendige Staatsaufgaben, S. 21 und 28.

380 Zur Notwendigkeit einer konstruktiven Beteiligung der Rechtswissenschaft am interdisziplinären Diskurs *Osterloh,* VVDStRL 54 (1995), S. 204 (209); *Lee,* Privatisierung als Rechtsproblem, S. 5 f.; *Schuppert,* StWStP 5 (1994), S. 541 (542).

bb) Ausstrahlung auf die Ausgestaltung von Privatisierungen

Gerade auf der Ebene des „Wie“ der Privatisierung, der Privatisierungsausgestaltung, entfalten die Vorgaben des Verfassungsrechts maßgebliche Bedeutung.[381] Ob Demokratieprinzip, Rechtsstaatsprinzip oder Grundrechte: Sie alle können Anforderungen an die konkrete Ausgestaltung einer Privatisierung im Einzelfall beinhalten[382], z. B. dahingehend, hoheitliche Aufsicht über den Privaten sicherzustellen – inklusive geeigneter Kontroll- und Korrekturmechanismen.[383] Dies gilt besonders dann, wenn wie im Fall der funktionalen Privatisierung die Privataktivität unmittelbar in die durch verfassungsrechtliche Standards determinierte staatliche Aufgabenwahrnehmung integriert wird. Allerdings fällt es schwer, diese Vorgaben in abstrakter Form zu beschreiben. Plastisch werden diese vor allem am konkreten Privatisierungsbeispiel; dies ist insofern die anschaulichere Ebene einer verfassungsrechtlichen Untersuchung von Privatisierungen.[384] Im Dritten Teil wird diese Thematik für den Fall vbBPlanung noch eingehend erörtert.

b) Privatisierung und Gesetz

aa) Aufgabenverlagerung durch oder aufgrund Gesetzes

Zunächst ist die Bedeutung des Gesetzes bei der Aufgabenverlagerung auf Private an sich zu betrachten: So wie das Gesetz als maßgebliche Verkörperung des Ergreifens einer Staatsaufgabe benannt wurde, so spielt es auch bei der Privatisierung als actus contrarius zur Aufgabenergreifung eine große Rolle. Die Aufgabenverlagerung kann unmittelbar durch Gesetz stattfinden, oder aber das Gesetz räumt der Verwaltung die Möglichkeit ein, im Einzelfall eine Aufgabenübertragung vorzunehmen (siehe etwa § 4 b) BauGB). Die Schaffung einer normativen Grundlage der Privatisierung kann u.U. verfassungsrechtlich geboten sein.[385] Oftmals wird die Übertragung allerdings auch gar keinen Ansatzpunkt im Gesetz haben, also rein administrativ stattfinden.[386]

---

[381] *Bauer,* VVDStRL 54 (1995), S. 243 (267 ff.); *Burgi,* Funktionale Privatisierung, S. 247 ff.; *Schoch,* DVBl. 1994, S. 962 (971) spricht von „Anschlussfragen“ der Privatisierung.

[382] *Burgi,* Funktionale Privatisierung, S. 224.

[383] *Lee,* Privatisierung als Rechtsproblem, S. 78; *Ludwig,* Privatisierung von staatlichen Aufgaben, S. 153; vgl. auch die älteren Ausführungen von *Ossenbühl,* VVDStRL 29 (1971), S. 137 (160 f.).

[384] *Burgi,* Funktionale Privatisierung, S. 224; vgl. auch *Lee,* Privatisierung als Rechtsproblem, S. 163 f.

[385] *Lee,* Privatisierung als Rechtsproblem, S. 72; für die funktionale Privatisierung *Burgi,* Funktionale Privatisierung, S. 283 ff.

[386] Z. B. die schon früher ohne gesetzliche Grundlage übliche Planungsbüroeinschaltung in der Bauleitplanung.

bb) Ausgestaltung der Privatisierung durch Gesetz

Die vielleicht wichtigere Rolle des Gesetzes liegt in der Ausgestaltung der Situation nach Privatisierung. Man spricht hierbei auch von Privatisierungsfolgerecht.[387] Dieses kann zunächst der Umsetzung der eben angesprochenen verfassungsrechtlichen Anforderungen dienen, aber auch darüber hinausgehende Gestaltungsvorstellungen des Gesetzgebers umsetzen. In der Folge von unter Umständen sehr umfassenden Aufgabenprivatisierungen geht es insbesondere darum, die Sicherung von Allgemeinwohlbelangen regulativ zu gewährleisten. Man denke hierbei nur an die intensive normative Gestaltung von privatisierten Aufgabenfeldern wie der Telekommunikation und der Energieversorgung (durch TKG und EnWG). Eine ganz entscheidende Bedeutung gewinnt das Gesetz aber wiederum auch bei der Ausgestaltung des Aufgabenteilungsgefüges bei den unspektakuläreren, aber in dieser Untersuchung besonders relevanten hybriden Aufgabenwahrnehmungsmodellen. Die Funktionen des Gesetzes sind hierbei vielfältig: Zunächst lässt sich mittels des Gesetzes die Strukturierung des entstehenden Aufgabengefüges vornehmen, etwa durch exakte Aufgabenzuweisungen an die involvierten Akteure. Weiterhin kann das Gesetz dazu dienen, den privatisierten Aufgabenteil normativ zu steuern.[388] In Betracht kommen hierbei wiederum ebenso prozedurale wie inhaltliche Vorgaben. Gerade hinsichtlich dieses letzten Aspektes ergeben sich weitgehende Entsprechungen zu den Überlegungen bezüglich der regulierten Selbstregulierung, nämlich der Regulierung des selbstregulativen gesellschaftlichen Beitrages in der ansonsten staatlichen Aufgabenwahrnehmung. Die Situationen gleichen sich insoweit, als dass in beiden Fällen private Beiträge in die staatliche Aufgabenwahrnehmung integriert werden. Ob dieser Aufgabenbereich zuvor privatisiert wurde oder von vornherein in der gesellschaftlichen Sphäre wahrgenommen und nunmehr durch den Staat genutzt wird, ist letztlich unerheblich. Insofern kann hier auf die obigen Ausführungen verwiesen werden.

III. Privatisierung bei der vbBPlanung

Zur Untersuchung der vbBPlanung aus der Privatisierungsperspektive wird zunächst die hierbei stattfindende Aufgabenverlagerung analysiert und die entsprechende Rolle des Gesetzes untersucht. Anschließend wird eine privatisierungstypologische Zuordnung vorgenommen.

---

387 Etwa *Kämmerer,* JZ 1996, S. 1042 (1047 ff.).

388 Vgl. hierzu *Gusy,* in: Hoffmann-Riem / Schmidt-Aßmann (Hrsg.), Effizienz als Herausforderung an das Verwaltungshandeln, S. 175 ff.; *Schuppert,* Verwaltungswissenschaft, S. 450 ff.

1. Privatisierung(en) im Rahmen der vbBPlanung

Entsprechend der Definition der Privatisierung ist zu fragen, ob und auf welche Weise es bei der vbBPlanung zu einer Aufgabenverlagerung in den Privatsektor kommt; es ist also die Veränderung des Aufgabengefüges bei der Bauleitplanung im Rahmen der vbBPlanung zu erarbeiten.

a) Ausgangspunkt: Bauleitplanung als umfassende Staatsaufgabe

Ausgangspunkt der Überlegungen zur Aufgabenverlagerung ist die Aufgabenwahrnehmungsstruktur im betroffenen Aufgabenfeld *vor* Privatisierung, die dann durch die im Moment der Privatisierung stattfindende Verlagerung verändert wird. Es ist also zunächst das durch die Regelung der vbBPlanung betroffene Aufgabenfeld, die Bauleitplanung, im Hinblick auf den staatlichen Aufgabenumfang zu skizzieren.

Staatsaufgaben sind die Aufgaben, die der Staat kraft eigener Entscheidung wahrnimmt. Im Fall der Bauleitplanung manifestiert sich im BauGB (sowie einzelnen Nebenregelungen) das Ergreifen der Aufgabe Bauleitplanung. Zunächst hat der Bundesgesetzgeber in Wahrnehmung seiner Gesetzgebungskompetenz den Bereich Bauleitplanung einer umfassenden Regelung unterworfen. Im BauGB selbst finden sich die hier entscheidenden Aufgabenzuweisungen. § 2 Abs. 1 BauGB als Konkretisierung der verfassungsrechtlich abgesicherten kommunalen Planungshoheit[389] bringt die Zuständigkeit, die Kompetenz der Gemeinde für die Bauleitplanung zum Ausdruck.[390] § 1 Abs. 3 S. 1 BauGB spezifiziert diese Kompetenz inhaltlich; sie macht die Gemeinde zum Adressaten einer Planungspflicht. Beide Normen stehen in inhaltlichem Zusammenhang.[391] Durch diese Regelungen wird offenbar, dass die Aufgabe Bauleitplanung der (Kommunal-)Verwaltung zugewiesen und somit Staatsaufgabe ist.[392] Was den Umfang der Wahrnehmungsentscheidung hinsichtlich der Bauleitplanung angeht, so ist diese umfassend. Die für diese Untersuchung hauptsächlich relevante Bebauungsplanaufstellung ist zentrales Element dieses Aufgabenkomplexes. Zur Planaufstellung gehört das vorbereitende Ausarbeiten einer Planung[393] ebenso wie das darauf folgende „Umgießen“ der Planung in die entsprechende Rechtsnorm.

389 *Battis,* Öffentliches Baurecht, S. 56.

390 *Battis,* in: Battis / Krautzberger / Löhr, § 2 Rn. 1; auch *Krautzberger,* in: Battis / Krautzberger / Löhr, § 1 Rn. 3 u. 25.

391 *Söfker,* in: Ernst / Zinkahn / Bielenberg / Krautzberger, § 1 Rn. 28 f.; *Schrödter,* in: Schrödter, § 1 Rn. 15.

392 Vgl. *Scholz,* Privatisierung im Baurecht, S. 30, wonach das Bauplanungsrecht in den Kanon klassischer Staatsaufgaben fällt.

393 Hierzu *Bielenberg,* in: Ernst / Zinkahn / Bielenberg / Krautzberger, § 2 Rn. 22; dort auch zur möglichen Einschaltung eines Planungsbüros unter Gemeinderegie.

b) Aufgabenverlagerung bei der vbBPlanung

Von diesem Aufgabenbestand ausgehend kann nun gefragt werden, wie sich die in § 12 BauGB geregelte vbBPlanung in Form von Aufgabenverlagerungen auf den Aufgabenkomplex Bauleitplanung auswirkt.[394]

aa) Grundsätzlicher Erhalt der Gemeindeaufgaben

Mit der Eingliederung des vbBPlanes in das BauGB durch das BauROG 1998 wurde eine weitgehende Angleichung dieses Planungsverfahrens mit dem regulären Verfahren der Bebauungsplanaufstellung erreicht. Damit ist zugleich gesagt, dass es bei der vbBPlanung zu großen Teilen bei den auch sonst geltenden Zuweisungen des BauGB bleibt. Beide Planungsverfahrenstypen weisen große Gemeinsamkeiten auf. Die Gemeinde behält also jedenfalls eine zentrale Rolle auch bei der vbBPlanung. Von einer „Privatisierung der Bauleitplanung" kann deshalb nicht pauschal gesprochen werden; es kann vielmehr nur um einzelne Aspekte der Planung gehen.

bb) Vom Investor übernommene Aufgaben im Prozess der vbBPlanung

Als Anknüpfungspunkte für die Untersuchung von Privatisierung(en) kommen die Aspekte der vbBPlanung in Betracht, in denen sich die besondere Rolle des Privaten hierbei manifestiert und die diese vom regulären Planverfahren unterscheidet: Das Ergreifen der Planungsinitiative durch den Investor, seine Übernahme der Ausarbeitung des VEP, sein Antragsrecht hinsichtlich einer Ermessensentscheidung über die Einleitung des Bebauungsplanverfahrens. Schließlich sieht § 12 BauGB noch den Abschluss des Durchführungsvertrages mit dem Investor als Vertragspartner vor. Entscheidend ist, inwieweit man bei all diesen Besonderheiten von einer Aufgabenverlagerung auf den Investor sprechen kann.

(1) Privatisierung der Planungsinitiative?

Zunächst einmal kann dem § 12 BauGB entnommen werden, dass vom Ergreifen der ersten Planungsinitiative durch den Investor ausgegangen wird.[395] Der

394 Dies entspricht dem hier gewählten Privatisierungsbegriff. *Maslaton,* in: Hoffmann-Riem / Schneider (Hrsg.), Verfahrensprivatisierung im Umweltrecht, S. 125 ff., untersucht die vbBPlanung auf ihren Privatisierungsgehalt, fasst aber unter Privatisierung jedes Vorliegen „einer (...) wie auch immer gearteten bzw. dogmatisch einzuordnenden Einflussnahme einer juristischen oder natürlichen Person des Privatrechts auf öffentlich rechtliche Bauplanungsverfahren"; a. a. O. S. 126. Dies dürfte zu weit gehen; eine private *Einflussnahme* auf das Verfahren ist selbstverständlich und gesetzlich vorgesehen (Bürgerbeteiligung), ohne das man hierbei von Privatisierung sprechen sollte.

395 *Maslaton,* in: Hoffmann-Riem / Schneider (Hrsg.), Verfahrensprivatisierung im Umweltrecht, S. 125 (133), spricht von der rechtlichen „Fixierung" der Planungsinitiative.

Investor möchte ein bestimmtes Vorhaben verwirklichen und regt die entsprechende Schaffung von Baurecht an. Dies ist der beim vbBPlan stattfindenden Nachfrageplanung immanent, während im regulären Angebotsplanungsverfahren die Planungsinitiative der Gemeinde zumindest implizit vorausgesetzt scheint. Es ist allerdings zu bemerken, dass auch bei der traditionellen Bauleitplanung eine private Planungsanregung möglich und keineswegs unüblich ist[396], ohne dass es dadurch gleich zu einer wirklichen Nachfrageplanung kommen muss. Umgekehrt kann die Initiative für eine vbBPlanung theoretisch durchaus auch von der Gemeinde ausgehen.[397] Davon abgesehen, ob es nicht zu weit führt, bereits die Idee, den Anstoß zur Planung als Teil der Aufgabenwahrnehmung zu sehen, zeigt dies jedenfalls, dass in beiden Varianten keine wirklich eindeutige Zuweisung der Initiative stattfindet. Deshalb ist insofern von einer Aufgabenverlagerung im Rahmen der vbBPlanung nicht auszugehen.

(2) Privatisierung der Planvorbereitung

Die wichtigste Besonderheit der vbBPlanung ist die Ausarbeitung des VEP durch den Investor. Hiermit obliegt die planerische Vorbereitung des vbBPlanes im Wesentlichen dem Investor bzw. dem von diesem wiederum beauftragtem Planungsbüro. Im regulären Bauplanungsverfahren ist hingegen die gesamte Durchführung des Planungsprozesses einschließlich der Planvorbereitung Aufgabe der Gemeinde.

Zu fragen ist aber, ob man in dieser Konstellation von einer Aufgabenverlagerung sprechen kann. Bei der Planvorbereitung handelt es sich um einen selbstregulativen, eigenverantwortlichen Beitrag des Aufgabenbetroffenen. Vereinzelt wird es abgelehnt, in solchen Fällen überhaupt von Privatisierung zu sprechen. Denn bei derartigen Eigenbeiträgen im Verhältnis von Staat und Bürger handele es sich um keine von Staatsaufgaben abgespaltenen Teile.[398] Dem lässt sich nicht zustimmen. Zwar gibt es viele Beiträge von Aufgabenbetroffenen, bei denen sich nicht von Privatisierung sprechen lässt – nämlich immer dann, wenn diese Aufgaben ihrer Art nach nie Staatsaufgaben waren. Nicht einzusehen ist aber, warum der eigenverantwortliche Beitrag des Aufgabenbetroffenen auch dann kein Fall der Privatisierung sein soll, wenn er in einem Bereich stattfindet, der zunächst staatlich ausgefüllt wurde – mithin Staatsaufgabe war – und sodann Privaten zur eigenverantwortlichen Wahrnehmung übertragen wurde. Privatisierung beschreibt zunächst nur den Akt der Aufgabenverlagerung, und dieser findet zweifelsohne auch in solchen Fällen statt.[399]

---

396 Siehe nur *Bielenberg,* in: Ernst / Zinkahn / Bielenberg / Krautzberger, § 2 Rn. 20.

397 Sie kann im Grunde potentielle Investoren einladen, sich bei der Beplanung einer Fläche im Wege der vbBPlanung zu engagieren.

398 *Burgi,* Funktionale Privatisierung, S. 88 f.

399 Die Frage wird sich in ähnlicher Form im Rahmen der typologischen Einordnung stellen, und zwar im Hinblick auf den insofern anzweifelbaren funktionalen Bezug: § 6 III 3 a) bb) (1).

Da die Planvorbereitung bei der Bauleitplanung generell Gemeindeaufgabe ist, lässt sich also sagen: Bei der vbBPlanung wird dem Investor mit der Planvorbereitung eine Gemeindeaufgabe übertragen[400], es findet mithin eine Aufgabenverlagerung statt[401], die Planvorbereitung wird privatisiert. Dabei ist es unerheblich, dass die Gemeinde durch die Abstimmung die Möglichkeit behält, auf die private Ausarbeitung des Planes beträchtlichen Einfluss auszuüben. Dadurch bleibt sie zwar auch in dieser Planungsphase ein bedeutender Akteur. An der Privatisierung der Planausarbeitung ändert dies aber nichts. Das Abstimmungsgebot muss als Mittel hoheitlicher Beeinflussung privater Aufgabenwahrnehmung begriffen werden – denn Privatisierung bedeutet keineswegs zwangsläufig die Aufgabe jeder Kontrolle. Vielmehr ist eine solche Einflussperpetuierung im privatisierten Bereich durch gesetzliche Vorgaben eher typisch.[402]

Bemerkenswert ist im Übrigen die Qualität und Tragweite der hier vorgenommenen Privatisierung: Da die Planausarbeitung der Vorbereitung der durch die Gemeinde vorzunehmenden Abwägung dient, kann man auch von einer privatisierten Abwägungsvorbereitung sprechen.[403] Hierbei wird nicht (nur) eine gesetzlich stark vorkonkretisierte Verwaltungsentscheidung privat vorbereitet – etwa durch bloßes Faktensammeln, um die sachlichen Voraussetzungen für die Erfüllung eines bestimmten Tatbestandes zu schaffen. Vielmehr handelt es sich um die private Vorbereitung einer Bauleitplanungsentscheidung und damit einer hoheitlichen Normsetzung.[404] Diese hoheitliche Normsetzung ist zwar einer gesetzlichen Steuerung unterworfen. Dennoch bleibt das Netz der normativen Prädeterminierung der Planungsentscheidung relativ weitmaschig.[405] Die Planungsentscheidung ist letztlich im hohen Maße eine politische Entscheidung, mit großen Freiräumen für die Verwaltung. Durch die Übertragung der Ausarbeitung des Planungsentwurfs gewinnt der Investor hierauf sehr starken Einfluss, auch wenn die Entscheidung selbst nicht privatisiert wird. Diese im Ergebnis sehr weitgehende Privatisierung ist aus verfassungsrechtlicher Sicht durchaus problematisch; hierauf wird unter § 10 noch ausführlich eingegangen.

(3) Weitere potentielle Privatisierungen

Auf der Suche nach weiteren Aufgabenverlagerungen im vbBPlanungsprozess kann zunächst der Gedanke kommen, dem Erfordernis der Abstimmung zwischen Gemeinde und Investor hinsichtlich des VEP eine Privatisierungswirkung zu entnehmen, da die Abstimmung dem Investor eine „weitere Einflussmöglichkeit“ auf

---

400 *Wirth,* BauR 1999 S. 130; auch *von und zu Franckenstein,* UPR 2000, S. 288 (291).

401 *Spannowsky,* DÖV 1996, S. 1017 (1019).

402 Siehe § 6 II 5 b) bb).

403 So etwa *Schneider,* VerwArch 87 (1996), S. 38 (41 und 57).

404 *Schneider,* VerwArch 87 (1996), S. 38 (43).

405 Zur normativen Steuerung der Planung siehe § 4 III 3 b).

das Planungsverfahren gibt.[406] Durch das Abstimmungsgebot wird aber kein weiterer Aufgabenteil an den Investor verlagert; vielmehr legt es dem Investor im Gegenteil die Pflicht auf, sein Handeln ständig mit den Gemeindeinteressen zu koordinieren. Es sichert damit gerade der Gemeinde Einfluss auf die privatisierte Planvorbereitung; selbst privatisierend wirkt es nicht.

Weiterhin fällt der Blick auf den Durchführungsvertrag. Dieser hat die Aufgabe, den Investor zur Verwirklichung des Vorhabens und zur Tragung der Planungs- und Erschließungskosten zu verpflichten. Was die Inhalte der Verpflichtungen angeht, so beziehen sich diese durchaus auch auf Aufgabenverlagerungsaspekte. Dies gilt insbesondere für die private Durchführung von Erschließungsmaßnahmen (inklusive Kostenübernahme), die normalerweise in der Verantwortung der Gemeinde liegen. Die Überwälzung von Erschließungsaufgaben etc. ist aber keine Form der Involvierung Privater in die Bauleitplanung, sondern betrifft die Phase der Planungsrealisierung und ist insofern vorliegend nicht von Interesse. Was dagegen die Verlagerung der Planungskosten angeht, so geht diese bereits mit der Verlagerung der VEP-Erstellung einher.

Abwegig erscheint dagegen der Gedanke, aus der Tatsache, dass der Abschluss des Vertrages durch § 12 BauGB zur conditio sine qua non für die Verabschiedung des vbBPlanes erhoben wird[407], eine indirekte Verlagerung von Planungshoheit auf den Investor zu folgern.[408] Zwar ist zuzugeben, dass der Investor durch Ausübung eines etwaigen vertraglichen Rücktrittsrechts die Planung noch zu einem sehr späten Zeitpunkt beseitigen kann.[409] Dadurch wächst dem Investor aber keine „Quasi-Planungshoheit" zu. Der Durchführungsvertrag ist lediglich Ausdruck des Kooperationserfordernisses, auf das die kooperative vbBPlanung nun einmal aufbaut. Scheitert die kooperative Übereinkunft und kommt der Konsens, im Vertrag verkörpert, letztlich nicht zustande, so lässt sich diese Planung zwar nicht realisieren. Die Planungshoheit der Gemeinde ist damit keineswegs berührt; sie kann sodann jederzeit ein eigenes reguläres Planaufstellungsverfahren einleiten. Eine Verlagerung der Planungshoheit käme allenfalls dann in Betracht, wenn der Investor die Gemeinde zur Umsetzung seines Planentwurfs zwingen könnte.[410] In diesem Zusammenhang ist nochmals auf § 12 Abs. 2 BauGB zu verweisen: Ein Antragsrecht, um eine Entscheidung der Gemeinde über die Einleitung eines Planaufstellungsverfahrens herbeizuführen, stärkt zwar die Stellung des Investors im Vergleich zum sonstigen Planungsverfahren, begründet aber gerade keinen Anspruch

---

406 So *Maslaton,* in: Hoffmann-Riem / Schneider (Hrsg.), Verfahrensprivatisierung im Umweltrecht, S. 125 (136); vgl. auch *von und zu Franckenstein,* UPR 2000, S. 288 (291).

407 Siehe nochmals *Quaas,* in: Schrödter, § 12 Rn. 24.

408 Dieser Schluss wird nahegelegt bei *Maslaton,* in: Hoffmann-Riem / Schneider (Hrsg.), Verfahrensprivatisierung im Umweltrecht, S. 125 (140).

409 *Maslaton,* in: Hoffmann-Riem / Schneider (Hrsg.), Verfahrensprivatisierung im Umweltrecht, S. 125 (140).

410 Siehe wiederum *von und zu Franckenstein,* UPR 2000, S. 288 (291).

auf Aufstellung eines Bebauungsplanes.[411] Der Investor erhält angesichts seiner Vorleistungen durch sein Antragsrecht lediglich die Möglichkeit, sich über die Realisierungschancen seines Projekts Klarheit zu verschaffen.[412] Dies bringt sicherlich das Ziel der Regelung des § 12 BauGB, private Initiative zu stärken, erneut plastisch zum Ausdruck.[413] Der Gemeinde wird aber hierdurch keine Rechtsmacht im Hinblick auf die Planung genommen.

cc) Zwischenergebnis

Im Ergebnis beschränkt sich die Aufgabenverlagerung im Rahmen der vbBPlanung mithin auf die Übertragung der Planvorbereitung auf den Investor. Diese wird privatisiert.

2. Die Rolle des Gesetzes bei der Privatisierung

a) Gesetz und Aufgabenverlagerung

Nach Herausarbeitung der Aufgabenverlagerung auf den Investor ist nun darüber nachzudenken, welche Rolle dem Recht, namentlich dem Gesetz bei dieser Verlagerung zukommt. Dreh- und Angelpunkt ist hierbei § 12 BauGB als gesetzliche Grundlage der vbBPlanung. Es stellt sich insoweit die Frage, ob die Aufgabenverlagerung im Rahmen der vbBPlanung unmittelbar gesetzlich erfolgt oder aber auf administrativem Wege, also durch Entscheidung der Verwaltung.[414] Der Wortlaut des § 12 BauGB erscheint insoweit nicht ganz eindeutig, da er nur von einem „auf der Grundlage eines mit der Gemeinde abgestimmten Planes“ zu erstellenden vorhabenbezogenen Bebauungsplan spricht (§ 12 Abs. 1 S. 1 BauGB). Die Norm setzt den durch den Investor vorbereiteten VEP im Grunde voraus. Ob der Vorbereitung eine Übertragung dieser Aufgabe durch die Gemeinde vorausgeht oder nicht, wird nicht gesagt. Insofern erscheint sowohl eine unmittelbare legislative wie auch eine administrative Privatisierung der Planvorbereitung denkbar.

Für die Annahme einer unmittelbaren gesetzlichen Aufgabenverlagerung spricht zunächst, dass für den Planungsverfahrenstyp vbBPlanung § 12 BauGB direkt und unmissverständlich regelt, dass die Planvorbereitung dem Investor obliegt: Der Plan ist mit der Gemeinde (nur) abgestimmt, also nicht von dieser, sondern eben

---

411 *Krautzberger,* in: Battis / Krautzberger / Löhr, § 12 Rn. 22. Hingegen sieht *Maslaton,* in: Hoffmann-Riem / Schneider (Hrsg.), Verfahrensprivatisierung im Umweltrecht, S. 125 (143 f.), die Möglichkeiten der Ermessensreduzierung auf Null und deren Folge einen möglichen Planaufstellungsanspruch. Vgl. § 10 IV 2 a).

412 *Krautzberger,* in: Battis / Krautzberger / Löhr, § 12 Rn. 22.

413 Vgl. *Krautzberger,* in: Battis / Krautzberger / Löhr, § 12 Rn. 3. Zur Betonung der Privatinitiative durch § 12 Abs. 2 BauGB auch *Grigoleit,* DV 33 (2000), S. 79 (93).

414 Zu diesen alternativen Möglichkeiten bei der Privatisierung *Bauer,* VVDStRL 54 (1995), S. 243 (272 ff.).

vom Investor erstellt. § 12 BauGB eröffnet der Gemeinde für den Fall, dass sie auf diese Weise planen will, keine Möglichkeit, nach ihrem Gutdünken die Planungsaufgaben zu übertragen oder eben nicht – etwa wie bei einer Regelung in der Art des § 4 b) BauGB. Innerhalb des Planungstyps vbBPlanung ist die Aufgabenzuweisung an den Investor alternativlos festgelegt. Insofern erscheint ein spezieller administrativer Übertragungsakt nicht mehr nötig, die Verlagerung wird durch die Norm unmittelbar geregelt.

Gegen die Annahme einer unmittelbaren normativen Aufgabenübertragung lässt sich allerdings sagen, dass ohne die Bereitschaft der Gemeinde zur Durchführung einer vbBPlanung die VEP-Erstellung keinerlei Sinn macht. Die Gemeinde entscheidet, ob sie das alternative Planungsverfahren des § 12 BauGB überhaupt verfolgen will. Diese administrative Entscheidung wird in praxi dem Beginn der Entwurfsarbeiten durch den Investor stets vorausgehen; ohne sie wird er nicht mit einer kostenträchtigen Planung beginnen. Dies stellt sich dann insgesamt wie ein administrativer Übertragungsakt hinsichtlich der Planvorbereitung dar. Geht man von einer administrativen Übertragung der VEP-Erstellung auf den Investor aus, dann würde § 12 BauGB die Ermächtigungsgrundlage hierfür darstellen.[415]

Letztlich sind im vorliegenden Fall Elemente beider Übertragungstypen enthalten, es liegt weder ein eindeutiger Fall der einen noch der anderen Variante vor. Zunächst findet eine administrative Entscheidung statt, nämlich bezüglich der Wahl des Verfahrens der vbBPlanung. Ist diese Entscheidung gefallen, dann weist § 12 BauGB selbst ohne eine weitere Entscheidung die Aufgabe der Planvorbereitung dem Investor zu. Es findet also im Grunde eine mittelbare administrative Privatisierungsentscheidung durch die Gemeinde statt; die unmittelbare Privatisierungswirkung tritt dann dagegen qua Gesetz ein. Jedenfalls aber ist festzuhalten, dass die Aufgabenverlagerung durch ihre normative Verankerung in § 12 BauGB, also durch eine aufgabenübertragende Norm, unmittelbare demokratische Legitimation erhält. Damit wird die Frage des Gesetzesvorbehaltes für die Aufgabenverlagerung, die sich hinsichtlich verschiedener Privatisierungsformen stellen lässt, hier nicht virulent.[416]

b) Normative Strukturierung

Weiterhin kommt § 12 BauGB, gemeinsam mit den anderen einschlägigen Normen des Bauplanungsrechts, auch die Funktion zu, das neuentstehende Aufgabenwahrnehmungsgefüge normativ zu steuern, also das Zusammenspiel der staatlichen und privaten Akteure zu gestalten. § 12 BauGB nimmt zunächst eine differenzierte Aufgabenverteilung vor; er weist einen bestimmten Aspekt des Planungsprozesses, nämlich die Planvorbereitung, dem Investor zu und integriert ihn in die ansonsten

---

415 So explizit *von und zu Franckenstein,* UPR 2000, S. 288 (291).

416 Zum Gesetzesvorbehalt bei der funktionalen Privatisierung im Einzelnen *Burgi,* Funktionale Privatisierung, S. 283 ff.; *Schoch,* DVBl. 1994, S. 962 (970); *Lee,* Privatisierung als Rechtsproblem, S. 72; *Ludwig,* Privatisierung von staatlichen Aufgaben, S. 155.

weiterhin staatliche Aufgabenwahrnehmung. Weiterhin wirkt das Normgefüge von § 12 BauGB und weiteren planungsrechtlichen Normen steuernd auf den nunmehr privatisierten Aufgabenteil ein. An dieser Stelle werden diese Aspekte nicht weiter vertieft, weil die insoweit bedeutenden Fragen im Kapitel zur regulierten Selbstregulierung bereits diskutiert wurden. Auf diese Ausführungen ist insofern zu verweisen.[417]

3. Typologische Einordnung der Privatisierung

Schließlich bleibt zu klären, wie sich die Privatisierung der Planvorbereitung in die oben entwickelte Privatisierungstypologie einordnen lässt. Eine solche Zuordnung verdeutlicht nicht nur weiter die Struktur der vbBPlanung, sondern erleichtert Vergleiche mit anderen Privatisierungsbeispielen und trägt damit zur Aufarbeitung vergleichbarer Problemkonstellationen bei.

Nach den vorgenommenen Bestimmungen der Privatisierungsterminologie und des Verhältnisses verschiedener Begriffe zueinander wirkt die eingangs dargestellte Begriffsvielfalt, mit der die vbBPlanung belegt wurde, schon weniger verwirrend. Unmittelbar klar ist, dass es sich bei der durch § 12 BauGB vorgenommenen Zuweisung der Planvorbereitung an den Investor weder um eine formelle Privatisierung noch um eine materielle „Vollprivatisierung" handelt. Denn das Aufgabenfeld, aus der die jetzt private Planvorbereitung hervorgegangen ist und an das also bei der Typisierung anzuknüpfen ist, ist die Bebauungsplanaufstellung in toto. Es ist offensichtlich, dass es diesbezüglich im Rahmen der vbBPlanung zu einer differenzierten Aufgabenverteilung kommt. Ausgangspunkt für eine typologische Einordnung ist insofern die funktionale Privatisierung.

a) Privatisierung der Planvorbereitung als funktionale Privatisierung

aa) Funktionaler Bezug

Die funktionale Privatisierung ist dadurch gekennzeichnet, dass bei einer fortbestehenden staatlichen Zuständigkeit für ein Aufgabenfeld Aufgabenwahrnehmungshandlungen an Private übertragen werden; diese Handlungen müssen einen funktionalen Bezug zur verbliebenen Staatsaufgabe aufweisen. Der im Rahmen der vbBPlanung verlagerte Aufgabenteil, nämlich die Planausarbeitung, ist wie gesagt an sich Teil der Staatsaufgabe Bauleitplanung. Dieser nunmehr von Privaten wahrgenommene Teil des Aufgabenkomplexes Planaufstellung ist ganz und gar auf die Gesamtaufgabe Planaufstellung bezogen. Die Planvorbereitung des Investors wird allein zu dem Zweck erstellt, in das staatliche Planaufstellungsverfahren eingebracht zu werden. Sie dient zur Vorbereitung der staatlichen Normsetzung. Isoliert, ohne diesen Bezug zur Bebauungsplanaufstellung, wäre die Planausarbei-

---

417 Siehe § 5 III 3 c).

tung völlig sinnlos. Es handelt sich dabei also nicht um die Privatisierung eines selbständigen Aufgabenteiles und mithin eine einfache Teilprivatisierung, sondern um die Privatisierung einer funktional auf die Staatsaufgabe Bauleitplanung bezogenen Vorbereitungshandlung. Infolge dieser Struktur erscheint die Einordnung dieser Aufgabenverlagerung als Fall einer funktionalen Privatisierung zunächst unproblematisch.

bb) Probleme hinsichtlich der Einordnung als funktionale Privatisierung

Die Einordnung der Verlagerung der Planvorbereitung als funktionale Privatisierung lässt sich allerdings durch zwei untypische Charakteristika in Frage stellen: Das Eigeninteresse bzw. die Eigenbetroffenheit des Investors an der Erfüllung der Aufgabe sowie die Aufgabenverlagerung durch Gesetz.

(1) Eigeninteresse des Investors

Der Klärung bedarf zunächst die Frage, ob die besondere Stellung des Investors in der vbBPlanung einer Einordnung als Fall der funktionalen Privatisierung entgegensteht. Gemeint ist die Doppelrolle des Investors: Einerseits erbringt er, wie gezeigt, den auf ihn übertragenen, funktional auf die Staatsaufgabe Bebauungsplanaufstellung bezogenen Beitrag zu deren Wahrnehmung. Dies ist sozusagen die „Dienstleistungsdimension" seiner Handlung. Andererseits ist der Investor auch von der Wahrnehmung der Staatsaufgabe Bauleitplanung Betroffener; auf sein Projekt bezieht sich die staatliche Planung.[418] Insofern ist sein Beitrag zugleich Ausdruck der Stärkung der Eigenverantwortung des Privaten durch verfahrensentlastende Eigenbeiträge bzw. gesellschaftliche Selbstregulierung.[419] Vor diesem Hintergrund wird vertreten, der privaten Planvorbereitung fehle es am funktionalen Bezug zur Staatsaufgabe Bauleitplanung. Bezugspunkt des privaten Handels sei vielmehr das Eigeninteresse an der Verwirklichung des Bauvorhabens.[420] Dieser Rückschluss setzt voraus, dass die subjektive Interessenrichtung des Privaten für die Bestimmung des funktionalen Bezugs ausschlaggebend ist. Denn dass die Planvorbereitung objektiv zumindest auch auf die Staatsaufgabe Planaufstellung bezogen ist, steht letztlich außer Zweifel. Unabhängig davon ist sicherlich für den Investor die eigene Projektverwirklichung Hauptantrieb seiner Tätigkeit; dazu

418 *Burgi,* Funktionale Privatisierung, S. 135.

419 Vgl. nochmals § 5 III 2 b).

420 *Burgi,* Funktionale Privatisierung, S. 135. Allgemein ist *Burgi* der Ansicht, dass man prinzipiell nicht von Privatisierung sprechen kann, wenn eine „Neuverteilung der Verantwortung" in einer bestehenden Beziehung zwischen Bürger und Staat entsteht, a. a. O. S. 88. *Faber,* in: FS Hoppe, S. 425 (435), betont ebenfalls das Übergewicht der privatnützigen Motivation des Investors, ordnet die vbBPlanung aber dennoch als Beispiel für eine Verfahrensprivatisierung ein, was im Einklang mit dem hier vertretenen Ergebnis steht.

muss ihm allerdings an der Durchführung der gemeindlichen Bebauungsplanaufstellung als nötigem Zwischenschritt gelegen sein. Es besteht mithin sozusagen eine „überschießende Motivlage“. Kann dies zu einer Ablehnung des funktionalen Bezuges führen?

Zunächst bietet sich hier ein Blick auf den Fall der seit langem praktizierten Planvorbereitung durch private Planungsbüros im Auftrag der Gemeinde an.[421] Dieser ist als klassischer Fall der funktionalen Privatisierung anerkannt.[422] Nun hat auch in diesem Fall der Private ein Eigeninteresse, nämlich ein Profitinteresse; eine besondere Gemeinwohlorientierung findet sich auch bei ihm nicht. Dies gilt im Übrigen letztlich allgemein für alle privaten Verwaltungshelfer: Diese werden in den allerwenigsten Fällen am Gemeinwohl interessiert sein, sondern sich vor allem eigene Vorteile, finanzieller oder anderer Art, von ihrer Mitwirkung bei der staatlichen Aufgabenwahrnehmung versprechen. Dennoch ist zuzugeben, dass hier durchaus ein Unterschied zwischen Planungsbüro und Investor besteht. Ersteres hat eben kein unmittelbares wirtschaftliches Interesse am Planungsergebnis, am Planungsinhalt; es ist nicht von der Planung selbst betroffen, das private Engagement weist keinen selbstregulativen Charakter auf. Das Eigeninteresse geht beim Investor durchaus deutlich weiter. Fraglich ist, ob diese Selbstbetroffenheit bzw. das gesteigerte Eigeninteresse einen Unterschied bei der Einordnung in die Privatisierungstypologie rechtfertigt.

Alles spricht dafür, bei der Feststellung des funktionalen Bezuges allein auf objektive Kriterien abzustellen und die subjektive Motivlage des Aufgabenerbringers außer Acht zu lassen. Die oben erarbeitete Typologie von Privatisierungsformen mit ihren Haupttypen formelle, materielle und funktionale Privatisierung basiert auf der Analyse von Aufgabenteilungen. Bei der funktionalen Privatisierung ist allein der dienende Bezug der privatisierten Teilaufgabe auf die Gesamtaufgabe das bestimmende Merkmal. Dieser ist, wie soeben erarbeitet, bei der VEP-Erstellung zweifelsohne zu bejahen. Der dienende Bezug lässt sich objektiv aus dem Aufgabenwahrnehmungskontext ablesen. Es besteht kein Grund, ein zusätzliches subjektives Motiv einzuführen. Denn die Motivlage, die das Handeln des Privaten überlagern mag, ändert nichts an der Struktur eines Aufgabenwahrnehmungsgefüges. Deshalb ist selbst dann, wenn man das subjektive Eigeninteresse als entscheidendes Motiv des privaten Handelns ansieht, keineswegs gesagt, dass ein objektiver funktionaler Bezug zur Staatsaufgabe zu verneinen ist. Objektiver Aufgaben- und subjektiver Interessenbezug liegen insofern auf verschiedenen Ebenen. Gegen den Einbezug der subjektiven Komponente spricht im Übrigen weiterhin, dass die Verfolgung eigennütziger Motive letztlich zwingender Begleitumstand bei der Nutzung privater Ressourcen ist. Will man die Einbindung privater Finanz-, Kompetenz- und Personalressourcen auf freiwilliger Basis erreichen, so ist dies

---

421 *Maslaton,* in: Hoffmann-Riem/Schneider (Hrsg.), Verfahrensprivatisierung im Umweltrecht, S. 125 (127); *von und zu Franckenstein,* UPR 2000, S. 288 (288 ff.).

422 *Burgi,* Funktionale Privatisierung, S. 134 f.

grundsätzlich nur bei Schaffung eines Anreizes für den Privaten möglich, und dieser Anreiz wird immer auf einer Form von Eigennutz beruhen. Die Gemengelage der Eigennutzmotive kann hierbei verschiedenste Formen annehmen. Warum gerade der Faktor der Eigenbetroffenheit generell einen so grundsätzlichen, qualitativen Unterschied zu sonstigen, etwa finanziellen Interessen begründen soll, dass dies zur Verneinung des funktionalen Bezuges führt, erscheint kaum begründbar. Schlüssige Kriterien, die eine Trennung von beachtlichen und unbeachtlichen Motiven hinsichtlich eines funktionalen Bezuges ermöglichen würden, sind nicht ersichtlich. Insofern sollte die Motivlage des privaten Akteurs hier unbeachtet bleiben.

Aus der Eigenbetroffenheit des Privaten können sich allerdings durchaus besondere (verfassungs-)rechtliche Probleme ergeben, etwa im Hinblick auf die kritische Verarbeitung des von verstärktem Eigeninteresse getragenen privaten Beitrages. Dies sind aber Folgeprobleme einer funktionalen Privatisierung in bestimmten Bereichen, hier in der privaten und eigennützigen Entscheidungsvorbereitung. Sie müssen im Einzelfall durch entsprechende Vorgaben – Kontrollmechanismen etc. – gelöst werden, sind aber keine Frage der privatisierungstypologischen Zuordnung.

(2) Gesetzliche Aufgabenverlagerung

Oben wurde festgestellt, dass § 12 BauGB unmittelbare Privatisierungswirkung zukommt, nachdem die Gemeinde sich für die vbBPlanung entschieden hat. Nun scheinen aber einige Stimmen mit der funktionalen Privatisierung allein die rein administrative, nicht aber die gesetzliche Aufgabenübertragung zu verbinden. Teilweise wird die funktionale Privatisierung gerade als durch die Beibehaltung der gesetzlichen Aufgabenverteilung und der administrativen Aufgabenübertragung im Einzelfall „gekennzeichnet" angesehen.[423] Begründet wird dieser Standpunkt allerdings nicht. Nicht klar wird auch, ob mit dieser Aussage bereits solche Fälle ausgeschieden werden sollen, die eine gesetzliche Regelung der Übertragbarkeit beinhalten, aber die Übertragung von der Exekutive im Einzelfall vorzunehmen ist[424] – eine Situation, die der bei § 12 BauGB zumindest ähnlich ist.

Es erscheint generell nicht einsichtig, warum eine administrative Aufgabenübertragung notwendiges Merkmal der funktionalen Privatisierung sein sollte. Betrachtet man bei einer konkreten Aufgabenverteilungsstruktur *nach* Privatisierung die Qualität der vom Privaten vorgenommenen Handlung, so muss es allein darauf ankommen, dass es sich um einen Teil der Aufgabenwahrnehmung mit funktionalem Bezug zur staatlichen Aufgabe handelt. Diese Qualität einer übertragenen Teilaufgabe und ihr Bezug zur verbliebenen Aufgabe ist unabhängig davon, ob sie

---

[423] *Seidel,* Privater Sachverstand, S. 18; ebenso *Ludwig,* Privatisierung staatlicher Aufgaben, S. 136 Fn. 33.

[424] Dies ist zum Beispiel der Fall bei § 7 Abs. 2 und 12 Abs. 5 WaStrG sowie bei § 4 b) BauGB.

die Verwaltung im Einzelfall oder der Gesetzgeber generell auf Private übertragen hat. Der Übertragungsmodus kann insoweit keinen Einfluss auf die typologische Einordnung einer Privatisierung haben. Es kommt nur auf die Struktur des Privatisierungsergebnisses an. Der Typus funktionale Privatisierung kann damit in dreierlei Gewand auftreten: Ohne jede gesetzliche Widerspiegelung, mit gesetzlicher Einräumung einer exekutivischen Privatisierungsentscheidungsmöglichkeit im Einzelfall, oder durch allgemeine gesetzliche Übertragung eines Aufgabenteiles. Somit steht die in § 12 BauGB gesetzlich angelegte Aufgabenübertragung der Einordnung der vbBPlanung als Fall der funktionalen Privatisierung jedenfalls nicht im Wege.

cc) Zwischenergebnis

Die Verlagerung der Planvorbereitung auf den Investor macht die vbBPlanung zu einem Fall der funktionalen Privatisierung.[425]

b) Privatisierung der Planvorbereitung als Verfahrensprivatisierung

Die Verfahrensprivatisierung ist nicht Teil des hier verfolgten Typisierungsansatzes. Angesichts der Verbreitetheit und Anschaulichkeit dieses Typs sei dennoch der Vollständigkeit halber festgestellt, dass die Verlagerung der Planvorbereitung auf den Investor auch als Verfahrensprivatisierung einzuordnen ist.[426] Denn bei der VEP-Erstellung handelt es sich um einen verfahrensbezogenen Beitrag. Das Privatisierungsmodell der vbBPlanung befindet sich somit in der oben erwähnten großen Schnittmenge von Verfahrensprivatisierung und funktionaler Privatisierung.

4. Ergebnis

Bei der vbBPlanung findet eine gesetzlich angelegt Verlagerung der Planvorbereitung auf den Investor statt. Es handelt sich dabei sogar um die Verlagerung eines sehr bedeutenden Wahrnehmungsaspektes, da dem Investor letztlich die Generierung städtebaulicher Ideen, die unmittelbare Vorbereitung von Baurechtsgestaltung übertragen wird.[427] Sein privater Beitrag wird hierbei intensiver norma-

---

425 So auch *Koch/Hendler,* Baurecht, S. 202; *Trute,* DVBl. 1996, S. 950 (962); *Grigoleit,* DV 33 (2000), S. 79 (93); vgl. auch *Lee,* Privatisierung als Rechtsproblem, S. 168.

426 *Battis,* in: 100 Jahre Allgemeines Baugesetz Sachsen, S. 507 (508 und 516); *ders.,* in: FS Hoppe, S. 303 (314); *Schuppert,* in: Gusy (Hrsg.), Privatisierung von Staatsaufgaben: Kriterien – Grenzen – Folgen, S. 72 (77); *Koch/Hendler,* Baurecht, S. 202; *Hoffmann-Riem,* in: Hoffmann-Riem / Schneider (Hrsg.), Verfahrensprivatisierung im Umweltrecht, S. 9 (14), neben dem Einsatz privater Planungsbüros; *Pietzcker,* in: Hoffmann-Riem / Schneider (Hrsg.), Verfahrensprivatisierung im Umweltrecht S. 284 (288 und 291 f.); *Faber,* in: FS Hoppe, S. 425 (435).

427 *Schneider,* VerwArch 87 (1996), S. 38 (43).

tiver Steuerung unterworfen. Typologisch ist die im Rahmen der vbBPlanung stattfindende Aufgabenverlagerung als funktionale Privatisierung und ferner als Verfahrensprivatisierung einzuordnen.

§ 7 Fazit des Zweiten Teiles

I. Zum Verhältnis der untersuchten Strategien zueinander

Es hat sich erwiesen, dass sich alle drei untersuchten Strategien des Aufgabenwahrnehmungswandels – Kooperation, Nutzung gesellschaftlicher Selbstregulierung, Privatisierung – auf die Veränderung des Verhältnisses von Staat und Bürger bei der Aufgabenerfüllung beziehen. Jede der Strategien knüpft dabei an einem anderen Ausgangspunkt an und setzt unterschiedliche Akzente. Die Motivationen für ihren Einsatz sind nicht identisch, wenn auch recht ähnlich. Die Ergebnisse der obigen Überlegungen lassen sich insoweit wie folgt zusammenfassen:

Kooperation bzw. kooperatives Verwalten bedeutet den Verzicht auf das Ausspielen der im Verhältnis von Staat und gesellschaftlichen Akteuren vorhandenen Hierarchie. Dies kann sich sowohl in Fällen gleichrangigen arbeitsteiligen Zusammenwirkens als auch, noch eindeutiger, bei der konsensualen Entscheidungsfindung äußern. Mit konsensualer Entscheidungsfindung verbinden sich Hoffnungen zur Steigerung der Akzeptanz von Entscheidungen und damit verbesserten Durchsetzungsmöglichkeiten, aber auch zur Erlangung von gesellschaftlichem Wissen durch die Einbindung privater Akteure. Letzteres gilt auch im Falle arbeitsteiliger Aufgabenwahrnehmung; hier erschließen sich weitreichende Möglichkeiten zur Nutzung gesellschaftlicher Ressourcen.

Bei der Instrumentalisierung gesellschaftlicher Selbstregulierung geht es um die Nutzbarmachung von durch Eigeninteressenverfolgung, also gesellschaftlicher Handlungsrationalität geprägten Selbstregulierungspotentialen in bestimmten Gesellschaftsbereichen im Rahmen staatlicher Aufgabenerfüllung. Auch diese Strategie zielt in dieser Weise auf die Nutzung gesellschaftlicher Ressourcen; weitere Motivation kann wiederum auch die besondere gesellschaftliche Akzeptanz der von der Gesellschaft selbst hervorgebrachten Elemente der Aufgabenwahrnehmung sein.

Privatisierung bedeutet hingegen Aufgabenverlagerung bzw. -übertragung vom staatlichen in den gesellschaftlichen Sektor. Im Falle der in der vorliegenden Untersuchung interessierenden funktionalen Privatisierung, wo der privatisierte Aufgabenteil einen Bezug zur ansonsten staatlichen Aufgabenwahrnehmung behält, ist dabei einmal mehr die Entlastung des Staates durch die Nutzung gesellschaftlicher Ressourcen das Ziel.

Was das Verhältnis dieser Strategien zueinander angeht, so ist zunächst festzustellen, dass diese keineswegs in einem Exklusivitätsverhältnis zueinander stehen: Allein die Tatsache, dass alle drei Strategien bei der vbBPlanung verwirklicht sind, macht dies deutlich. Es handelt sich nicht um alternative Konzepte, sondern um unterschiedlich fokussierte, aber sich gegenseitig überlagernde Strategien zur Gestaltung des Verhältnisses von Staat und Bürger bei der Aufgabenwahrnehmung. Bei der Analyse eines vom Gesetzgeber strukturierten Aufgabenwahrnehmungsmodells für einen bestimmten Bereich wird deshalb oftmals, wenn auch nicht zwingend, die Verwirklichung einer Kombination dieser Strategien offenbar werden. Sie sind allesamt kombinierbar. Angesichts der Verschiedenartigkeit der Perspektiven, aus der die Strategien definiert werden, ist auch eine hierarchische Ordnung im Sinne von Ober- und Unterbegriffen nicht sinnvoll möglich. Letztlich vergleicht man Äpfel und Birnen. Gleichwohl lassen sich typische Beziehungen bzw. konzeptuelle Verbindungen benennen: Mit der Verwirklichung einer Strategie kann typischerweise die Realisierung einer anderen einhergehen, ohne dass dadurch die eine gleichsam zur Teilmenge der anderen wird und man dementsprechend von einen Unterfall sprechen muss.[428] Einige typische Verbindungen sollen hier kurz skizziert werden.

Kooperation ist wie gesagt zuvorderst durch das Element des Hierarchieverzichts gekennzeichnet. Im Falle rein kooperativer Entscheidungsfindung ohne Aufgabenteilung kommt es nicht zwingend zu Berührungspunkten mit den anderen hier untersuchten Paradigmen. In der Kooperationsvariante arbeitsteilige Aufgabenwahrnehmung werden allerdings ein oder mehrere Aufgabenaspekte von Privaten wahrgenommen. Lagen diese zuvor in der Hand des Staates, so hat hier zwangsläufig eine Aufgabenübertragung, also Privatisierung, zu erfolgen: In diesem Fall ist die (funktionale) Privatisierung eine Voraussetzung kooperativer Aufgabenwahrnehmung.[429] Andersherum bedeutet funktionale Privatisierung stets kooperative Aufgabenwahrnehmung.

Werden mit dem Ziel der Nutzung selbstregulativer Potentiale bei der staatlichen Aufgabenwahrnehmung vormals staatliche Aufgabenfelder der gesellschaftlichen Selbstregulierung überantwortet, so setzt dies ebenfalls eine (funktionale) Privatisierung voraus.[430] Allerdings können auch selbstregulative Aktivitäten integriert werden, die zuvor nicht staatlich waren – dann ist keine Privatisierung erforderlich.

Ein selbstregulativer Beitrag von Privaten kann wiederum in die arbeitsteilige kooperative Aufgabenwahrnehmung eingebunden sein. Dann liegt kooperative Aufgabenwahrnehmung unter Nutzung von privaten Beiträgen, die im Wege der Selbstregulierung erzeugt wurden, vor.[431]

---

428 Anders wohl *Schuppert,* Verwaltungswissenschaft S. 440: Regulierte Selbstregulierung als Unterfall der Kooperation.

429 Zum Zusammenhang von Kooperation und (funktionaler) Privatisierung *Bauer,* DÖV 1998, S. 89 f.; *Teutner,* Kooperativer Rechtsstaat, S. 47.

430 Zur Verbindung von regulierter Selbstregulierung und Privatisierung *Hoffmann-Riem,* in: Hoffmann-Riem / Schneider, Verfahrensprivatisierung im Umweltrecht, S. 9 (30); *Schmidt-Preuß,* VVDStRL 56 (1997), S. 160 (168); *Seidel,* Privater Sachverstand, S. 21; vgl. auch *Faber,* Gesellschaftliche Selbstregulierungssysteme, S. 34 f.

Die Verbindungen und Überlagerungen der drei untersuchten Strategien sind also sehr ausgeprägt. Dennoch sollte man sich ihrer unterschiedlichen Grundideen und Ausgangspunkte gewahr sein und zugunsten einer klaren Analyse eines konkreten Aufgabenwahrnehmungsmodells die einzelnen Strategien gedanklich separieren.

II. Die vbBPlanung als komplexes Aufgabenwahrnehmungsmodell

Bereits oben wurde erläutert, dass die Schaffung des Planungsinstruments vbBPlanung und seiner Vorformen dem weitestgehenden Fehlen städtebaulicher Planungen auf dem Gebiet der ehemaligen DDR bei gleichzeitigem Mangel der zur Beseitigung dieses Defizits erforderlichen Geld- und Planungsressourcen zu verdanken ist. Durch die Regelung des vbBPlanes erhoffte man sich die Flexibilisierung, Beschleunigung und Verbilligung der Planung[432] – und damit eine Investitionsbeschleunigung. Zur Umsetzung dieser Ziele hat der Gesetzgeber in § 12 BauGB ein komplexes Planungsmodell geregelt, das alle drei untersuchten Strategien zur Veränderung der Aufgabenwahrnehmung gleichermaßen verwirklicht: Im Wege der funktionalen Privatisierung wird ein Aufgabenteil ausgelagert, der selbstregulativen gesellschaftlichen Aktivität überlassen und in die kooperative arbeitsteilige Aufgabenwahrnehmung eingebunden; dabei dient dieser Beitrag obendrein noch der Vorbereitung einer kooperativ zu treffenden Entscheidung. Dieser spezifische „Strategiemix" führt zu einer exzeptionell starken Stellung des Privaten bei der Wahrnehmung der Aufgabe Bauleitplanung.

Über diese Feststellung hinaus kann die vorliegende Untersuchung die Frage, inwieweit sich die der Entwicklung dieses komplexen Modells arbeitsteiliger Aufgabenwahrnehmung zugrundeliegenden Hoffnungen tatsächlich erfüllt haben, nicht beantworten. Dass das Planungsinstrument vbBPlanung ein besonders intensives Eingehen auf tatsächliche Bodennutzungsbedürfnisse von Investoren ermöglicht, versteht sich von selbst. Auch dass der weitgehende Einbezug Privater Planungsressourcen der Gemeinde schont und den entsprechenden finanziellen Aufwand erspart, dürfte zutreffend sein.[433] Allerdings ist zu betonen, dass auch in diesem Planungsmodus die eigenen Planungskapazitäten der Gemeinde durchaus gefordert sind, denn ansonsten kann die sachkundige Begleitung des Planungsprozesses ebenso wenig stattfinden wie eine fundierte Abwägungsentscheidung. Bei einer Ressourceneinsparung wird es aber dennoch bleiben. Nicht so klar scheint

---

431 Vgl. *Schuppert,* Verwaltungswissenschaft S. 430 und 440: Regulierte Selbstregulierung als Unterfall der Kooperation.

432 Diese Aufzählung bei *Grigoleit,* DV 33 (2000), S. 79 (92); vgl. auch *Schulze-Fielitz,* DVBl. 1994, S. 657 (666).

433 Kritisch zur Verminderung des Verfahrensaufwandes allerdings *Tietze,* Kooperation, S. 170 f.

die Frage der Zeitersparnis beantwortbar zu sein. Denn ob die vbBPlanung tatsächlich zu einer Beschleunigung der Planung führt, wird durchaus angezweifelt.[434] Diese Frage muss letztlich entsprechenden – soweit ersichtlich bislang nicht vorliegenden – empirischen Untersuchungen vorbehalten bleiben.[435]

---

434 *Quaas,* in: Schrödter, § 12 Rn. 2; *Thurow,* UPR 2000, S. 16 (20). Dies gilt wohl auch nicht zuletzt deshalb, weil die in den frühen Fassungen der vbBPlanung vorhandenen Verfahrensvereinfachungen heute nicht mehr gelten; *Birk,* Bauplanungsrecht, Rn. 560.

435 Siehe aber immerhin *Tietze,* Kooperation.

Dritter Teil

Aspekte der juristischen Bewältigung des Wandels staatlicher Aufgabenwahrnehmung

§ 8 Untersuchungsinteresse des Dritten Teiles

Es wurde herausgearbeitet, dass die vbBPlanung ein Beispiel für moderne, innovative Aufgabenwahrnehmung darstellt. An diesen Befund knüpft der Dritte Teil der Untersuchung an: Aus rechtswissenschaftlicher Sicht eröffnen sich in der Folge der Nutzung neuer Aufgabenwahrnehmungskonzepte zahlreiche Diskussions- und Problemfelder, die sich in verschiedener Weise auf die juristische Bewältigung dieser Veränderungen beziehen. Nachfolgend werden drei im Zusammenhang mit der hier einschlägigen Konstellation der weitreichenden Einbeziehung Privater in die Aufgabenwahrnehmung regelmäßig angesprochenen Diskussionsbereiche aufgegriffen und als Untersuchungsansätze für die vbBPlanung fruchtbar gemacht. Es handelt sich um sehr unterschiedliche Ansatzpunkte, die jeweils auf anderen Diskussionsebenen liegen und mithin verschiedene Facetten der juristischen Bewältigungsherausforderung aufzeigen.[1]

Zunächst geht es um das Denken in Verantwortungsstrukturen, das einen vielrezipierten neuen Ansatz zur Analyse und Durchdringung neuer Aufgabenwahrnehmungsmodelle darstellt. Dieser Diskussionsansatz soll entwickelt und zur Analyse der vbBPlanung genutzt werden.

Sodann wird einer „konservativeren", aber höchst bedeutenden Untersuchungsperspektive im Hinblick auf den weitreichenden Einbezug Privater in die staatliche Aufgabenwahrnehmung nachgegangen: Es wird nach den in dieser Konstellation entstehenden verfassungsrechtlichen Problemlagen gefragt. Teil der Erörterungen zu diesem Punkt sind das Herausarbeiten der insoweit relevanten Problemkonstellationen, die Entwicklung von Anforderungen zu deren Lösung und die Auseinandersetzung mit dem spezifischen Umgang mit diesen Problemen bei der vbBPlanung.

---

[1] Mit diesen drei Problemkreisen wird nur ein kleiner Teil der juristischen Fragen angesprochen, die die vbBPlanung aufwirft und die somit Aspekte von *deren* juristischer Bewältigung sind. Die Untersuchung beschränkt sich aber auch hier auf Fragen, die im inneren Zusammenhang zum Modernisierungscharakter dieses Planungsinstruments stehen. Insofern werden nur für diese Perspektive spezifisch relevante Untersuchungsansätze verfolgt.

Schließlich wird die für die praktische rechtliche Handhabbarkeit und Umsetzbarkeit neuer staatlicher Tätigkeitsmuster höchst relevante Frage der Fortentwicklung des allgemeinen Verwaltungsrechts und seiner Dogmatik angesichts der sich wandelnden Aufgabenwahrnehmung aufgegriffen und die vbBPlanung aus dieser Perspektive untersucht.

Auch in diesem Teil der Untersuchung ist es Ziel, über die Aufarbeitung der vbBPlanung hinaus verwertbare Ergebnisse zu liefern; insofern werden in jedem Kapitel in geeigneter Weise Untersuchungsschritte und entsprechende Erkenntnisse abstrahiert.

§ 9 Vorhabenbezogene Bebauungsplanung und Verwaltungsverantwortung

I. Einleitung

Die (Verwaltungs-)Verantwortung gehört zu den schillerndsten Begriffen der Modernisierungsdebatte, die auf ihr basierenden „Verantwortungslehren"[2] haben sich als wichtiger Diskussionsstrang etabliert.[3] Kaum eine Publikation in der Modernisierungsdebatte kommt umhin, darauf zumindest Bezug zu nehmen.[4] Diese Lehren beschäftigen sich mit der Verantwortung des Staates bei und für seine Aufgabenwahrnehmung sowie mit verschiedenen Stufen der Verantwortung und ihrer Aufteilung zwischen verschiedenen Akteuren. Das Denken in Verantwortungskategorien stellt einen Analyseansatz dar, der die soeben thematisierten Themenfelder kooperative Verwaltung, Privatisierung und (Selbst)Regulierung in sich aufnehmen kann[5] und deshalb ermöglicht, neue Konstellationen der Aufgabenwahrnehmung aus einer übergreifenden Perspektive zu ordnen, besser zu verstehen und einer Aufarbeitung zuzuführen. Die verschiedenen Elemente des Verantwortungsden-

---

2 *Kämmerer,* Privatisierung, S. 433.

3 *Battis,* in: Ossenbühl (Hrsg.), Deutscher Atomrechtstag 2002, S. 27 (28), spricht von einem Schlüsselbegriff der Staats- und Verwaltungsreform. Die Diskussion der Verantwortung im öffentlichen Recht ist nicht neu. Siehe z. B. *Wilke,* DÖV 1975, S. 509 ff.; sowie die Beiträge von *Schmidt-Aßmann* und *Scholz* in VVDStRL 34 (1976), S. 145 ff. bzw. 221 ff., zum Thema Verwaltungsverantwortung und Verwaltungsgerichtsbarkeit. Im Rahmen der aktuellen Modernisierungsdebatte wird die Kategorie Verantwortung früh aufgegriffen bei *Schmidt-Aßmann,* in: Hoffmann-Riem / Schmidt-Aßmann / Schuppert, Reform des Allgemeinen Verwaltungsrechts, S. 11 (43 f.).

4 *Möllers,* VerwArch 93 (2002), S. 22 (43), spricht von „ubiquitärer" Verwendung. Vgl. auch *Di Fabio,* in: FS Fromme, S. 15 (16).

5 *Trute,* in: Schuppert (Hrsg.), Jenseits von Privatisierung und „schlankem" Staat, S. 13 (14); eine ähnliche Einschätzung der übergreifenden Qualität der Verantwortungsteilung im Verhältnis zu den angesprochenen Phänomenen teilt *Voßkuhle,* in: Schuppert (Hrsg.), Jenseits von Privatisierung und „schlankem" Staat, S. 47 (59 ff.); ferner *Hoffmann-Riem,* in: Schuppert (Hrsg.), Jenseits von Privatisierung und „schlankem" Staat, S. 159 (169 ff.).

kens mit Verantwortungsteilung und Verantwortungsstufung können deshalb als Schlüsselbegriffe für die „analytische Durchdringung einer im Kooperationsspektrum staatlicher und privater Aufgabenerfüllung handelnden Verwaltung“ angesehen werden.[6] Sie bilden insofern einen guten Ausgangspunkt für die in diesem Teil der Untersuchung anzustellenden Überlegungen zur juristischen Bewältigung neuer Aufgabenwahrnehmungskonzepte.[7] Die dem Verantwortungsdenken immanenten Analysepotentiale werden im Folgenden zur Durchdringung der vbBPlanung genutzt.

II. Verantwortung und Verantwortungsdifferenzierungen

1. Vom Aufgabendenken zum Verantwortungsdenken

Wie im Ersten Teil der Arbeit ausgeführt, setzt das Nachdenken über staatliche Aufgabenwahrnehmung natürlicherweise bei der Staatsaufgabe an. Die Entdeckung der Verantwortung als staatswissenschaftliche Denkkategorie verdankt sich vor allem der Feststellung, dass das staatsaufgabenzentrierte Denken unter den Bedingungen gewandelter Staatlichkeit und neuer Formen der Aufgabenwahrnehmung an Grenzen stößt.[8] Dies wird in Fällen der Zusammenarbeit von Staat und Privaten bei der Aufgabenwahrnehmung besonders deutlich. Staatsaufgaben sind nur die vom Staat, von staatlichen Akteuren wahrgenommenen Aufgaben. Dies gilt auch in Fällen differenzierter Aufgabenteilungen zwischen Staat und gesellschaftlichen Akteuren, wie sie bei den verschiedenen Formen der Kooperation, Privatisierung etc. entstehen können; die hierbei von Privaten wahrgenommenen Aufgaben sind keine Staatsaufgaben (mehr). Dennoch besteht in diesen Fällen auf Seiten des Staates eine andere Beziehung zur gesellschaftlichen Aktivität als in Bereichen, in denen es sich nicht um eine arbeitsteilige Aufgabenwahrnehmung handelt – denn schließlich wird diese Tätigkeit bzw. ihr Produkt auf vielfältige Weise in die eigene staatliche Aufgabenwahrnehmung integriert. Unter Umständen wirken „ausgelagerte“ Aufgabenteile auf die verbliebene Staatsaufgabenwahrneh-

---

6 *Schuppert,* Verwaltungswissenschaft, S. 400 u. 411; *Trute,* in: Schuppert (Hrsg.), Jenseits von Privatisierung und „schlankem“ Staat, S. 13 (14); in der Sache auch *Voßkuhle,* in: Schuppert (Hrsg.), Jenseits von Privatisierung und „schlankem“ Staat, S. 47 (52 f.).

7 Zwar kann man den vom Denken in Verantwortungskategorien umfassten Aspekt der Verantwortungsteilung durchaus auch als *Strategie* des Aufgabenwahrnehmungswandels bzw. als Steuerungsmodus begreifen, vgl. *Voßkuhle,* in: Schuppert (Hrsg.), Jenseits von Privatisierung und „schlankem“ Staat, S. 47 (49 ff.). Als solche hätte es im Zweiten Teil der Arbeit diskutiert werden können. Das breiter angelegte *Denken* in Verantwortungskategorien bildet aber einen Analyseansatz, keinen Steuerungsmodus, und ist deshalb angemessener im Dritten Teil zu behandeln.

8 *Trute,* in: Schuppert (Hrsg.), Jenseits von Privatisierung und „schlankem“ Staat, S. 13 (24); *Voßkuhle,* in: Schuppert (Hrsg.), Jenseits von Privatisierung und „schlankem“ Staat, S. 47 (57).

mung ein, etwa bei privater Entscheidungsvorbereitung. Die Staatsaufgabenlehren bilden diese Einsichten nur unzureichend ab. Bei arbeitsteiliger Aufgabenwahrnehmung greift der Versuch der strikten Zuordnung von Aufgaben an den Staat oder Private letztlich zu kurz und wird der Sache nicht gerecht[9]: Die Art und Weise, das „Wie" des Zusammenspiels der Akteure, die Bezogenheit der Aufgabenteile aufeinander wird aus dieser Perspektive nicht lebendig, obwohl gerade dieser Aspekt höchst problemrelevant ist.[10] Gefragt ist mithin ein Denkansatz, der die verschiedenen Aufgabenanteile integriert zu fassen vermag. Mit dem Denken in verschiedenen Verantwortungssphären und -stufen, also Verantwortungsdifferenzierungen, verbindet sich die Hoffnung, für die angesprochenen Bereiche präzisere und aussagekräftigere Antworten bezüglich des Verhältnisses von staatlichen und gesellschaftlichen Akteuren zu finden.[11] Zu betonen ist dabei von vornherein, dass die Verantwortungsteilungslehren nicht als Ersatz des Denkens in Aufgabenteilungen zu sehen sind, sondern als Ergänzung hierzu.[12]

2. Zum Begriff Verantwortung

Eine für die juristische Diskussion geeignete Begriffsbestimmung der Verantwortung wird durch die (abweichende) Verwendung des Begriffes in unterschiedlichen Wissenschaftsfeldern erschwert.[13] In der Literatur wird der Begriff in der Regel ohne weitere Erläuterungen vorausgesetzt.[14] *Voßkuhle* liefert zwar keine Definition, benennt aber sechs Elemente, die zusammen die Struktur der Verantwortung kennzeichnen sollen[15]: Ein Handlungssubjekt, dem die Verantwortung zugewiesen ist[16]; ein Objekt der Verantwortung (ein Tun, ein Zustand etc.); ein Element der Zurechnung zwischen Subjekt und Objekt (etwa durch den Gesetzgeber); ein Entscheidungsspielraum (des Subjekts)[17], da bei vollständiger Determinierung des Handelns keine eigene Verantwortung übernommen werden kann; ein norma-

---

9 Vgl. *Gusy,* in: ders. (Hrsg.), Privatisierung von Staatsaufgaben: Kriterien – Grenzen – Folgen, S. 330 (332).

10 *Voßkuhle,* in: Schuppert (Hrsg.), Jenseits von Privatisierung und „schlankem" Staat, S. 47 (58).

11 *Voßkuhle,* in: Schuppert (Hrsg.), Jenseits von Privatisierung und „schlankem" Staat, S. 47 (58).

12 *Gusy,* in: ders. (Hrsg.), Privatisierung von Staatsaufgaben: Kriterien – Grenzen – Folgen, S. 330 (332).

13 So auch *Voßkuhle,* in: Schuppert (Hrsg.), Jenseits von Privatisierung und „schlankem" Staat, S. 47 (53); *Di Fabio,* in: FS Fromme, S. 15 (20).

14 Dies bemängelt *Kämmerer,* Privatisierung, S. 434.

15 *Kämmerer,* Privatisierung, S. 434, kritisiert dies als Beschreibung „in eher vager Form als Zusammenspiel unterschiedlicher rechtserheblicher Momente".

16 Siehe hierzu auch *Di Fabio,* in: FS Fromme, S. 15 (22).

17 Hierzu ausführlich *Pitschas,* Verwaltungsverantwortung, S. 12 f., der im Konkretisierungsauftrag der Verwaltung ein wesentliches Element ihrer Verantwortung sieht.

tiver Maßstab für die Entscheidung; schließlich ein prinzipielles Einstehenmüssen vor einer anderen Instanz, wobei dies nicht sanktionsbewehrt sein muss[18] und es sich um so etwas Diffuses wie die Öffentlichkeit handeln kann. Erst „im Zusammenspiel aller sechs skizzierten Elemente entsteht Verantwortung".[19] Dies ist zwar eine hilfreiche Veranschaulichung der Strukturelemente von Verantwortung; zu einer präzisen Begriffsbildung – insbesondere hinsichtlich der hier interessierenden Verwaltungsverantwortung – verdichten sie sich jedoch nicht.[20] Nach einer etwas konkreteren Definition ist unter *Verwaltungs*verantwortung die „Gesamtheit derjenigen Verantwortlichkeiten und Verfahren, Zuständigkeiten und spezifischen Handlungsspielräume (...), die das System „öffentliche Verwaltung" rechtlich und politisch verfassen", zu verstehen.[21] Problematisch ist hierbei, dass mit „Verantwortlichkeiten" letztlich der Begriff Verantwortung in seiner eigenen Definition aufgegriffen wird. Ähnliches gilt für das – nicht ganz so abstrakte – Verständnis von Verantwortung als das „Einstehenmüssen für ein normgemäßes Verhalten oder einen normkongruenten Zustand nach näherer Maßgabe eines Verantwortungstatbestandes".[22] Hier bleibt offen, was man sich unter einem Verantwortungstatbestand vorzustellen hat. Ein stärker auf rechtliche Kategorien abstellender Ansatz sieht eine „normative Verwurzelung" einer staatlichen Verantwortung für Verwaltungsaufgaben in den Strukturprinzipien des demokratischen und sozialen Rechtsstaats sowie den Verpflichtungen des Staates zum Schutz der Grundrechte und leitet daraus entsprechende Pflichtenstellungen der Verwaltung ab – jedoch ohne dies weiter zu konkretisieren.[23]

Konsens scheint jedenfalls insoweit zu bestehen, dass Verantwortung sich auf mehr bezieht als auf eine Kompetenz bzw. Aufgabenzuweisung.[24] Verwaltungsverantwortung folgt der Kompetenz[25]; doch erfasst ein gesetzlicher Auftrag sie nur unvollständig.[26] Der Terminus Verwaltungsverantwortung bezieht sich auf die Rolle der Verwaltung im Staat überhaupt – gerade auch in Abgrenzung z. B. zum

---

18 Anders *Di Fabio,* in: FS Fromme, S. 15 (23).

19 Siehe zum Ganzen mit ausführlichen Erläuterungen und Nachweisen *Voßkuhle,* in: Schuppert (Hrsg.), Jenseits von Privatisierung und „schlankem" Staat, S. 47 (54 f.).

20 Das deckt sich wohl mit der eigenen Einschätzung von *Voßkuhle,* in: Schuppert (Hrsg.), Jenseits von Privatisierung und „schlankem" Staat, S. 47 (52 f.), der den Begriff der Verantwortung für „nach wie vor ebenso schillernd wie unbestimmt" hält und offensichtlich mit seiner Zusammenstellung Orientierung, aber keine Definition liefern will.

21 *Scholz,* VVDStRL 34 (1976), S. 145 (149); *Wilke,* DÖV 1975, S. 509 ff.; später auch *Pitschas,* Verwaltungsverantwortung, S. 10; *Schuppert,* Verwaltungswissenschaft, S. 400.

22 *Merten,* VVDStRL 55 (1996), S. 7 (13); *Seidel,* Privater Sachverstand, S. 15.

23 *Bauer,* VVDStRL 54 (1995), S. 243 (268 f.).

24 Siehe nur die Definition von *Pitschas,* der Verantwortlichkeiten und Zuständigkeiten nebeneinander nennt. Gleichwohl hält *ders.,* Verwaltungsverantwortung, S. 10, Verantwortung und Kompetenz für „aufeinander bezogen".

25 *Pitschas,* Verwaltungsverantwortung, S. 10.

26 *Schuppert,* Verwaltungswissenschaft, S. 401; im Ergebnis auch *Pitschas,* Verwaltungsverantwortung, S. 10.

Gesetzgeber[27] – und weist damit über unmittelbar ablesbare Kompetenzzuweisungen hinaus. Er reflektiert das umfassende Mandat des Verwaltungshandelns im modernen Verwaltungsstaat[28] und stellt einen Zusammenhang zwischen Aufgabe, Leistungsmöglichkeiten und Einstandspflichten des Aufgabenträgers her.[29] Der Gedanke der Verwaltungsverantwortung in diesem umfassenden Sinne gewinnt an Plastizität, wenn man die Typologie verschiedener Modalitäten dieser Verantwortung nach *Schmidt-Aßmann* betrachtet: Verwaltungsverantwortung äußert sich danach in Vollzugsverantwortung (in den Bindungen des Gesetzes); in Entfaltungsverantwortung, wo ein gesetzgeberisches Programm nur in Umrissen vorgezeichnet ist; in Verantwortung für Programmverwirklichung (die z. B. Verantwortung für die Methodenwahl beinhaltet); in Initiativverantwortung angesichts neuer Lagen bis hin zur Vorbereitung gesetzgeberischer Entscheidungen; schließlich bezieht sich Verwaltungsverantwortung auf die Eingliederung der Einzelmaßnahmen in den Zusammenhang und „erweist sich gerade bei komplexen Entscheidungen als Verpflichtung auf das Ganze“, mithin als Gesamtverantwortung.[30] Wird man sich der Breite eines so verstandenen Verantwortungsbegriffs gewahr, so kann man die Verwaltungsverantwortung als Kürzel für die zentrale Rolle der Verwaltung im modernen Verwaltungsstaat verstehen; sie fungiert „als Mandat eines sachlich wie zeitlich entgrenzten Verwaltungshandelns“.[31] Mit diesem Verständnis der Verwaltungsverantwortung wird nun eine Annäherung an verschiedene Möglichkeiten der Verantwortungsdifferenzierung erfolgen.

3. Stufen der Verantwortung

Auf Basis des umfassenden Verständnisses von Verwaltungsverantwortung hat sich das Denken in Verantwortungsstufen entwickelt.[32] Es bezieht sich auf die Intensität der staatlichen Aufgabenwahrnehmung[33] bzw. auf deren Leistungstiefe[34]

---

27 *Schuppert,* Verwaltungswissenschaft, S. 402.

28 *Schuppert,* Verwaltungswissenschaft, S. 402; zur zentralen Rolle der Verwaltung im sozialen Rechtsstaat, welche durch den Begriff Verwaltungsstaat zum Ausdruck kommt, *Pitschas,* Verwaltungsverantwortung, S. 10 ff.

29 *Schmidt-Aßmann,* in: Hoffmann-Riem / Schmidt-Aßmann (Hrsg.), Öffentliches Recht und Privatrecht als wechselseitige Auffangordnungen, S. 7 (29).

30 *Schmidt-Aßmann,* VVDStRL 34 (1976), S. 221 (231 ff.); *Schuppert,* Verwaltungswissenschaft, S. 401 f.

31 *Schuppert,* Verwaltungswissenschaft, S. 401. Zur umfassenden Verantwortung der Verwaltung auch *Di Fabio,* in: FS Fromme, S. 15 (28).

32 Siehe zum Ganzen *Schuppert,* Verwaltungswissenschaft, S. 403 ff.; vgl. auch *Schmidt-Aßmann,* in: Hoffmann-Riem / Schmidt-Aßmann / Schuppert, Reform des Allgemeinen Verwaltungsrechts, S. 11 (43 f.).

33 Auch *Burgi,* Funktionale Privatisierung, S. 63.

34 *Schuppert,* Verwaltungswissenschaft, S. 403; *Gusy,* in: ders. (Hrsg.), Privatisierung von Staatsaufgaben: Kriterien – Grenzen – Folgen, S. 330 (332).

in einem Aufgabenfeld. Die Intensität der staatlichen Aufgabenwahrnehmung korrespondiert mit der Rolle gesellschaftlicher Akteure in diesem Aufgabenfeld.[35] Beim Denken in Verantwortungsstufen richtet sich der Fokus weg von der Beschreibung der Rolle der Verwaltung im Gefüge der Staatsgewalten und hin zur Bestimmung des Verhältnisses der Verwaltung zum nicht-staatlichen Sektor.[36] Mit der Vielfältigkeit der Aufgabenwahrnehmung der Verwaltung und der jeweiligen Wahrnehmungsintensität korrespondiert eine große Bandbreite verschiedener Strukturen der entsprechenden Verwaltungsverantwortung. *Schuppert* hat die insoweit denkbaren Stufendifferenzierungen (mit einer Vielzahl von Stufen wie Überwachungsverantwortung, Finanzierungsverantwortung, Organisationsverantwortung, Beratungsverantwortung etc.) auf drei Grundtypen zurückgeführt: Erfüllungsverantwortung, Gewährleistungsverantwortung und Auffangverantwortung.[37] Eine Erfüllungsverantwortung des Staates liegt vor, wenn er selbst für die Wahrnehmung bestimmter Aufgaben verantwortlich ist und diese in eigener Regie wahrnimmt und nicht an Dritte delegiert.[38] Die Verantwortung erstreckt sich dann auf die volle Tiefe der Leistungserbringung. Wie in dieser Untersuchung bereits zum Ausdruck kam, weicht heute die Eigenvornahme von Aufgaben durch eigene staatliche Organisationsressourcen in vielen Bereichen der in den verschiedensten Formen stattfindenden Involvierung gesellschaftlicher Akteure in die Aufgabenwahrnehmung. Die diesen Bereich reflektierende Variante der Verwaltungsverantwortung ist die Gewährleistungsverantwortung.[39] Der Staat nimmt seine Verantwortung hier durch die Bereitstellung rechtlicher Strukturen wahr, die eine angemessene Problemlösung durch gesellschaftliche Akteure gewährleisten sollen.[40] Die Verantwortung bezieht sich hierbei auf eine gemeinwohlverwirklichende Aufgabenwahrnehmung auch in dem Fall, in dem diese nicht staatlicherseits vorgenommen wird.[41] Zwei wichtige Formen der Gewährleistungsverantwortung bilden die Überwachungs- und die Regulierungsverantwortung.[42] Als dritte Stufe bleibt die Auffangverantwortung. Sie wird dann relevant, wenn in der gesellschaftlichen Sphäre ein gemeinwohlrelevantes Steuerungsziel nicht erreicht wird und der

---

35 *Schuppert,* Verwaltungswissenschaft, S. 403; *Trute,* in: Hoffmann-Riem / Schmidt-Aßmann (Hrsg.), Öffentliches Recht und Privatrecht als wechselseitige Auffangordnungen, S. 167 (198).

36 *Schuppert,* Verwaltungswissenschaft, S. 402.

37 Ausführlich *Schuppert,* Verwaltungswissenschaft, S. 403 ff. Dieser Dreiklang findet sich auch bei *Hoffmann-Riem,* DÖV 1997, S. 433 (441 f.); *Schneider,* VerwArch 87 (1996), S. 38 (49); *Ziekow,* in: ders. (Hrsg.), Public Private Partnership, S. 25 (55); vgl. auch *Pietzcker,* in: Hoffmann-Riem / Schneider (Hrsg.), Verfahrensprivatisierung im Umweltrecht, S. 284 (303).

38 *Schuppert,* Verwaltungswissenschaft, S. 404; *Hoffmann-Riem,* DÖV 1997, S. 433 (442); zur Erfüllungsverantwortung auch *Schoch,* DVBl. 1994, S. 962 (963); *Trute,* DVBl. 1996, S. 950 (951).

39 *Schuppert,* Verwaltungswissenschaft, S. 404 f.

40 Vgl. *Hoffmann-Riem,* DÖV 1997, S. 433 (441).

41 *Schuppert,* Verwaltungswissenschaft, S. 406.

42 *Schuppert,* Verwaltungswissenschaft, S. 406 f.

Staat deshalb zu intervenieren hat, also nachsteuern muss.[43] Die Auffangverantwortung wirkt hier als gemeinwohlbewahrende „Notbremse“ in einem Aufgabenfeld, das ansonsten ganz von gesellschaftlichen Akteuren bestimmt wird.

4. Verantwortungsteilung

Interessiert man sich speziell für die arbeitsteilige Aufgabenwahrnehmung durch Staat und gesellschaftliche Akteure, so ist ein anderer Differenzierungsansatz von Interesse, den *Voßkuhle* dargelegt hat und der sich an den Verwirklichungsphasen arbeitsteiliger Gemeinwohlkonkretisierung orientiert.[44] Hierbei geht es um die Zuordnung einzelner Wahrnehmungsaspekte bei der Aufgabenerfüllung an den Staat einerseits, an gesellschaftliche Akteure andererseits. Mit der Wahrnehmung geht die Verantwortung für den entsprechenden Aufgabenaspekt einher; Arbeitsteilung führt zu Verantwortungsteilung.[45] Damit geht es nicht mehr nur um eine bestimmte Verantwortungstiefe, sondern auch um deren Verteilung auf verschiedene Akteure, also um „*Verantwortungsteilung* zwischen staatlichen und gesellschaftlichen Akteuren in bestimmten Aufgabenfeldern“.[46] Das Denken in Verantwortungsteilungen wirft mithin eine akteursspezifische Perspektive auf die arbeitsteilige Gemeinwohlkonkretisierung.[47] Hierbei lässt sich, an verschiedene Phasen der Aufgabenwahrnehmung anknüpfend, unterscheiden zwischen Maßstabsverantwortung (vor allem bezogen auf technische Normungen), Vorbereitungsverantwortung (bezogen auf die Vorbereitung staatlicher Entscheidungen), Verfahrensverantwortung (bezogen auf die Gesamtkoordinierung von Verwaltungsverfahren)[48], Implementationsverantwortung (bezogen auf Umsetzungsentscheidungen; man kann insofern auch von Entscheidungsverantwortung sprechen), Kontrollverantwortung, Realisationsverantwortung (bezogen auf die praktische Umsetzung getroffener Entscheidungen) und Folgenverantwortung (bezogen auf Haftungsrisiken).[49] Diese Form der Differenzierung ermöglicht die Zuordnung von Verantwortung an in die Aufgabenwahrnehmung involvierte Akteure bezüglich verschiedener Wahrnehmungsphasen.

---

43 *Schuppert,* Verwaltungswissenschaft, S. 407 f., unter Bezugnahme auf *Hoffmann-Riem,* DÖV 1997, S. 433 (442).

44 *Voßkuhle,* in: Schuppert (Hrsg.), Jenseits von Privatisierung und „schlankem“ Staat, S. 47 (68 ff.); *Schuppert,* Verwaltungswissenschaft, S. 409.

45 *Gusy,* in: Schuppert (Hrsg.), Jenseits von Privatisierung und „schlankem“ Staat, S. 115 (127).

46 *Trute,* in: Hoffmann-Riem / Schmidt-Aßmann (Hrsg.), Öffentliches Recht und Privatrecht als wechselseitige Auffangordnungen, S. 167 (198); ähnlich *ders.,* in: Schuppert (Hrsg.), Jenseits von Privatisierung und „schlankem“ Staat, S. 13.

47 Vgl. *Schuppert,* Verwaltungswissenschaft, S. 409.

48 Vgl. auch *Schoch,* DVBl. 1994, S. 962 (975).

49 Zum Ganzen ausführlich und mit Beispielen *Voßkuhle,* in: Schuppert (Hrsg.), Jenseits von Privatisierung und „schlankem“ Staat, S. 47 (69 ff.); *Schuppert,* Verwaltungswissenschaft, S. 409.

Der damit praktizierte Blick auf arbeitsteilige Prozesse trägt den Veränderungen der Aufgabenerfüllung im Zusammenspiel staatlicher und privater Akteure Rechnung und löst sich von einer einseitigen Fokussierung auf die staatliche Entscheidung bzw. den staatlichen Aufgabenanteil.[50]

5. Verantwortungslehren als integrierter Analyseansatz – Möglichkeiten und Grenzen

Das Verantwortungsdenken ist trotz seiner weiten Verbreitung nicht unangegriffen geblieben. Die Kritik verliert an Schlagkraft, wenn man sich die Möglichkeiten und Funktionen, aber auch die Grenzen der Verantwortungslehren exakt bewusst macht.

a) Verantwortung – rechtlich-dogmatischer oder heuristischer Begriff?

Die am Denken in Kategorien der Verantwortung geäußerte Kritik[51] basiert vor allem auf der bemängelten schwachen rechtlichen Konturierung, speziell der fehlenden verfassungsrechtlichen Anbindung des Verantwortungsbegriffs.[52] Zunächst existiere in der Verfassung selbst kein einheitlicher Verantwortungsbegriff.[53] Auch den Vertretern der Verantwortungslehren gelinge es nicht, die Verantwortung rechtlich fassbar zu machen.[54] Kritisiert wird speziell, dass das Verhältnis der Verant-

---

[50] Ähnlich *Trute,* in: Schuppert (Hrsg.), Jenseits von Privatisierung und „schlankem" Staat, S. 13 (21); *Gusy,* in: ders. (Hrsg.), Privatisierung von Staatsaufgaben: Kriterien – Grenzen – Folgen, S. 330 (332); vgl. auch *Voßkuhle,* in: Schuppert (Hrsg.), Jenseits von Privatisierung und „schlankem" Staat, S. 47 (58); *Schuppert,* Verwaltungswissenschaft, S. 412.

[51] Aktuell *Schmidt,* VerwArch 91 (2000), S. 149 (157 f.); *Röhl,* DV 1999 / Beiheft 2, S. 33 ff.; *Möllers,* VerwArch 93 (2002), S. 22 (43); vgl. auch *Battis,* DVBl. 2000, S. 1557 (1561).

[52] In der Tat wirkt eine knappe Herleitung wie bei *Bauer,* VVDStRL 54 (1995), S. 243 (269 f.), eher als Feststellung denn als Begründung. Auf einer anderen Ebene als die Kritik am rechtlichen Gehalt und an der analytischen Eignung des Terminus Verantwortung liegen die Sorgen um mögliche Folgen realisierter Verantwortungsteilung – etwa die Auflösung der (freiheitssichernden) Trennung von Staat und Gesellschaft und die „Diffusion" von Verantwortung in der Folge ihrer Segmentierung. Vgl. insoweit etwa *Di Fabio,* in: FS Fromme, S. 15 (16, 19 und 29); im Zusammenhang mit Selbstregulierung *ders.,* VVDStRL 56 (1997), S. 235 (252 ff.); auch *Battis,* in: Ossenbühl (Hrsg.), Deutscher Atomrechtstag 2002, S. 27 (28 f.). *Battis,* a. a. O., bevorzugt schon auf begrifflicher Ebene die Verwendung des Terminus Verantwortungsverteilung anstatt Verantwortungsteilung, da letzterer bereits die Gefahr der Verantwortungsdiffusion impliziere. Auf den Aspekt der Verantwortungsdiffusion wird noch zurückgekommen, vgl. § 9 III 3.

[53] Ausführlich *Kämmerer,* Privatisierung, S. 434 f. Zur Verantwortung als Institution des Verfassungsrechts eingängig *Di Fabio,* in: FS Fromme, S. 15 (21 ff.).

[54] *Kämmerer,* Privatisierung, S. 437; ähnlich *Möllers,* VerwArch 93 (2002), S. 22 (43). Der Vorwurf, Verantwortung fehle es als rechtlicher Grundkategorie an Bestimmtheit, um aus ihr auch nur allgemeine Grundsätze ableiten zu können, ist älter als die aktuelle Diskussion um die Verantwortung; vgl. *Schmidt,* in: HdbStR III, § 83 Rn. 6 Fn. 8.

wortung zur Kompetenz nicht geklärt und ein „Brückenschlag“ zu den Staatsaufgaben nach dem Grundgesetz nicht geleistet werde.[55] Insgesamt verursachten die Verantwortungstypisierungen daher „als Rechtskategorien (...) eher Verwirrung als Klarheit“.[56]

In der Tat ist zuzugeben, dass der unmittelbare rechtliche Gehalt der Verantwortung, gerade im Verhältnis zu Kompetenz und Aufgabe, in der Diskussion nicht ganz transparent wird. Die Kritik geht aber deshalb an der Sache vorbei, weil selbst prononcierte Vertreter des Verantwortungsdenkens den Begriff explizit nicht als Rechtsbegriff verstehen[57] und den Verantwortungstypologien lediglich heuristische, nicht aber dogmatische Funktion zubilligen.[58]

b) Scharnierbegriff und Ordnungsmodell

Die maßgeblichen Qualitäten des Verantwortungsdenkens liegen dementsprechend außerhalb der Dogmatik. Zunächst einmal kann das Verantwortungsdenken mit seiner umfassenden Perspektive auf das Verhältnis von öffentlichem und privatem Sektor gleichzeitig rechts- und sozialwissenschaftliche Perspektiven aufnehmen. Es ermöglicht eine Strukturierung sozial- und verwaltungswissenschaftlicher sowie rechtswissenschaftlicher Erkenntnisse in diesem Bereich, kann im interdisziplinären Diskurs als anschlussfähiger Brückenbegriff fungieren und mithin den Gedankenaustausch verbessern helfen.[59] In funktionaler Hinsicht kann das Verantwortungsdenken als Instrument der Analyse, Beschreibung und Ordnung verschiedener Aufgabenwahrnehmungskonzeptionen dienen.[60] Verantwortungsdifferenzie-

---

55 *Kämmerer,* Privatisierung, S. 437.

56 *Seidel,* Privater Sachverstand, S. 15.

57 Schon früh *Schmidt-Aßmann,* VVDStRL 34 (1976), S. 221 (228); später *ders.,* in: Hoffmann-Riem / Schmidt-Aßmann / Schuppert (Hrsg.), Reform des Allgemeinen Verwaltungsrechts, S. 11 (44); *ders.,* in: Hoffmann-Riem / Schmidt-Aßmann (Hrsg.), Öffentliches Recht und Privatrecht als wechselseitige Auffangordnungen, S. 7 (29); *Trute,* in: Hoffmann-Riem / Schmidt-Aßmann (Hrsg.), Öffentliches Recht und Privatrecht als wechselseitige Auffangordnungen, S. 167 (198). Zur Verortung der Verantwortung auf einer „Metaebene des Rechts“ *Di Fabio,* in: FS Fromme, S. 15 (20).

58 Etwa *Schmidt-Aßmann,* in: Hoffmann-Riem / Schmidt-Aßmann / Schuppert (Hrsg.), Reform des Allgemeinen Verwaltungsrechts, S. 11 (44); *Seidel,* Privater Sachverstand, S. 14 f.; zu dieser Frage auch *Voßkuhle,* in: Schuppert (Hrsg.), Jenseits von Privatisierung und „schlankem“ Staat, S. 47 (53); *Burgi,* Funktionale Privatisierung, S. 64; *ders.,* DV 33 (2000), S. 183 (195).

59 Zum Ganzen *Trute,* in: Schuppert (Hrsg.), Jenseits von Privatisierung und „schlankem“ Staat, S. 13; *Schmidt-Aßmann,* in: Hoffmann-Riem / Schmidt-Aßmann / Schuppert (Hrsg.), Reform des Allgemeinen Verwaltungsrechts, S. 11 (43 f.); *ders.,* in: Hoffmann-Riem / Schmidt-Aßmann (Hrsg.), Öffentliches Recht und Privatrecht als wechselseitige Auffangordnungen, S. 7 (29); *Schuppert,* Verwaltungswissenschaft, S. 411.

60 Vgl. *Osterloh,* VVDStRL 54 (1995), S. 204 (236); *Schmidt-Aßmann,* in: Hoffmann-Riem / Schmidt-Aßmann (Hrsg.), Öffentliches Recht und Privatrecht als wechselseitige Auf-

rungen sind dabei zunächst nützlich zur notwendigen Veranschaulichung komplexer Gefüge der Aufgabenwahrnehmung im Kooperationsspektrum[61] und der damit verbundenen differenzierten Funktionen- und Verantwortungsteilungen zwischen Staat und Gesellschaft.[62] Sie tragen dazu bei, ein klareres Verständnis solcher Gefüge zu entwickeln, Grundstrukturen zu verdeutlichen und zu typisieren. Auf diese Weise kann das Denken in Verantwortungsdifferenzierungen einen ersten Schritt zur rechtlichen Aufarbeitung neuer Aufgabenwahrnehmungsmodelle bilden.[63] Es ist als Vorstufe zur Dogmenbildung nutzbar.[64] Zur unmittelbaren Nutzung in der juristischen Argumentation bedürfen Verantwortungskategorien aber der „dogmatischen Übersetzung", der Umsetzung in rechtliche Kategorien.[65] Diese Notwendigkeit, Ausdruck der mehrfach betonten Differenz zwischen normativen Rechtsbegriffen und an Faktizität orientierter Heuristik, muss beim Denken in Verantwortungskategorien stets bedacht werden.[66] Wird sie aber beachtet, so kann das Verantwortungsdenken sehr fruchtbare Erkenntnisse liefern.

III. Die vbBPlanung aus Sicht der Verantwortungslehren

Bei der folgenden Analyse der vbBPlanung mithilfe des Verantwortungsdenkens wird zunächst die Verantwortungsstruktur im regulären Bauleitplanungsverfahren verdeutlicht und sodann die für die vbBPlanung spezifische neue Verantwortungsarchitektur herausgearbeitet. Den Abschluss bilden Überlegungen zur faktischen Verschiebung von Verantwortungssphären und zur Bedeutung rechtlicher Maßstäbe bei der Beurteilung verantwortungsteilender Aufgabenwahrnehmung.

---

fangordnungen, S. 7 (29 f.); ähnlich *Schuppert,* Verwaltungswissenschaft, S. 400; *Trute,* in: Schuppert (Hrsg.), Jenseits von Privatisierung und „schlankem" Staat, S. 13 (14).

61 Das gesteht selbst *Kämmerer* als einer der pointiertesten Kritiker der Verantwortungslehren ein; *ders.,* Privatisierung, S. 437.

62 *Gusy,* in: ders. (Hrsg.), Privatisierung von Staatsaufgaben: Kriterien – Grenzen – Folgen, S. 330 (332).

63 Vgl. *Trute,* in: Schuppert (Hrsg.), Jenseits von Privatisierung und „schlankem" Staat, S. 13 (20 f.).

64 *Trute,* in: Schuppert (Hrsg.), Jenseits von Privatisierung und „schlankem" Staat, S. 13 (20); auch *Osterloh,* VVDStRL 54 (1995), S. 204 (236).

65 Vgl. *Voßkuhle,* in: Schuppert (Hrsg.), Jenseits von Privatisierung und „schlankem" Staat, S. 47 (53); *Schmidt-Aßmann,* in: Hoffmann-Riem / Schmidt-Aßmann / Schuppert, Reform des Allgemeinen Verwaltungsrechts, S. 11 (44).

66 *Trute,* in: Schuppert (Hrsg.), Jenseits von Privatisierung und „schlankem" Staat, S. 13. Derselbe spricht auch von der Gefahr undifferenzierter Verwendung des Verantwortungsbegriffs, a. a. O. S. 14.

1. Verantwortungsstruktur im regulären Verfahren der Bebauungsplanaufstellung

Im regulären Bauplanungsverfahren, bzw. nach dessen gesetzlicher Konzeption, kontrolliert die Gemeinde sämtliche Phasen der Planung. Es ist deshalb selbstverständlich, dass die planende Gemeinde auch für den gesamten Planungsprozess mit den entsprechenden Planungshandlungen die Verantwortung trägt. Die Verantwortung folgt insofern den entsprechenden Aufgabenzuweisungen[67] des BauGB und entfaltet sich in der immens wichtigen Rolle, die die Verwaltung im Planungsprozess spielt – gerade angesichts der ihr hierbei zukommenden weiten Gestaltungsspielräume.[68]

Nach der obigen Terminologie der Verantwortungsstufen hat die Gemeinde die Erfüllungsverantwortung für die Planaufstellung: Denn in dieser Situation ist sie selbst für die Wahrnehmung der Planungsaufgaben verantwortlich und nimmt diese in eigener Regie und durch eigene Kräfte wahr.[69] Das phasenorientierte Modell der Verantwortungsteilung scheidet hier hingegen von vornherein aus; nach der Konzeption des Gesetzes kommt es nicht zu Verantwortungsteilungen. Etwas anderes gilt freilich dann, wenn die Gemeinde die Auslagerung von Planungshandlungen an private Planungsbüros betreibt, wie dies in der Praxis häufig vorkommt: In diesem Fall ähnelt die Situation derjenigen bei der vbBPlanung, da es zu einer Verlagerung der Verantwortung für die Planausarbeitung auf Private kommt.

2. Gewandelte Verantwortungsstruktur bei der vbBPlanung

Bei der vbBPlanung findet eine Verlagerung von Planungsaufgaben auf den Investor statt. Diese Verlagerung hat Auswirkungen auf die Verantwortungsstruktur für den Planungsprozess.

a) Abbildung nach Verantwortungsstufen

Nach den Maßstäben der Verantwortungsstufung besteht bei der vbBPlanung, anders als im regulären Verfahren der Bebauungsplanaufstellung, keine volle Leistungstiefe und mithin auch keine Erfüllungsverantwortung der Gemeinde. Denn die Planvorbereitung als wesentlicher Teil der Bebauungsplanung wird durch den

---

67 Hierzu *Remmert,* Private Dienstleistungen, S. 199 ff.

68 Zur Verantwortungsstruktur bei der Bauleitplanung *Köster,* Privatisierung des Bauleitplanverfahrens, S. 95 ff.; *ders.,* DVBl. 2002, S. 229 (233).

69 Vgl. zur Erfüllungsverantwortung nochmals *Schuppert,* Verwaltungswissenschaft, S. 404; *Hoffmann-Riem,* DÖV 1997, S. 433 (442). Es ist allerdings zu bemerken, dass *Schuppert* a. a. O. Bereiche eines staatlichen Wahrnehmungsmonopols (Polizei, Finanzverwaltung) als typisch für die Erfüllungsverantwortung bezeichnet. Diese Exklusivität staatlicher Aufgabenwahrnehmung besteht im Bereich der Bauleitplanung allerdings nicht.

Investor vorgenommen, also nicht exklusiv durch eigene Kräfte. Andererseits bleibt die Gemeinde durchaus stark im Planungsverfahren involviert; sie trägt nicht etwa nur eine Auffangverantwortung im obigen Sinne.

Damit bleibt nur noch die Gewährleistungsverantwortung als mittlere Stufe der Leistungstiefe nach der oben vorgestellten Typologie der Verantwortungsstufen. Mit dem Typus Gewährleistungsverantwortung wird eine Verantwortungsstruktur beschrieben, die bei sehr unterschiedlichen Aufgabenwahrnehmungskonstellationen bestehen und dementsprechend auch sehr verschiedene Formen annehmen kann. Allgemeines Kriterium ist hierbei wie gesagt, dass der Staat rechtliche Strukturen bereitstellt, durch die angemessene gesellschaftliche Problemlösungen herbeigeführt werden.[70] Dies kann sich auf die Setzung bloßer Rahmennormen und Zielvorgaben beschränken. Denkbar ist aber ebenso eine eigene staatliche Mitwirkung an Entscheidungen.[71] Im Gegensatz zur Erfüllungsverantwortung ermöglicht die Gewährleistungsverantwortung damit jedenfalls die Zusammenarbeit mit privaten Akteuren.[72]

Bei der vbBPlanung ist die Rolle des Staates sicherlich weit größer als nur auf die Setzung von Rahmenstrukturen beschränkt. Schließlich bleibt die Planung ein hoheitlicher Prozess, in den lediglich ein gesellschaftlicher Beitrag integriert wird. Im Grunde führt der Staat bei der vbBPlanung das Planungsergebnis vbBPlan selbst und in Eigenregie herbei – was typisch für die Erfüllungsverantwortung ist.[73] Diese wichtige Rolle entspricht an sich nicht dem, was mit Gewährleistungsverantwortung gemeint ist. Andererseits wirken aber gesellschaftliche Akteure bei der Planung mit, und der von ihnen bestimmte Anteil ist durchaus von herausgehobener Bedeutung. Die normative Umhegung des gesellschaftlichen Beitrages VEP-Erstellung und seine rechtlich klar determinierte, durch den Staat vorzunehmende Überführung in eine Rechtsnorm kann auch als Mittel gesehen werden, die Gemeinwohlverträglichkeit der Lösung zu sichern, was wiederum dem Charakter der Gewährleistungsverantwortung entspricht.[74]

Letztlich ist zu akzeptieren, dass hier keine eindeutige Typenzuordnung möglich ist. Bei der vbBPlanung entsteht eine Verantwortungsstruktur, die Elemente zweier Typen aufweist. Die exakte Zuordnung zu einem von nur drei reinen Stufentypen wird bei vielen Beispielen nicht gelingen. Dies ist ein Problem, das bei Typologien mit den ihnen immanenten Komplexitätsreduktionen eher die Regel als die Ausnahme bildet. Hier hat bereits der Versuch der Zuordnung das Bewusstsein für den staatlichen Rückzug und die gewachsene Rolle des privaten Akteurs im diskutier-

---

70 *Hoffmann-Riem,* DÖV 1997, S. 433 (441); *Schuppert,* Verwaltungswissenschaft, S. 405.

71 *Hoffmann-Riem,* DÖV 1997, S. 433 (441 f.); *Schuppert,* Verwaltungswissenschaft, S. 405.

72 *Schuppert,* Verwaltungswissenschaft, S. 405.

73 Vgl. *Hoffmann-Riem,* DÖV 1997, S. 433 (442).

74 Von Gewährleistungsverantwortung spricht im Zusammenhang mit der vbBPlanung – allerdings ohne sie explizit als Beispiel hierfür zu nennen – *Faber,* in: FS Hoppe, S. 425 (429).

ten Aufgabenbereich geschärft. Die interessantere Betrachtungsebene hinsichtlich der Verantwortungsstruktur bei der vbBPlanung muss ohnehin bei der Verwobenheit von gesellschaftlicher Aktivität und staatlicher Aufgabenwahrnehmung ansetzen. Dieser Aspekt wird durch das Stufenmodell nicht recht lebendig, da es sich auf die staatliche Seite und den von ihr vollzogenen „Teilrückzug" konzentriert. Mehr Aufschluss verspricht insofern das auf die verschiedenen Akteure als Verantwortungsträger fokussierte Denken in Verantwortungsteilungen.

b) Abbildung nach dem Phasenmodell der Verantwortungsteilung

Zur Beleuchtung des arbeitsteiligen Vorgehens bei der vbBPlanung aus der akteurzentrierten Perspektive der Verantwortungsteilung ist an die Phasen der Aufgabenwahrnehmung anzuknüpfen, also an den Planungsprozess mit seinen einzelnen Elementen und der diesbezüglichen Rolle der Akteure Gemeinde und Investor. Die Wahrnehmung verschiedener Aspekte der Planungsaufgabe findet dabei jeweils ihre Entsprechung in der darauf bezogenen Verantwortung.

Bei der vbBPlanung spielt der Investor in einer Planungsphase die zentrale Rolle: Er erledigt die Ausarbeitung des VEP. Diese Rolle, dieser Aufgabenwahrnehmungsaspekt wird ihm durch § 12 BauGB zugewiesen. Nach dieser am Anfang der Planung liegenden Phase wird wieder die Gemeinde zum entscheidenden Akteur. Bei der Planausarbeitung durch den Investor handelt es sich um die Vorbereitung des Bebauungsplanes als einer nach wie vor staatlichen Entscheidung. Für die mittlerweile weit verbreiteten Fälle, in denen der Staat bei seinen Entscheidungen auf private Vorbereitung zurückgreift, definiert das oben erläuterte Phasenmodell der Verantwortungsteilung für die Vorbereitungsleistung einen eigenen Verantwortungstyp, nämlich die Vorbereitungsverantwortung.[75] Die VEP-Erarbeitung ist ein typischer Fall dieses Verantwortungstyps.[76]

Abzugrenzen ist die Vorbereitungsverantwortung von der ihrer Bezeichnung nach ebenfalls passend erscheinenden Verfahrensverantwortung. Diese bezieht sich aber nur auf die Fälle, bei denen die fachliche und zeitliche Gesamtkoordinierung des Verfahrens auf gesellschaftliche Akteure übertragen wird. Ein Beispiel bilden insofern etwa private Projektmanager.[77] Man darf dies nicht mit der Verfahrensprivatisierung verwechseln, bei der die Übertragung von Teilaspekten die Regel ist.

---

[75] *Voßkuhle,* in: Schuppert (Hrsg.), Jenseits von Privatisierung und „schlankem" Staat, S. 47 (70 f.), mit Beispielen, vor allem verschiedenen Möglichkeiten des Einsatzes von Sachverständigen, etwa hinsichtlich der Erstellung von Standortgutachten für Abfallentsorgungsanlagen etc.

[76] *Voßkuhle,* in: Schuppert (Hrsg.), Jenseits von Privatisierung und „schlankem" Staat, S. 47 (71).

[77] *Voßkuhle,* in: Schuppert (Hrsg.), Jenseits von Privatisierung und „schlankem" Staat, S. 47 (72).

Bei der vbBPlanung bleibt die Gemeinde für das Gesamtverfahren verantwortlich; insofern trägt sie selbst die Verfahrensverantwortung.[78]

Zu betonen ist wiederum, dass die Zuweisung der Vorbereitungsverantwortung an den Investor am staatlichen Charakter der eigentlichen Bebauungsplanung nichts ändert. Entsprechendes ergibt sich daher auf Verantwortungsebene: Die Gemeinde trägt bei der vbBPlanung die Verantwortung für die Entscheidung, nämlich den Erlass des Bebauungsplanes.[79] In der Literatur wird diesbezüglich – in der Sache identisch – von Letztverantwortung[80], Entscheidungsverantwortung, Letztentscheidungsverantwortung[81] und Ergebnisverantwortung[82] gesprochen. Die Letztentscheidungsverantwortung realisiert sich bei der vbBPlanung im Satzungsverfahren.[83] Zwischen diesen Verantwortungsbereichen, der Vorbereitungs- und der Letztentscheidungsverantwortung, ist streng zu trennen.

Bei der vbBPlanung mit ihrer arbeitsteiligen Aufgabenwahrnehmung entsteht mithin eine differenzierte Verantwortungsstruktur; die Verantwortung verteilt sich auf die Akteure Gemeinde und Investor, es entsteht eine duale Verantwortungsstruktur.[84]

c) Zwischenergebnis

Die Verantwortungslehren haben sich als für die Analyse der vbBPlanung durchaus aufschlussreich erwiesen. Zunächst hat das Modell der Verantwortungsstufung verdeutlicht, in welcher Form eine Rücknahme der Rolle des Staates stattfindet und dass dieser sich im Bezug auf die Planvorbereitung auf eine Flankierungsfunktion zurückzieht. Als besonders hilfreich zur Veranschaulichung der spezifischen Struktur der vbBPlanung stellt sich die Analyse nach dem Verantwortungsteilungsdenken dar: Die herausgehobene Rolle des Investors wird hierbei besonders plastisch, da er als gleichberechtigter Akteur, als Träger der Verantwortung für einen wichtigen Aufgabenwahrnehmungsaspekt anerkannt wird. Die akteursorientierte Betrachtung macht das Verantwortungs- und letztlich auch Aufgabenwahrnehmungsgefüge sehr anschaulich. Dabei finden sich die in den Einzelanalysen zum kooperativen Verwalten, zur regulierten Selbstregulierung und zur Privatisierung herausgearbeiteten Rollen von Gemeinde und Investor im hier erarbeiteten Verant-

---

78 *Köster,* DVBl. 2002, S. 229 (233).

79 Von „voller Verantwortung" spricht insoweit *Grigoleit,* DV 33 (2000), S. 79 (93); siehe auch *Voßkuhle,* in: Schuppert (Hrsg.), Jenseits von Privatisierung und „schlankem" Staat, S. 47 (71).

80 *Burgi,* DV 33 (2000), S. 183 (205).

81 *Schneider,* VerwArch 87 (1996), S. 38 (49); *Schulte,* Schlichtes Verwaltungshandeln, S. 173 f.; *Burgi,* DV 33 (2000), S. 183 (194); auch BVerfG, DVBl. 1995, S. 1291 f.

82 Auch diesen Begriff verwendet *Schneider,* VerwArch 87 (1996), S. 38 (49); *Trute,* DVBl. 1996, S. 950 (961).

83 *Schneider,* VerwArch 87 (1996), S. 38 (66).

84 Vgl. *Schuppert,* Verwaltungswissenschaft, S. 418.

wortungsgefüge wieder: Die Gleichberechtigung der Kooperationspartner durch die Akzeptanz der Akteursrolle beider Seiten, die Eingebundenheit des selbstregulativen Beitrages in die staatliche Aufgabenerfüllung durch das Denken in Phasen und die Betonung fortbestehender Letztentscheidungsverantwortung, der funktionale Bezug der privatisierten Planvorbereitung auf den Plan in der strukturellen Verbundenheit von Vorbereitungs- und Entscheidungsverantwortung. Dies bestätigt das Potential der Verantwortungslehren zur einzelne Steuerungsparadigmen übergreifenden Analyse von neuen Formen staatlicher Aufgabenwahrnehmung.

3. Zur faktischen Verschiebung des Verantwortungsgefüges und ihrer Bewertung

a) Formales und faktisches Verantwortungsarrangement

Die vorgenommenen Analyse der Verantwortungsdifferenzierung bei der vbBPlanung mit dem Ergebnis, dass die Vorbereitungsverantwortung für die Planung dem Investor, die Letztentscheidungsverantwortung der Gemeinde zugewiesen ist, basiert auf der für die vbBPlanung in § 12 BauGB gesetzlich vorgesehenen Verantwortungsstruktur. Dieses Ergebnis fußt somit (nur) auf einer formalen Betrachtung des Verantwortungsarrangements. Denkt man darüber hinaus aber über den tatsächlichen Ablauf des Planungsprozesses nach, so entstehen Zweifel, ob diese Verantwortungsstruktur auch faktisch Bestand hat.

Der Gemeinde obliegt zwar formal die Letztverantwortung für die Planungsentscheidung, also die rechtsverbindliche Gemeinwohlkonkretisierung in Form der Plansatzung. Durch die Verlagerung der Vorbereitungsverantwortung an den Investor wird sie aber mit einem voll ausgearbeiteten Planentwurf konfrontiert, auf dessen Grundlage sie ihre Entscheidung zu treffen hat. Insofern drängt sich die Frage auf, inwieweit die Gemeinde vor diesem Hintergrund tatsächlich in Ausfüllung der ihr obliegenden Entscheidungsverantwortung die entscheidende Instanz ist. Denn eine ausgearbeitete, verabschiedungsreife Entscheidungsvorbereitung kann eine solch hohe Suggestivität besitzen, dass es psychologisch schwer fällt, sich davon zu lösen und sie nicht als Entscheidung umzusetzen.[85] Dies gilt besonders bei einer so komplexen, „unübersichtlichen" Entscheidung wie einem Bebauungsplan, wo eine solche Vielzahl unterschiedlichster entscheidungserheblicher Faktoren zu berücksichtigen ist, dass deren Separierung in der Rückschau, nach Vorlage des Vorbereitungsergebnisses, nur schwer gelingen kann. Insgesamt droht auf diese Weise ein Verlust staatlicher Kontrolle über den Entscheidungsvorgang, die Fähigkeit des Staates zum verantwortlichen Entscheiden steht in Frage.[86] Trotz fehlender recht-

---

[85] Zu diesem Problemkomplex *Burgi,* DV 33 (2000), S. 183 (190) mwN; *Di Fabio,* VerwArch 81 (1990), S. 193 (217 ff.).

[86] Vgl. *Trute,* in: Schuppert (Hrsg.), Jenseits von Privatisierung und „schlankem" Staat, S. 13 (33 f.).

licher Bindung an die Vorbereitung ist eine faktische Bindung der Verwaltung an das vom Privaten Erarbeitete naheliegend, mit der Folge des bloßen „Absegnens" der Planung, einer sogenannten Notarentscheidung. In diesem Fall würde die Gemeinde der ihr zugewiesenen Letztentscheidungsverantwortung effektiv nicht gerecht werden; es würde im Grunde eine Verlagerung der Entscheidungsverantwortung auf den an sich nur mit der Vorbereitungsverantwortung betrauten Investor stattfinden und die Letztverantwortung der Gemeinde de facto leer laufen.[87] Diese Situationsbeschreibung gilt übrigens nicht nur für die vbBPlanung, sondern generell für die ihr zugrundeliegende Verantwortungsstruktur: Beim Auseinanderfallen von Vorbereitungs- und Entscheidungsverantwortung stellt sich generell die Frage, ob der Staat seiner ihm obliegenden Verantwortung überhaupt gerecht werden *kann.*[88] Es droht hier allgemein ein Auseinanderfallen von formaler und faktischer Verantwortungsstruktur.[89] Dies ist Ausdruck einer Gefahr, auf die sich gewichtige Kritik an der Verwirklichung verantwortungsteilender Aufgabenwahrnehmung bezieht: Aus der Segmentierung von Verantwortung kann ihr Verlust bzw. ihre „Diffusion" folgen.[90]

b) Recht als Maßstab zulässiger Verantwortungsarrangements und adäquater Verantwortungssicherung

Wie ist das drohende Auseinanderfallen von formalem und faktischem Verantwortungsarrangement zu bewerten? Aus der Perspektive des Denkens in Verantwortungsdifferenzierungen folgt daraus zunächst nur, dass bei einer präzisen und realistischen Analyse der Verantwortungsstruktur eines Aufgabenwahrnehmungskonzepts auch die Berücksichtigung faktischer Umstände eine Rolle spielen muss. Die eigentlich interessante Überlegung, die bei der Vergegenwärtigung dieser Situation in den Sinn kommt, ist aber eine andere: Es ist zu fragen, ob die beschriebene Verantwortungsverschiebung zulässig und also auch hinnehmbar ist oder ihr Einhalt geboten werden muss. Eine Beantwortung dieser Frage kann nur anhand eines normativen Maßstabes erfolgen. Diesen normativen Maßstab bildet allein das Recht. *Eigene* normative Maßstäbe, die das Auseinanderfallen oder Ineinanderfließen der Verantwortungssphären bewerten könnten, enthält das Denken in

---

87 *Trute,* in: Schuppert (Hrsg.), Jenseits von Privatisierung und „schlankem" Staat, S. 13 (34); auch *Köster,* Privatisierung des Bauleitplanverfahrens, S. 4 f.

88 *Burgi,* Funktionale Privatisierung, S. 371; *Voßkuhle,* in: Schuppert (Hrsg.), Jenseits von Privatisierung und „schlankem" Staat, S. 47 (71).

89 *Köster,* DVBl. 2002, S. 229 (233 Fn. 35). Solche Problemlagen können freilich auch in anderen differenzierten Verantwortungsarrangements auftreten. Das Auseinanderfallen von Vorbereitungs- und Entscheidungsverantwortung bildet allerdings ein besonders anschauliches Beispiel.

90 Vgl. hierzu *Di Fabio,* in: FS Fromme, S. 15 (24 f.); *Battis,* in: Ossenbühl (Hrsg.), Deutscher Atomrechtstag 2002, S. 27 (28); *Voßkuhle,* in: Schuppert (Hrsg.), Jenseits von Privatisierung und „schlankem" Staat, S. 47 (81).

Verantwortungsdifferenzierungen nämlich nicht, denn es konstituiert lediglich heuristische Ordnungskategorien, die für Strukturanalysen der Aufgabenwahrnehmung genutzt werden können. Fragen der Zulässigkeit, des Erlaubtseins von Verantwortungsteilungen sind ganz und gar rechtlicher Art. Und allein anhand rechtlicher Maßstäbe lässt sich also auch im hier interessierenden Fall messen, wie mit der Gefahr des Entgleitens der gemeindlichen Letztverantwortung umzugehen ist.

Die als Maßstäbe zur Beurteilung solcher Frage heranzuziehenden rechtlichen Vorgaben sind vom spezifischen Kontext abhängig, in dem die Verantwortungsteilung stattfindet: Vorliegend ist also nach den rechtlichen Vorgaben hinsichtlich einer staatlichen Entscheidung und ihrer adäquaten Vorbereitung zu fragen. Mögliche Problemfelder, die angesichts einer privaten Vorbereitungsverantwortung in den Sinn kommen, sind die Anforderungen des Demokratie- und des Rechtsstaatsprinzips an eine staatliche Entscheidung und die drohende Vereinnahmung derselben durch die von Partikularinteressen geprägte Entscheidungsvorbereitung. Diese rechtlichen Fragestellungen knüpfen an die in diesem Kapitel erarbeiteten Verantwortungsstrukturen an, reichen aber über das Verantwortungsdenken hinaus.

IV. Ergebnis und Überleitung

Die vorstehenden Überlegungen haben die Möglichkeiten und Grenzen des Verantwortungsdenkens gezeigt. Die Verantwortungsstrukturen der vbBPlanung konnten erarbeitet werden. Dabei wurde nicht nur die Rolle der Gemeinde, sondern gerade auch die des privaten Akteurs im Verantwortungsgefüge deutlich[91], was zur Herausarbeitung des Problems der faktischen Verantwortungsverschiebung beigetragen hat. Die Analyse der Verantwortungsstruktur hat es vermocht, eine über die einzelnen Strategienblickwinkel mit ihrer spezifischen Problemsicht hinausgreifende, allgemein auf die Involvierung Privater im Vorfeld einer hoheitlichen Entscheidung konzentrierte Perspektive einzunehmen und eine sehr genaue Verortung des Problems zu formulieren: Es liegt an der Zäsur von Vorbereitungs- und Entscheidungsverantwortung.

Zugleich hat sich gezeigt, dass die Analyse neuer Aufgabenwahrnehmungsformen mithilfe des Verantwortungsdenkens in der Tat nur den ersten Schritt[92] ihrer Aufarbeitung bilden kann. Für die verschiedenen rechtlichen Problemebenen, die sich für Arrangements der Verantwortungsteilung stellen, enthalten die Verantwortungslehren keine Antwort. Verantwortungsdifferenzierungen und die entsprechenden Strukturanalysen können aber helfen, Problemstandorte zu verdeutlichen

91 Zum Vorteil der Akteursperspektive wiederum *Gusy,* in: ders. (Hrsg.), Privatisierung von Staatsaufgaben: Kriterien – Grenzen – Folgen, S. 330 (332); *Voßkuhle,* in: Schuppert (Hrsg.), Jenseits von Privatisierung und „schlankem" Staat, S. 47 (58); *Schuppert,* Verwaltungswissenschaft, S. 412.

92 Siehe nochmals *Trute,* in: Schuppert (Hrsg.), Jenseits von Privatisierung und „schlankem" Staat, S. 13 (20 f.).

– hier das Verhältnis von Entscheidungsvorbereitung und Entscheidung. Sie leiten insofern auf Folgeprobleme von differenzierten Aufgabenwahrnehmungsformen hin.[93] Entsprechende rechtliche Erwägungen werden hierdurch nicht ersetzt, sondern unterstützt.

Die wichtigste Problemebene der rechtlichen Bewertung von differenzierten Verantwortungsarrangements bildet das Verfassungsrecht. Hier ist der geeignete Ort, Anforderungen an Zulässigkeit und konkrete Ausgestaltung der Verantwortungsteilung bei der Aufgabenwahrnehmung zu problematisieren. Angemessene Verantwortungsarrangements lassen sich anhand verfassungsrechtlicher Vorgaben aufgaben- und politikbereichsspezifisch bestimmen.[94] Daraus lassen sich auch Vorgaben für entsprechende normative Ausgestaltungen ableiten. Eben dies ist Thema des folgenden Abschnitts.

§ 10 Verantwortungsteilung als verfassungsrechtliche Problemlage: Demokratisch-rechtsstaatliche Ausgestaltung neuer Aufgabenwahrnehmungskonzepte und die vorhabenbezogene Bebauungsplanung

I. Zum Untersuchungsgang

Das folgende Kapitel arbeitet drei verfassungsrechtlich begründete Problemkreise heraus, die aufgrund der spezifischen Verantwortungsstruktur der vbBPlanung entstehen, und zeigt auf, wie diesen Problemkreisen begegnet wird bzw. werden muss. Dabei wird in der Weise vorgegangen, dass jeder der ausgewählten Problemkreise zunächst abstrahiert und losgelöst vom Einzelfall vbBPlanung als generelleres Problem verantwortungsteilender Aufgabenwahrnehmung untersucht wird. Es gilt die insoweit relevanten verfassungsrechtlich begründeten Vorgaben an die Ausgestaltung verantwortungsteilender Aufgabenwahrnehmung zu erarbeiten. Diese abstrakte Problemebene ermöglicht die angestrebte Verwertbarkeit der gewonnen Erkenntnisse über den speziellen Fall vbBPlanung hinaus, es soll ein allgemeiner Beitrag zum Verfassungsrecht der Verantwortungsteilungen geleistet werden. Für die angesprochenen Problemkreise werden verfassungsrechtlich begründete Anforderungen auf „mittlerer Konkretisierungsebene", zwischen den allgemeinen Postulaten des Verfassungsrechts wie Rechtsstaatlichkeit und Demokratie und den konkreten Anforderungen des Einzelfalles, erarbeitet. Diese Anforde-

---

[93] *Schmidt-Aßmann,* in: Hoffmann-Riem / Schmidt-Aßmann (Hrsg.), Öffentliches Recht und Privatrecht als wechselseitige Auffangordnungen, S. 7 (29).

[94] *Schuppert,* DV 31 (1998), S. 415 (429); *Trute,* in: Schuppert (Hrsg.), Jenseits von Privatisierung und „schlankem" Staat, S. 13 (22 f.); vgl. auch *Di Fabio,* in: FS Fromme, S. 15 (19).

rungen bedürfen dann im Einzelfall nur noch der Konkretisierung. Dies trägt dazu bei, die „Begründungslücke zwischen den abstrakten Verfassungsgeboten und der Postulierung konkreter Formalanforderungen (...) zu schließen".[95] Nach der abstrakten Auseinandersetzung mit den Problemkreisen wird jeweils die vbBPlanung mit Blick auf ihre spezifischen Antworten auf die herausgearbeiteten verfassungsrechtlichen Anforderungen untersucht.

II. Verantwortungsteilung als verfassungsrechtliche Problemlage

Dass verantwortungsteilende Aufgabenwahrnehmung zu verschiedensten verfassungsrechtlichen Problemen führen kann, wird besonders deutlich, wenn man sich den Unterschied zum Normalfall vollständiger Aufgabenwahrnehmung durch die umfassend auf das Gemeinwohl verpflichtete Verwaltung[96] klarmacht: Hier sind Aufgabenwahrnehmungshandlungen sämtlich staatliche Handlungen. Insofern gelten in umfassender Weise die vielfältigen (verfassungs)rechtlichen Bindungen, denen die Verwaltung bei ihrem Handeln unterworfen ist. Hervorzuheben sind hierbei – neben der in dieser Untersuchung nicht so sehr im Mittelpunkt stehenden Grundrechtsbindung – besonders Demokratie- und Rechtsstaatsprinzip als zentrale Determinanten, als Strukturprinzipien[97] des Verwaltungshandelns. Diese haben unterschiedliche Zielrichtungen; ihre Forderungen an das Staatshandeln weisen aber starke Überschneidungen auf, vor allem aufgrund der Rolle des demokratischen Gesetzes, das beide Prinzipien „unauflöslich verklammert".[98] Viele Anforderungen an das Verwaltungshandeln sind deshalb zugleich in Demokratie- und Rechtsstaatsprinzip verwurzelt.[99] Wichtige Stichworte sind insofern unter anderem die Gesetzesbindung der Verwaltung, ihre materielle und personelle Legitimation und die Transparenz des Verwaltungshandelns. Liegt die Verantwortung bei der Aufgabenerfüllung ganz beim Staat und findet keine Verantwortungsteilung statt, wird die rechtsstaatliche und demokratische Qualität von Akteur und Ergebnissen der Aufgabenwahrnehmung prinzipiell von vornherein durch komplexe institutionelle Arrangements von Regelungen über Aufgaben, Organisation, Handlungsmaßstäbe, Handlungsinstrumente und Verfahren sichergestellt.[100] Die Lage verkompliziert

95 *Burgi,* DV 33 (2000), S. 183 (196 f.).

96 Siehe zum Gemeinwohl als allgemeinstem Staatsziel *Isensee,* in: HdbStR III, § 57 Rn. 1 ff.

97 *Trute,* in: Schuppert (Hrsg.), Jenseits von Privatisierung und „schlankem" Staat, S. 13 (23).

98 Kurz und anschaulich *Denninger,* Verfassungsrechtliche Anforderungen, S. 118 u. 148; vgl. auch *Schmidt-Aßmann,* in: HdbStR I, § 24 Rn. 96.

99 Wobei sich einzelnen Anforderungen auf beide, andere eher auf eines der Prinzipien zurückführen lassen. Vgl. etwa die Beispiele bei *Burgi,* Funktionale Privatisierung, S. 373.

100 So *Trute,* in: Schuppert (Hrsg.), Jenseits von Privatisierung und „schlankem" Staat, S. 13 (22).; ähnlich *Burgi,* DV 33 (2000), S. 183.

sich dagegen erheblich, wenn durch Verantwortungsteilung private Akteure in die Wahrnehmung von Aufgaben mit Gemeinwohlbezug[101] involviert werden. Denn deren Wirken in den ihnen überlassenen Verantwortungssphären ist von gänzlich unterschiedlichen Parametern geprägt. Private Akteure handeln grundsätzlich in Ausübung ihrer grundrechtlichen Freiheiten und unterliegen dabei nicht den umfassenden rechtlichen Bindungen des Staates. Sie haben keine demokratische Legitimation. Auch sind sie bei ihrem Handeln nicht auf das Gemeinwohl verpflichtet. Sie werden sich im Gegenteil in aller Regel einseitig an ihren Individualinteressen orientieren[102], obwohl sie auch auf diese Weise anerkanntermaßen an der Hervorbringung des Gemeinwohls beteiligt sind.[103]

Vor diesem Hintergrund können bei Verantwortungsteilung verschiedene verfassungsrechtliche Problemlagen entstehen. So droht z. B. das demokratische und rechtsstaatliche Niveau der staatlichen Aufgabenwahrnehmung zu leiden, wenn es zu einer Vereinnahmung der gemeinwohlrelevanten Aufgabenerfüllung durch die privaten, eigeninteressengeleiteten Akteure kommt. Weiterhin ist die unter Umständen problematische grundrechtliche Position des in die Aufgabenwahrnehmung eingebunden Privaten ebenso zu bedenken[104] wie der Funktionsvorbehalt des Art. 33 Abs. 4 GG im Hinblick auf die Aufgabenwahrnehmung durch staatliche Amtsträger.[105] Auch die Rechtsposition von durch arbeitsteilige Aufgabenwahrnehmung betroffenen Dritten kann schwierig zu bestimmen sein: Wirken grundrechtliche Abwehrrechte oder nicht?[106]

Klarzustellen ist, dass trotz dieser beispielhaft angesprochenen Problemfelder eine grundsätzliche Offenheit des Grundgesetzes für verantwortungsteilende Strukturen zu konstatieren ist.[107] Es ergibt sich aber im Einzelnen ein Geflecht hierbei zu berücksichtigender Verfassungsvorgaben.[108] Eine besondere Herausforderung besteht darin, die Umsetzung bzw. Anpassung institutioneller Gemeinwohlsicherungen zu bewerkstelligen und die Fortschreibung demokratischer und rechtsstaatlicher Standards unter den Bedingungen verantwortungsteilender Aufgabenwahr-

---

[101] Vgl. *Trute,* in: Schuppert (Hrsg.), Jenseits von Privatisierung und „schlankem" Staat, S. 13 (20).

[102] Wie oben herausgearbeitet, ist diese egoistische Orientierung keineswegs per se problematisch, sondern wird vielmehr teilweise gerade gezielt genutzt.

[103] Zum Ganzen *Isensee,* in: HdbStR III, § 57 Rn. 78 ff.

[104] *Faber,* in: FS Hoppe S. 425 (433).

[105] Im Zusammenhang mit Privatisierung *Di Fabio,* JZ 1999, S. 585 (590 ff.).

[106] *Trute,* DVBl. 1996, S. 950 (957); *Burgi,* DV 33 (2000), S. 183 (184 f.).

[107] *Voßkuhle,* in: Schuppert (Hrsg.), Jenseits von Privatisierung und „schlankem" Staat, S. 47 (63 f.). Dies deckt sich mit der unter § 2 II 2 angesprochenen Erkenntnis, dass die Verfassung dem Gesetzgeber einen weiten Gestaltungsspielraum hinsichtlich der konkreten Aufgabenwahrnehmungsmodalitäten zubilligt.

[108] *Voßkuhle,* in: Schuppert (Hrsg.), Jenseits von Privatisierung und „schlankem" Staat, S. 47 (63 f.).

nehmung zu gewährleisten.[109] Dieser im Folgenden im Vordergrund stehende Fragenkreis erfährt in der wissenschaftlichen Diskussion große Aufmerksamkeit[110] und ist angesichts der zunehmenden Bedeutung staatlich-gesellschaftlicher Verantwortungsteilung bei der Aufgabenwahrnehmung[111] von größter Relevanz. Das Verfassungsrecht der Verantwortungsteilung bildet insofern ein „Desiderat der Verfassungsrechtslehre".[112]

III. Verfassungsrechtliche Anforderungen und vbBPlanung: Drei Problemkreise

Durch die Verantwortungsstruktur der vbBPlanung mit ihrem Auseinanderfallen von Vorbereitungs- und Entscheidungsverantwortung werden verschiedene verfassungsrechtlich relevante Fragen aufgeworfen.

In der im vorigen Kapitel beschriebenen potentiellen faktischen Verlagerung der Entscheidungsverantwortung auf den Investor ist zunächst der vielleicht wichtigste Problemkreis dieser Verantwortungsstruktur begründet: Nämlich der des drohenden Verlustes der demokratischen Legitimation der staatlichen Entscheidung.[113] Reicht das Fortbestehen der Letztentscheidungsverantwortung der Gemeinde aus, um eine ausreichende Legitimation der Entscheidung sicherzustellen bzw. zu erhalten?

Das Auseinanderfallen von Vorbereitungs- und Entscheidungsverantwortung ist weiterhin angesichts der im Rahmen der vbBPlanung bestehenden Fortgeltung des Abwägungsgebotes problematisch. Die Abwägung ist ein essentieller Bestandteil rechtsstaatlicher Planung. Aufgrund der privaten Entscheidungsvorbereitung scheint die Möglichkeit einer objektiven Abwägung durch die Gemeinde gefährdet. Zusätzlich zum Legitimationsaspekt bestehen also auch rechtsstaatlich begründete Bedenken hinsichtlich der privaten Vorbereitung der Gemeindeentscheidung; insofern ist hier ein weiterer verfassungsrechtlich relevanter Problemkreis angelegt.[114]

Im Hinblick auf die exklusive Zusammenarbeit von Gemeinde und eigeninteressegeleitetem Investor kommen zwei weitere problematische Aspekte der vbBPla-

---

109 *Hoffmann-Riem,* DÖV 1997, S. 433 (441); ähnlich *Trute,* in: Schuppert (Hrsg.), Jenseits von Privatisierung und „schlankem" Staat, S. 13 (22).

110 Vgl. nur *Voßkuhle,* in: Schuppert (Hrsg.), Jenseits von Privatisierung und „schlankem" Staat, S. 47 (63), mwN. Siehe zum Demokratieprinzip z B. umfassend *Mehde,* Neues Steuerungsmodell.

111 Vgl. *Burgi,* DV 33 (2000), S. 183 (184).

112 *Burgi,* Funktionale Privatisierung, S. 314.

113 Siehe etwa *Faber,* in: FS Hoppe, S. 425 (437).

114 Vgl. *Burgi,* Funktionale Privatisierung, S. 369; *Faber,* in: FS Hoppe, S. 425 (433 ff.); *Pietzcker,* in: Hoffmann-Riem / Schneider (Hrsg.), Verfahrensprivatisierung im Umweltrecht, S. 284 (292 f.).

nung in den Sinn. Zunächst droht die Transparenz der staatlichen Aufgabenwahrnehmung durch die enge Zusammenarbeit mit einem Partner in Frage gestellt zu werden. Weiterhin erscheint es nicht unproblematisch, dass der von seinen persönlichen Interessen geleitete Investor einen so wichtigen Beitrag bei der Aufgabenwahrnehmung leistet, denn zumindest die Verwaltung ist bei ihrem Handeln zur Neutralität verpflichtet. Beide Punkte, Transparenz und Neutralität des Verwaltungshandelns, gehören zu den formalen Standards der Entscheidungsfindung bzw. der Aufgabenwahrnehmung überhaupt im demokratischen Rechtsstaat. Die Gefährdung dieser formalen Standards lässt sich ebenfalls als ein Problemkreis begreifen, auch wenn es sich hierbei gleichsam um eine Sammelkategorie handelt und nicht so sehr um ein zugespitztes Problem wie bei den zuvor angesprochenen Punkten.

Auf diese drei Problemkreise, die sich im Wesentlichen auf Demokratie- und Rechtsstaatsprinzip beziehen, konzentrieren sich die folgenden Überlegungen. Zwischen ihnen bestehen jeweils Überschneidungen und Zusammenhänge, da sie allesamt in der privaten Entscheidungsvorbereitung begründet sind. Gleichwohl unterscheiden sich die Problemhorizonte mit ihrem spezifischen Fokus durchaus; auch müssen sie keineswegs zwangsläufig in dieser Gemengelage auftreten. Gerade im Hinblick auf die hier angestrebte möglichst breite Verwertbarkeit der erarbeiteten Ergebnisse über den Einzelfall vbBPlanung hinaus werden die drei Untersuchungsansatzpunkte deshalb so präzise wie möglich separiert.

Mit weiteren verfassungsrechtlich relevanten Fragen, deren Thematisierung zumindest vorstellbar wäre, wird keine vertiefte Auseinandersetzung erfolgen. Was grundrechtliche Fragen angeht, so ist ein drohender Verlust von grundrechtlich verankerten Vetopositionen des in die Aufgabenerfüllung involvierten Privaten bei der vbBPlanung von vornherein nicht erkennbar. Hinsichtlich der Betroffenheit von Grundrechten Dritter ist zunächst zu sagen, dass, soweit diese durch den vbBPlan selbst entsteht, für das Vorgehen gegen diesen staatlichen Plan keine Besonderheiten bestehen. Ansonsten ist zu unterscheiden: Anders als bei vielen anderen Fällen der Übertragung bestimmter Aufgabenwahrnehmungsaspekte an Private (z. B. bei Betreibermodellen etc.) kommt bei der vbBPlanung der Dritte mit dem Vorbereiter nicht unmittelbar in Berührung, die eigentliche Planung ergeht hoheitlich, insofern droht keine direkte Drittbeeinträchtigung durch den Privaten.[115] Etwas anders kann zwar dann gelten, wenn durch die private Vorbereitung grundrechtlich verankerte Verfahrensrechte bezüglich der Planausarbeitung selbst betroffen sind. Hinsichtlich dieser verfahrensbezogenen Rechte ergeben sich aber starke Überschneidungen mit der rechtsstaatlichen Verfahrensproblematik, so dass auf diesbezügliche Ausführungen (vor allem im Abschnitt zur Abwägung) zu verweisen ist. Im Zusammenhang mit der Involvierung Privater in die staatliche Aufgabenwahrnehmung wird ferner regelmäßig der Funktionsvorbehalt des Berufsbeamtentums gem. Art. 33 Abs. 4 GG als möglicher Problemfaktor angespro-

---

[115] *Burgi,* Funktionale Privatisierung, S. 370.

chen.[116] Hierzu ist zu sagen, dass dieser keineswegs eine exklusiv staatliche Aufgabenerfüllung zwingend voraussetzt.[117] Der Gesetzgeber hat hier breiten Gestaltungsspielraum.[118] Die Erschließung privater Ressourcen durch das Investorenengagement bei der vbBPlanung gem. § 12 BauGB stellt aus dieser Perspektive kein Problem dar.

IV. Verfassungsrechtliche Vorgaben zu Problemlagen der Verantwortungsteilung und ihre Umsetzung bei der vbBPlanung

1. Das Problem der demokratischen Entscheidungslegitimation bei privater Entscheidungsvorbereitung

a) Problemskizze und -präzisierung

Angesichts des Gewichts des privaten Vorbereitungsbeitrages liegt in der Tat der Gedanke nahe, dass die Gemeinde letztlich nur noch eine „Notarentscheidung" trifft, d. h. lediglich für die ungeprüfte Umsetzung der eigennützigen Privatplanung in eine hoheitliche Rechtsnorm sorgt. Damit würde sich auf faktischer Ebene die Entscheidungsgewalt über die Bauleitplanung auf den Privaten verlagern.[119] In diesem Fall erscheint die demokratische Legitimation der Entscheidung fraglich, auch wenn sie letztlich von einem staatlichen Akteur getroffen wird.

Hiermit ist einer der im Zusammenhang mit privater Entscheidungsvorbereitung meistdiskutierten Problemkreise angesprochen. Da in der wissenschaftlichen Diskussion in diesem Zusammenhang mehrere ähnliche Fragen problematisiert werden, ist das Untersuchungsinteresse genau zu fokussieren: Es gilt hier allein den Fällen, in denen die entscheidungsvorbereitenden Privaten an der finalen Entscheidung selbst nicht unmittelbar beteiligt sind. In formaler Hinsicht sind Vorbereitung und Entscheidung, Vorbereitungsverantwortung und Entscheidungsverantwortung „strikt segmentiert", der Staat bleibt letzte Instanz und ist an die Vorbereitung auch nicht rechtlich gebunden.[120] Dritte kommen mit dem vorbereitenden Privaten hinsichtlich seiner Vorbereitungstätigkeit nicht unmittelbar in Berührung.[121] Deshalb bleibt es im Außenverhältnis bei einer reinen hoheitlichen Entscheidung, obwohl im Innenverhältnis der Private eine mitunter entscheidende Rolle gespielt hat. Für diese Fallgruppe beispielhaft zu nennen sind neben der hier untersuchten privaten

116 Siehe z. B. *Pabst,* Verfassungsrechtliche Grenzen, S. 124.

117 *Seidel,* Privater Sachverstand, S. 39.

118 *Battis,* in: Sachs, GG, Art. 33 Rn. 58.

119 Prägnante Problemskizze bei *Faber,* in: FS Hoppe, S. 425 (437).

120 *Burgi,* Funktionale Privatisierung, S. 371.

121 Vgl. *Burgi,* Funktionale Privatisierung, S. 370.

Planvorbereitung auch verschiedene Formen der Sachverständigenberatung.[122] Eine Untergruppe bilden hierbei Fälle privater Entscheidungsvorbereitung, in denen der Vorbereiter (sogar) mit unmittelbarem Eigeninteresse an der Vorbereitung beteiligt ist, wie dies bei der vbBPlanung der Fall ist. Dies mag das Problem verschärfen, begründet aber im Hinblick auf die hier interessierende Legitimationsfrage keinen strukturellen Unterschied.[123] Die demokratische Rückbindung der finalen Planungsentscheidung erscheint hier allerdings besonders bedeutsam.

Eine hiervon abzugrenzende, ebenso kontrovers diskutierte Problemkonstellation entsteht im Kontext privater Normierung (DIN-Normen etc.).[124] Hier bestehen zwar gewisse Problemparallelen: Ähnlich wie in der vorgestellten Fallgruppe geht es ebenfalls um den Einfluss demokratisch nicht legitimierter Privater (z. B. Gremien) auf das Verwaltungshandeln bzw. auch den Gesetzgeber, bis hin zu faktischen allgemeinen Bindungswirkungen privater Normenwerke.[125] Diese Privatnormierungen dienen aber in der Regel nicht unmittelbar der Vorbereitung einer staatlichen Entscheidung, auch wenn staatliche Normen später in verschiedener Weise auf sie Bezug nehmen, etwa im Wege der Verweisung auf den Stand der Technik oder auch unmittelbarer Verweisung.[126] Vor allem aber beziehen sich die Tätigkeiten privater Normierungsverbände etc. primär auf Rechtssetzung, indem sie deren „Funktion der Aufstellung abstrakt-genereller Vorgaben für das Verwaltungshandeln ganz oder teilweise substituieren“. Insofern geht es hierbei eher um das Kooperationsfeld Gesetzgebung und damit einen etwas anderen verfassungsrechtlichen Kontext.[127] Dieser Fragenkreis bleibt deshalb ausgeklammert. Ebenfalls unberücksichtigt bleiben die Fälle der unmittelbaren Mitwirkung Privater an hoheitlichen Entscheidungen, z. B. durch die privaten Mitglieder eines Kollegialorgans.[128] Dort findet keine Zäsur zwischen Vorbereitung und Entscheidung statt[129]; es handelt sich ebenfalls um eine andere verfassungsrechtliche Problemlage.

---

[122] *Burgi,* DV 33 (2000), S. 183 (187 f.).

[123] Vgl. nur *Burgi,* DV 33 (2000), S. 183 (188).

[124] Eine eigene Fallgruppe sieht auch *Schuppert,* Verwaltungswissenschaft, S. 424; *Burgi,* DV 33 (2000), S. 183 (188 f.).

[125] *Schmidt-Preuß,* VVDStRL 56 (1997), S. 160 (203); umfassend *Denninger,* Verfassungsrechtliche Anforderungen, S. 117 ff.

[126] Hierzu *Kloepfer/Elsner,* DVBl. 1996, S. 964 (968 f.); *Lamb,* Kooperative Gesetzeskonkretisierung, S. 38 ff.; *Schuppert,* Verwaltungswissenschaft, S. 424 f.

[127] Zum Ganzen *Burgi,* DV 33 (2000), S. 183 (189); *Schmidt-Preuß,* VVDStRL 56 (1997), S. 160 (204 f.). Dies bedeutet nicht, dass eine Verwaltungsentscheidung nicht auch Rechtsnormqualität haben kann. Eine Satzung wie der vbBPlan hat aber trotz ihrer Rechtsnormqualität insoweit einen anderen, nämlich konkret-ortsbezogenen Charakter und fällt deshalb unter die hier im Mittelpunkt stehende Fallgruppe; *Burgi* a. a. O. S. 188.

[128] *Burgi,* Funktionale Privatisierung, S. 371.

[129] *Burgi,* DV 33 (2000), S. 183 (188 f.).

b) Das Legitimationsproblem im Allgemeinen

Im Folgenden wird das skizzierte Problem der Entscheidungslegitimation bei privater Entscheidungsvorbereitung mit dem Ziel der Erarbeitung allgemeiner, verfassungsrechtlich begründeter Vorgaben für diese Form der Verantwortungsteilung untersucht.

aa) Verwaltungshandeln und demokratische Legitimation

Der Anspruch des Grundgesetzes, dass „alle Staatsgewalt vom Volke ausgeht", stellt ein Legitimationsgebot für das staatliche Handeln auf: Die Ausübung von Staatsgewalt muss sich demokratisch legitimieren können.[130] Das Demokratieprinzip begründet mithin auch für das Verwaltungshandeln die zentrale Anforderung demokratischer Legitimation. Bei der demokratischen Legitimierung des Verwaltungshandelns lassen sich zwei Stränge unterscheiden, der sachlich-inhaltliche (materielle) und der personell-organisatorische (formelle) Strang.[131] Die Verwaltung hat sich bei ihrer Entscheidungsfindung zunächst an die sachlich-inhaltlichen Vorgaben durch den Gesetzgeber zu halten. Diese programmieren die Verwaltungsentscheidung je nach Sachgebiet mehr oder minder stark. Gerade weil aber der Verwaltung vielfach sehr weite Konkretisierungsspielräume hinsichtlich des Inhalts der Entscheidung zukommen, erhält der formelle Legitimationsstrang großes Gewicht. Allgemein gilt: Je schwächer die inhaltliche Determinierung, desto stärkere Bedeutung gewinnen formelle Aspekte der Entscheidungsfindung, um die demokratische und auch rechtsstaatliche Legitimität der Entscheidung zu begründen.[132] Mit Blick auf das Demokratieprinzip ist es hierbei besonders wichtig, die Legitimation des Entscheiders sicherzustellen.[133] Dieser muss sich als Amtsträger, der Staatsgewalt ausübt, durch eine lückenlose Legitimationskette auf das Staatsvolk zurückführen lassen.[134] Auf diesen zweiten Strang der demokratischen Legitimation kommt es im hier untersuchten Problemkreis besonders an.

---

130 Instruktiv *Böckenförde,* in: HdbStR I, § 22 Rn. 11 ff.

131 *Sachs,* in: Sachs, GG, Art. 20 Rn. 35; speziell im hiesigen Kontext *Seidel,* Privater Sachverstand, S. 40 ff.; *Burgi,* DV 33 (2000), S. 183 (191); *Pabst,* Verfassungsrechtliche Grenzen, S. 123; *Mehde,* Neues Steuerungsmodell, S. 178 ff.; zur nicht ohne Kontroverse ausgetragenen Diskussion um die verschiedenen Legitimationsstränge vgl. *Denninger,* Verfassungsrechtliche Anforderungen, S. 119.

132 *Burgi,* DV 33 (2000), S. 183 (195). Dies gilt gerade deshalb, weil die inhaltlichen Vorgaben oftmals einen „Korridor" rechtmäßiger Entscheidungen einräumen; *Hoffmann-Riem,* in: Hoffmann-Riem / Schneider, Verfahrensprivatisierung im Umweltrecht, S. 11 (20).

133 Ausführlich *Schmidt-Aßmann,* AöR 116 (1991), S. 329 (360 ff.); *Seidel,* Privater Sachverstand, S. 43 f.

134 BVerfGE 47, S. 253 (275); *Böckenförde,* in: HdbStR I, § 22 Rn. 11 und 16; *Sachs,* in: Sachs, GG, Art. 20 Rn. 39; *Battis / Kersten,* DÖV 1996, S. 584 (585); *Di Fabio,* VVDStRL 56 (1997), S. 235 (263 f.).

bb) Zur Auslösung der Legitimationsbedürftigkeit

Nicht jedwedes Handeln staatlicher Akteure löst das Legitimationsgebot aus; von der Ausübung legitimationsbedürftiger Staatsgewalt wird erst dann gesprochen, wenn eine gewisse Schwelle überschritten wird.[135] Wo diese Schwelle exakt zu verorten ist, ist im Einzelnen umstritten.[136] Zumindest ist aber anerkannt, dass bei einer staatlichen Entscheidung das entsprechende Intensitätslevel überschritten ist: „Jedenfalls“ für das „amtliche Handeln mit Entscheidungscharakter“ hat das Bundesverfassungsgericht die Notwendigkeit demokratischer Legitimation betont.[137] Entscheidung ist in diesem Kontext weit zu verstehen. Eine legitimationsbedürftige Entscheidung setzt nicht voraus, dass es sich um eine Äußerung mit unmittelbarerem Regelungscharakter handelt; es reicht vielmehr aus, wenn sie rechtserhebliche Folgen auslöst.[138] Anerkannt ist auch, dass rein vorbereitende Handlungen im Vorfeld der Entscheidung als solche das demokratische Legitimationsgebot nicht auslösen.[139] Darunter fallen etwa Handlungen wie das Erstellen von Kopien, Schreibarbeiten[140] und technisch-instrumentelle Verrichtungen mit bloßer Hilfsfunktion für die Entscheidung.[141] Diese Ergebnisse sind für den hiesigen Untersuchungszusammenhang, die Verwaltungsentscheidung und ihre Vorbereitung, bereits ausreichend. Für die Verwaltungsentscheidung werden zweifelsohne die verfassungsrechtlichen Anforderungen ausgelöst.[142]

cc) Letztentscheidung der Verwaltung als unzureichende Perspektive

Wenn der Staat eine Entscheidung trifft, so muss diese also den Standards demokratischer Legitimation genügen. In der untersuchten Problemkonstellation steht angesichts der zu befürchtenden Verschiebung der faktischen Entscheidungsmacht auf den Vorbereiter die personelle Legitimation der Entscheidung in Frage.

---

135 *Jestaedt,* Demokratieprinzip und Kondominialverwaltung, S. 255 f.

136 *Burgi,* DV 33 (2000), S. 183 (192); siehe auch *Di Fabio,* VVDStRL 56 (1997), S. 235 (264); *Emde,* Demokratische Legitimation, S. 208 ff.

137 BVerfGE 83, S. 60 (73); E 93, S. 37; zustimmend *Böckenförde,* in: HdbStR I, § 22 Rn. 13; *Jestaedt,* Demokratieprinzip und Kondominialverwaltung, S. 257 f.; *Burgi,* DV 33 (2000), S. 183 (192); *Oebbecke,* Weisungsfreie Räume, S. 79 f.; zur Entscheidung als Anknüpfungspunkt auch *Emde,* Demokratische Legitimation, S. 214 ff.

138 *Jestaedt,* Demokratieprinzip und Kondominialverwaltung, S. 258. Die Rechtserheblichkeit ist für *Jestaedt* das entscheidende Kriterium zur Auslösung des Legitimationsgebotes; a. a. O. S. 257.

139 *Böckenförde,* in: HdbStR I, § 22 Rn. 13; *Burgi,* DV 33 (2000), S. 183 (200).

140 Diese Beispiele nennt *Jestaedt,* Demokratieprinzip und Kondominialverwaltung, S. 256; *Emde,* Demokratische Legitimation, S. 214 f.

141 *Böckenförde,* in: HdbStR I, § 22 Rn. 13; vgl. auch *Emde,* Demokratische Legitimation, S. 215.

142 *Burgi,* DV 33 (2000), S. 183 (194).

Fraglos muss in Fällen privater Entscheidungsvorbereitung zunächst jedenfalls die formal entscheidende staatliche Instanz legitimiert sein. Das Bundesverfassungsgericht hat dementsprechend formuliert, dass die Letztentscheidung eines (in letzter Konsequenz dem Parlament verantwortlichen) Verwaltungsträgers gesichert sein muss.[143] Es besteht also ein aus dem Demokratieprinzip abgeleitetes Mandat der Verwaltung zur Letztentscheidung.[144] In den hier diskutierten Fällen, in denen der Vorbereiter nicht an der Entscheidung selbst mitwirkt und die Verwaltung an die Vorbereitung nicht gebunden ist, verbleibt jedenfalls formal die Letztentscheidung beim Staat. Es stellt sich aber die Frage, ob damit bereits per se den demokratischen Legitimationsanforderungen an die Entscheidung Genüge getan ist.

Nach vertretener streng formaler Sichtweise ist dies zu bejahen. Die formale Trennung von Vorbereitung und Entscheidung wird hier sehr ernst genommen. Es wird ganz auf die Fähigkeit der legitimierten Verwaltung zu autonomer Entscheidung auch nach privater Vorbereitung vertraut und insoweit auf die „innere Souveränität" des Staates verwiesen.[145] Die staatliche Letztentscheidung wirke als „Stabilisator staatlicher Verantwortung".[146] Letztlich soll also allein dadurch, dass am Ende die Verwaltung entscheidet, bereits die demokratische Legitimation der Entscheidung gewährleistet sein; die Gefahr faktischer Verlagerung von Entscheidungsmacht wird im Grunde negiert. Nach dieser Sichtweise ergibt sich kein Bedarf zum Überdenken der konkreten verfassungsrechtlichen Anforderungen hinsichtlich der Entscheidungslegitimation. Die privat vorbereitete Entscheidung wird genauso behandelt wie die staatlich vorbereitete. Wegen der Betonung der Letztentscheidung(skompetenz) des Staates wird diese Ansicht auch als „dezisionistisch" bezeichnet.[147]

Die Prämisse realer Entscheidungsautonomie ist aber wie gesagt mehr als fraglich. Sie vertraut auf eine Ereignisbeherrschung durch den Staat, die zwar in Ein-

---

143 BVerfGE 93, S. 37 (70); *Seidel,* Privater Sachverstand, S. 39 f.; ausführlich *Pabst,* Verfassungsrechtliche Grenzen, S. 122 f.

144 Zu diesem Mandat *Schmidt-Preuß,* VVDStRL 56 (1997), S. 160 (175 u. 181); *Trute,* in: Schuppert (Hrsg.), Jenseits von Privatisierung und „schlankem" Staat, S. 13 (33); *Hoffmann-Riem,* Konfliktmittler in Verwaltungsverhandlungen, S. 57 f.; *Remmert,* Private Dienstleistungen, S. 224 f.; *Kunig,* in: Hoffmann-Riem / Schmidt-Aßmann (Hrsg.), Konfliktbewältigung durch Verhandlungen I, S. 43 (62), weist darauf hin, dass man die Frage der Letztverantwortung bei der Entscheidung auch unter rechtsstaatlichen Gesichtspunkten diskutieren kann, hält aber letztlich das Demokratieprinzip für ausschlaggebend. Vgl. zum Ganzen auch *Kirchhof,* in: HdbStR III, § 59 Rn. 161 ff.

145 Vgl. *Emde,* Demokratische Legitimation, S. 215; *Oebbecke,* Weisungsfreie Räume, S. 79; wohl auch *Jestaedt,* Demokratieprinzip und Kondominialverwaltung, S. 590 ff. Zur Frage der Entscheidungsautonomie vgl. *Schmidt-Preuß,* VVDStRL 56 (1997), S. 160 (181 ff.); *Trute,* in: Schuppert (Hrsg.), Jenseits von Privatisierung und „schlankem" Staat, S. 13 (33).

146 Vgl. *Trute,* in: Schuppert (Hrsg.), Jenseits von Privatisierung und „schlankem" Staat, S. 13 (33).

147 Diesen Terminus verwendet *Brohm,* in: HdbStR II, § 36 Rn. 31; vgl. auch *Burgi,* DV 33 (2000), S. 183 (197).

zelfällen bestehen mag, aber insgesamt empirisch bezweifelt werden muss.[148] Die formell klar vornehmbare Trennung von Vorbereitung und Entscheidung ist materiell schwer möglich[149], beides fließt im Grunde ineinander. Die entsprechenden Argumente der psychologischen Suggestivkraft etc. wurden bereits dargelegt.[150] Zu ergänzen ist, dass in vielen Fällen die Übertragung von Vorbereitungsaufgaben an Private gerade wegen fehlender Verwaltungsressourcen in punkto Wissen oder Arbeitskapazität erfolgt; und selbst wenn entsprechende Ressourcen vorhanden sind, kann sich eine sorgfältige Überprüfung der Vorbereitungsleistung als sehr aufwendig gestalten. Auch dies erschwert ein Abweichen von der Vorbereitung.

Konsequenz der faktischen Verlagerung der Entscheidungsmacht ist eine Aushöhlung der verfassungsrechtlich zwingenden Letztentscheidungsgewalt.[151] Von einer realen personell-demokratischen Legitimation der Entscheidung kann man in diesem Fall nicht mehr sprechen. Sie besteht formal, geht aber inhaltlich ins Leere.[152] Weil die demokratischen Anforderungen an die in der staatlichen Entscheidung zum Ausdruck kommenden Gemeinwohlkonkretisierung aber auch materiell wirksam sein müssen und ein bloßer Verweis auf ihr formales Fortbestehen nicht genügen kann, ist insoweit eine Gleichbehandlung von privat und rein staatlich vorbereiteten Entscheidungen – d. h. ein reines Abstellen auf den finalen Entscheidungsakt – nicht angebracht.[153] Hierbei ist im Übrigen zu ergänzen, dass die hergebrachte einseitige Ausrichtung der Verfassungsanforderungen auf die Entscheidung selbst als Endpunkt des Entscheidungsprozesses nicht zuletzt gerade darauf beruht, dass an diesem Punkt in Fällen des rein staatlichen Entscheidungsprozesses die Fäden der verwaltungseigenen Vorbereitung zusammenlaufen; hier wird der Entscheidungsprozess dann „nicht als solcher, sondern vom Ergebnis her betrachtet".[154] Dies ist in Fällen rein staatlicher Entscheidungsfindung in aller Regel auch völlig ausreichend. Obige Darlegungen zeigen aber, dass sich bei privater Entscheidungsvorbereitung diese Normalsituation in solcher Weise verändert, dass das dem entscheidungszentrierten Ansatz zugrundeliegende „Vertrauen des Verfassungsgebers in die Beherrschbarkeit des Entscheidungsprozesses und sein Überzeugtsein von der unbeschränkten Willensentschließungsfreiheit des Entscheidungsträgers (...) in diesen Fällen grundlos" ist. Aus teleologischer Sicht ist deshalb eine Anpassung der auf den Normalfall zugeschnittenen verfassungsrechtlichen Gemeinwohlanforderungen zu leisten.[155] Konkret muss gefragt werden,

---

148 *Trute,* DVBl. 1996, S. 950 (955); *ders.,* in: Schuppert (Hrsg.), Jenseits von Privatisierung und „schlankem" Staat, S. 13 (33).

149 *Burgi,* Funktionale Privatisierung, S. 372.

150 Siehe nochmals § 9 III 3 a).

151 Siehe wiederum *Schmidt-Preuß,* VVDStRL 56 (1997), S. 160 (181); *Trute,* in: Schuppert (Hrsg.), Jenseits von Privatisierung und „schlankem" Staat, S. 13 (33).

152 Vgl. *Burgi,* Funktionale Privatisierung, S. 372.

153 Vgl. *Trute,* in: DVBl. 1996, S. 950 (955).

154 *Burgi,* DV 33 (2000), S. 183 (200).

155 Zum Ganzen *Burgi,* DV 33 (2000), S. 183 (200).

welche (weiteren) Anforderungen sich dem Demokratieprinzip im Hinblick auf die veränderte Entscheidungssituation entnehmen lassen.

dd) Alternativen zur „dezisionistischen“ Sichtweise

Der festgestellte Bedarf einer Anpassung der verfassungsrechtlichen Anforderungen bzw. deren Weiterentwicklung für diese besondere Form staatlicher Entscheidungsfindung ist nichts Ungewöhnliches: Sowohl Demokratie- als auch Rechtsstaatsprinzip konstituieren keinen statischen Katalog spezieller Anforderungen; diese sind vielmehr einer Entwicklung unter veränderten Bedingungen der Staatlichkeit zugänglich und bedürftig.[156] Hinsichtlich der hier untersuchten Problemlage sind insoweit zwei grundsätzliche Ansatzpunkte erkennbar: Einer setzt bei entsprechenden unmittelbaren Bindungen des Privaten an, der andere blickt dagegen auf eine verfassungsrechtlich begründete Verpflichtung des Staates zur Beherrschung des Vorfeldes seiner Entscheidung.

(1) Verfassungsgebundenheit des Privaten?

Die verfassungsrechtlich begründeten Anforderungen an das Entscheiden richten sich zunächst nur an staatliche Akteure. Aufgrund der engen Verwobenheit von Entscheidungsvorbereitung und Entscheidung, dem Ineinanderfließens beider Elemente ist es aber durchaus nicht abwegig, in inhaltlicher Hinsicht von einem „Mitentscheiden“ des Vorbereiters zu sprechen.[157] Als Folge kann man über eine Erstreckung der formalen Anforderungen auf die privat bestimmte Vorbereitungsphase nachdenken. Eine Ausweitung verfassungsrechtlicher Bindungen auf private Akteure, und seien sie auch tief im Entscheidungsprozess involviert, ist allerdings höchst problematisch. Der faktische starke Einfluss des Privaten auf das Entscheidungsergebnis stellt ein Problem dar, darf aber nicht zur Einebnung der Unterscheidung zum formellen Alleinentscheider, dem Staat, führen.[158] Eine Erstreckung des öffentlich-rechtlichen Normregimes auf Private, wie sie etwa bei der Beleihung hinsichtlich des entsprechenden hoheitlichen Tätigkeitsbereiches erfolgt[159], wird ausgelöst durch die Übertragung von Hoheitsaufgaben: Der Beliehene wird zum Verwaltungsträger, soweit sein Kompetenzbereich reicht.[160] Deshalb ist insoweit auch die Unterwerfung unter die entsprechenden Bindungen hoheitlichen Handelns logische Folge. In der hier untersuchten Fallkonstellation ist

156 *Trute,* DVBl. 1996, S. 950 (955); hierzu auch *Tomerius,* Informelle Projektabsprachen, S. 153; *Denninger,* Verfassungsrechtliche Anforderungen, S. 117.

157 *Brohm,* in: HdbStR II, § 36 Rn. 31.

158 Vgl. zu einer klaren Separierung in diesem Zusammenhang unter Verweis auf ein verfassungsrechtliches „Trennungsgebot“ *Di Fabio,* VVDStRL 56 (1997), S. 235 (264 f.).

159 Vgl. für den hiesigen Zusammenhang *Di Fabio,* VVDStRL 56 (1997), S. 235 (265).

160 *Maurer,* Allgemeines Verwaltungsrecht, § 23 Rn. 56.

der Private aber gerade nicht Beliehener – er trifft nicht wie dieser im eigenen Namen Entscheidungen[161], sondern ist nur vorbereitend tätig und bleibt dabei ganz und gar Privatperson, die nicht aufgrund staatlicher Kompetenz, sondern in Wahrnehmung ihrer Grundrechte handelt.[162] Da der Private also auch nicht punktuell Hoheitsträger wird, würden im Falle ihrer Erstreckung auf den privaten Vorbereiter die verfassungsrechtlichen Anforderungen im Ergebnis an dessen Erfüllung einer bestimmten Aufgabe geknüpft, nicht an die Eigenschaft des Akteurs als Hoheitsträger. Das ist sachlogisch nur dann möglich, wenn man die Vorbereitung als Staatsaufgabe ansieht. Dies stünde im Widerspruch zum oben dargestellten formalen Staatsaufgabenbegriff: Nach ihrer Übertragung auf Private ist die Vorbereitung keine Staatsaufgabe mehr. Darüber hinaus wurde oben festgestellt, dass Vorbereitungshandlungen an sich das Legitimationsgebot nicht auslösen. Was schon für den staatlichen Akteur nicht gilt, kann für den Privaten erst recht nicht gelten. Insgesamt können aus diesen Gründen die dogmatischen Hindernisse einer Erstreckung der verfassungsrechtlichen Bindungen auf den privaten Vorbereiter als kaum überwindbar gelten.[163] Im Übrigen kann die Konstitutionalisierung bzw. Etatisierung des privaten Handelns in diesem Bereich ohnehin keine wünschenswerte Folge sein. Denn durch diese Unterwerfung unter das öffentlich-rechtliche Normregime würde der durch die Verlagerung der Vorbereitung auf Private erreichte Zugewinn an gesellschaftlicher Handlungsrationalität letztlich wieder preisgegeben.[164]

(2) Pflichten des Staates bei der Nutzung privater Entscheidungsvorbereitung

Da also eine unmittelbare Wirkung der Legitimationsanforderungen für den Privaten nicht in Betracht kommt, das alleinige Abstellen auf das formale Vorhandensein einer Legitimation des Letztentscheiders Verwaltung aber nicht ausreicht, stellt sich die Frage, wie den Anforderungen des Legitimationsgebotes sonst genügt werden kann.

Das Legitimationsgebot verlangt, dass es zu der beschriebenen Problemsituation der faktischen Entscheidungsverlagerung nicht kommen darf. Insofern bleiben nur die Optionen, angesichts solcher Problemfälle ganz auf die private Entscheidungsvorbereitung zu verzichten oder aber den Entscheidungsprozess insgesamt so zu gestalten, dass die beschriebene Gefahrenlage vermieden werden kann. Dies lässt sich in der Weise bewerkstelligen, dass trotz der Verlagerung der Vorbereitung auf den Privaten der Staat als Adressat der Verfassungsanforderungen diese Phase nicht ganz dem privaten Walten überlässt, sondern hierauf in einer Weise einwirkt,

---

161 Vgl. *Brohm,* in: HdbStR II, § 36 Rn. 39.

162 Zum Ganzen *Burgi,* DV 33 (2000), S. 183 (193).

163 *Burgi,* Funktionale Privatisierung, S. 376 f.

164 *Trute,* DVBl. 1996, S. 950 (955); *ders.,* in: Schuppert (Hrsg.), Jenseits von Privatisierung und „schlankem" Staat, S. 13 (23 und 33); *Burgi,* DV 33 (2000), S. 183 (199).

dass im Ergebnis seine Entscheidungsmacht auch faktisch gesichert wird und er damit dem auf die Entscheidung bezogenen Legitimationsgebot gerecht werden kann. Die Ansicht, dass die Verfassung in den Fällen, in denen sich der Staat der privaten Entscheidungsvorbereitung bedient, derartige Anforderungen an die Gestaltung der Vorbereitungsphase begründet, wird mittlerweile vielfach vertreten. Es wird eine Gestaltungspflicht des Staates als verfassungsgebundenes Subjekt in der Vorphase der Entscheidung angenommen.[165] Allerdings werden diese Überlegungen unter verschiedenen Überschriften und auch mit Unterschieden in der Begründung angestellt. Sie können hier zwar nicht alle im Detail nachvollzogen werden; dies erscheint aber auch unnötig, weil sie in der Sache im Wesentlichen auf ganz ähnliche Ergebnisse hinauslaufen.

(a) Staatliche Einwirkungspflicht

Ein Begründungsansatz hinsichtlich der notwendigen Gestaltung der Vorbereitungsphase stellt auf eine sogenannte staatliche Einwirkungspflicht ab. Im Kern wird die Einwirkungspflicht vor allem als staatliche, im Demokratieprinzip begründete Pflicht zur Einwirkung auf staatlich kontrollierte privatrechtlich organisierte Einheiten verstanden[166], nicht zuletzt zur Verhinderung der vielzitierten „Flucht ins Privatrecht". Sie wird aber auch auf den hier erörterten Kontext bezogen; hier bedeutet sie die Pflicht zur Einwirkung auf Private mittels Kontrollen etc.[167] Problematisch hinsichtlich der Verwendung des Terminus Einwirkungspflicht in diesem Zusammenhang ist aber gerade, dass er für eine völlig anders geartete Konstellation entwickelt wurde, nämlich im Kontext organisationsrechtlicher Fragen. Bei der Einbindung von echten Privaten in die staatliche Aufgabenerfüllung handelt es sich aber um ein hiervon deutlich zu unterscheidendes Problem.[168] Angesichts dieses strukturellen Unterschiedes sollte auch aus Gründen der Klarheit von der Verwendung dieses Begriffes im hiesigen Zusammenhang abgesehen werden.

(b) Legitimationsverantwortung

Genauer zugeschnitten auf den hier untersuchten Kontext ist das Konzept der Legitimationsverantwortung der Verwaltung, welches *Trute* vor allem mit Bezug auf Konstellationen regulierter Selbstregulierung und der Verwaltungshilfe ent-

---

165 In diesem Sinne *Trute*, in: Schuppert (Hrsg.), Jenseits von Privatisierung und „schlankem" Staat, S. 13 (34).

166 Vgl. etwa *Ehlers*, Verwaltung in Privatrechtsform, S. 124 ff.; *Püttner*, DVBl. 1975, S. 353 ff.; speziell zum Kontext staatlich kontrollierter Unternehmen *ders.*, DÖV 1983, S. 697 (701); aus neuerer Zeit *von Danwitz*, in: AöR 120 (1995), S. 595 ff.; *Gusy*, in: ders. (Hrsg.), Privatisierung von Staatsaufgaben: Kriterien – Grenzen – Folgen, S. 330 (344 f.).

167 Z. B. *Stollmann*, DÖV 1999, S. 183 (188 f.).

168 Insofern ist die bedenkenlose Übertragung auf diesen Problemkreis erstaunlich; vgl. *Burgi*, DV 33 (2000), S. 183 (198).

wickelt hat.[169] Angesichts des oben ausgebreiteten Problembefundes wird festgestellt, dass über die Letztentscheidung bzw. -verantwortung hinaus weitere institutionelle Anforderungen zur Gemeinwohlsicherung erforderlich sind. Dies gilt sowohl hinsichtlich der hier im Vordergrund stehenden demokratischen, aber auch im Hinblick auf rechtsstaatliche Anforderungen. Den Staat trifft aufgrund seiner verfassungsrechtlichen Bindungen eine Legitimationsverantwortung hinsichtlich seiner Entscheidungen, die sich etwa im Falle der privaten Entscheidungsvorbereitung darauf bezieht, „die unter dem Begriff der Verwaltungslegitimation[170] zusammengefassten verfassungsrechtlichen Anforderungen auch dort zur Geltung zu bringen, wo die staatliche Entscheidung von Privaten beeinflusst wird".[171] Es besteht insofern eine legitimatorische Vorwirkung.[172] Über die Legitimationsverantwortung des Staates für die Entscheidung wird also dessen Pflicht begründet, für Gemeinwohlsicherungen im Vorfeld seiner eigenen Letztentscheidung zu sorgen. Das kann im Einzelnen bedeuten, dass an den Vorbereiter besondere Anforderungen gestellt werden bzw. er speziellen Regeln unterworfen wird, um durch die Aufgabenverlagerung entstehende Einflussdefizite zu kompensieren und Gemeinwohlbelange zu sichern. Auf Basis der Legitimationsverantwortung sollen sich, passend für den jeweiligen Aufgabenzusammenhang, flexibel gestaltbare Anforderungen ergeben.[173] Als derartige Anforderungen zur Sicherung demokratischer und rechtsstaatlicher Standards lassen sich typisierend die Gebote sachgerechter Aufgabenwahrnehmung, gleichmäßiger Interessenberücksichtigung und hinreichender institutioneller Neutralitätssicherungen ableiten.[174] Für das hier zur Diskussion stehende Problem der demokratischen Entscheidungslegitimation muss es insoweit darum gehen, durch derlei Sicherungen im Ergebnis eine Ereignisbeherrschung durch den Staat zu gewährleisten.[175]

---

169 Zentral hierzu *Trute,* DVBl. 1996, S. 950 (955 f.); *ders.,* in: Schmidt-Aßmann / Hoffmann-Riem (Hrsg.), Verwaltungsorganisationsrecht als Steuerungsressource, S. 249 (288 ff.); in Bezug auf die Verwaltungshilfe *ders.,* in: Hoffmann-Riem / Schmidt-Aßmann (Hrsg.), Öffentliches Recht und Privatrecht als wechselseitige Auffangordnungen, S. 167 (208 f.).

170 Zu diesem Begriff umfassend *Schmidt-Aßmann,* in: AöR 116 (1991), S. 329 ff.

171 *Trute,* DVBl. 1996, S. 950 (956); *ders.,* in: Schuppert (Hrsg.), Jenseits von Privatisierung und „schlankem" Staat, S. 13 (34).

172 *Trute,* in: Schmidt-Aßmann / Hoffmann-Riem (Hrsg.), Verwaltungsorganisationsrecht als Steuerungsressource, S. 249 (290); *Burgi,* Funktionale Privatisierung, S. 377.

173 *Trute,* DVBl. 1996, S. 950 (956); *ders.,* in: Schmidt-Aßmann / Hoffmann-Riem (Hrsg.), Verwaltungsorganisationsrecht als Steuerungsressource, S. 249 (291).

174 *Trute,* in: Schuppert (Hrsg.), Jenseits von Privatisierung und „schlankem" Staat, S. 13 (34 f.); *Schmidt-Aßmann,* in: Hoffmann-Riem / Schmidt-Aßmann (Hrsg.), Öffentliches Recht und Privatrecht als wechselseitige Auffangordnungen, S. 7 (38 ff.); vgl. auch *Lübbe-Wolff,* Modernisierung des Umweltordnungsrechts, S. 45 ff.

175 *Trute,* DVBl. 1996, S. 950 (956).

(c) Strukturschaffungspflicht

Den größten Aufwand bezüglich der Begründung der beschriebenen Pflichtenstellung des Staates hat in jüngerer Zeit wohl *Burgi* betrieben, und zwar exakt zugeschnitten auf die Fallkonstellation privater Entscheidungsvorbereitung, und das Institut der Strukturschaffungspflicht entwickelt. Ausgangspunkt der Überlegungen ist die Erkenntnis der Notwendigkeit der teleologischen Weiterentwicklung der Anforderungen des Demokratie- und Rechtsstaatsprinzips angesichts der Veränderung der Entscheidungsstruktur. *Burgi* nimmt eine Anpassung der verfassungsrechtlichen Anforderungen vor, indem er eine weitere – neben den weiterhin gültigen legitimatorischen Standards – Pflicht des Staates entstehen lässt: Die Gefährdung der Verfassungsvorgaben wird durch ein Verhalten des Staates ausgelöst, nämlich durch die Ausgliederung der Vorbereitung und die damit verbundene Abweichung vom normalen, rein staatlich geprägten Entscheidungsverlauf mit seinem Gefüge von Gemeinwohlsicherungen.[176] In der Folge dieser Abweichung entsteht die Pflicht des Staates, die entstehenden Defizite auszugleichen. Der staatliche Entscheider ist zur Etablierung gewisser formaler Standards für die Vorbereitung bzw. den Vorbereiter verpflichtet.[177]Anknüpfungspunkt für die Entstehung dieser zusätzlichen Pflicht bleibt die Entscheidung.[178] Dies hat den Vorteil großer Klarheit. Bei privater Vorbereitung werden die durch die Entscheidung ausgelösten Anforderungen lediglich erweitert. Die zusätzliche Pflicht des Staates wird Strukturschaffungspflicht genannt.

Konkrete Sicherungen, die aufgrund der Strukturschaffungspflicht des Staates gegenüber dem Privaten zu etablieren sind, sind stark vom spezifischen Einzelfall, vom Charakter der jeweiligen Entscheidung abhängig.[179] Als wichtige Elemente werden die Gewährleistung von Neutralität und Objektivität des Privaten, die Sicherstellung von Anhörungen Betroffener (da diese den Prozess der Entscheidungsfindung beeinflussen müssen und insofern zum Entscheidungszeitpunkt kaum mehr ihre Wirkung entfalten können) und die Kontrolle der Vorbereitungstätigkeit (zur Aufrechterhaltung der Verfahrensherrschaft) genannt.[180]

(d) Garantenstellung

Als ein im Vergleich zu den vorherigen Begründungswegen umfassenderes Konzept zur Begründung einer Pflichtenstellung des Staates ist das Anknüpfen an eine Garantenstellung des Staates zu verstehen.[181] Der Begriff scheint besonders durch

---

176 *Burgi,* DV 33 (2000), S. 183 (200).

177 *Burgi,* DV 33 (2000), S. 183 (201).

178 *Burgi,* Funktionale Privatisierung, S. 380: Denn die privaten Vorbereitungshandlungen selbst können die verfassungsrechtlichen Anforderungen auch in diesem Fall nicht auslösen.

179 *Burgi,* DV 33 (2000), S. 183 (203).

180 *Burgi,* DV 33 (2000), S. 183 (204 f.).

seine strafrechtliche Verwendung belegt; in der öffentlich-rechtlichen Diskussion ist damit freilich etwas anderes gemeint: „Wo der Staat Rechtsmacht abgibt, muss er dies durch Beobachtung, Kontrolle, Verbotsverfügungen und stärkere Reglementierung im Bereich primärer und sekundärer Normen kompensieren, um seinen verfassungsrechtlichen Pflichten gerecht zu werden. Diese Funktion des Staates lässt sich auch mit dem Begriff der Garantenstellung beschreiben."[182] Basis der Annahme einer solchen Garantenstellung ist letztlich der Grundgedanke, dass von einer Perpetuierung von Staatsaufgaben auch nach ihrer Privatisierung auszugehen ist.[183] Die Aufgabenverantwortung lebt in veränderter Form fort. Als Beispiel für das Fortbestehen einer staatlichen Verantwortung im Sinne einer Garantenstellung wird der Übergang vom eigenen Angebot zur Pflicht der Gewährleistung privatisierter Leistungen genannt, etwa im Bereich des Postdienstes und der Telekommunikation.[184] Aber auch für unspektakulärere Privatisierungskonstellationen wie der hier interessierenden Privatisierung der Entscheidungsvorbereitung soll sich der Gedanke fruchtbar machen lassen.[185] Folge wäre, wie in der Definition genannt, die staatliche Einwirkung auf den Vorbereitungsprozess in Form von normativer Flankierung oder sonstiger Begleitung des Vorbereitungsprozesses, um der Garantenstellung im Hinblick auf eine angemessene Gemeinwohlkonkretisierung schon im Vorbereitungsprozess gerecht zu werden.[186]

Ihre Vertreter wollen die Garantenstellung des Staates letztlich als zentrales, umfassendes Rechtsinstitut für die Position des Staates nach der Abgabe von Rechtsmacht entwickeln. Diese „Grundpflicht" wird dann durch speziellere Begriffe wie Gewährleistungsverantwortung, Einwirkungspflichten etc. „versinnbildlicht".[187] So wäre nach diesem Verständnis wohl etwa die Strukturschaffungspflicht die spezielle Rechtsfolge der durch die Ausgliederung der Entscheidungsvorbereitung entstehenden Garantenstellung des Staates hinsichtlich des Vorbereitungsprozesses. Grundsätzlich ist der Versuch möglichst umfassender und einzelfallübergreifender dogmatischer Entwicklungen zu begrüßen. Im Rahmen dieser Untersuchung

---

181 Früh schon *Gallwas,* VVDStRL 29 (1971), S. 211 (221 ff.); in jüngerer Zeit vor allem *Kämmerer,* Privatisierung, S. 474 ff.; *ders.,* JZ 1996, S. 1042 (1048); *Seidel,* Privater Sachverstand, S. 37 ff.

182 So die aktuelle Begriffsbestimmung von *Kämmerer,* JZ 1996, S. 1042 (1048); sich ihm anschließend *Seidel,* Privater Sachverstand, S. 37 Fn. 1. Vgl. hierzu auch *Gallwas,* VVDStRL 29 (1971), S. 211 (226).

183 *Kämmerer,* Privatisierung, S. 476.

184 *Kämmerer,* Privatisierung, S. 477.

185 Vgl. in monographischer Breite *Seidel,* Privater Sachverstand, insbesondere S. 37 ff.

186 *Seidel,* Privater Sachverstand, S. 37. *Seidel* äußert sich detailliert zur dogmatischen Begründung der Garantenstellung in diesem Kontext und stützt sich dabei in der Sache auf das, was in dieser Untersuchung als Ausgangspunkt für die Fortentwicklung der verfassungsrechtlichen Anforderungen an die Verwaltungsentscheidung genommen wurde – nämlich vor allem die Anforderungen, die Rechtsstaats- und Demokratieprinzip an die Verwaltungsentscheidung stellen; a. a. O. S. 39 ff.

187 So *Seidel,* Privater Sachverstand, S. 37.

kann aber nicht in ausreichender Tiefe nachvollzogen werden, inwieweit die Rechtsfigur der Garantenstellung in ihrer ganzen angelegten Breite trägt – insbesondere was den Gedanken der umfassenden Staatsaufgabenperpetuierung angeht.[188] Die entwickelten Ansätze der Legitimationsverantwortung und Strukturschaffungspflicht drücken jedenfalls für die hier diskutierte Fallkonstellation aus, was sich auch aus der Garantenstellung ergeben soll.[189] Deshalb ist es an dieser Stelle nicht erforderlich, die Garantenstellung als allgemeingültige Rechtsfigur vorbehaltlos zu bejahen. Was ihre Aussagen für den engeren Untersuchungskontext angeht, so tragen diese durchaus. Aufgrund der bestehenden Zweifel sollte aber im Folgenden mit den erläuterten spezifischeren Begründungswegen gearbeitet werden.

(e) Zusammenfassung und Ergebnis

Nach der Ablehnung des Terminus Einwirkungspflicht und der zum Ausdruck gebrachten Vorsicht gegenüber der Annahme einer umfassend zu verstehenden Garantenstellung des Staates verbleiben die Legitimationsverantwortung und die Strukturschaffungspflicht als tragfähigste Lösungsansätze. Der dogmatische Begründungsweg der beiden letzteren ähnelt sich stark.[190] Das Institut der Strukturschaffungspflicht überzeugt letztlich durch seine exakte Herleitung. Das Festhalten an der Entscheidung als Auslöser der Anforderungen des Legitimationsgebotes ist dogmatisch klar. Mit der Entscheidung wird eine Vorwirkung[191] der Verfassungsanforderungen auf den Vorbereitungsprozess erzeugt. Nur wenn diesen genügt wird, entspricht die Entscheidung dem Legitimationsgebot. Insgesamt sollte der terminologische Unterschied von Legitimationsverantwortung und Strukturschaffungspflicht nicht zu hoch gehängt werden. Letztlich wird man sogar sagen können, dass aus der Legitimations*verantwortung* eine Strukturierungs*pflicht* folgt. Damit ist ein etwaiger Widerspruch zwischen den Begriffen aufgelöst.

Zusammenfassend ist mithin festzustellen, dass eine verfassungsmäßig begründete Pflicht des Staates besteht, im Falle des Entscheidens auf der Basis privater Vorbereitungen seinen Bindungen an das Demokratie- und Rechtsstaatsprinzip durch gewisse Strukturierungen der Vorbereitungsphase gerecht zu werden – also eine Strukturschaffungspflicht. Dabei ist einzuräumen, dass solche Strukturierungsmaßnahmen nicht immer nötig sein müssen. In manchen Fällen, z. B. bei einfacher Nachvollziehbarkeit der Vorbereitungsleistung, kann die Etablierung von speziellen Pflichten des Privaten etc. sich als unnötig erweisen – die Strukturschaffungspflicht geht dann in diesem konkreten Fall in ihrem Umfang sozusagen gegen Null. Dies ändert aber nichts daran, dass grundsätzlich im Falle privater Vorberei-

188 *Seidel,* Privater Sachverstand, S. 38, geht von dessen Unumstrittenheit aus.

189 Vgl. *Seidel,* Privater Sachverstand, S. 37.

190 Obwohl *Burgi* sein Konzept für zumindest darüber hinausgreifend hält; vgl. *ders.,* DV 33 (2000), S. 183 (199).

191 So *Burgi,* DV 33 (2000), S. 183 (201).

tung durch den Entscheidungsakt abstrakt die Pflicht entsteht, das entsprechende demokratische Legitimationsniveau in dieser Weise sicherzustellen.

c) Das Legitimationsproblem bei der vbBPlanung

Bei der vbBPlanung handelt es sich um einen Fall der privaten, darüber hinaus eigennützigen Entscheidungsvorbereitung. Es wird nun im Einzelnen untersucht, wie hierbei mit der verfassungsrechtlichen Problemlage umgegangen wird. Maßgeblich sind insoweit die soeben erarbeiteten Anforderungen: Zunächst ist nach der zwingend notwendigen Verankerung der Letztverantwortung der Gemeinde zu fragen, sodann nach dem Ausmaß der Gefährdung derselben als Auslöser der Strukturschaffungspflicht und schließlich nach deren spezifischer Umsetzung.

aa) Regelung der Letztentscheidungsverantwortung der Gemeinde

Essentielle Voraussetzung für die demokratische Legitimation der privat vorbereiteten Entscheidung ist zunächst die (formale) Letztentscheidung eines demokratisch legitimierten Entscheiders. § 12 BauGB teilt der Gemeinde eindeutig die Letztentscheidungskompetenz hinsichtlich des vbBPlanes zu: Die Gemeinde „bestimmt“ die Zulässigkeit von Vorhaben durch vorhabenbezogenen Bebauungsplan (§ 12 Abs. 1 S. 1 BauGB). Die demokratische Legitimation der Gemeinde bzw. der zuständigen Gemeindeorgane steht nicht in Frage. Die genauen Zuständigkeiten richten sich regelmäßig nach den landesrechtlichen Gemeindeordnungen.[192]

Die Regelung der vbBPlanung durch § 12 BauGB und das entsprechende normative Umfeld lässt weiterhin keinerlei Zweifel daran zu, dass insoweit eine echte inhaltliche Entscheidung der Gemeinde erwartet wird, nicht nur ein formeller letzter Hoheitsakt, der eine private Entscheidung umsetzt. Dies wird auf verschiedene Weise deutlich: So durchläuft der private Planentwurf noch dass allgemeine Planaufstellungsverfahren inklusive der durchzuführenden Beteiligungen (§§ 3–4a) BauGB), was nur dann sinnvoll ist, wenn die Planungsentscheidung prinzipiell noch offen ist. Durch das Aufstellungsverfahren wird ein wichtiger Schritt zwischen Vorbereitungsphase und Aufstellung gesetzt; diese Zäsur unterstreicht die autonome Entscheidungsdimension der finalen Bebauungsplanaufstellung. In die gleiche Richtung weist die Unterwerfung der Planungsentscheidung unter das Abwägungsgebot – auch dies setzt zwangsläufig eine autonome Letztentscheidung der Gemeinde voraus.[193] Schließlich bestätigt auch das Verbot der Begründung eines vertraglichen Anspruches auf eine Planaufstellung gem. § 1 Abs. 3 S. 2 BauGB die Bedeutung der gemeindlichen Letztentscheidung.

---

192 *Grigoleit,* DV 33 (2000), S. 79 (98).

193 Neben dieser Klarstellung hat das Abwägungsgebot selbstverständlich weitaus diffizilere Funktionen. Ausführlich hierzu sogleich.

Durch die eindeutige Zuweisung der Letztentscheidung an die Gemeinde wird die Regelung der vbBPlanung in § 12 BauGB, was den Zuweisungsgehalt der Norm angeht, mithin jedenfalls dem gerecht, was oben als demokratische „Grundanforderung“ an die privat vorbereitete Entscheidung formuliert wurde.

bb) Gefährdung der Letztentscheidung und Strukturschaffungspflicht

Zum Problem des zu befürchtenden faktischen Verlustes der Letztentscheidungsmacht durch Verlagerung der De-facto-Entscheidungsmacht auf den Investor ist damit allerdings noch nichts gesagt. Gerade da es sich um eine sehr weitreichende, darüber hinaus auf eine sehr komplexe Entscheidung bezogene Vorbereitung handelt, erscheint die Problemlage sogar besonders virulent.[194] Ein alleiniges Abstellen auf die formale Legitimation der mit der Letztentscheidung betrauten Gemeindeorgane reicht mithin nicht aus. Die Sicherung der Entscheidungsverantwortung der legitimierten, gemeinwohlverpflichteten Gemeindeorgane gegenüber der Beeinflussung durch die eigennützige Interessenverfolgung des Investors erscheint dringend erforderlich. Es ist deshalb festzustellen, dass die Auslagerung der Entscheidungsvorbereitung im Rahmen der vbBPlanung eine Strukturschaffungspflicht auslöst.[195]

cc) Staatliche Strukturschaffung bei der vbBPlanung

Der Inhalt der Strukturschaffungspflicht ist abstrakt schwer benennbar; er lässt sich am besten funktional bestimmen: Im Ergebnis muss die Letztentscheidungskompetenz des Staates durch Vorfeldsicherungen so abgestützt werden, dass sie auch faktisch ausgefüllt werden kann. Die exakte Ausformung dieser Pflicht ist insofern stark einzelfallabhängig und richtet sich nach Art und Struktur des betroffenen Entscheidungsprozesses und dem damit zusammenhängenden Grad der Gefährdung der Entscheidungsautonomie des Letztentscheiders. Angesichts der ausgeprägten Gefährdungslage im Falle der vbBPlanung liegt es nahe, relativ hohe Anforderungen an die Etablierung von Vorfeldsicherungen zu stellen. Für eine entsprechende Analyse ist insofern an die Regelungsstruktur[196] der vbBPlanung anzuknüpfen, mit der Frage, in welcher Weise hier Sicherungen der Letztentscheidungsverantwortung der Gemeinde im Vorfeld der Entscheidung verankert sind.

Von zentraler Bedeutung erscheint insofern das Bestehen des Abstimmungsgebotes. Da die Abgestimmtheit des VEP Voraussetzung für seine Umsetzung in einen vbBPlan ist, kann die Gemeinde die Abstimmung als kraftvolles Instrument zum Erhalt ihrer Entscheidungsmacht einsetzen: Sie gibt ihr die Möglichkeit, sich

194 Vgl. nochmals § 9 III 3 a).

195 *Burgi*, DV 33 (2000), S. 183 (203).

196 Zum Denken in Regelungsstrukturen *Trute*, DVBl. 1996, S. 950 (952 ff.).

langsam mit der fortschreitenden Planung vertraut zu machen, sich über ihre Vorstellungen bezüglich verschiedener Planungsaspekte klar zu werden und entsprechend auf den Investor einzuwirken. Entscheidend ist hierbei, dass die Abstimmungsmöglichkeit über den Planungsprozess gestreckt genutzt wird. Die Situation, dass die Gemeinde mit einer Komplettplanung konfrontiert wird, der de facto nur noch mit Zustimmung oder Ablehnung begegnet werden kann, kann damit effektiv vermieden werden. Die Etablierung des Abstimmungsgebotes lässt sich mithin als eine Entscheidungsautonomiesicherung im Vorbereitungsstadium begreifen. Mit der Abstimmung kann eine ausreichende Beteiligung der Gemeinde bereits im Stadium der VEP-Aufstellung gewährleistet werden.[197] Da die Abstimmung insofern erhebliche, da gleichsam vorentscheidende Bedeutung hat, muss sie im Übrigen auf gemeindlicher Seite wiederum – wie die Endentscheidung – personell legitimiert sein: Die Abstimmung muss ihrerseits auf das „durch das Teilvolk legitimierte Vertretungsorgan rückführbar sein".[198]

Ein nicht ganz so eindeutiges Moment der Sicherung der Letztentscheidungsautonomie, aber diesem Ziel immerhin förderlich, ist das normativ verankerte Erfordernis der Durchführung der Beteiligung nach §§ 3–4a) BauGB.[199] Durch die Beteiligung Dritter wird die Gemeinde auf mögliche Mängel der Planung hingewiesen und erhält alternative Anregungen. Ihre autonome Letztentscheidung kann damit immerhin gefördert werden. Eine gleichsam kontrollierende Teilnahme der Gemeinde am Planungsprozess des Investors wird damit allerdings nicht erreicht.[200]

Der durch die starke Rolle des privaten Planvorbereiters ausgelösten demokratischen Anforderung der Sicherung der Entscheidungsautonomie der Gemeinde durch die Schaffung entsprechender Strukturen im Vorfeld der Entscheidung wird mithin insgesamt durch die in der Regelungsstruktur verankerten Einflussmöglichkeiten auf die Vorbereitung gut entsprochen. Der Staat wird also seiner Strukturschaffungspflicht in Bezug auf das Legitimationsgebot gerecht, indem er in der Regelungsstruktur, die auch die Übertragung der Entscheidungsvorbereitung auf den Investor vorsieht, zugleich diese Vorfeldsicherungen angelegt hat. Auf diese Weise werden normativ hinreichende Voraussetzungen geschaffen, der Gemeinde auch faktisch eine autonome Entscheidung zu ermöglichen.[201]

---

197 *Faber,* in: FS Hoppe, S. 425 (438).

198 *Faber,* in: FS Hoppe, S. 425 (437).

199 Nicht in den Zusammenhang des hier diskutierten Legitimationsproblems gehört übrigens der legitimatorische Aspekt der Beteiligungen gem. §§ 3–4a) BauGB. Zwar wohnt der Beteiligung eine demokratische Legitimationsfunktion hinsichtlich der Planungsentscheidung inne. Es handelt sich aber um einen zusätzlichen Legitimationsaspekt, der nicht unmittelbar mit der Frage der materiellen Letztentscheidung des legitimierten Entscheiders zu tun hat.

200 Zur Beteiligung in den unterschiedlichen Phasen der Entscheidungsvorbereitung siehe § 10 IV 2 c) bb).

201 Vgl. auch *Schuppert,* Grundzüge eines zu entwickelnden Verwaltungskooperationsrechts, S. 30. Siehe aber zum Umgang mit diesen normativen Möglichkeiten die Schlussbetrachtung.

2. Das Problem von Vorabbindungen bei der Abwägung

a) Problemskizze

Bei der vbBPlanung kommt es zu einem Zusammentreffen von privater Entscheidungsvorbereitung und staatlicher Abwägungsentscheidung. Trotz der zentralen Rolle des Privaten in der Entscheidungsvorbereitung hat der Gesetzgeber bei der Regelung der vbBPlanung nicht nur an der Unverfügbarkeit der Gesamtabwägung festgehalten, sondern diese durch die Eingliederung dieses Planungsinstruments als § 12 BauGB in den ersten Teil des BauGB gerade betont.[202] Das Abwägungsgebot ist das zentrale Gebot rechtsstaatlicher Planung, Ausfluss des Rechtsstaatsprinzips[203] und bezieht sich sowohl auf den Planungsvorgang als auch auf das Planungsergebnis.[204] Durch die Struktur der vbBPlanung, mit ihrer Fokussierung der Planung auf ein Vorhaben und ihrer starken Involvierung Privater mit deren besonderer Rechtsposition, unter anderem verkörpert in § 12 Abs. 2 BauGB und dem Durchführungsvertrag, bei gleichzeitiger Betonung des Abwägungsvorbehalts entsteht insoweit allerdings ein schwer auflösbares Spannungsverhältnis.[205] Insgesamt drohen Vorabbindungen der Verwaltung bzw. eine Abwägungssperre.[206] Angesichts der rechtsstaatlichen Bedeutung der Abwägung ist insofern ein nicht hinnehmbares Absinken des rechtsstaatlichen Niveaus der Planung zu befürchten.[207]

Einige insofern relevante Fragen sollen bereits an dieser Stelle abgeschichtet werden: So ist vor allem festzuhalten, dass der Durchführungsvertrag nicht zur Begründung eines vorabbindenden Planungsanspruchs führen darf. § 1 Abs. 3 S. 2 BauGB verbietet eine solche Vereinbarung.[208] Damit ist allerdings kein generelles Vorabbindungsverbot begründet. Es wird eine Grenze der Möglichkeit zur Vorabbindung aufgestellt[209], ohne dass damit etwas zu weniger festen, nichtvertraglichen Bindungen gesagt ist. Weiterhin ist erneut zu betonen, dass sich auch aus § 12 Abs. 2 BauGB kein Anspruch auf Einleitung eines Satzungsverfahrens ergeben kann, sondern nur auf eine Ermessenentscheidung über eine Verfahrenseinleitung.

---

202 *Grigoleit,* DV 33 (2000), S. 79 (94); *Battis,* in: 100 Jahre Allgemeines Baugesetz Sachsen, S. 507 (513).

203 *Söfker,* in: Ernst/Bielenberg/Zinkahn/Krautzberger, § 1 Rn. 179.

204 Siehe nur *Krautzberger,* in: Battis/Krautzberger/Löhr, § 1 Rn. 87 u. 95; zum Abwägungsgebot als allgemeine Anforderung an die rechtsstaatliche Planung BVerwG, BauR 1970, S. 35.

205 *Grigoleit,* DV 33 (2000), S. 79 (94); vgl. auch zu § 11 BauGB *Hamann,* Verwaltungsvertrag, S. 106 f.

206 *Battis,* in: 100 Jahre Allgemeines Baugesetz Sachsen, S. 507 (509); *Faber,* in: FS Hoppe, S. 425 (434) mwN; *Stüer,* Bau- und Fachplanungsrecht, Rn. 954.

207 *Burgi,* DV 33 (2000), S. 183 (205).

208 *Battis,* in: 100 Jahre Allgemeines Baugesetz Sachsen, S. 507 (514).

209 *Grigoleit,* DV 33 (2000), S. 79 (96).

Nach zutreffender Auslegung des § 12 Abs. 2 BauGB, die wiederum die Regelung des § 1 Abs. 3 S. 2 BauGB einzubeziehen hat, ist es im Hinblick auf die gemeindliche Planungshoheit auch nicht denkbar, dass sich insoweit eine Ermessensreduzierung auf Null ergibt.[210] Schließlich ist noch zu ergänzen, dass einer potentiellen faktischen Bindung der Gemeinde durch etwaige drohende Ansprüche aus c.i.c. bzw. Amtshaftungsansprüche wegen Abbruch des Planungsverfahrens jedenfalls durch geeignete Haftungsausschlüsse begegnet werden kann.[211]

Neben diesen Faktoren ist es vor allem die Planvorbereitung des Investors selbst, die Bedenken in Bezug auf Vorabbindungen entstehen lässt. Denn schließlich wird der VEP zwingend Inhalt der Planung, § 12 Abs. 3 S. 1 BauGB.[212] Bei genauer Betrachtung zeigt sich, dass aufgrund dieser Struktur des Planungsverfahrens letztlich zwei verschiedene Probleme, zumindest aber Problemebenen entstehen, auf die im Folgenden breiter eingegangen wird.

Den ersten problematischen Aspekt bildet die a priori-Ausrichtung der Planung auf ein bestimmtes Planungsziel und die damit einhergehende Reduzierung des Abwägungsmaterials.[213] Diese findet bei der ausdrücklich geregelten Nachfrageplanung des § 12 BauGB in Reinform statt; aber auch schon früher gab es durchaus anlassbezogene Planungen, die auf eine Anregung von außen (potentieller Investor etc.) zurückgingen. In diesen Fällen kann von vornherein von Ergebnisoffenheit der Planung nicht die Rede sein; es finden frühe Festlegungen, eben Vorabbindungen, statt. Wie sich dies mit dem bindungsfeindlichen[214] Abwägungsgebot vereinbaren lässt, bildet die erste Frage im hiesigen Zusammenhang. Sie wird letztlich in all den Konstellationen relevant, in denen die Verwaltung sich im Vorfeld von Abwägungsentscheidungen auf inhaltliche Absprachen mit Privaten einlässt und in der Folge eine Anlassplanung betreibt.

Die Involvierung von Privaten in die Vorbereitung der Abwägungsentscheidung begründet eine damit zusammenhängende, aber keineswegs identische und mit zu-

---

210 Zu diesem Thema *Battis,* in: 100 Jahre Allgemeines Baugesetz Sachsen, S. 507 (514). Anderer Ansicht allerdings *Krautzberger,* in: Ernst/Zinkahn/Bielenberg/Krautzberger, § 12 Rn. 111, für bestimmte Fälle intensiver vorheriger Abstimmung. *Krautzberger* weist insoweit allerdings darauf hin, dass dies nur mit der Planungshoheit der Gemeinde zu vereinbaren sei, wenn diese schon während der Abstimmung hiervon „faktisch" Gebrauch gemacht habe; im Übrigen müsse die Gemeinde auch bei einer Ermessensreduzierung hinsichtlich der Einleitung keineswegs einen Planerlass verabschieden, sondern könne das Verfahren auch wieder abbrechen. Auch nach dieser Lösung kommt es mithin zu keiner zwingenden Vorabbindung bezüglich der Bebauungsplanverabschiedung.

211 Ausführlich *Battis,* in: 100 Jahre Allgemeines Baugesetz Sachsen, S. 507 (517 f.); vgl. zu dieser Frage auch *Grigoleit,* DV 33 (2000), S. 79 (97); allgemein zu städtebaulichen Verträgen *Hamann,* Verwaltungsvertrag, S. 110.

212 Insoweit kann man in der Tat von einer Veto-Position des Investors sprechen, *Quaas,* in: Schrödter, § 12 Rn. 35; *Battis,* in: 100 Jahre Allgemeines Baugesetz Sachsen, S. 507 (513).

213 *Battis,* in: 100 Jahre Allgemeines Baugesetz Sachsen, S. 507 (513).

214 Vgl. *Grigoleit,* DV 33 (2000), S. 79 (94).

sätzlichen Schwierigkeiten behaftete Problematik.[215] Sie tritt außer bei der vbBPlanung z. B. auch in Fällen der vielerorts üblichen Übertragung von Vorbereitungsarbeiten an Planungsbüros, aber auch etwa beim Einsatz von privaten Gutachtern in Standortauswahlverfahren im Abfallrecht auf.[216] Hier drohen (u.U. unbewusste) faktische Vorabbindungen durch die Vorbereitungen; im Übrigen bleibt letztlich bei weitreichenden Vorbereitungsleistungen von Privaten der Verwaltung nur noch eine nachvollziehende Abwägung – was dem Abwägungsgebot an sich nicht zu entsprechen scheint.[217] Diese Frage hat eine große Nähe bzw. Überschneidungen zum bereits diskutierten Legitimationsproblem, besitzt aber aufgrund der speziellen Entscheidungsstruktur der rechtsstaatlich notwendigen Abwägungsentscheidung eine zusätzliche Dimension und besondere Brisanz. Aus dem Blickwinkel des Abwägungsgebots geht es nämlich nicht so sehr um die demokratische Legitimation des Entscheiders, sondern um die aus dem Abwägungsgebot folgenden speziellen rechtsstaatlichen Anforderungen an die Qualität der Entscheidung an sich, mit all den Anforderungen des Abwägungsgebotes im Hinblick auf dabei zu berücksichtigende Faktoren etc. Insofern handelt es sich durchaus um einen gesondert zu diskutierenden Problemkreis. Praktisch ist dieser seltener relevant als die allgemeinere Problemlage private Entscheidungsvorbereitung. Angesichts der Komplexität und Aufwendigkeit von Planungsverfahren und dem damit verbunden Bedarf an differenziertem (etwa naturwissenschaftlichem) Fachwissen ist aber anzunehmen, dass gerade hier sich der Trend zu funktionalen Privatisierungen verstärken wird. Die Frage der Vereinbarkeit von Entscheidungsvorbereitung und Abwägungsgebot ist also von allgemeinem Interesse; sie kann bei vielen Abwägungsentscheidungen – speziell im Bauplanungs- und Umweltbereich – Bedeutung erlangen.[218]

Beide abwägungsbezogenen Problemaspekte können kumulativ, wie bei der vbBPlanung, aber auch einzeln auftreten. Sie werden deshalb im Folgenden separat diskutiert.

b) Das Problem der Vorabbindungen im Allgemeinen

aa) Allgemeines zu Planung und Abwägung

Die Bedeutung der Abwägung für die rechtsstaatliche Planung ist bekannt und bedarf keiner breiten Darlegung. Es kann deshalb an dieser Stelle bei einigen Andeutungen bleiben, die zur Lösung des Vorabbindungsproblems von Bedeutung sind. Das Abwägungsgebot ist zentrales Gebot sozialgestaltender rechtsstaatlicher

215 Diese Differenzierung findet sich auch bei *Hoppe/Beckmann,* DVBl. 1987, S. 1249 (1249 u. 1251).

216 Siehe hierzu *Hoppe/Bleicher,* NVwZ 1996, S. 421 ff.

217 Vgl. *Battis,* in: 100 Jahre Allgemeines Baugesetz Sachsen, S. 507 (513 f.).

218 Vgl. allgemein zu diesem Problem *Seidel,* Privater Sachverstand, S. 97 ff.

Planung; ohne Abwägung ist rechtsstaatliche Planung unmöglich.[219] Das Abwägungsgebot reagiert auf die relativ große Gestaltungsfreiheit der Verwaltung bei Planungsentscheidungen; es zügelt diese Freiheit, indem es aufgibt, eine gerechte Abwägung der relevanten öffentlichen und privaten Belange vorzunehmen.[220] Das Abwägungsgebot verlangt dabei, dass

- eine Abwägung überhaupt stattfindet,
- in die Abwägung eingestellt wird, was nach Lage der Dinge in sie einzustellen war,
- die Bedeutung der Belange nicht verkannt wird,
- der Ausgleich zwischen den von der Planung berührten Belangen nicht in einer Weise vorgenommen wird, die zur objektiven Gewichtigkeit der Belange außer Verhältnis steht.[221]

Das Abwägungsgebot entfaltet dabei Wirkung hinsichtlich des Abwägungsvorganges und des Abwägungsergebnisses.[222] Die besonders im Rahmen des Bauplanungsrechts entwickelten Grundsätze des Abwägungsgebotes gelten nach herrschender Meinung für sämtliche Bereiche öffentlich-rechtlich verantworteter Planung.[223] Es handelt sich um allgemeine, rechtsgebietsübergreifende Geltung beanspruchende Anforderungen rechtsstaatlichen Tuns.[224]

bb) Zu den Gefährdungen der Abwägung durch Vorabbindungen

Inwieweit ist die Verlagerung von Planungsaufgaben an Private bzw. das Eingehen auf deren Planungswünsche für die Abwägung problematisch? Eine gerechte, ergebnisoffene Abwägung aller relevanten privaten und öffentlichen Belange wird

---

219 *Battis,* Öffentliches Baurecht, S. 97; *Söfker,* Ernst / Zinkahn / Bielenberg / Krautzberger, § 1 Rn. 179; *Brohm,* Öffentliches Baurecht, § 13 Rn. 14; *Stüer,* Der Bebauungsplan, Rn. 450 ff.

220 *Söfker,* Ernst / Zinkahn / Bielenberg / Krautzberger, § 1 Rn. 180; vgl. auch BVerwGE 56, S. 110 (117) zur Beschränkungswirkung des Abwägungsgebotes; sowie *Brohm,* Öffentliches Baurecht, § 13 Rn. 14, zur Bedeutung des Abwägungsgebotes als Handlungs- und als Kontrollnorm.

221 BVerwGE 45, S. 309 (314 f.); *Brohm,* Öffentliches Baurecht, § 13 Rn. 19; *Battis,* Öffentliches Baurecht, S. 97.

222 BVerwGE 45, S. 309 (312 f. und 315); *Battis,* Öffentliches Baurecht, S. 98; *Brohm,* Öffentliches Baurecht, § 13 Rn. 15. Siehe zum Ganzen auch *Hoppe,* DVBl. 1994, S. 1033 ff.

223 *Erbguth/Wagner,* Bauplanungsrecht, Rn. 225; *Battis,* Öffentliches Baurecht, S. 97; *Kühling,* DVBl. 1989, S. 221; *Pabst,* Verfassungsrechtliche Grenzen der Privatisierung, S. 122; grundlegende Präzisierung bei BVerwGE 34, S. 301 (308 f.); mit Bezug auf andere Rechtsgebiete BVerwGE 48, S. 56 (59) – Fernstraßenrecht; E 55, S. 220 (227) – Wasserrecht; E 56, S. 110 (117) – Luftverkehrsrecht.

224 *Battis,* Öffentliches Baurecht, S. 97; *Erbguth/Wagner,* Bauplanungsrecht, Rn. 225; *Pabst,* Verfassungsrechtliche Grenzen, S. 122; *Kühling,* DVBl. 1989, S. 221.

letztlich immer dann gefährdet, wenn die Verwaltung in der Planung bewusst oder unbewusst ihren Blick von vornherein verengt, es zu Vorabbindungen kommt und deshalb die nötige umfassende Wahrnehmung zu berücksichtigender Belange als Voraussetzung für eine gerechte Abwägung in Frage steht. Da die Abwägung rechtsstaatlich unverzichtbar ist, muss das Abwägungsgebot aber eben auch nach Veränderungen im Planungsprozess, wie der Abgabe von Vorbereitungsverantwortung an Private, beachtet werden.[225] Es müssen also Wege aufgezeigt werden, wie sich Anlassplanung und Abwägungsgebot sowie private Vorbereitungstätigkeit und Abwägungsgebot vereinbaren lassen.

(1) Anlassplanung und Abwägung

Dass dem BauGB grundsätzlich das Leitbild der Angebotsplanung zugrunde liegt, aber auch die Möglichkeit von Nachfrageplanungen seit langem sogar durch das BVerwG anerkannt ist, wurde bereits ausgeführt.[226] Das Problem der Fokussierung von Bauleitplanungen auf Investorenwünsche, also investitionsgeleiteter Planungen, ist also nicht etwa erst mit der vbBPlanung und ihren Vorgängerregelungen in Erscheinung getreten.[227] Viele Planungen wurden und werden auch sonst gerade deshalb eingeleitet, weil ein Investor bestimmte Nutzungsinteressen hinsichtlich eines Grundstückes hat, die sich auf Basis der geltenden planungsrechtlichen Situation nicht verwirklichen lassen. Besonders für investitionsrelevante Planungen, etwa im Hinblick auf Industrieansiedlungen, kann es geradezu unvermeidbar[228] sein, in dieser Weise auf Investorenvorstellungen zu reagieren – will man nicht an den real vorhandenen Bodennutzungsbedürfnissen vorbeiplanen. Insofern verwundert es nicht, dass Nachfrageplanung heute einen Normalfall kommunaler Bauleitplanung bildet.

Rechtlich problematisch sind Nachfrage- bzw. Anlassplanungen vor allem deshalb, weil die von vornherein vorgenommene Fokussierung der Planung auf einen bestimmten Nutzungszweck für das Gelände zwangsläufig zu Vorfestlegungen im Hinblick auf die Abwägungsentscheidung führt. Die Abwägung ist nicht mehr wirklich ergebnisoffen, es bestehen zwar keine rechtlichen, aber faktische Vorabbindungen. Da der Verwaltung ihre Fokussierung der Planung hier durchaus bewusst ist, kann man insoweit von bewussten Vorabbindungen sprechen. Solche laufen dem Abwägungsgebot, das an sich eine umfassende Abwägung aller relevanten öffentlichen und privaten Belange voraussetzt, im Grunde zuwider.[229]

---

225 *Grigoleit,* DV 33 (2000), S. 79 (95).

226 Vgl. § 5 III 3 c) bb).

227 Vgl. nur *Hoppe,* in: Hoppe / Grotefels, Öffentliches Baurecht (1. Auflage), § 5 Rn. 191; *Grigoleit,* DV 33 (2000), S. 79 (89 f.). Zum Problem im Zusammenhang mit Absprachen im Verwaltungsrecht *Kautz,* Absprachen, S. 167 f.

228 BVerwGE 45, S. 309 (317).

229 Anschaulicher Problemaufriss bei *Brohm,* Öffentliches Baurecht, § 13 Rn. 27 ff.

Das Bundesverwaltungsgericht hat den Weg zur Bewältigung dieses Problems in der sog. Flachglasentscheidung abgesteckt.[230] Im Urteil wird anerkannt, dass Vorabbindungen der Verwaltung dem gesetzgeberischen Konzept widersprechen, aber nicht per se die rechtsstaatliche Abwägung unmöglich machen – vielmehr sind sie in vielen Fällen sinnvoll und unerlässlich, um eine sachgerechte Planung sicherzustellen.[231] „Präjudizierende Selbstbindungen" bedürfen allerdings der Rechtfertigung.[232] Das Gericht hat hierfür Kriterien formuliert. Derartige Vorentscheidungen sind zulässig,

- wenn sie sachlich gerechtfertigt sind
- wenn sie die Zuständigkeit des zur Abwägung berufenen Gemeindeorgans unberührt lassen
- wenn sie den Anforderungen entsprechen, die an sie zu stellen wären, wenn die Entscheidungen im Rahmen der abschließenden Abwägung gefallen wären.[233]

Dies führt im Ergebnis zu vorverlagerten „Teilabwägungen" im Hinblick auf die Vorentscheidungen[234]; es entsteht gleichsam ein gestuftes Abwägungsverfahren.[235] Im Hinblick auf den Anlassplanungen in der Regel vorausgehenden Kommunikationsprozess mit Privaten findet also eine „kooperationsadäquate Prozeduralisierung" der Abwägung statt.[236] Die genannten Kriterien sind zum festen Bestandteil der Abwägungsdogmatik geworden. Sie sind durchaus auch auf Bereiche außerhalb der Plankontrolle übertragbar.[237] Über die aufgrund von Verhandlungen etc. entstehende inhaltliche Fokussierung der Planung hinaus sind die Kriterien auch für andere Konstellationen, in denen bewusste Vorabbindungen entstehen (z. B. Verträge), hilfreich.[238]

Ein zentrales Folgeproblem der Stufung der Abwägung ist die adäquate Durchführung der Beteiligungen, wie sie etwa in §§ 3–4a) BauGB geregelt sind. Gerade im Fall des Bauplanungsrechts lässt sich die wichtige Funktion der Beteiligung gut verdeutlichen: Sie ist ein zentrales Element der demokratisch-rechtsstaatlichen Gestaltung des Bauplanungsverfahrens. Neben ihrer Funktion, für die Verantwortlichen Abwägungsmaterial zu generieren, hat sie auch eine demokratische und eine

---

230 BVerwGE 45, S. 309 ff. Instruktiv zur Flachglasentscheidung *Schulze-Fielitz,* Jura 1992, S. 201 ff.

231 BVerwGE 45, S. 309 (317); *Krautzberger,* in: Battis / Krautzberger / Löhr, § 1 Rn. 113; ausführlich *Hoppe / Beckmann,* DVBl. 1987, S. 1249 (1250).

232 *Grigoleit,* DV 33 (2000), S. 79 (95).

233 BVerwGE 45, S. 309 (321).

234 Vgl. etwa *Hoppe,* in: Hoppe / Bönker / Grotefels, Öffentliches Baurecht, § 7 Rn. 130.

235 *Grigoleit,* DV 33 (2000), S. 79 (96).

236 *Grigoleit,* DV 33 (2000), S. 79 (96).

237 *Hoffmann-Riem,* in: AöR 115 (1990), S. 400 (430).

238 Vgl. auch *Grigoleit,* DV 33 (2000), S. 79 (96). Ohne ein entsprechendes Bewusstsein können selbstverständlich auch keine Abwägungsvorverlagerungen stattfinden.

beteiligungsrechtliche bzw. rechtswahrende Funktion.[239] Abwägung und Beteiligung stehen im Zusammenhang; aus der Beteiligung zieht das bauplanerische Abwägungskonzept einen wesentlichen Teil seiner legitimierenden Kraft.[240] Damit diese Funktion der Beteiligung ausgefüllt werden kann, darf sie nicht nur noch pro forma durchgeführt werden. Angesichts der im Rahmen von Nachfrageplanungen typischen Vorabbindungen besteht aber generell die Gefahr, dass sie zu einem Zeitpunkt stattfindet, in dem die Gemeinde sich schon vorentschieden hat, die Planung also schon weitgehend verfestigt ist – und die Beteiligung zum bloßen Ritual wird.[241] Damit würde die wichtige Rolle des Beteiligungsverfahrens marginalisiert. Insofern lässt sich der Kriterienkatalog des BVerwG für die zulässige Vorabbindung mit Blick auf die Beteiligung ergänzen: Für die Zulässigkeit einer Vorabbindung ist es erforderlich, dass sie noch ausreichend Spielraum für eine Wirkung zeitigende Anhörung offen hält, oder aber dass die Bürger vor der Bindung ihre Interessen zum Ausdruck bringen konnten.[242] Auch dieser Gedanke lässt sich ebenso bei vergleichbaren Entscheidungssituationen außerhalb der Bauleitplanung fruchtbar machen.[243]

Der erste Aspekt der Abwägungsproblematik ist mithin durch die anerkannte Abwägungsdogmatik der Flachglasentscheidung bereits gut aufgearbeitet. Mit dem Konzept der „gestuften Abwägung“ werden bewusste Vorabbindungen, wie sie vor allem bei Anlassplanungen entstehen, handhabbar.

(2) Involvierung Privater und Abwägung

Zu klären bleibt die Frage der Handhabung der direkten Involvierung Privater in die Vorbereitung von Abwägungsentscheidungen. Dieses Problem hat bisher weit weniger Aufmerksamkeit erfahren als das soeben erörterte. Dabei ist es durchaus von großer praktischer Relevanz, denn Private leisten bei der Vorbereitung von Abwägungsentscheidungen, etwa bei Planungen, bisweilen sehr weitreichende Vorarbeiten. Das Spektrum reicht hierbei von der Durchführung technischer Dienstleistungen über die Standortvorauswahl im Abfallrecht bis hin zur kompletten Planausarbeitung durch private Planungsbüros im Bauplanungs-

---

239 *Battis,* in: Battis / Krautzberger / Löhr, § 3 Rn. 3; siehe auch *ders.,* Partizipation, S. 60 f.; *Bielenberg,* in: Ernst / Zinkahn / Bielenberg / Krautzberger, § 3 Rn. 2; *Hoppe,* in: Hoppe / Bönker / Grotefels, Öffentliches Baurecht, § 5 Rn. 299.

240 BVerfGE 77, S. 288 (300); *Grigoleit,* DV 33 (2000), S. 79 (98); *Battis,* in: Battis / Krautzberger / Löhr, § 3 Rn. 3; grundlegend *ders.,* Partizipation, S. 158 ff.

241 Siehe *Schneider,* VerwArch 87 (1996), S. 38 (59); *Grigoleit,* DV 33 (2000), S. 79 (98); vgl. auch *Kunig / Rublack,* Jura 1990, S. 1; *Bauer,* VerwArch 78 (1987), S. 241 (255).

242 *Schulze-Fielitz,* Jura 1992, S. 201 (207); *Ebsen,* JZ 1985, S. 57 (59); *Holznagel,* Konfliktlösung durch Verhandlungen, S. 216 f.; *Grigoleit,* DV 33 (2000), S. 79 (99); *Hoffmann-Riem,* AöR 115 (1990), S. 400 (430 Fn. 105).

243 Vgl. allgemein *Bohne,* Der informale Rechtsstaat, S. 151; *Hoffmann-Riem,* VVDStRL 40 (1982), S. 187 (224).

recht.[244] Dabei sind die Privaten ihrerseits bei ihrer Planausarbeitung selbstverständlich nicht an das Abwägungsgebot gebunden; sie werden im Gegenteil oftmals sogar gerade ihr Eigeninteresse verfolgen. Es fragt sich, ob und wie in diesen Fällen die finale Abwägungsentscheidung der Verwaltung den Anforderungen des Abwägungsgebotes zu entsprechen vermag.[245]

Der Einbezug von privaten Vorbereitungsbeiträgen in die Abwägungsentscheidung mag dann relativ unproblematisch bleiben, wenn diese sich auf rein technische Fragen beziehen, etwa die reine Durchführung von Messungen etc. Die so erlangten Beiträge können von der Verwaltung dann im Grunde in die Abwägung eingestellt werden wie eigenhändig erhobene Daten.[246] Anders stellt sich allerdings die Situation dar, wenn der Private komplexere Beiträge leistet, die ihrerseits, würden sie von der Verwaltung durchgeführt, unmittelbar der Abwägung unterliegende Fragen wären. Für den Fall, dass die Verwaltung sich diese Beiträge zu eigen machen und sie in der dem Abwägungsgebot unterliegenden Verwaltungsentscheidung aufgehen lassen will, dürfen sie ihrerseits nicht hinter den dem Abwägungsgebot entsprechenden Standards zurückbleiben. Denn sonst droht die Abwägung aufgrund des insoweit unausgewogenen Abwägungsmaterials auch insgesamt zu leiden.[247]

Die Verwaltung muss deshalb sicherstellen, dass die privaten Vorbereitungsbeiträge ihrerseits dem Abwägungsgebot entsprechen.[248] Das kann und muss im Rahmen der eigenen Abwägung geschehen. Dabei ist zu bedenken, dass diese Abwägung zwangsläufig hinsichtlich der vorbereiteten Elemente nur eine *nachvollziehende* Abwägung sein kann.[249] Liegt eine komplette Vorbereitung vor, die nur noch verabschiedet werden muss, wird sogar die ganze Abwägung nachvollziehend. Die private Entscheidungsvorbereitung stellt allerdings die erforderliche Berücksichtigung aller erheblichen Faktoren bei dieser Abwägung massiv in Frage. Anders als bei der bewussten Entscheidung zur Blickverengung bei der Anlassplanung, die in der beschriebenen Weise von vornherein durch eine entsprechende Vorabwägung der legitimierten Verwaltung abgesichert werden kann, bevor mit verengter Perspektive weitergeplant wird, findet bei der privaten Entscheidungsvorbereitung im Nachhinein, ex post, eine Konfrontation mit privat erstellten Pla-

---

244 Es handelt sich insofern um typische Konstellationen funktionaler Privatisierung (oder auch der Verfahrensprivatisierung); vgl. *Hoppe/Bleicher,* NVwZ 1996, S. 421 u. 423.

245 Siehe hierzu *Köster,* DVBl. 2002, S. 229 (234).

246 Allerdings kann durchaus schon die Informationsgewinnung eine Anwendung von Abwägungsdirektiven erfordern, vgl. *Hoppe/Beckmann,* DVBl. 1987, S. 1249 (1250).

247 *Hoppe/Bleicher,* NVwZ 1996, S. 421 (423), sprechen davon, dass fehlerhaftes Abwägungsmaterial die Planung „infiziert"; vgl. auch *Seidel,* Privater Sachverstand, S. 102; *Stüer,* DVBl. 1997, S. 1201 (1206).

248 So *Hoppe/Bleicher,* NVwZ 1996, S. 421 (424), allerdings ohne zu sagen, wie dies zu bewerkstelligen sein soll.

249 Vgl. *Schneider,* VerwArch 87 (1996), S. 38 (56); *Grigoleit,* DV 33 (2000), S. 79 (95); *Seidel,* Privater Sachverstand, S. 100; *Wahl,* DVBl. 1993, S. 517 (524).

nungsbeiträgen statt. Die oben diskutierten suggestiven Effekte einer Entscheidungsvorbereitung wirken dann auch auf die Abwägung.[250] Es drohen deshalb hierbei an sich zu berücksichtigende Aspekte unter den Tisch zu fallen. Dabei wird sich die Verwaltung dieser faktischen Vorabbindungen nicht zwangsläufig bewusst sein. Damit ist die Gefahrenlage für die Abwägung gegenüber den bewussten Vorabbindungen bei der Nachfrageplanung u.U. noch verschärft.[251]

Vor weiteren Überlegungen zur nachvollziehenden Abwägung ist zunächst klarzustellen, was die exakte Funktion einer nachvollziehenden Abwägung zu sein hat. Bei einem bloßen Nachvollzug scheint eine der verwaltungsgerichtlichen Prüfung ähnliche Vertretbarkeitskontrolle nahe zu liegen.[252] Dies ist indes nicht mit der Rolle der abwägenden Verwaltung zu vereinbaren. Wenn der Verwaltung qua gesetzgeberischer Entscheidung die Kompetenz und Verpflichtung zur Abwägungsentscheidung bleibt, dann wirkt das Abwägungsgebot als Handlungsnorm und nicht etwa nur als Kontrollnorm.[253] Eine Abwägung als reine Vertretbarkeitskontrolle ist damit nicht vereinbar.[254] Die Verwaltung muss deshalb eine echte, gestalterische Abwägung vornehmen, allenfalls modifiziert durch die oben ausgeführten Möglichkeiten rechtmäßiger Vorabbindungen. Das Abwägungsgebot bleibt Maßstab auch bei der nachvollziehenden Abwägung. Damit muss die Abwägung sich weiterhin auf alle maßgeblichen Aspekte beziehen und sie zueinander in Beziehung setzen – und also die private Vorplanung durchaus in Frage stellen. Plastisch erscheint insofern der Terminus kritisch nachvollziehende Abwägung.[255]

Trotz der dargelegten Gefahr von Vorabbindungen ist eine nachvollziehende Abwägung nicht etwa per se unzulässig. Das Bundesverwaltungsgericht hat vielmehr die prinzipielle Zulässigkeit der nachvollziehenden Abwägung anerkannt und geht von deren Vereinbarkeit mit dem Abwägungsgebot aus.[256] Sogar „legalisierende" Planungen, die sich auf bereits ausgeführte Vorhaben beziehen, sind nicht zwangsläufig rechtswidrig; erforderlich ist insofern nur, dass die Planung nicht allein privaten Interessen der betroffenen Bauherren dient und zugleich durch hinreichend gewichtige städtebauliche Allgemeinwohlbelange gerechtfertigt wird.[257] Wenn

---

250 Detailliert *Schneider,* VerwArch 87 (1996), S. 38 (58); siehe auch *Hoppe/Beckmann,* DVBl. 1987, S. 1249 (1251).

251 Speziell für den Fall der vbBPlanung *Schneider,* VerwArch 87 (1996), S. 38 (57 f.).

252 *Koch,* in: Hoffmann-Riem/Schneider (Hrsg.), Verfahrensprivatisierung im Umweltrecht, S. 170 (184); *Schneider,* VerwArch 87 (1996), S. 38 (59); *Köster,* Privatisierung des Bauleitplanverfahrens, S. 5; auch *Seidel,* Privater Sachverstand, S. 99.

253 Zu dieser Differenzierung *Brohm,* Öffentliches Baurecht, § 13 Rn. 14; detailreich *Hoppe,* DVBl. 1994, S. 1033 (1035).

254 *Grigoleit,* DV 33 (2000), S. 79 (95); *Koch,* in: Hoffmann-Riem/Schneider (Hrsg.), Verfahrensprivatisierung im Umweltrecht, S. 170 (184); auch *Schneider,* VerwArch 87 (1996), S. 38 (59).

255 *Hoppe/Beckmann,* DVBl. 1987, S. 1249 (1252); *Faber,* in: FS Hoppe, S. 425 (436).

256 BVerwG, DVBl. 1987, S. 1273 (1274 f.).

257 OVG Koblenz , BauR 1986, S. 412 (413).

sogar dies möglich ist, ohne dass das Abwägungsgebot verletzt wird, dann kann auch die nachvollziehende Abwägung in Bezug auf private Planungsbeiträge nicht von vorneherein unzulässig sein.[258] Entscheidend ist, dass sich die Planungsbehörde hierfür nach einer umfassenden Abwägung aller betroffenen Belange entscheidet.[259] Mit dieser Prämisse begründet sogar der Extremfall des Basierens der Planungsentscheidung auf einer privaten, alternativlosen Planvorbereitung nicht ohne weiteres deren Abwägungsfehlerhaftigkeit.[260]

Allerdings ist damit nicht gesagt, wie im Einzelnen eine solche kritisch nachvollziehende Abwägung abzulaufen hat. Es liegt eine andere Situation als bei der Flachglasentscheidung vor, denn dort geht es nicht um Nachvollzug. Die entsprechenden Kriterien sind also auf die nachvollziehende Abwägung zumindest nicht unmittelbar übertragbar.[261] Bei der privaten Vorbereitung von einzelnen, isolierbaren abwägungserheblichen Aspekten (z. B. der Standortvorauswahl, der dann weitere staatliche Planungsschritte folgen) kann es sich aber anbieten, dass die Verwaltung hinsichtlich dieser Aspekte eine Teilabwägung, gleichsam eine Abwägungsstufe, ähnlich wie bei der Anlassplanung durchführt – eben mit dem Unterschied, dass diese Teilabwägung wegen des bereits ausgearbeiteten Teiles zwangsläufig nachvollziehend ist. Dies hat immerhin den Vorteil, dass die Vorabbindungsgefahr hinsichtlich dieses begrenzten Aspektes deutlicher vor Augen tritt als in einer finalen Gesamtabwägung, wo die durch die Anzahl abwägungserheblicher Faktoren bedingte Diffusität eine solche Erkenntnis erschwert. Eine Konzentration auf den vorbereiteten Teil kann hier die Transparenz erhöhen. Auf diese Weise kann der Abschichtungsgedanke der Flachglasentscheidung in diesem Zusammenhang wenigstens insoweit fruchtbar gemacht werden, als dass er den Nachvollzugsaspekt so weitgehend wie möglich isoliert. Die weitere Abwägung geht dann, unter Einbezug des nachvollziehend abgewogenen privaten Beitrages, den üblichen Gang.

Schwieriger wird die Lage, wenn die private Vorbereitung umfassend ist und sich nicht auf solche isolierbaren Aspekte beschränkt. Im Extremfall wird die Abwägung dann ausschließlich nachvollziehend.[262] Je umfassender die Planung ist, desto schwerer dürfte hier ein nachträgliches Auseinanderdividieren der Einzelfaktoren fallen. Wird die Verwaltung erstmals bei der finalen Abwägungsentscheidung mit der Planung konfrontiert und kommt es also zu einer reinen nachvollziehenden Abwägung, dann bleibt allein die Möglichkeit, einen wirklich kritischen Nachvoll-

---

258 *Hoppe/Beckmann,* DVBl. 1987, S. 1249 (1252), unter Berufung auf den Beschluss des OVG Hamburg vom 20. 2. 1986 – OVG Bf 2 22/84 – .

259 *Hoppe/Beckmann,* DVBl. 1987, S. 1249 (1252); *Seidel,* Privater Sachverstand, S. 100.

260 BVerwG, DVBl. 1987, S. 1273 (1274 f.); siehe auch BVerwG, NJW 1975, S. 841 (842 ff.); detailliert *Hoppe/Beckmann,* DVBl. 1987, S. 1249 (1251 ff.) mit weiteren Rechtsprechungsnachweisen; vgl. weiter *Faber,* in: FS Hoppe, S. 425 (436); *Scharmer,* NVwZ 1995, S. 219 (222).

261 Vgl. *Hoppe/Beckmann,* DVBl. 1987, S. 1249 (1254 f.).

262 Vgl. *Grigoleit,* DV 33 (2000), S. 79 (95).

zug der Planung zu versuchen; die Verwaltung muss unter sorgfältiger Zugrundelegung aller maßgeblichen öffentlichen und privaten Belange entscheiden.[263] Dies ist zwar prinzipiell möglich. Es ist aber festzustellen, dass die Ausgewogenheit der Planung in solchen Fällen tatsächlich ernsthaft gefährdet erscheint. Das Problem der faktischen Bindung scheint hier letztlich schwer auflösbar. Vor diesem Hintergrund sollte deshalb angestrebt werden, diese zugespitzt problematische Entscheidungssituation zu vermeiden. Dies muss keineswegs mit einem Verzicht auf private Entscheidungsvorbereitung einhergehen. Der beste Weg scheint in Anlehnung an die obigen Überlegungen zur Legitimation der privat vorbereiteten Verwaltungsentscheidung darin zu liegen, den privatisierten Vorbereitungsprozess von der Verwaltungsseite aus in einer Weise zu begleiten[264], dass im Prozessverlauf die zentralen Vorfestlegungen durch Abwägungsstufen im obigen Sinne handhabbar werden. Die Verwaltung benötigt insofern wirkungsvolle Einflussmöglichkeiten auf den Vorbereitungsprozess. Sie kann dann in einzelnen Phasen die entstehenden Vorfestlegungen abwägen und mithin auch, über ihren Einfluss auf die Vorbereitung, die Konformität der Vorbereitung mit dem Abwägungsgebot sicherstellen. Durch eine solche „Stufenimplementierung" dürfte sich eine Abwägungssperre am besten verhindern lassen. Die hoheitliche Abwägung als Verfahren der Gemeinwohlkonkretisierung wird auf diese Weise planungs- bzw. vorbereitungsbegleitend entfaltet.[265]

Der Gedanke der Vorbereitungsbegleitung knüpft letztlich an die Überlegungen zur Entstehung einer Strukturschaffungspflicht an, die sich wie gesagt nicht nur auf das Demokratie-, sondern auch das Rechtsstaatsprinzip bezieht. Hiermit wird der gedankliche Horizont der auf die Entscheidung selbst fokussierten Abwägungsdogmatik verlassen. Durch die Etablierung von entsprechenden Strukturen im Vorfeld der Abwägungsentscheidung lässt sich das Risiko einer aufgrund starker faktischer Bindungen entstehenden unzureichenden Abwägbarkeit minimieren. Letztlich ist es eine Frage des Einzelfalles, ob dies zwingend geboten ist oder ob ein effektiver Nachvollzug auch sonst möglich ist. Im konkreten Fall muss überprüft werden, wie der Gefahr der Abwägungssperre entgangen werden kann und welche Gestaltung des vorbereitenden Verfahrens insoweit nötig ist.

c) Die Abwägungsproblematik bei der vbBPlanung

aa) Problemkonkretisierung

Bei der vbBPlanung treten beide diskutierten problematischen Aspekte der Vorwegbindung durch projektbezogene, kooperative Planung und Privatisierung der Planvorbereitung kumuliert auf. Im Folgenden wird überlegt, wie sich diese Prob-

---

263 Siehe etwa die schon ältere Entscheidung des VGH Baden-Württemberg, BRS 32, Nr. 3 S. 6 (8).

264 Vgl. auch *Faber,* in: FS Hoppe, S. 425 (436); *Grigoleit,* DV 33 (2000), S. 79 (96).

265 Vgl. *Grigoleit,* DV 33 (2000), S. 79 (96).

lemlagen hinsichtlich des rechtsstaatlichen Abwägungsgebotes im Rahmen der vbBPlanung konkret darstellen und wie sie gelöst werden (können).[266] Die beiden oben abstrahierten Problemebenen fließen im Falle der vbBPlanung ineinander. Die in der abstrakten Aufarbeitung erfolgte Trennung fällt insofern bei der Analyse des Fallbeispieles nicht leicht. Verschiedene Überlegungen erlangen auf beiden Ebenen Bedeutung. Dennoch soll versucht werden, entsprechend der obigen getrennten Darstellung die vbBPlanung im Hinblick auf beide Problemebenen zu untersuchen, um hinsichtlich beider Aspekte eine praktische Lösung am konkreten Beispiel herauszuarbeiten.

bb) Das Problem der Vorabbindung durch Nachfrageplanung

Die vbBPlanung ist eine Nachfrageplanung im oben erläuterten Sinne, sogar in der besonders weitgehenden Variante der Investorenplanung, wo der Investor selbst einen Planentwurf ausarbeitet. Es entstehen mithin die für die Nachfrageplanung typischen Vorabbindungsprobleme. Insgesamt ist die Gefahr unzulässiger Vorabbindungen deshalb groß.[267]

Zunächst ist nochmals festzuhalten: § 12 BauGB bedeutet eine gesetzliche Regelung und mithin auch Anerkennung eines speziellen Falles der Nachfrageplanung in Form einer Investorenplanung.[268] Zumindest diese Form der Nachfrageplanung wird damit endgültig vom Ruch des halblegalen, systemwidrigen Agierens in einer rechtlichen Grauzone befreit.[269] Der Gesetzgeber bringt damit letztlich zum Ausdruck, dass er das Abwägungsproblem für lösbar hält.[270] Die Lösung selbst enthält die Regelung des § 12 BauGB freilich nicht. Sie hat auch bei dem gesetzlich detailliert strukturierten Planungsinstrument vbBPlanung über die oben dargestellte Abwägungsdogmatik zu erfolgen.[271] Auch bei der vbBPlanung lassen sich in punkto Eingehen zulässiger Vorabbindungen die Kriterien der Flachglas-Doktrin fruchtbar machen.[272] Im Einzelnen ergeben sich die folgenden Besonderheiten:

Zunächst entsteht bei der Abweichung vom umfassenden Abwägungsgebot prinzipiell eine Rechtfertigungspflicht. Im Falle der vbBPlanung liegt aber eine ex-

---

266 Eine praxisnahe Darstellung der Abwägungsproblematik bei der vbBPlanung findet sich bei *Busse / Grziwotz,* VEP, Rn. 353 ff.

267 *Faber,* in: FS Hoppe, S. 425 (434); *Reidt,* BauR 1998 S. 909 (916); *Stüer,* Bau- und Fachplanungsrecht, Rn. 954.

268 Siehe nochmals § 5 III 3 c) bb) sowie *Schmidt-Preuß,* VVDStRL 56 (1997), S. 160 (184); *Grigoleit,* DV 33 (2000), S. 79 (92 f.).

269 Vgl. *Battis,* ZfBR 1999, S. 240.

270 Vgl. *Grigoleit,* DV 33 (2000), S. 79 (95); *Schulze-Fielitz,* DVBl. 1994, S. 657 (667).

271 *Krautzberger,* in: Battis / Krautzberger / Löhr, § 12 Rn. 26.

272 *Grigoleit,* DV 33 (2000), S. 79 (95 ff.); auch *Krautzberger,* in: Battis / Krautzberger / Löhr, § 12 Rn. 26; *Faber,* in: FS Hoppe, S. 425 (434).

plizite gesetzliche Regelung und damit Anerkennung einer Anlassplanung vor, in deren Verlauf Vorabbindungen unausweichlich sind. Dabei verlangt die Norm gerade keine spezielle Rechtfertigung. Deshalb entsteht beim Einlassen der Gemeinde auf die vbBPlanung ausnahmsweise kein besonderes Rechtfertigungsbedürfnis.[273] Weiterhin ist entscheidend, dass die Kompetenzen des für die Abwägung zuständigen Gemeindeorgans unberührt bleiben. Das muss heißen, dass die vorabbindungserzeugenden Entscheidungen dem zuständigen Gemeindeorgan zurechenbar sind.[274] Die Vorabbindungen nehmen während des für die vbBPlanung typischen Kooperationsprozesses graduell zu und manifestieren sich nicht zwangsläufig in Entscheidungsakten; der exakte Zeit- und Anknüpfungspunkt einer entstehenden Vorabbindung wird deshalb meist schwer zu bestimmen sein. Erforderlich ist deshalb ein fortlaufendes Einvernehmen zwischen Investor und zuständigem Gemeindeorgan im kooperativen Planungsprozess.[275] Einer Entscheidung durch das entsprechende Gemeindeorgan bedarf insbesondere der Planungseinleitungsbeschluss nach § 12 Abs. 2 BauGB, da von ihm eine Bindungswirkung ausgeht.[276] Schließlich müssen die vorabbindungsbegründenden Entscheidungen i. S. d. Flachglasentscheidung inhaltlich den Anforderungen einer fehlerfreien Abwägung genügen.[277] Hier ergeben sich keine Besonderheiten.

Was die oben angesprochene Beteiligungsfrage angeht, so wird diese auch im Verfahren der vbBPlanung relevant. In der Regelungsstruktur der vbBPlanung sind die Beteiligungsregelungen wieder fest verankert; im Gegensatz zur Vorgängerregelung gelten die entsprechenden Regelungen des BauGB, §§ 3 – 4a) BauGB, für die vbBPlanung seit ihrer Regelung in § 12 BauGB im vollen Umfang.[278] Damit steht die Beteiligung zumindest normativ wieder auf stärkeren Füßen, nachdem die Beteiligungsmöglichkeiten in den Vorregelungen verengt worden waren.[279] Gerade

[273] *Birk,* NVwZ 1995, S. 625 (629 f.); *ders.,* VBlBW 1994, S. 130 (135); ausführlich *Grigoleit,* DV 33 (2000), S. 79 (96 f.). *Grigoleit* geht a. a. O. sogar davon aus, dass mit der Aufwertung kooperativer Planungsformen durch das BauROG der Gesetzgeber insgesamt die Vorteilhaftigkeit kooperativer Planung – und damit auch von Vorabbindungen – anerkannt hat und deshalb das Rechtfertigungsbedürfnis auch über die geregelten Fälle hinaus fraglich geworden ist. Anderer Ansicht allerdings *Maslaton,* in: Hoffmann-Riem / Schneider (Hrsg.), Verfahrensprivatisierung im Umweltrecht, S. 125 (143).

[274] *Grigoleit,* DV 33 (2000), S. 79 (96).

[275] Kritisch hinsichtlich der Einhaltbarkeit der Zuständigkeitsordnung *Maslaton,* in: Hoffmann-Riem / Schneider (Hrsg.), Verfahrensprivatisierung im Umweltrecht, S. 125 (143). Vgl. aber *Grigoleit,* DV 33 (2000), S. 79 (97).

[276] *Grigoleit,* DV 33 (2000), S. 79 (98); *Battis,* in: 100 Jahre Allgemeines Baugesetz Sachsen, S. 507 (515).

[277] Siehe nochmals *Faber,* in: FS Hoppe, S. 425 (434).

[278] *Krautzberger,* in: Ernst / Zinkahn / Bielenberg / Krautzberger, § 12 Rn. 133; *ders.,* in: Battis / Krautzberger / Löhr, § 12 Rn. 39; *Neuhausen,* in: Brügelmann, § 12 Rn. 11; *Gronemeyer,* in: Gronemeyer, § 12 Rn. 25; *Finkelnburg / Ortloff,* Öffentliches Baurecht Bd. I, § 12 IV 1 b.

[279] *Battis,* in: 100 Jahre Allgemeines Baugesetz Sachsen, S. 507 (515); *Faber,* in: FS Hoppe, S. 425 (438).

angesichts dieser gesetzgeberischen Akzentsetzung[280] stellt sich die Frage, auf welche Weise die auf die Angebotsplanung zugeschnittenen Beteiligungsregelungen unter den Bedingungen der vbBPlanung ihre volle Wirkung entfalten können, d. h. die generierten Äußerungen angemessenen Niederschlag in der Planung finden und die Beteiligung nicht zur Farce wird.[281] Die Beteiligung nach § 3 Abs. 2 BauGB wirft dabei letztlich keine besonderen Probleme auf. Sie bezieht sich wie üblich auf einen bereits präzise erarbeiteten Planentwurf; die aus der Beteiligung hervorgehenden Eingaben sind bei der späteren Endabwägung zu berücksichtigen.[282] Insgesamt ergibt sich keine vom regulären Planaufstellungsverfahren grundlegend abweichende Lage. Schwieriger ist die Situation im Hinblick auf die frühzeitige Bürgerbeteiligung gem. § 3 Abs. 1 BauGB. Es stellt sich die Frage, wann diese stattzufinden hat, damit sie nicht zur bloßen Formalität verkommt. Bei der regulären Planung wird die frühzeitige Beteiligung regelmäßig an den Zeitpunkt des Planaufstellungsbeschlusses (vgl. § 2 Abs. 1 S. 2 BauGB) geknüpft. Dies ist generell angemessen, da zu diesem Zeitpunkt normalerweise noch keine bindenden Planvorstellungen bestehen. Bei der vbBPlanung ist dies aber anders: Falls ein Planaufstellungsbeschluss gefasst wird[283], findet dieser als Teil des Bebauungsplanverfahrens erst nach der Entscheidung der Gemeinde gem. § 12 Abs. 2 BauGB statt. Auf deren Inhalt kann die Beteiligung dann jedenfalls keinen Einfluss mehr haben. Obendrein kann der Planaufstellungsbeschluss auch erst nach den die Planinhalte determinierenden Absprachen zwischen Gemeinde und Investor stattfinden. Zu diesem Zeitpunkt könnte eine frühzeitige Bürgerbeteiligung keinesfalls ihre spezifische Partizipationsfunktion erfüllen.[284] Eine Übertragung des Zeitpunktes Planaufstellungsbeschluss erweist sich mithin für das Verfahren der vbBPlanung als ungeeignet. Die frühzeitige Beteiligung nach § 3 Abs. 1 BauGB muss hier früher erfolgen.[285] Der Telos der Norm legt eine Durchführung der formellen Unterrichtung und Anhörung der Bürger vor wichtigen, d. h. z. B. Vorabbindungen begründenden, Entscheidungen nahe. Welcher Zeitpunkt dies genau ist, kann pauschal, etwa unter Anknüpfung an einen spezifischen Verfahrensschritt, schwer bestimmt werden, da jedes Verfahren einen individuellen Verlauf nimmt und insoweit auch die rechtlichen und faktischen Vorabbindungen zu unterschiedlichen Zeitpunkten einsetzen werden. Hier ist der Einzelfall entscheidend: So ist z. B.

---

280 Vgl. zur Stärkung der Beteiligungsrechte *Battis/Krautzberger/Löhr,* NVwZ 1997, S, 1145 (1150); BT-Drucks. 13/7589, S. 15.

281 Vgl. *Grigoleit,* DV 33 (2000), S. 79 (98); *Battis,* in: 100 Jahre Allgemeines Baugesetz Sachsen, S. 507 (515).

282 Vgl. *Krautzberger,* in: Ernst/Zinkahn/Bielenberg/Krautzberger, § 12 Rn. 130.

283 Ein solcher Aufstellungsbeschluss ist keine Wirksamkeitsvoraussetzung für einen Bebauungsplan, *Battis,* in: Battis/Krautzberger/Löhr, § 2 Rn. 4.

284 Zum Ganzen *Grigoleit,* DV 33 (2000), S. 79 (99). *Finkelnburg/Ortloff,* Öffentliches Baurecht Bd. I, § 12 IV b, kommen vor diesem Hintergrund zu dem Ergebnis, dass die vorgezogene Bürgerbeteiligung aus der „Natur der Sache" ganz entfalle.

285 Vgl. auch *Burgi,* DV 33 (2000), S. 183 (205).

denkbar, dass bereits die Kooperation mit einem bestimmten Investor eine wesentliche Vorentscheidung ist und eine frühzeitige Bürgerbeteiligung angezeigt sein lässt. Der denkbar späteste Zeitpunkt dürfte der Abschluss des Durchführungsvertrages sein.[286]

Die aus der frühzeitigen Beteiligung gewonnenen Erkenntnisse können über den Mechanismus der Abstimmung in den Planungsprozess eingebracht werden; die Gemeinde kann so ihre Berücksichtigung bei der VEP-Erstellung sicherstellen. Ergeben sich bei der Beteiligung nach § 3 Abs. 2 BauGB noch weitere zu berücksichtigende Belange, so ergibt sich aus dem Erfordernis des abgestimmten VEP, dass die Gemeinde den Planentwurf insoweit nicht einseitig ändern darf, sondern sich erneut mit dem Investor abstimmen muss.

cc) Das Problem der nachvollziehenden Abwägung

Zusätzlich und gleichzeitig zu den soeben diskutierten Fragen ergibt sich bei der vbBPlanung durch die private Vorbereitung der Planung die Problemlage der nachvollziehenden Abwägung. Es handelt sich hierbei sogar um den oben beschriebenen „schweren Fall“: Da die Vorbereitung des Investors den ganz überwiegenden Teil des aufzustellenden Planes umfasst und gem. § 12 Abs. 3 S. 1 BauGB zum zwingenden Element des vbBPlanes wird, deutet alles auf eine nahezu komplett nachvollziehende Abwägung hin. Insofern wird sogar geäußert, dass angesichts dieses reinen Nachvollzuges die Unterordnung des vbBPlanes unter eine abwägende, gestalterische Planungsentscheidung i. S. d. § 1 Abs. 7 BauGB verfehlt sei.[287] Nachdem der Gesetzgeber die Regelungsstruktur der vbBPlanung aber bewusst so gestaltet hat, dass sie eine solche Abwägungsentscheidung vorsieht, soll dieser Überlegung nicht weiter nachgegangen werden. Vielmehr ist einmal mehr auf den Anerkennungsaspekt der gesetzlichen Regelung hinzuweisen: Schon vor der Regelung der vbBPlanung war es wie gesagt nicht unüblich, dass es faktisch zu einer Planausarbeitung durch den Investor kam.[288] Dies und die damit verbundenen Abwägungsschwierigkeiten waren dem Gesetzgeber zweifelsohne bekannt. Auch insofern gilt deshalb: Mit der Regelung des § 12 BauGB, die einen umfassenden privaten Planungsentwurf mit gleichzeitiger Anwendbarkeit des Abwägungsgebotes vorsieht, hat der Gesetzgeber wiederum demonstriert, dass er auch die nachvollziehende Abwägung als machbar erachtet.[289]

---

286 *Grigoleit,* DV 33 (2000), S. 79 (99 f.).

287 *Erbguth,* VerwArch 89 (1998), S. 189 (208 f.).

288 *Gaentzsch,* in: Berliner Kommentar, 2. A., § 7 BauGB-MaßnG Rn. 3; vgl. auch *Hoppe,* in: Hoppe / Grotefels, Öffentliches Baurecht (1. Auflage), § 5 Rn. 191; *Hoppe / Beckmann,* DVBl. 1987, S. 1249 (1251) mit weiteren Rechtsprechungsnachweisen; sowie ausführlich *Bachmann,* Verhandlungen, S. 72 ff.

289 *Seidel,* Privater Sachverstand, S. 100; *Pietzcker,* in: Hoffmann-Riem / Schneider (Hrsg.), Verfahrensprivatisierung im Umweltrecht, S. 284 (292 f.).

Bei der vbBPlanung ist also eine kritisch nachvollziehende Abwägung vorzunehmen.[290] Es wurde insoweit dargelegt, dass eine reine nachvollziehende Abwägung zumindest problematisch ist und insofern anzustreben ist, dass der Verwaltung schon im Vorfeld der eigentlichen Abwägungsentscheidung Einblick in und Einfluss auf die Entscheidungsvorbereitung gesichert ist. Für die vbBPlanung lässt sich diese Forderung dahingehend zuspitzen, dass die Gemeinde bereits am Vorbereitungsprozess des Investors letztverantwortlich mitwirken sollte, bevor sie dessen Planentwurf später mit ihrer Planungsentscheidung übernimmt.[291] Die obigen Überlegungen zur staatlichen Letztentscheidung und zur gestuften Abwägung haben ergeben, dass die Gemeinde schon in der Vorbereitungsphase auf den Planungsprozess einwirken kann, vor allem über die Abstimmung. Dadurch wird das Problem der nachvollziehenden Abwägung erheblich entschärft: Die Gemeinde wird letztlich nicht bei ihrer finalen Abwägungsentscheidung mit einer vollständigen privaten Vorbereitung erstmalig konfrontiert – was psychologisch in der Tat ein abwägungsadäquates Alternativdenken extrem erschweren würde. Vielmehr hat die Gemeinde schon in der Vorphase, bevor die Planung diese Suggestivkraft erreicht, eine Vorstellung von der sich langsam konkretisierenden Planung. Schon hier, im Vorfeld der finalen Entscheidung, kann sie ihre planerische Gestaltungsfreiheit wirkungsvoll entfalten und ihre diesbezüglichen Vorstellungen einfließen lassen.[292] Es eröffnen sich Möglichkeiten zur Durchführung von vorgezogenen Abwägungsstufen, von Zwischenabwägungen. Die Situation, dass die Gemeinde sich allein auf ihre Fähigkeit zum Entscheidungsnachvollzug verlassen muss, entsteht also keineswegs in voller Schärfe.

Die oben formulierte Forderung, die Etablierung von entsprechenden Einwirkungsmöglichkeiten im Abwägungsvorfeld anzustreben, ist damit in der Regelungsstruktur der vbBPlanung bereits verwirklicht: Die Abstimmung ist das Instrument, gemeindliche Vorstellungen hinsichtlich der Planung prozessbegleitend einzubringen. Sie erweist sich damit einmal mehr als zentrales Element der Sicherung kommunaler Verfahrensherrschaft.

dd) Ergebnis

Die durch das Zusammenfallen von kooperativer, privatinteressengeleiteter Investorenplanung und gemeinwohlverbundener gemeindlicher Abwägung aufgeworfenen Probleme bei der vbBPlanung lassen sich insgesamt mithilfe einer vor allem auf der Flachglasentscheidung basierenden, differenzierten Abwägungsdogmatik praktisch lösen.

---

290 *Faber*, in: FS Hoppe, S. 425 (436); vgl. auch *Bönker*, in: Hoppe / Bönker / Grotefels, Öffentliches Baurecht, § 13 Rn. 192 (Fn. 8); *Koch / Hendler*, Baurecht, § 14 Rn. 13 ff.

291 So explizit *Faber*, in: FS Hoppe, S. 425 (436); ähnlich *Stüer*, DVBl. 1992, S. 266 (272).

292 Vgl. zu dieser Vorverlagerung *Krautzberger*, in: Ernst / Zinkahn / Bielenberg / Krautzberger, § 12 Rn. 130 und 89 f.; *Battis*, in: 100 Jahre Allgemeines Baugesetz Sachsen, S. 507 (518).

3. Das Problem der Gefährdung formaler Standards des Verwaltungshandelns

a) Problemskizze

Der letzte zu diskutierende Problemkreis ist nicht so spezifisch auf die private Entscheidungsvorbereitung bezogen wie die beiden vorigen. Die Gefährdung von Transparenz und Objektivität des Verwaltungshandelns durch die im Rahmen der vbBPlanung entstehende enge Zusammenarbeit ist Symptom einer allgemeineren Problematik, die bei verantwortungsteilender Aufgabenwahrnehmung virulent wird und unter die sich eine Reihe von Einzelfragen einordnen lassen: Es geht hierbei um die Gefährdung verschiedener formaler Standards des Verwaltungshandelns, die neben den genannten Kriterien Transparenz und Objektivität auch solche wie Publizität sowie die nötige Distanz der Verwaltung zum Objekt ihres Handelns umfassen, durch kooperatives, arbeitsteiliges Zusammenwirken von Staat und Privaten. Zu den sich insoweit stellenden Fragen wurde in den vorhergehenden, spezielleren Ausführungen schon einiges gesagt; auf verschiedene Aspekte ist aber noch weiter einzugehen.

b) Allgemeine Überlegungen zur Gefährdung formaler Standards

aa) Rechtsstaatliche Formalanforderungen an Verwaltungshandeln

Die angesprochenen formalen Anforderungen an das Verwaltungshandeln, die durch die verantwortungsteilende Aufgabenwahrnehmung gefährdet erscheinen, wurzeln vor allem im die Verwaltung in all ihrem Handeln bindenden Rechtsstaatsprinzip. Dieses begründet neben inhaltlichen Anforderungen an das Verwaltungshandeln, z. B. dem Übermaßverbot bzw. Grundsatz der Verhältnismäßigkeit[293], vor allem auch Anforderungen an dessen formale Qualität.[294] Das Rechtsstaatsprinzip verpflichtet die Verwaltung zu einem Handeln, dass von Transparenz, Klarheit, Neutralität, Objektivität, Fairness und Distanz getragen ist.[295] Gerade in dem hier besonders interessierenden Bereich staatlichen Entscheidens spielen diese Standards ein wichtige Rolle. Die Bindung von Entscheidungsfindung und Ent-

---

293 Siehe etwa *Schulze-Fielitz,* in: Dreier, GG, Art. 20 (Rechtsstaat) Rn. 167 ff.; *Sachs,* in: Sachs, GG, Art. 20 Rn. 145 ff.

294 Ein guter Überblick findet sich bei *Schulze-Fielitz,* Dreier, GG, Art. 20 (Rechtsstaat) Rn. 190 ff.

295 *Schmidt-Preuß,* VVDStRL 56 (1997), S. 160 (176). Siehe zu den verschiedenen Elementen *Schulze-Fielitz,* in: Dreier, GG, Art. 20 (Rechtsstaat) Rn. 190 ff.; *Burgi,* Funktionale Privatisierung, S. 373 mwN; vgl. auch *Trute,* in: Schuppert (Hrsg.), Jenseits von Privatisierung und „schlankem" Staat, S. 13 (37). Zur Distanz und ihren Gefährdungen speziell *Di Fabio,* in: FS Fromme, S. 15 (30 f.).

scheidung an gewisse formale Qualitäten tritt neben deren materielle, inhaltliche Determinierung. Besonders in Fällen schwacher materieller Entscheidungsprogrammierung und dem daraus folgenden großen Spielraum der Verwaltung bei der Gemeinwohlkonkretisierung gewinnen formelle Vorgaben, die Art und Weise der Entscheidungsfindung bestimmen, an Bedeutung: Sie dienen dazu, die große Entscheidungsmacht der Verwaltung durch formelle Vorgaben so zu binden, dass eine optimale Gemeinwohlverwirklichung erreicht wird.[296] Im Falle rein staatlicher Aufgabenwahrnehmung greifen insofern die eingangs erwähnten institutionellen Arrangements von Regelungen über Aufgaben, Organisation, Handlungsmaßstäbe, Handlungsinstrumente und Verfahren, die diese rechtsstaatliche Qualität des Verwaltungshandelns grundsätzlich sicherstellen.[297]

bb) Gefährdungen durch verantwortungsteilende Aufgabenwahrnehmung

Bei verantwortungsteilender Aufgabenwahrnehmung tritt ein Akteur ins Aufgabenwahrnehmungsgefüge, dessen Handeln nicht an derlei Anforderungen gebunden ist. Die Problemsituation entspricht der oben beim Legitimationsproblem beschriebenen. Hinsichtlich der rechtsstaatlichen Formalanforderungen ergeben sich diverse, je nach spezieller Verantwortungsteilungskonstellation etwas variierende Gefährdungslagen. So scheinen etwa die rechtsstaatlichen Gebote zur Transparenz und Publizität des Verfahrens in verantwortungsteilenden Strukturen wie der privaten Entscheidungsvorbereitung schwerer zu verwirklichen.[298] Problematisch ist insofern auch die durch Distanzverlust zum Vorbereiter entstehende Gefahr selektiver Interessenverarbeitung.[299] Diese Frage wurde bereits oben erörtert: Letztlich steht damit die Objektivität der Behörde hinsichtlich der zu treffenden Entscheidung in Frage. Dies wird dann noch verstärkt, wenn durch die Exklusivität des Verhältnisses von Verwaltung und involviertem Privaten eine Situation entsteht, in der die Möglichkeiten Dritter zur wirkungsvollen Artikulation leiden[300]; auch dies ist in den Überlegungen zur Bürgerbeteiligung bereits angeklungen. Im Ergebnis droht das rechtsstaatliche Niveau der Aufgabenwahrnehmung *insgesamt*

---

296 *Kirchhof,* in: HdbStR III, § 59 Rn. 162; *Burgi,* DV 33 (2000), S. 183 (195).

297 *Trute,* in: Schuppert (Hrsg.), Jenseits von Privatisierung und „schlankem" Staat, S. 13 (22).; ähnlich *Burgi,* DV 33 (2000), S. 183; *Schulze-Fielitz,* in: Dreier, GG, Art. 20 (Rechtsstaat) Rn. 193.

298 Zum Transparenzproblem – vor allem in Bezug auf ausgehandelte Lösungen – *Kunig/Rublack,* Jura 1990, S. 1 (8).

299 *Kirchhof,* in: HdbStR III, § 59 Rn. 162; *Trute,* in: Schuppert (Hrsg.), Jenseits von Privatisierung und „schlankem" Staat, S. 13 (36 f.). Zur Erforderlichkeit gleichmäßiger Interessenverarbeitung auch *Voßkuhle,* in: Schuppert (Hrsg.), Jenseits von Privatisierung und „schlankem" Staat, S. 47 (65 f.).

300 Vgl. etwa *Bauer,* VerwArch 78 (1987), S. 241 (254 f.); ähnlich *Trute,* DVBl. 1996, S. 950 (956).

zu leiden.[301] Dieses Szenarium ist aus rechtsstaatlicher Sicht inakzeptabel. Auch wenn das Rechtsstaatsprinzip verantwortungsteilende Aufgabenwahrnehmung keineswegs ausschließt: Am fortbestehenden Geltungsanspruch der verschiedenen rechtsstaatlichen Anforderungen kann kein Zweifel bestehen.[302] Die Durchsetzung der rechtsstaatlichen Formalanforderungen erscheint sogar besonders dringend. Denn gerade wenn sich die Verantwortungsstrukturen verkomplizieren, besteht zum Beispiel ein gesteigertes Bedürfnis nach Transparenz und Publizität des Verfahrens, um keine Rechtsschutzmöglichkeiten der von der Aufgabenwahrnehmung Betroffenen zu verkürzen.[303] Das Rechtsstaatsprinzip und die aus ihm folgenden Formalanforderungen sind deshalb besonders in Konstellationen verantwortungsteilender Aufgabenwahrnehmung von hoher Bedeutung.[304] Über Möglichkeiten ihrer Aufrechterhaltung und gegebenenfalls Weiterentwicklung muss nachgedacht werden.

cc) Strukturschaffung als Lösung

Wiederum abzulehnen ist die schlichte Erstreckung der formellen Anforderungen auf den Privaten.[305] Erstens ist dies dogmatisch nicht begründbar, zweitens auch nicht wünschenswert, da wiederum die Vorteile der Integration privater Handlungsrationalität durch diese „Etatisierung" in Frage gestellt würden.[306] Der richtige Weg ist vielmehr erneut darin zu suchen, die Forderung nach einer rechtsstaatlichen Strukturierung an den Staat zu richten: Er ist zur Aufrechterhaltung der beschriebenen rechtsstaatlichen Standards weiterhin verpflichtet.[307] Im Hinblick auf die demokratischen, legitimatorischen Anforderungen an das Verwaltungshandeln, die besonders auf die Verwaltungsentscheidung bezogen sind, wurde oben das Institut der Strukturschaffungspflicht hergeleitet, um die Einwirkungspflicht des Staates auf die Vorphase seiner Entscheidung zu begründen. Die rechtsstaatlichen Formalanforderungen an das Verwaltungshandeln knüpfen im Gegensatz zu den legitimatorischen Anforderungen von vornherein nicht so sehr an den Entscheidungsakt an, sondern sind per se auf die verschiedenen Phasen staatlicher Aufgabenwahrnehmung bezogen, z. B. gerade auch auf die Entscheidungsvorbereitung.[308] Die Pflicht des Staates, den verfassungsrechtlichen Anforderungen

301 Markante Problemskizze bei *Trute,* DVBl. 1996, S. 950 (956).

302 *Trute,* DVBl. 1996, S. 950 (956).

303 Vgl. *Kirchhof,* in: HdbStR III, § 59 Rn. 162; auch *Trute,* DVBl. 1996, S. 950 (956).

304 *Trute,* DVBl. 1996, S. 950 (956).

305 Insofern ist die Formulierung von *Hoppe/Bleicher,* NVwZ 1996, S. 421 (423) zumindest unglücklich, wenn sie sagen, der Gutachter (selbst) sei „an die rechtsstaatlichen Anforderungen gebunden".

306 Siehe § 10 IV 1 b) dd) (1).

307 Vgl. *Schmidt-Preuß,* VVDStRL 56 (1997), S. 160 (175 f.).

308 *Burgi,* Funktionale Privatisierung, S. 374.

im Falle seines Rückzuges aus bestimmten Aspekten der Aufgabenwahrnehmung weiter Geltung zu verschaffen, ist deshalb wesentlich leichter herzuleiten, denn es kommt insofern im Grunde nicht wie beim Demokratieprinzip auf die recht komplizierte Begründung einer Vorwirkung an.[309] Im Ergebnis lässt sich jedenfalls sagen: Das Rechtsstaatsprinzip verweist auf die Notwendigkeit rechtsstaatlicher Formung in Fällen der Verantwortungsteilung.[310] Auch hier geht es um eine Pflicht des Staates, ob man diese Strukturschaffungspflicht nennt oder nicht, rechtsstaatliche Standards durch Etablierung entsprechender Strukturen zu sichern, also durch die rechtliche Gestaltung des Verantwortungsteilungsgefüges den oben formulierten Anforderungen Geltung zu verschaffen.

Konkret hat der Staat rechtsstaatliche Standards vor allem durch die Auferlegung von Pflichten an den Privaten durchzusetzen, z. B. durch Publizitätsgebote oder Auferlegung von Auskunftspflichten[311] und andere Kontrollelemente.[312] Beim Einsatz von Verwaltungshelfern können rechtsstaatliche Gebote die Aufstellung bestimmter Kriterien in Bezug auf den Verwaltungshelfer und seine Tätigkeit bestimmen; ein Beispiel bildet das Gebot des Ausschlusses von Verwaltungshelfern bei Befangenheit.[313] Im Ergebnis kommt es hinsichtlich der genauen Anforderungen hinsichtlich der Sicherung des rechtsstaatlichen Niveaus wiederum stark auf die konkrete Problemlage des Einzelfalles an. Anforderungen an die Gestaltung verantwortungsteilender Aufgabenwahrnehmungsstrukturen zur Sicherung formaler Standards des Verwaltungshandelns sind angesichts der Vielfalt denkbarer Problemkonstellationen auf der hier gesuchten „mittleren Abstraktionsebene“[314] kaum möglich. Die Anforderungen bleiben hier deshalb etwas abstrakter als bei den obigen beiden Problemkreisen. Die angestellten Überlegungen werden aber nunmehr am Fall der vbBPlanung konkretisiert.

c) Formale Standards des Verwaltungshandelns und vbBPlanung

Aspekte der Aufrechterhaltung rechtsstaatlich geforderter formaler Gemeinwohlsicherungen bei der vbBPlanung, die hier weiter ausgeführt werden sollen, betreffen die Neutralität des privaten Entscheidungsvorbereiters und die Transparenz des Verfahrens.

---

309 So auch *Burgi,* Funktionale Privatisierung, S. 374. Andererseits bezieht sich *ders.* im Zusammenhang mit der Sicherung der Neutralität des Verwaltungshelfers wiederum auf die Strukturschaffungspflicht, DV 33 (2000), S. 183 (204).

310 *Trute,* DVBl. 1996, S. 950 (956).

311 *Trute,* DVBl. 1996, S. 950 (957).

312 Vgl. *Schmidt-Preuß,* VVDStRL 56 (1997), S. 160 (172 ff.).

313 *Hoppe/Bleicher,* NVwZ 1996, S. 421 (423).

314 Siehe nochmals § 10 I.

aa) Neutralität des Verwaltungshelfers

Im Hinblick auf den Einsatz von Privaten (Verwaltungshelfern) bei der staatlichen Aufgabenwahrnehmung wurde soeben unter anderem festgestellt, dass aus rechtsstaatlichen Gründen auf deren Unbefangenheit, also letztlich Neutralität und Objektivität hinsichtlich ihrer Beitragserbringung zu achten ist und der Staat diese gegebenenfalls sicherstellen muss – etwa durch Ausschluss befangener Verwaltungshelfer.

Bei der vbBPlanung ist unmittelbar klar, dass von Objektivität und Neutralität des Investors keine Rede sein kann. Mögen diese Eigenschaften bei einem von der Gemeinde verpflichteten privaten Planungsbüro im regulären Bauplanungsverfahren zumindest generell vorliegen, ist bei der Investorenplanung gerade das Eigeninteresse treibende Kraft der Planungsinitiative. Dass sich der Investor mit der Gemeinde über die Planvorbereitung abstimmen muss, macht ihn keineswegs zum gemeinwohlorientierten Akteur[315], sondern dürfte von ihm als notwendiges Übel empfunden werden, dem er sich so weit wie nötig zu fügen hat. Für die Nutzung selbstregulativer Beiträge bei der Aufgabenwahrnehmung, und als so ein Fall wurde die vbBPlanung eingeordnet, ist die Triebkraft des Eigeninteresses aber gerade typisch und gewollt.[316] Insofern wäre es sinnwidrig, in solchen Fällen von der Gemeinde eine Sicherstellung der Neutralität des Vorbereiters zu fordern, denn dies würde der (selbst-)regulativen Logik solcher Regelungskonzepte mit den hierbei intendierten positiven Effekten zuwiderlaufen.[317] Die Befangenheit des Vorbereiters wird durch die Regelung des § 12 BauGB letztlich explizit akzeptiert. Eine rechtsstaatliche Anforderung an den Staat zur Neutralitätssicherung kann also im Fall der vbBPlanung nicht bestehen.

Damit ist nicht gesagt, dass dies unproblematisch ist; es entsteht ein aus rechtsstaatlicher Sicht negativer Faktor für die Aufgabenerfüllung. Der Gesetzgeber kann aber durchaus auch auf andere Weise für die Aufrechterhaltung gemeinwohlwahrender Standards sorgen, etwa durch Verstärkung der Kontroll- bzw. Einflussmöglichkeiten des gemeinwohlverpflichteten staatlichen Akteurs. Hinsichtlich der vbBPlanung ist insofern wiederum auf die immer wieder thematisierte Abstimmung zu verweisen, die eine Artikulation und Durchsetzung von Gemeinwohlbelangen beim eigennützig handelnden Verwaltungshelfer ermöglicht. Dies bedeutet nicht, dass das rechtsstaatliche Niveau einer Aufgabenerfüllung als Nullsummenspiel zu verstehen ist. Es ist aber auf den staatlichen (vor allem gesetzgeberischen) Gestaltungsspielraum zu verweisen, rechtsstaatliche Anforderungen in verschiedener Weise zu konkretisieren. Das Rechtsstaatsprinzip besitzt nicht eine so genaue, verfassungsunmittelbar determinierende Kraft wie etwa das Demokratieprinzip, sondern ist von vornherein im höheren Maße von verschiedenartigen

315 *Faber,* in: FS Hoppe, S. 425 (435).

316 Vgl. auch *Burgi,* DV 33 (2000), S. 183 (202).

317 Ebenso *Burgi,* DV 33 (2000), S. 183 (204); *Faber,* in: FS Hoppe, S. 425 (435).

gesetzgeberischen Konkretisierungen abhängig.[318] Es ermöglicht durchaus eine einzelfalladäquate inhaltliche Ausgestaltung der Formalanforderungen in einer Weise, die dem erhofften Effekt der Verantwortungsteilung, etwa dem Zukauf gesellschaftlicher Handlungsrationalität, gerecht wird.[319]

bb) Transparenz des Verwaltungshandelns

Gerade aufgrund der Einschätzung, dass die Voreingenommenheit des Investors zu akzeptieren ist, verdient die Transparenzfrage besondere Aufmerksamkeit. Transparenz ist eine wichtige rechtsstaatliche und auch demokratische (An-)Forderung an das Verwaltungshandeln.[320] *Achterberg* spricht vom Erfordernis der Durchsichtigkeit des Verwaltungshandelns; dieses hat das Ziel, dass für den Bürger das Verwaltungshandeln verstehbar ist.[321] Für den Bürger muss generell deutlich werden, was die Verwaltung tut und wie und warum sie es tut. Man spricht insoweit auch von einem Transparenzgebot.[322] Die Transparenz des Verwaltungshandelns ist unter anderem die Voraussetzung dafür, dass Bürger ihre Vetopositionen wirkungsvoll nutzen können. Denn je undurchsichtiger Verwaltungshandeln ist, desto schwieriger wird es für den Bürger, es konkret kritisch zu beurteilen und Kritik oder auch Anregungen im geeigneter Weise zu artikulieren, etwa im Wege der Partizipation oder der Inanspruchnahme von Rechtsschutzmitteln. Es ist offensichtlich, dass der Transparenz des Verwaltungshandelns bei einer kooperativen Investorenplanung (wie bei kooperativem, aushandelndem Verwaltungshandeln generell) Gefahr droht: Die im Rahmen der Abstimmung stattfindenden Aushandlungsprozesse und die dadurch entstehende gewisse Exklusivität des Verhältnisses Gemeinde-Investor legen eine undurchsichtige, „geheime" Planung zumindest nahe.

Zunächst ist festzustellen, dass bereits durch die gesetzliche Regelung der vbBPlanung samt Verfahren, ihrer einzelnen Elemente und deren Verhältnis zueinander eine gewisse Transparenz erreicht wird. Aufgrund der vorgenommenen Verantwortungszuweisungen ist die Zuordnung der Beiträge der Beteiligten recht gut möglich.[323] Für den Bürger wird ersichtlich, was die Verwaltung tut und welche Rolle der Investor im Verfahren spielt und spielen darf. Dies ist als Fortschritt gegenüber der früheren Praxis von Investorenplanungen zu sehen, für die es im Gesetz überhaupt keinen Ansatzpunkt gab. Allein die Tatsache der Formalisierung des Informalen trägt mithin zumindest zur Transparenz bei, ohne dass damit per se

---

318 *Burgi,* DV 33 (2000), S. 183 (190).

319 Vgl. *Burgi,* DV 33 (2000), S. 183 (202).

320 Siehe etwa *Schmidt-Preuß,* VVDStRL 56 (1997), S. 160 (176); *Trute,* DVBl. 1996, S. 950 (956). Zu betonen ist, dass das Transparenzerfordernis ebenfalls im Demokratieprinzip wurzelt; vgl. etwa *Kunig/Rublack,* Jura 1990, S. 1 (8).

321 *Achterberg,* Allgemeines Verwaltungsrecht, § 19 Rn. 40.

322 Vgl. *Kunig/Rublack,* Jura 1990, S. 1 (8).

323 Vgl. *Burgi,* DV 33 (2000), S. 183 (203).

den Transparenzanforderungen genügt wird. Denn es bleibt ja trotz gesetzlicher Anerkennung beim die Intransparenzgefahr begründenden exklusiven Zusammenwirken von Investor und Gemeinde. Entscheidend ist insoweit, inwieweit in der Regelungsstruktur der vbBPlanung im Einzelnen transparenzsichernde Elemente verankert sind.

Als denkbare Transparenzsicherung in der Regelungsstruktur kommt zunächst wiederum die von § 12 BauGB geforderte Abstimmung in den Sinn, die sich bereits mehrfach als wirkungsvolles Sicherungsinstrument demokratisch-rechtsstaatlicher Standards erwiesen hat. Im Hinblick auf die Transparenz des Verwaltungshandelns geht es allerdings nicht um die Einflussmöglichkeiten der Gemeinde auf die Vorbereitung des Investors, die durch das Abstimmungsgebot gesichert werden. Die durch die Abstimmung entstehende Verhandlungssituation ist vielmehr gerade Teil dessen, worauf sich die Bedenken hinsichtlich der Transparenz beziehen. Das Abstimmungsgebot trägt deshalb zur Auflösung des Exklusivitätsverhältnisses zwischen zuständigem Gemeindeorgan und Investor bzw. zur Förderung der Durchsichtigkeit des Verwaltungshandelns nichts bei.

Als Transparenzsicherung in der Regelungsstruktur der vbBPlanung zeigt sich aber deren Unterwerfung unter die allgemeinen Regeln der Beteiligung, §§ 3–4a) BauGB. Insbesondere die Bürgerbeteiligung gem. § 3 BauGB erlangt hier große Bedeutung. Wiederum ist zwischen den zwei Stufen der Beteiligung zu unterscheiden. Das förmliche Beteiligungsverfahren, § 3 Abs. 2 BauGB, führt zwar zur Eröffnung von Artikulationsmöglichkeiten. Allerdings findet diese erst zu einem Zeitpunkt statt, wo die Phase der Kooperation im Wesentlichen bereits beendet ist. Die aufgrund der Verantwortungsteilung zu befürchtende Intransparenz kann sie demnach nicht mehr verhindern. Wichtig wird deswegen die frühzeitige Bürgerbeteiligung, § 3 Abs. 1 BauGB. Diese Stufe der Bürgerbeteiligung erfordert die Offenlegung der Planungsabsichten in einem frühen Stadium, da sie sonst nicht wirksam durchgeführt werden kann. Insofern ist auf obige Ausführungen zur Beteiligung im Vorfeld der Abwägungsentscheidung zu verweisen. Die Anwendbarkeit des § 3 Abs. 1 BauGB fordert der Verwaltung insofern transparentes Handeln ab. Dem materiellen Gehalt des § 3 BauGB kann also im Hinblick auf die vbBPlanung das Verbot von Geheimverhandlungen entnommen werden.[324] Die frühzeitige Bürgerbeteiligung wird damit zum entscheidenden Element der Schaffung von Transparenz im vbBPlanungsverfahren.[325]

Die Regelungsstruktur der vbBPlanung begegnet mithin der Gefahr der Intransparenz durch die normative Verankerung der transparenzsichernden Beteiligung. Auch insofern sorgt sie für die angemessene normative Strukturierung verantwortungsteilender Aufgabenwahrnehmung.

324 *Grigoleit,* DV 33 (2000), S. 79 (99).

325 *Grigoleit,* DV 33 (2000), S. 79 (100).

V. Zusammenfassung

Involviert der Staat Private in seine Aufgabenerfüllung, handelt er also verantwortungsteilend, so darf dies nicht zu einer Aufweichung seiner verfassungsrechtlichen Bindungen führen. Aus diesem Grund können sich aus den relevanten Verfassungsvorgaben, vor allem dem Demokratie- und Rechtsstaatsprinzip, besondere Anforderungen an den Staat ergeben, das erforderliche verfassungsrechtliche Niveau der Aufgabewahrnehmung zu erhalten. Bei der gesetzlichen Regelung neuer Aufgabenwahrnehmungskonzepte ist für eine normative Strukturierung derselben zu sorgen, die den verfassungsrechtlichen Anforderungen Rechnung trägt, etwa mittels Kontrollnormen, Sicherungen von Drittrechten etc. Der Gesetzgeber hat für die vbBPlanung mit § 12 BauGB und den sonstigen anwendbaren Normen des Planungsrechts, speziell § 3 BauGB, eine Regelungsstruktur geschaffen, die den erarbeiteten verfassungsrechtlichen Anforderungen gerecht wird: Die entstehenden Problemlagen sind auf der Grundlage dieser Regelungsstruktur allesamt bewältigbar. Die vbBPlanung ist damit ein Beispiel, ein Leitbild[326] für die Bewältigung verfassungsrechtlicher Problemlagen bei verantwortungsteilender Aufgabenwahrnehmung.

§ 11 Verwaltungsrechtlicher Systemgedanke, rechtsstaatliche Formenlehre und vorhabenbezogene Bebauungsplanung

I. Erkenntnisinteresse des Kapitels

Im letzten Kapitel dieser Untersuchung wird der Frage nachgegangen, wie sich die vbBPlanung aus der Perspektive des allgemeinen Verwaltungsrechts und seiner Dogmatik darstellt. Damit ist wiederum eine wichtige Problemebene der juristischen Bewältigung des Aufgabenwahrnehmungswandels angesprochen, nämlich die Frage, in welcher Weise dieser Wandel mit dem Instrumentarium des allgemeinen Verwaltungsrechts erfassbar ist und welche Anforderungen sich an dessen Weiterentwicklung ergeben. Im Folgenden wird zunächst die Bedeutung des allgemeinen Verwaltungsrechts und seine Herausforderung durch den Wandel staatlicher Aufgabenwahrnehmung skizziert. Im Anschluss daran wird am Fall der vbBPlanung die Fähigkeit des allgemeinen Verwaltungsrechts überprüft, neue Aufgabenwahrnehmungskonzepte durch seine Formen und Institutionen zu erfassen.

---

326 Vgl. *Grigoleit,* DV 33 (2000), S. 79 (100).

II. Wandel der Aufgabenwahrnehmung und allgemeines Verwaltungsrecht

1. Ausgangspunkt: Zur Bedeutung des allgemeinen Verwaltungsrechts

Die zahllosen Sondermaterien des Verwaltungsrechts, zu denen auch das Baurecht gehört, werden allesamt durch das allgemeine Verwaltungsrecht, quasi den allgemeinen Teil des Verwaltungsrechts, verklammert. In ihm sind die Grundelemente und Prinzipien des Verwaltungsrechts zusammengefasst, die im Wesentlichen für all die verschiedenen Gebiete des besonderen Verwaltungsrechts Geltung beanspruchen.[327] Zum allgemeinen Verwaltungsrecht werden üblicherweise Handlungsformenlehre, Organisationsrecht, Verfahrensregeln sowie auch das Staatshaftungsrecht gezählt.[328] Das allgemeine Verwaltungsrecht ist das Ergebnis dogmatischer Bemühungen, diese übergreifenden Materien aus der Vielfalt der Spezialgebiete des Verwaltungsrechts zu destillieren, mit dem Ziel, ein „Gefüge juristischer Begriffe, Institutionen, Grundsätze und Regeln (...), die als Bestandteil der positiven Rechtsordnung unabhängig von einer gesetzlichen Fixierung allgemein Anerkennung und Befolgung beanspruchen"[329], sichtbar zu machen.[330] Es ist nicht umfassend gesetzlich fixiert bzw. kodifiziert. Mit dem VwVfG besteht aber ein Gesetz, das – allerdings mit einer gewissen Verwaltungsaktszentriertheit – einen großen Teil des allgemeinen Verwaltungsrechts in sich aufgenommen hat.[331]

Das allgemeine Verwaltungsrecht besteht nicht lediglich aus einzelnen, zusammenhanglosen Elementen, sondern ist vom Anspruch gekennzeichnet, diese einzelnen Elemente in einem systematischen Gefüge zueinander in Beziehung zu setzen.[332] Die Institutionen, Formen etc. des allgemeinen Verwaltungsrechts sind insofern auch als Systembausteine zu denken, die miteinander verknüpft werden. Der ausgeprägte systematische Anspruch ist ein Charakteristikum der deutschen Verwaltungsrechtswissenschaft[333] und erinnert an die früheren Entwicklungen der Zivilrechtswissenschaft im 19. Jahrhundert.[334] „Rechtswissenschaft zumindest ist

---

327 *Wolff/Bachof/Stober,* Verwaltungsrecht Bd. 1, § 21 Rn. 7, *Schmidt-Aßmann,* DV 27 (1994), S. 137.

328 So etwa *Schmidt-Aßmann,* Das allgemeine Verwaltungsrecht als Ordnungsidee, S. 1.

329 *Brohm,* VVDStRL 30 (1972), S. 245 (246) mwN; *Schmidt,* VerwArch 91 (2000), S. 149.

330 Vgl. *Burgi,* DV 33 (2000), S. 183 (196).

331 *Thieme,* DÖV 1996, S. 757 (758).

332 Zum Systemgedanken im allgemeinen Verwaltungsrecht umfassend *Schmidt-Aßmann,* Das allgemeine Verwaltungsrecht als Ordnungsidee, S. 2 ff.

333 Frühe Ansätze finden sich bereits bei *Friedrich Franz von Mayer* und *Otto Mayer.* Siehe hierzu *Schmidt-Aßmann,* Das allgemeine Verwaltungsrecht als Ordnungsidee, S. 2 f.

334 Ähnlich *Thieme,* DÖV 1996, S. 757 (758).

systematisch oder sie ist nicht“: Dieses Credo, formuliert von *H. J. Wolff*[335], ist kennzeichnend für den Anspruch der deutschen Verwaltungsrechtswissenschaft.[336]

Dem allgemeinen Verwaltungsrecht kommen verschiedene wichtige Funktionen zu. Von großer Bedeutung ist zunächst die rechtspraktische[337] Entlastungsfunktion einer rechtsgebietsübergreifenden allgemeinen Dogmatik. Die allgemeinen dogmatischen Festlegungen ermöglichen, dass grundsätzliche Sach- und Wertungsfragen nicht bei jeder Rechtskonkretisierung erneut aufgeworfen und diskutiert werden müssen.[338] Für viele im Verwaltungsalltag immer wieder auftretende Fragen werden in abstrakter Form Aussagen bereitgehalten, die Standardantworten ermöglichen.[339] Kann man den Einzelfall, das Einzelproblem, welchem Bereich des besonderen Verwaltungsrechts es auch entstammen mag, zu den bereits durchgebildeten dogmatischen Begriffen, Institutionen und Grundsätzen in Beziehung setzen, so erlaubt dies den Zugriff auf bereits existierende Problemlösungen. Durch die systematische Vernetzung der Einzelelemente ergeben sich weiterhin Antworten auf zahlreiche Folgeprobleme. Die Zuordnung zeitigt gleichsam Systemfolgen.[340] Dem allgemeinen Verwaltungsrecht kommt also eine Speicherfunktion zu.[341] Diese Überlegungen werden später im Rahmen der späteren Ausführungen zu den Handlungs- und Organisationsformen noch plastischer werden.

Die für das allgemeine Verwaltungsrecht charakteristische Typisierung und systematische Durchbildung dient aber keineswegs nur, vielleicht noch nicht einmal in erster Linie der beschriebenen rechtspraktischen Funktion. Folge der durch die Zurückführung der Vielfalt der Lebenssachverhalte auf einen überschaubaren Fundus von Strukturelementen geförderten Etablierung von Rechtsanwendungsroutinen ist eine größere Anwendungssicherheit, die Rechtsanwendung wird stabilisiert. Selbst wo Einzelfälle durch das System nicht recht erfassbar sind, kann das systematische Denken Gemeinsamkeiten zu den „Standardsituationen“ verdeutlichen und insofern zu einer stringenten Rechtsanwendung beitragen.[342] Für den Bürger erhöht sich die Transparenz des Verwaltungshandelns und seiner rechtlichen Maßstäbe. Das allgemeine Verwaltungsrecht ist deshalb auch ein wichtiger „Träger und Ausdruck der wichtigen allgemeinen rechtsstaatlichen Interessen der Rechtssicherheit und Vorhersehbarkeit“ .[343]

---

335 *Wolff*, Studium Generale 1952, S. 195 (205).

336 Vgl. auch *Thieme*, DÖV 1996, S. 757 f.

337 *Schmidt-Aßmann*, DV 27 (1994), S. 137 (139 f.).

338 *Brohm*, VVDStRL 30 (1972), S. 245 (247); *Ossenbühl*, JuS 1979, S. 681.

339 *Schmidt-Aßmann*, Das allgemeine Verwaltungsrecht als Ordnungsidee, S. 4.

340 *Schmidt-Aßmann*, DVBl. 1989, S. 533; vgl. auch *Schmidt-Aßmann*, DV 27 (1994), S. 137 (139 f.).

341 *Schmidt-Aßmann*, Das allgemeine Verwaltungsrecht als Ordnungsidee, S. 4; *Schuppert*, Verwaltungswissenschaft, S. 145; *Schulze-Fielitz*, DVBl. 1994, S. 657 (661).

342 Zum Ganzen *Schmidt-Aßmann*, DVBl. 1989, S. 533.

343 *Schmidt-Aßmann*, DV 27 (1994), S. 137 (140).

Das System des allgemeinen Verwaltungsrechts darf nicht als statische Konstruktion verstanden werden.[344] Denn es kann seine genannten wichtigen Funktionen nicht mehr wahrnehmen, wenn es sich von der Verwaltungswirklichkeit entfernt. Es würde dann seinen Sinn einbüßen. Insofern erreicht das allgemeine Verwaltungsrecht nie einen Endzustand, es besteht ständiger Reformbedarf.[345] Die fortwährende systematische Durchdringung und Ordnung der Fülle des sich stetig verändernden Rechtsstoffes und die entsprechende Fortentwicklung der allgemeinen Lehren ist deshalb eine zentrale Aufgabe der Verwaltungsrechtswissenschaft.

2. Herausforderungen durch den Wandel staatlicher Aufgabenwahrnehmung

Das allgemeine Verwaltungsrecht steht gerade angesichts des Wandels staatlicher Aufgabenwahrnehmung vor beträchtlichen Herausforderungen. Dieser stellt einige der Vorstellungen in Frage, die bei der dogmatischen Verdichtung der Institutionen des allgemeinen Verwaltungsrechts noch weitgehend nicht anzweifelbar waren. Genannt sei nur die Durchsetzung von kooperativen gegenüber hierarchischen Begegnungsmustern.[346] Im Recht wird der Wandel der Aufgabenwahrnehmung vor allem in den Referenzgebieten der Modernisierung wie dem Bau-, Umwelt- und Sozialrecht sichtbar. Das allgemeine Verwaltungsrecht ist im Vergleich dazu nach wie vor viel stärker von einem traditionellen Bild der Verwaltung geprägt. Viele neue Tendenzen der Verwaltungswirklichkeit – Absprachen, Einbeziehung Privater in die Aufgabenerfüllung – werden im allgemeinen Verwaltungsrecht kaum reflektiert. Insgesamt stellt sich die Frage, inwieweit dessen hergebrachte Institutionen neue Aufgabenwahrnehmungsformen in einer der wichtigen Funktion des allgemeinen Verwaltungsrechts entsprechenden Weise hinreichend erfassen können. Es wäre bedenklich, wenn die Verwaltungspraxis am transparenzsichernden System des allgemeinen Verwaltungsrechts de facto vorbei ginge. Und wenn die notwendige dogmatische Begleitung der neuen Entwicklungen sich ganz in die Spezialgebiete des besonderen Verwaltungsrechts verlagerte, würde das die Einheit des Verwaltungsrechts stiftende allgemeine Verwaltungsrecht auch insgesamt marginalisiert werden. Jeder Rechtsbereich droht dann unter dem (trügerischen) Eindruck spezieller Sachnotwendigkeiten eine Sonderdogmatik zu entwickeln; eine Entwicklung in Richtung „Eingeweihtenjurisprudenz"[347] und die Wegbewegung von der Einheit der Rechtsordnung wären die

344 Ausführlich *Brohm,* VVDStRL 30 (1972), S. 245 (248 f.).

345 *Kunig,* DVBl. 1992, S. 1193, unter Berufung auf *Schmidt-Aßmann,* DVBl. 1989, S. 533 (535); auch *Burmeister,* VVDStRL 52 (1993), S. 190 (207).

346 Siehe für den hiesigen Zusammenhang nur *Pauly,* in: Becker-Schwarze / Köck / Kupka / Schwanenflügel (Hrsg.), Wandel der Handlungsformen im öffentlichen Recht, S. 25 (26).

347 *Di Fabio,* VVDStRL 56 (1997), S. 235 (275).

Folge.[348] Deshalb bleibt es gerade angesichts der differenzierten Entwicklungen in den einzelnen besonderen Rechtsgebieten, genannt seien wiederum nur Bau-, Umwelt- und Sozialrecht, weiterhin ein wichtiges Ziel, übergreifende Strukturen sichtbar zu machen und am Ideal eines starken und funktionstüchtigen allgemeinen Verwaltungsrechts festzuhalten. Insofern besteht für das allgemeine Verwaltungsrechts konkreter Reformbedarf.[349] Die Verwaltungsrechtsdogmatik ist gefordert, den neuen Entwicklungen entsprechende „(...) Typen von Verwaltungsverfahren unterschiedlich vorstrukturierter Regelungsdichte zu entwickeln sowie dazu neue Entscheidungstypen der Verwaltung in Gestalt verschiedener Handlungsformen und Organisationsformen bereitzustellen".[350] Insbesondere von letzteren wird noch die Rede sein.

Bei aller Berechtigung der Forderung, dass das allgemeine Verwaltungsrecht die Verwaltungswirklichkeit hinreichend abbilden sollte, muss aber auch zur Vorsicht ermahnt werden.[351] Es ist darauf zu achten, dass es zu keinem Wildwuchs neuer Handlungs-, Organisations- und Verfahrensformen kommt. Denn je vielgestaltiger der Formenkanon wird, desto weniger können Speicherfunktion und Anwendungsroutine aufrechterhalten werden. Die Stärke des allgemeinen Verwaltungsrechts liegt gerade in der komplexitätsreduzierenden Beschränkung auf ein begrenztes Repertoire. Überdifferenzierung verwässert den segensreichen Bündelungseffekt von Rechtsformen.[352] Bei den Bemühungen zur Erfassung neuer Aufgabenwahrnehmungsmodelle mithilfe der dogmatischen Bausteine des allgemeinen Verwaltungsrechts sollte deshalb wie folgt vorgegangen werden: Zunächst ist festzustellen, ob das hergebrachte Instrumentarium dogmatischer Bausteine ausreicht, oder ob die Innovationen so weitgehend sind, dass diese hiermit nicht mehr adäquat erfasst werden können. In diesem Fall gibt es zwei Möglichkeiten. Zunächst können einzelne dogmatische Figuren behutsam fortentwickelt, z. B. erweitert werden. Weitergehender ist die Option, neue Bausteine zu entwickeln und sie in das System einzufügen.[353] Generell muss dabei das Ziel vor Augen bleiben, sich stets um

---

[348] Schon früh zu den damit einhergehenden Gefahren *Brohm,* VVDStRL 30 (1972), S. 245 (248 f.); vgl. zum Ganzen auch *Schuppert,* Verwaltungswissenschaft, S. 150; *Voßkuhle,* DV 32 (1999), S. 545 (551).

[349] Mit besonderem Fokus auf die Rechtsformen des Verwaltungshandelns *Schuppert,* Verwaltungswissenschaft, S. 150 ff.; vgl. auch allgemein *Schmidt-Aßmann,* in: Hoffmann-Riem / Schmidt-Aßmann / Schuppert (Hrsg.), Reform des allgemeinen Verwaltungsrechts, S. 11 ff.

[350] *Pitschas,* in: Blümel / Pitschas (Hrsg.), Reform des Verwaltungsverfahrensrechts, Schriftenreihe der Hochschule Speyer, Bd. 114, S. 229 (237); *Ziekow,* in: ders. (Hrsg.), Public Private Partnership, S. 25 (31).

[351] *Kunig,* DVBl. 1992, S. 1193.

[352] Siehe nur *Schmidt-Aßmann,* DVBl. 1989, S. 533 (541).

[353] *Di Fabio,* in: Becker-Schwarze / Köck / Kupka / Schwanenflügel (Hrsg.), Wandel der Handlungsformen im öffentlichen Recht, S. 47 (51). Vgl. auch *Schuppert,* Verwaltungswissenschaft, S. 152 f.; *Gusy,* in: ders. (Hrsg.), Privatisierung Staatsaufgaben: Kriterien – Grenzen – Folgen, S. 330 (337).

größtmögliche Verallgemeinerbarkeit der Entwicklungen zu bemühen, also eine ausreichende Abstraktionshöhe einzuhalten.[354]

III. VbBPlanung und allgemeines Verwaltungsrecht

Die vbBPlanung wird nun im Hinblick auf ihre Erfassbarkeit durch Strukturen des allgemeinen Verwaltungsrechts untersucht. Dabei werden die Möglichkeiten und Grenzen des allgemeinen Verwaltungsrechts bei der Erfassung neuer Aufgabenwahrnehmungsformen deutlich werden. Zunächst wird eine Zuordnung der unterschiedlichen Verwaltungshandlungen bei der vbBPlanung zu den Rechtsformen des Verwaltungshandelns versucht. Sodann wird über die Rolle des Investors im Planungsprozess aus der Perspektive des Verwaltungsorganisationsrechts nachgedacht.

1. VbBPlanung und Rechtsformen des Verwaltungshandelns

a) Wandel der Aufgabenwahrnehmung und Rechtsformen des Verwaltungshandelns

Die Herausforderung an die Verwaltungsrechtsdogmatik durch den Wandel der Aufgabenwahrnehmung wird im Bereich der Rechtsformen des Verwaltungshandelns besonders deutlich, denn Aufgabenwahrnehmung bedeutet notwendigerweise auch Handeln der Verwaltung. Dementsprechend findet in diesem Bereich eine besonders lebendige Diskussion über neue Entwicklungen statt.[355] Ausgangspunkt jedweder Überlegungen zu diesem Thema ist zunächst die Klarstellung des Unterschiedes zwischen dem tatsächlichen Handeln der Verwaltung und den dazu von der Rechtsordnung zur Verfügung gestellten Rechtsformen für dieses Handeln.[356] Verwaltungshandeln ist das der Administration zurechenbare Verhalten, das in einem Tun, Dulden oder Unterlassen besteht.[357] Dieses tatsächliche Handeln ist unendlich vielfältig; man kann es allerdings kategorisierend einteilen in verschiedene *Handlungsformen,* etwa in die Trias Normerlasse (Rechtsverordnungen, Satzungen), Willenserklärungen (VA, öffentlich-rechtlicher Vertrag) und Verwaltungsrealakte.[358] Einen im Verhältnis zu diesen Handlungsformen engeren (Unter-)

[354] *Schmidt-Aßmann,* DVBl. 1989, S. 533 (534).

[355] *Pitschas,* in: Blümel / Pitschas (Hrsg.), Reform des Verwaltungsverfahrensrechts, Schriftenreihe der Hochschule Speyer, Bd. 114, S. 229 (241 ff.).

[356] Hierzu ausführlich *Pauly,* in: Becker-Schwarze / Köck / Kupka / Schwanenflügel (Hrsg.), Wandel der Handlungsformen im öffentlichen Recht, S. 25 (31 ff.); *Schuppert,* Verwaltungswissenschaft, S. 141; sowie *Schulze-Fielitz,* DVBl. 1994, S. 657 (661); *Battis,* Allgemeines Verwaltungsrecht, S. 104; *Ossenbühl,* JuS 1979, S. 681 f.

[357] *Schmidt-Aßmann,* DVBl. 1989, S. 533.

[358] So die Einteilung bei *Battis,* Allgemeines Verwaltungsrecht, S. 103 f.

Begriff[359] begründen die in diesem Abschnitt im Mittelpunkt stehenden *Rechtsformen* des Verwaltungshandelns: Der Vielfalt des tatsächlichen Verwaltungshandelns steht eine limitierte Anzahl von *rechtlichen* Formen des Handelns gegenüber. Diese Rechtsformen sind vertypte Handlungsausschnitte, die besonderen Rechtsanforderungen unterstellt sind.[360] An eine Rechtsform des Verwaltungshandelns knüpfen sich wiederum rechtliche Folgen (Systemfolgen[361]); diese sind sozusagen in der Form gespeichert.[362] Die Rechtsformen bilden damit neuralgische Punkte im System des Verwaltungsrechts. Das eindrucksvollste Beispiel für die beschriebene Speicherwirkung und systematische Anschlussfähigkeit bildet im Handlungsrechtsformenrepertoire des Verwaltungsrechts der Verwaltungsakt, mittlerweile legaldefiniert (§ 35 VwVfG), aber ursprünglich eine Schöpfung verwaltungsdogmatischer Typenbildung. Lässt sich ein Verwaltungshandeln als Verwaltungsakt einordnen, so sind damit zentrale Fragen wie Verfahren und Form, Widerrufs- und Rücknahmemöglichkeit, Rechtsschutz[363] etc. bereits beantwortet.[364] Auf diesen – in diesem Fall zum großen Teil im VwVfG normierten – Fundus von Antworten kann zurückgegriffen werden, egal in welchem Spezialgebiet des besonderen Verwaltungsrechts der VA Verwendung findet.[365]

Die Rechtsformen des Verwaltungshandelns werden nicht um ihrer selbst Willen und ihrer Passgenauigkeit im System wegen kreiert. Sie sind zunächst Zweckschöpfungen, mit denen die Verwaltung für ihr Handeln mit geeigneten Rechtsinstrumenten ausgestattet (sie haben insofern eine Bereitstellungsfunktion[366]) und mit denen dieses zugleich rechtsstaatlich diszipliniert wird.[367] Die Rechtsformen haben also instrumentellen Charakter.[368] Wegen dieses instrumentellen Charakters entsteht Reformdruck, wenn die Verwaltungswirklichkeit sich verändert: Die Rechtsformenlehre hat die Aufgabe, das administrative Handeln in der Verwaltungswirklichkeit in seiner Breite und Vielfalt zu erfassen und der rechtsstaatlichen Maßstabsfunktion des Verwaltungsrechts zu unterstellen.[369] Gerade angesichts die-

---

359 Von Ober- und Unterbegriff sprechen insoweit *Battis,* Allgemeines Verwaltungsrecht, S. 104; *Schuppert,* Verwaltungswissenschaft, S. 142.

360 *Schmidt-Aßmann,* DVBl. 1989, S. 533.

361 *Schmidt-Aßmann,* DVBl. 1989, S. 533. Vgl. § 11 II 1.

362 *Schulze-Fielitz,* DVBl. 1994, S. 657 (661); *Schuppert,* Verwaltungswissenschaft, S. 141.

363 Den Aspekt der Anknüpfung des Rechtsschutzes an die Rechtsform betont *Schulze-Fielitz,* DVBl. 1994, S. 657 (661 f.).

364 *Schuppert,* Verwaltungswissenschaft, S. 141; *Schmidt-Aßmann,* DVBl. 1989, S. 533; *Schulze-Fielitz,* DVBl. 1994, S. 657 (661).

365 Wenn der Gesetzgeber an eine Rechtsform ganze Bündel von Folgeregelungen knüpft, kann darin eine gezielte Nutzung des beschriebenen Speichereffektes liegen; *Schmidt-Aßmann,* Das allgemeine Verwaltungsrecht als Ordnungsidee, S. 4 f.

366 *Schuppert,* Verwaltungswissenschaft, S. 148 f.; *Ziekow,* in: ders. (Hrsg.), Public Private Partnership, S. 25 (31).

367 *Schmidt-Aßmann,* DVBl. 1989, S. 533 (535); *Ossenbühl,* JuS 1979, S. 681 f.

368 Vgl. *Burmeister,* VVDStRL 52 (1993), S. 190 (207); *Ossenbühl,* JuS 1979, S. 681.

369 *Burmeister,* VVDStRL 52 (1993), S. 190 (194).

ser rechtsstaatlichen Funktion ist es wichtig, dass die Formenlehre mit den tatsächlichen Entwicklungen in der Verwaltung zumindest halbwegs Schritt hält. Daran sind in den letzten Jahren Zweifel laut geworden.[370] Diese beruhen zuvorderst darauf, dass die Rechtsformen traditionell auf regelndes, Rechtsfolgen herbeiführendes, vor allem aber einseitiges Verwaltungshandeln – Verwaltungsakt, Rechtsverordnung, Satzung – ausgerichtet sind. Selbst die Beschäftigung mit dem öffentlich-rechtlichen Vertrag als mittlerweile gesetzlich anerkannter zweiseitiger Rechtsform hinkt demgegenüber hinterher.[371] Die kommunikativen, verhandelnden, kooperativen Prozesse zwischen Privatsektor und Verwaltung aber, deren Relevanz ständig zunimmt, erscheinen zumindest auf den ersten Blick durch die Formenlehre nur sehr begrenzt fassbar zu sein. Insofern besteht breiter Konsens, dass hier Anpassungen nötig sind.[372]

b) Elemente der vbBPlanung und Rechtsformen des Verwaltungshandelns

Angesichts der skizzierten Problemlage stellt sich die Frage, inwieweit die vbBPlanung mit ihrem kooperativen, den Investor weitgehend einbindenden Charakter durch den hergebrachten Rechtsformenkanon erfassbar ist. Offenbart sich in diesem Fall die angesprochene Insuffizienz der hergebrachten Formenlehre? Im Rahmen der vbBPlanung lassen sich, anknüpfend an die Elemente derselben, verschiedene Handlungen der Gemeinde erkennen. Das sind zunächst vor allem die Verabschiedung einer Plansatzung, also des vbBPlanes, und der Abschluss des Durchführungsvertrages. Der VEP, da privat erstellt, ist insofern nicht von Interesse. Allerdings wird er mit der Gemeinde „abgestimmt". Insofern wird auch hier die Gemeinde tätig. Deshalb wird als drittes Handlungselement der Gemeinde bei der vbBPlanung die Abstimmung untersucht. Bei allen drei Elementen soll eine Einordnung in den verwaltungsrechtlichen Handlungsrechtsformenkanon vorgenommen werden.

aa) Der vorhabenbezogene Bebauungsplan

Als Ergebnis des Prozesses der vbBPlanung wird der vbBPlan erlassen. In diesem Umsetzungsschritt offenbart sich die Differenz von Handlungs- und Rechtsform besonders deutlich.[373]

---

370 Vgl. wiederum *Schuppert,* Verwaltungswissenschaft, S. 150 ff.; zum Wandlungsdruck auch *Offele,* in: Hill (Hrsg.), Verwaltungshandeln durch Verträge und Absprachen, S. 90 (91).

371 Vgl. *Krautzberger,* in: Ernst / Zinkahn / Bielenberg / Krautzberger, § 11 Rn. 2; *Kunig,* DVBl. 1992, S. 1193 (1193 f.).

372 *Burmeister,* VVDStRL 52 (1993), S. 190 (195 f.). Vgl. auch *Schulze-Fielitz,* DVBl. 1994, S. 657 (661).

373 Vgl. *Maurer,* Allgemeines Verwaltungsrecht, § 16 Rn. 13 ff.

(1) Planung als Handlungsform

Planung spielt heute auf den verschiedensten Ebenen staatlicher Aufgabenwahrnehmung eine große praktische Rolle. Das Spektrum ist denkbar breit – von der Haushaltsplanung des Bundes bis zur kommunalen Bauleitplanung.[374] Planung ist ein Entscheidungsprozess, an dessen Ende das Ergebnis Plan steht.[375] Sie ist zunächst ein außerrechtlicher Vorgang.[376] Planung stützt sich auf drei Elemente: Eine Analyse der gegenwärtigen Situation, eine Prognose der zukünftigen Lage, und eine in die Zukunft reichende Wertentscheidung, den „Vorentwurf einer normativen Ordnung".[377] Wer plant, will sich auf künftige Entwicklungen einstellen und in Zukunft nicht nur spontane, reaktive Ad-hoc-Entscheidungen treffen. Nach *Luhmann* ist für Planung die Festlegung von Entscheidungsprämissen für künftige Entscheidungen kennzeichnend.[378] Ein Plan enthält „Selbstfestlegungen eigenen künftigen Verhaltens"[379] durch „ziel- und zweckgerichtete Programme, die einen verbindlichen Handlungs- und Entscheidungsrahmen für plangebundene Instanzen festlegen".[380] Dieser Methode der Planung bedienen sich private Akteure ebenso wie der Staat. Planung ist ein vielgenutztes Mittel staatlicher Aufgabenwahrnehmung. Sie ist allgemein als eine Handlungsform[381] des Staates bzw. der Verwaltung anerkannt.[382]

(2) Planung, Plan und Rechtsform

In welcher Rechtsform sich die Planung letztlich manifestiert, ist eine von den soeben angestellten Überlegungen scharf zu trennende Frage.[383] Was die Planung, also den Prozess des Planens angeht, so handelt es sich dabei zunächst um einen

374 *Maurer,* Allgemeines Verwaltungsrecht, § 16 Rn. 1 ff.; Beispiele bei *Stern,* Staatsrecht II, S. 707.

375 *Battis,* Öffentliches Baurecht, S. 16; *Stern,* Staatsrecht II, S. 704; *Herzog/Pietzner,* in: Evangelisches Staatslexikon, Sp. 2503 ff. Teilweise wird aber auch eine synonyme Verwendung der Begriffe für sinnvoller gehalten; *Hoppe,* in: HdbStR III, § 71 Rn. 3; *Roellecke,* DÖV 1994, S. 1026.

376 *Battis,* Öffentliches Baurecht, S. 16; vgl. auch *Stern,* Staatsrecht II, S. 701.

377 *Hoppe,* in: HdbStR III, § 71 Rn. 1; *Di Fabio,* in: FS Hoppe, S. 75.

378 *Luhmann,* Politische Planung, S. 67.

379 *Roellecke,* DÖV 1994, S. 1024 (1026); *Spannowsky,* DÖV 1996, S. 1017 (1021).

380 *Battis,* Öffentliches Baurecht, S. 16. Vgl. auch die verschiedenen Definitionen bei *Hoppe,* in: HdbStR III, § 71 Rn. 4 ff. Dort wird die Frage gestellt, ob angesichts der verschiedenen Formen von staatlicher Planung eine allumfassende Definition überhaupt sinnvoll sein kann.

381 Zur Begriffswahl Handlungsform *Wahl,* Rechtsfragen, S. 21.

382 Vgl. *Maurer,* Allgemeines Verwaltungsrecht, § 16.

383 Umfassend zu dieser Frage im Kontext Planung *Schuppert,* Verwaltungswissenschaft, S. 198 ff. *Ossenbühl,* JuS 1979, S. 681 (684 f.), lehnt den Plan als Handlungsform ab, meint aber damit letztlich die Rechtsformqualität des Plans und ist somit der hier vertretenen Ansicht.

Realakt. Sie umfasst diverse Handlungen wie Datensammeln, das Erstellen von Planzeichnungen etc. Etwas anderes gilt hinsichtlich des Plans als Planungsergebnis. Auch dieser kann zwar ebenfalls im formlosen Bereich verbleiben – der Plan als Realakt.[384] Will die Verwaltung allerdings die rechtliche Verbindlichkeit des Plans für einen bestimmten Adressatenkreis erreichen, dann muss sie ihn in eine ihr dazu zur Verfügung stehende Rechtsform gießen. In Betracht kommen dafür Gesetz, Rechtsverordnung, Satzung, aber auch Verwaltungsakt, öffentlich-rechtlicher Vertrag und Verwaltungsvorschrift.[385]

(3) Die Rechtsform des vbBPlanes

„Die Gemeinde kann durch einen vorhabenbezogenen Bebauungsplan die Zulässigkeit von Vorhaben bestimmen (...)“. Der Wortlaut von § 12 Abs. 1 S. 1 BauGB trägt die Notwendigkeit der rechtsförmlichen Umsetzung der Planung bereits in sich. Denn wenn die Gemeinde etwas „bestimmen“ will, im Sinne einer verbindlichen Anordnung, so wird dies durch rechtsförmliches Handeln geschehen. Durch die systematische Verankerung der vbBPlanung im BauGB ergibt sich selbstverständlich, dass der vbBPlan als und in der Rechtsform eines Bebauungsplanes ergeht, also als Satzung, § 10 Abs. 1 BauGB, oder ausnahmsweise (in Stadtstaaten, wo nicht die Gemeinden Träger der Bauleitplanung sind) als Rechtsverordnung.[386] Die Notwendigkeit dieser Umsetzung in die Rechtswirkungen erzeugende Form ist beim vbBPlan noch offensichtlicher als bei der regulären Bebauungsplanung, da es sich beim Planentwurf VEP nicht einmal um das Produkt eines von der Verwaltung durchgeführten Planungsprozesses handelt, sondern um das Ergebnis von privater Tätigkeit. Diese private Planung macht sich die Verwaltung zu eigen und setzt sie rechtsförmlich um. Es geht also nicht nur um die Verbindlichmachung eigener Planungsergebnisse, sondern darüber hinaus um die Transformation einer privaten Planung in eine in Satzungsform gegossene Rechtssetzung des Staates. Mit der „Nutzung“ der Satzung als Rechtsform für die Umsetzung des VEP kann wiederum die damit verbundene Speicherwirkung aktiviert werden. Es ergeben sich insofern beispielsweise Folgen bezüglich des Planungsverfahrens, von Rechtsfehlern, der Abänderbarkeit und der Rechtsschutzmöglichkeiten (§ 47 VwGO).[387]

---

[384] *Battis,* Allgemeines Verwaltungsrecht, S. 263, nennt als Beispiel hierfür die Festlegung von Orientierungsdaten nach § 3 StabilitätsG.

[385] Hierzu im Einzelnen und mit Beispielen *Battis,* Allgemeines Verwaltungsrecht, S. 262 f.; *Schuppert,* Verwaltungswissenschaft, S. 201; *Ossenbühl,* JuS 1979, S. 681 (685).

[386] Zur Diskussion, ob diese Festlegung des Gesetzes als gelungen zu betrachten ist, ausführlich *Battis,* in: 100 Jahre Allgemeines Baugesetz Sachsen, S. 507 (509 ff.).

[387] *Battis,* Allgemeines Verwaltungsrecht, S. 263 f. Zur Rechtsschutzfrage siehe auch *Schuppert,* Verwaltungswissenschaft, S. 202; *Gaentzsch,* in: Berliner Kommentar, § 12 Rn. 43.

bb) Der Durchführungsvertrag

(1) Durchführungsvertrag als öffentlich-rechtlicher Vertrag

Die Zuordnung des Durchführungsvertrages zu den Rechtsformen des Verwaltungshandelns fällt leicht. Er bezieht sich auf ein Rechtsverhältnis auf dem Gebiet des öffentlichen Rechts und ist deshalb unbestrittenermaßen ein öffentlich-rechtlichen Vertrag.[388] Der öffentlich-rechtliche Vertrag ist spätestens seit seiner Verankerung in §§ 54 ff. VwVfG fester Bestandteil des verwaltungsrechtlichen Handlungsrechtsformenkanons.[389] Der nachgerade klassische Streit, ob von einem Vertrag, der seiner Idee nach eine gleiche Augenhöhe der Parteien voraussetzt, zwischen Verwaltung und Bürger überhaupt geredet werden kann, dürfte damit im Wesentlichen als erledigt betrachtet werden können, ebenso wie die (übertriebene) Angst vor einem „Paktieren der Verwaltung" und dem „Ausverkauf von Hoheitsrechten".[390]

Aus Gründen begrifflicher Präzision sollten durch die Verwaltung geschlossene öffentlich-rechtliche Verträge, wie hier der Durchführungsvertrag, nicht synonym als Verwaltungsvertrag bezeichnet werden.[391] Denn es scheint sich durchzusetzen, unabhängig von deren Rechtsnatur all die Verträge als Verwaltungsvertrag zu bezeichnen, an denen die Verwaltung beteiligt ist. Dabei kann es sich auch um privatrechtliche Verträge handeln, derer sich die Verwaltung vielfach bedient und die §§ 54 ff. VwVfG nicht unterfallen.[392] Die Abgrenzung zwischen privat- und öffentlich-rechtlichen Verträgen ist dabei im Übrigen ohnehin nicht unproblematisch.[393] Welche Konsequenzen sich aus diesen Diskussionen im Hinblick auf den Rechtsformenkanon – etwa in Richtung der Anerkennung eines allgemeinen Verwaltungsvertrages als Handlungsrechtsform – ergeben, kann und muss im hiesigen Rahmen nicht erörtert werden. Denn da jedenfalls dem öffentlich-rechtlichen Vertrag aufgrund seiner Regelung in § 54 VwVfG die Anerkennung als Rechtsform

---

388 Siehe nur *Krautzberger,* in: Ernst / Zinkahn / Bielenberg / Krautzberger, § 12 Rn. 91 und 97; *ders.,* Battis / Krautzberger / Löhr, § 12 Rn. 13; *Quaas,* in: Schrödter, § 12 Rn. 25; *Birk,* Bauplanungsrecht, Rn. 549.

389 Vgl. *Kopp / Ramsauer,* VwVfG, § 54 Rn. 1.

390 Siehe hierzu *Battis,* Allgemeines Verwaltungsrecht, S. 211; *Wolff / Bachof / Stober,* Verwaltungsrecht Bd. 2, § 54 Rn. 3; zur Geschichte *Maurer,* in: Hill (Hrsg.), Verwaltungshandeln durch Verträge und Absprachen, S. 15 (17 ff.); knapp *Kopp / Ramsauer,* VwVfG, § 54 Rn. 13 sowie *Song,* Kooperatives Verwaltungshandeln, S. 46 f. Vgl. aber die nach wie vor kritischen Töne bei *Püttner,* DVBl. 1982, S. 122 ff.; sowie aktueller *Burmeister,* VVDStRL 52 (1993), S. 190 ff.

391 So allerdings *Maurer,* Allgemeines Verwaltungsrecht, § 14 Rn. 1; *ders.,* in: Hill (Hrsg.), Verwaltungshandeln durch Verträge und Absprachen, S. 15.

392 Hierzu umfassend unter besonderer Berücksichtigung des Systemgedankens *Krebs,* in: Ehlers / Krebs (Hrsg.), Grundfragen des Verwaltungsrechts und des Kommunalrechts, S. 41 ff. Vgl. auch *Krautzberger,* in: Ernst / Zinkahn / Bielenberg / Krautzberger, § 11 Rn. 3.

393 Anschauliche Problemdarstellung bei *Maurer,* Allgemeines Verwaltungsrecht, § 14 Rn. 8 ff.

des Verwaltungshandelns nicht streitig gemacht werden kann und sich der Durchführungsvertrag diesem klar zuordnen lässt, gewinnt das Problem hier keine Relevanz.

(2) Zu Möglichkeiten differenzierterer typologischer Zuordnung

Es stellt sich die Frage, ob der Durchführungsvertrag im Rechtsformenspektrum noch präziser verortet werden kann. In der Rechtsformendiskussion gibt es Bemühungen, angesichts der steigenden Relevanz der Rechtsform Vertrag innerhalb dieser typologische Ausdifferenzierungen vorzunehmen.[394] Diese Bemühungen haben unter anderem folgende Motivation: Aufgrund seiner großen Einsatzbreite kann eine allgemeine Dogmatik des öffentlich-rechtlichen Verwaltungsvertrages nur auf einem sehr hohen Abstraktionsniveau stattfinden.[395] Wenn eine Rechtsform sehr diverse Varianten des Verwaltungshandelns umfasst, so begrenzt dies letztlich zugleich auch das Speicherpotential der Form, da ihr nur relativ allgemeine, eben für alle umfassten Handlungen gültige Systemfolgen zugeordnet werden können. Insofern sind u.U. feinere Differenzierungen hilfreich und widersprechen auch nicht dem Ansatz der Formenlehre des Verwaltungshandelns: Denn diese ist keineswegs auf ihre „Grundformen“ beschränkt, sondern kennt auch Unterformen, die eine spezifischere Zuordnung von Systemfolgen gestatten.[396] Dementsprechend ist es Ziel der Bemühungen, in einer Stufung vom Allgemeinen zum Besonderen eine Zwischenebene zwischen der Grundform Vertrag und seinen spezifischen Ausformungen in den einzelnen, z. B. gesetzlich vorgesehenen Anwendungsfällen (wie eben dem Durchführungsvertrag) zu erarbeiten. Diese dogmatische Zwischenebene[397] bündelt dann verschiedene Spezialverträge, ohne die Abstraktionshöhe des allgemeinen Vertrags zu erreichen.[398] Auf der Systemfolgenseite ergäbe sich daraus im Sinne dieser Stufung eine Allgemeingültigkeit der in §§ 54 ff. VwVfG verankerten Regeln und Folgen für alle Verträge[399] über differenziertere Regelungen für die einzelnen Vertragstypen bis zu den ganz spezifischen Folgen im Einzelfall.[400]

---

394 Siehe *Krebs,* VVDStRL 52 (1993), S. 248 (277); *Maurer,* in: Hill (Hrsg.), Verwaltungshandeln durch Verträge und Absprachen, S. 15 (24). Vgl. aber auch die gegen eine typologische Ausdifferenzierung gerichteten aktuellen Vorschläge zur Regelung von Kooperationsverträgen im VwVfG von *Ziekow,* in: ders. (Hrsg.), Public Private Partnership, S. 25 (59 ff. und 68 ff.), sowie den Regelungsvorschlag von *Schuppert,* Grundzüge eines zu entwickelnden Verwaltungskooperationsrechts, S. 124 ff.

395 *Krebs,* VVDStRL 52 (1993), S. 248 (256).

396 *Schmidt-Aßmann,* DVBl. 1989, S. 533 (537).

397 *Krebs,* VVDStRL 52 (1993), S. 248 (277).

398 Vgl. *Krebs,* VVDStRL 52 (1993), S. 248 (259 f.).

399 Bzw. denen im Anwendungsbereich des VwVfG; *Maurer,* Allgemeines Verwaltungsrecht, § 14 Rn. 3.

400 Letztlich geht es also um die Erarbeitung eines besonderen Vertragsrechts im Verwaltungsrecht.

Eine diesem Ansatz entsprechende dogmatisch-systematische Typenbildung befindet sich allerdings allenfalls in einem Frühstadium; eine allgemein konsensfähige Typologie ist noch nicht in Sicht. Gleichwohl gibt es einige durchaus fruchtbare Typisierungsansätze, die allerdings im Wesentlichen einer heuristischen Funktion dienen, jedenfalls aber nicht die Trennungsschärfe von Rechtsbegriffen erreichen.[401] Insofern sollen sie hier, wo es um die Rechtsformen des Verwaltungshandelns geht, nicht weiter erläutert werden.[402] Auf eine gefestigte Typologie von Unterformen des Verwaltungsvertrages als Rechtsformen des Verwaltungshandelns kann einstweilen nicht zurückgegriffen werden. Das Fehlen einer solchen ausdifferenzierten systematisch-dogmatischen Typologie hindert allerdings nicht den Gesetzgeber daran, zumindest punktuelle Vertypungen vorzunehmen. Dementsprechend hat er in verschiedenen Bereichen entsprechende Entwicklungen des Verwaltungsvertragsrechts aus Praxis, Rechtsprechung und Wissenschaft aufgegriffen, bestimmte Vertragsarten definiert und an sie spezifische Rechtsanforderungen und -folgen geknüpft.[403] Aus dieser Perspektive ergibt sich durchaus die Möglichkeit der präziseren Zuordnung des Durchführungsvertrages.

Eine Typenunterscheidung tragen schon die Regelungen der §§ 54 ff. VwVfG in sich, nämlich die zwischen koordinationsrechtlichem und subordinationsrechtlichem Vertrag.[404] Die Frage der zutreffenden Differenzierung zwischen beiden ist nicht ganz unumstritten. Dennoch ist weiterhin der weithin anerkannten Differenzierung zu folgen: Diese setzt beim koordinationsrechtlichen Vertrag zwei gleichgeordnete, hoheitliche Vertragspartner voraus. Der subordinationsrechtliche Vertrag wird dagegen zwischen Parteien geschlossen, die (ansonsten) in einem Verhältnis der Über- und Unterordnung stehen – also in aller Regel ein Hoheitsträger auf der einen, ein gesellschaftliches Subjekt auf der anderen Seite.[405] Der subordinationsrechtliche Vertrag muss dabei, anders als der Wortlaut des § 54 S. 2 VwVfG nahe zu legen scheint, nicht zwingend einen Verwaltungsakt ersetzen.[406] Durch subordinationsrechtlichen Vertrag werden vielmehr auch Regelungen vereinbart,

---

401 So *Krebs,* VVDStRL 52 (1993), S. 248 (278), in Bezug auf seine eigene Typologie.

402 Zu verschiedenen Typologisierungsversuchen *Schuppert,* Verwaltungswissenschaft, S. 174. Eine Darstellung verschiedener Vertragstypen findet sich auch bei *Spannowsky,* Grenzen des Verwaltungshandelns, S. 195 ff.

403 *Maurer,* Allgemeines Verwaltungsrecht, § 14 Rn. 4.

404 Kritisch gegenüber dieser Differenzierung *Ziekow,* in: ders. (Hrsg.), Public Private Partnership, S. 25 (39 f.).

405 Allgemeine Meinung, vgl. *Battis,* Allgemeines Verwaltungsrecht, S. 218; *Maurer,* Allgemeines Verwaltungsrecht, § 14 Rn. 12; *Peine,* Allgemeines Verwaltungsrecht, Rn. 273; *Tiedemann,* in: Obermayer, VwVfG, § 54 Rn. 46 ff.; *Spannowsky,* Grenzen des Verwaltungshandelns, S. 200; *Erichsen,* in: Erichsen / Ehlers, Allgemeines Verwaltungsrecht, § 25 u. 26; *Song,* Kooperatives Verwaltungshandeln, S. 57 f.; im Ergebnis auch *Bonk,* in: Stelkens / Bonk / Sachs, VwVfG, § 54 Rn. 58; sowie in der Tendenz *Henneke,* in: Knack, VwVfG, § 54 Rn. 6 ff. Kritisch *Kopp / Ramsauer,* VwVfG, § 54 Rn. 47 f.

406 *Maurer,* Allgemeines Verwaltungsrecht, § 14 Rn. 12; *Battis,* Allgemeines Verwaltungsrecht, S. 218 f.

die die Behörde mangels Rechtsgrundlage nicht einseitig anordnen könnte.[407] Bereits in der Unterscheidung dieser gesetzlich vertypten Vertragsarten liegt ein Differenzierungsansatz, denn an das entsprechende Vorliegen werden verschiedene Rechtsfolgen geknüpft.[408]

Beim Durchführungsvertrag handelt es sich, da zwischen Hoheitsträger Gemeinde und privatem Investor geschlossen, um einen subordinationsrechtlichen Vertrag i. S. d. § 54 S. 2 VwVfG.[409] Insofern werden die entsprechenden Systemfolgen ausgelöst: Der Durchführungsvertrag unterliegt dem Regelungsregime der §§ 54 ff. VwVfG des Bundes bzw. der entsprechenden Landesregelung.[410] Daraus ergibt sich beispielsweise, dass der Durchführungsvertrag gem. § 57 VwVfG der Schriftform bedarf. Darüber hinaus folgt aus § 62 VwVfG i.V.m. § 311 b) BGB das Erfordernis der notariellen Beurkundung, falls der Vertrag die Verpflichtung einer der Vertragsparteien zum Erwerb oder zur Veräußerung von Grundstücken enthält.[411]

Weiterhin lässt sich der Durchführungsvertrag der Kategorie des städtebaulichen Vertrages i. S. d. § 11 BauGB zuordnen.[412] Er ist ein Unterfall desselben i. S. d. § 11 Abs. 4 BauGB, der seine spezialgesetzliche Ausgestaltung in § 12 BauGB findet.[413] Der städtebauliche Vertrag ist sicherlich keine trennscharfe Unterform der Rechtsform Vertrag im oben dargelegten, streng systematisch-dogmatischen Sinne.[414] Die Regelung des § 11 BauGB fasst eher beispielhaft verschiedene Ver-

---

407 *Battis,* Allgemeines Verwaltungsrecht, S. 218; *Schmidt-Aßmann / Krebs,* Rechtsfragen städtebaulicher Verträge, S. 173.

408 Von einem „System der Folgen" spricht explizit *Spannowsky,* Grenzen des Verwaltungshandelns, S. 200, und stellt diese ausführlich dar. Siehe auch *Schuppert,* Verwaltungswissenschaft, S. 178; *Schmidt-Aßmann,* DVBl. 1989, S. 533 (537). Darüber hinaus regelt das VwVfG mit dem Vergleichsvertrag (§ 55) und dem Austauschvertrag (§ 56) beispielhaft zwei „Untertypen" des subordinationsrechtlichen Vertrages; vgl. *Battis,* Allgemeines Verwaltungsrecht, S. 219; *Song,* Kooperatives Verwaltungshandeln, S. 59 f.; *Kopp / Ramsauer,* VwVfG, § 54 Rn. 2.

409 Vgl. zum städtebaulichen Vertrag, von dem der Durchführungsvertrag ein Spezialfall ist, *Battis,* Allgemeines Verwaltungsrecht, S. 219.

410 *Krautzberger,* in: Ernst / Zinkahn / Bielenberg / Krautzberger, § 12 Rn. 91 u. 97; *Quaas,* in: Schrödter, § 12 Rn. 25.

411 Zum Ganzen *Krautzberger,* in: Ernst / Zinkahn / Bielenberg / Krautzberger, § 12 Rn. 97, *ders.,* in: Battis / Krautzberger / Löhr, § 12 Rn. 15; *Jäde,* in: Jäde / Dirnberger / Weiss, § 12 Rn. 26; *Gronemeyer,* in: Gronemeyer, § 12 Rn. 47; *Finkelnburg / Ortloff,* Öffentliches Baurecht Bd. I, § 12 III 2; *Brohm,* Öffentliches Baurecht, § 7 Rn. 26; *Quaas,* in: Schrödter, § 12 Rn. 25, unter Hinweis auf SächsOVG, NVwZ 1995, S. 181.

412 *Battis,* Öffentliches Baurecht, S. 85; *ders.,* 100 Jahre Allgemeines Baugesetz in Sachsen, S. 507 (517); vgl. auch *Quaas,* in: Schrödter, § 12 Rn. 25.

413 *Krautzberger,* in: Ernst / Zinkahn / Bielenberg / Krautzberger, § 11 Rn. 34 und § 12 Rn. 97; *Neuhausen,* in: Brügelmann, § 12 Rn. 39; *Bönker,* in: Hoppe / Bönker / Grotefels, Öffentliches Baurecht, § 13 Rn. 185.

414 Zur Frage der „rechtsformprägenden Wirkung des § 11 BauGB" *Hamann,* Verwaltungsvertrag, S. 33 ff. und S. 101.

träge mit städtebaulichem Bezug zusammen.[415] Dem Gesetzgeber ging es bei der Regelung nicht zuletzt um die rechtspolitische Erwägung, vertragliche Lösungen im Städtebaurecht, die seit jeher eine große Bedeutung haben, gesetzlich deutlich zu legitimieren und damit zur weiteren Erhöhung ihrer praktischen Akzeptanz beizutragen.[416] Immerhin zeigt die Regelung des § 11 BauGB, dass sich verschiedene Verträge im Bereich des Städtebaus den Bedürfnissen entsprechenden gemeinsamen Regeln unterwerfen lassen; genannt seien die in § 11 Abs. 2 BauGB gefassten Regelungen zur Angemessenheit für die vereinbarten Leistungen sowie das „Koppelungsverbot".[417] Insofern findet sich auch hier eine Bündelungs- und Speicherfunktion, so dass man in einem gewissen Sinne von einem Vertragstyp sprechen kann.[418] Allerdings gehen die Regelungen des § 11 BauGB nach ihrem Wortlaut letztlich kaum über die der §§ 54 ff. VwVfG hinaus.[419]

(3) Ergebnis zum Durchführungsvertrag

Der Durchführungsvertrag kann in befriedigendem Maße einer der etablierten Rechtsformen des Verwaltungshandelns zugeordnet werden, nämlich dem öffentlich-rechtlichen Vertrag. Weiterhin kann eine spezifischere Zuordnung zu den gesetzlich ausgeformten Vertragsarten subordinationsrechtlicher Vertrag (§ 54 S. 2 BauGB) und städtebaulicher Vertrag (§ 11 BauGB) vorgenommen werden.

cc) Die Abstimmung

Offen ist noch die Einordnung der Abstimmung, des kommunikativen Prozesses zwischen Gemeinde und Investor bei der Planaufstellung, in den Formenkanon des Verwaltungshandelns.

(1) Abstimmung als schlicht-hoheitliches Verwaltungshandeln

Die Abstimmung beschreibt den kommunikativen Prozess zwischen Gemeinde und Investor bei der Ausarbeitung des VEP. Sie unterscheidet sich von den zuvor diskutierten Elementen der vbBPlanung (Durchführungsvertrag, Plansatzung) ganz grundsätzlich dadurch, dass sie nicht unmittelbar auf einen Rechtserfolg gerichtet ist. Das Verhandeln selbst führt einen solchen Erfolg nicht herbei, sondern erst die bereits erwähnten „Umsetzungsstufen". Für die Rechtsformen des Verwaltungs-

---

415 Vgl. die Übersicht bei *Krautzberger,* in: Ernst / Zinkahn / Bielenberg / Krautzberger, § 11 Rn. 21 ff.

416 *Krautzberger,* in: Ernst / Zinkahn / Bielenberg / Krautzberger, § 11 Rn. 2, 4 u. 20; *Quaas,* in: Schrödter, § 11 Rn. 1; BT-Drucks. 13 / 6392 S. 50.

417 *Krautzberger,* in: Ernst / Zinkahn / Bielenberg / Krautzberger, § 11 Rn. 5; umfassend *Hamann,* Verwaltungsvertrag, S. 140 ff.

418 Siehe *Maurer,* Allgemeines Verwaltungsrecht, § 14 Rn. 4.

419 *Quaas,* in: Schrödter, § 11 Rn. 1.

handelns ist aber diese Herbeiführung eines Rechtserfolges gerade typisch. Weil sie diese Qualität nicht teilt, ist die Abstimmung zunächst der Kategorie des schlicht-hoheitlichen Verwaltungshandelns[420] zuzuordnen. Dabei handelt es sich um keine rechtlich klar konturierte Rechtsform, sondern vielmehr um eine relativ profillose Auffangkategorie für eben jene Verwaltungsaktivitäten, bei denen die Verwaltung nicht von ihrer Regelungsbefugnis Gebrauch macht und bei denen sie lediglich einen tatsächlichen (und eben keinen rechtlichen) Erfolg anstrebt.[421] Auf derartiges Handeln der Verwaltung bezieht sich auch der traditionelle Terminus Realakt. Das genaue Verhältnis der Begriffe wird uneinheitlich bestimmt; teils werden sie synonym verwendet, teilweise wird auch der Realakt als übergeordneter Begriff verstanden. Eine Klärung ist aber im hier untersuchten Kontext nicht vonnöten.[422] Jedenfalls ist es nicht falsch, die Abstimmung als „kommunikativen Realakt im Vorfeld des Abschlusses eines Durchführungsvertrages" einzuordnen.[423]

(2) Kommunikative Prozesse und Formgedanke

Die Abstimmung mit ihrer beachtlichen Bedeutung im Prozess der vbBPlanung unterliegt also nicht den disziplinierenden Vorgaben einer konturierten Rechtsform des Verwaltungshandelns. Angesichts der großen Rolle, die kommunikative Prozesse ohne unmittelbaren Rechtserfolg generell in der heutigen Verwaltungswirklichkeit spielen, stellt sich die Frage, inwieweit deren Zuordnung zu der Auffangkategorie schlicht-hoheitliches Verwaltungshandeln auf Dauer befriedigen kann. Auch für das schlicht-hoheitliche Verwaltungshandeln gelten selbstverständlich die allgemeinen rechtlichen Maßstäbe des Verwaltungshandelns.[424] Diese sind allerdings recht unspezifisch. Wenn man aber davon ausgeht, dass die Rechtsformenlehre im Falle der Veränderung der Verwaltungswirklichkeit zur produktiven Begleitung des Wandels aufgefordert ist und sich dementsprechend die Forderung formulieren lässt, dass „der Formungsauftrag des Rechtsstaats am Informalen nicht halt machen kann"[425], könnte sich hier eine Herausforderung

---

420 Das Merkmal hoheitlich beinhaltet die Abgrenzung zu fiskalischen Tätigkeiten; *Ossenbühl,* JuS 1979, S. 681 (685); auch *Battis,* Allgemeines Verwaltungsrecht, S. 247

421 *Battis,* Allgemeines Verwaltungsrecht, S. 247 f.; *Schulte,* Schlichtes Verwaltungshandeln, S. 27; *Ossenbühl,* JuS 1979, S. 681 (685). *Battis,* a. a. O., hält es allerdings trotz der mangelnden rechtlichen Konturiertheit für möglich, auch insofern von einer Rechtsform zu sprechen.

422 Zu den einzelnen Positionen mwN *Battis,* Allgemeines Verwaltungsrecht, S. 247 f.

423 *Maslaton,* in: Hoffmann-Riem / Schneider (Hrsg.), Verfahrensprivatisierung im Umweltrecht, S. 125 (137).

424 Hierzu gerade im Bezug auf das schlichte Verwaltungshandeln *Schulte,* Schlichtes Verwaltungshandeln, S. 193 ff.; *Kunig,* DVBl. 1992, S. 1193 (1198); auch *Battis,* Allgemeines Verwaltungsrecht, S. 104 und 253 ff.

425 So prononciert *Schmidt-Aßmann,* DVBl. 1989, S. 533 (541) mwN; anders *Möllers,* VerwArch 93 (2002), S. 22 (35 f.).

ergeben: nämlich Rechtsformen zu entwickeln, die den offensichtlich vorhandenen Handlungsbedürfnissen der Verwaltung (in punkto Kommunikation etc.) entsprechen und zugleich ihr Handeln der rechtsstaatlichen Stabilisierung durch Formalisierung unterwerfen.[426] Im Folgenden wird deshalb gefragt, ob eine solche Formalisierung machbar und sinnvoll ist. Ausgegangen wird dabei von neueren Begriffsbildungen, die auf das hier vorliegende Handlungsmuster bezogen sind.[427]

(a) Informelles Verwaltungshandeln

Ein neuerer, häufig verwendeter Terminus im Bereich des schlicht-hoheitlichen Verwaltungshandelns ist der des informellen bzw. informalen[428] Verwaltungshandelns.[429] Seine Verwendung ist uneinheitlich.[430] Überwiegend wird er auf im weiteren Sinne kommunikative Prozesse bezogen, etwa Verhandlungen und informellen Informationsaustausch vor Erlass oder an Stelle von behördlichen Entscheidungen, aber auch auf behördliche Warnungen.[431] So soll er auch hier verstanden werden. Die Abstimmung lässt sich danach ohne Zweifel gut unter den Begriff des informellen Verwaltungshandelns fassen, denn bei ihr handelt es sich um einen solchen Verhandlungsprozess im Vorfeld einer rechtsförmlichen Entscheidung. Aus der Perspektive der Handlungsformenlehre und ihrer etwaigen Fortentwicklung im Hinblick auf die hier untersuchte Handlungsweise ist damit allerdings nichts gewonnen. Generell lässt sich sagen, dass das informelle Verwaltungshandeln bis dato keine präzise juristische Ausfüllung erfahren hat.[432] Und so vielfältig die Positionen zu diesem Terminus auch sein mögen: Als Rechtsform wird das informelle Verwaltungshandeln nicht begriffen, sondern insoweit dem schlichten

---

426 Zu dieser Frage aktuell *Ziekow,* in: ders. (Hrsg.), Public Private Partnership, S. 25 (55 ff.), der insoweit auf eine gesetzliche „Strukturierung offener Kooperation" setzt.

427 Nicht berücksichtigt wird der von *Pitschas* geprägte Terminus Verwaltungsabstimmung, der passend klingt, sich aber auf ein „Verwaltungsreferendum" bezieht; *Pitschas,* in: Blümel / Pitschas (Hrsg.), Reform des Verwaltungsverfahrensrechts, Schriftenreihe der Hochschule Speyer, Bd. 114, S. 229 (251 f.).

428 Die Begriffe werden hier als synonym verstanden; siehe auch *Wolff / Bachof / Stober,* Verwaltungsrecht Bd. 2, § 57 Rn. 5.

429 Grundlegend *Bohne,* VerwArch 75 (1984), S. 343 ff.; *Battis,* Allgemeines Verwaltungsrecht, S. 250 ff., mit Ausführungen zu gemeinschafts- und staatsrechtlichen Aspekten. Eine praxisnahe Perspektive auf das Thema bietet *Bussfeld,* in: Hill (Hrsg.), Verwaltungshandeln durch Verträge und Absprachen, S. 39 ff.

430 Anders sieht dies *Hellriegel,* Mediation im Umweltrecht, S. 44.

431 Ausführlich *Battis,* Allgemeines Verwaltungsrecht, S. 250 ff., und *Maurer,* Allgemeines Verwaltungsrecht, § 15 Rn. 14 ff., letzterer kritisch hinsichtlich einer zu weiten Fassung des Begriffes; *Kopp / Ramsauer,* VwVfG, § 54 Rn. 24; *Peine,* Allgemeines Verwaltungsrecht, Rn. 312; *Hellriegel,* Mediation im Umweltrecht, S. 44; siehe auch *Wolff / Bachof / Stober,* Verwaltungsrecht Bd. 2, § 57 Rn. 6a. Zum Einbezug der behördlichen Warnungen kritisch *Song,* Kooperatives Verwaltungshandeln, S. 39 f.

432 *Wolff / Bachof / Stober,* Verwaltungsrecht Bd. 2, § 57 Rn. 5.

Verwaltungshandeln zugeordnet.[433] Auf der Suche nach einer Verförmlichung von Verhandlungsprozessen wird man hier also nicht fündig.

(b) Absprachen

Einen weiteren Ansatzpunkt für Überlegungen zur Verförmlichung, obendrein mit großer sprachlicher Nähe zum Untersuchungsobjekt Abstimmung, bildet die Absprache. Die Absprache hat es immerhin schon, in einem Atemzug mit dem Vertrag genannt, zum Tagungsthema der Staatsrechtslehrervereinigung gebracht.[434] Der Terminus Absprache bezeichnet einen Konsens zwischen Verwaltung und Privaten über beider künftiges Verhalten.[435] Im Gegensatz zum Vertrag, der eine rechtsverbindliche Verpflichtung begründet, soll die Absprache ohne Rechtsverpflichtung eingehalten werden.[436] Insofern kann man die Absprache zunächst einmal als Gegenbegriff bzw. Alternative zum Vertrag sehen. Beide beschreiben das *Ergebnis* einer Übereinkunft, mit dem Unterschied der bei der Absprache fehlenden rechtlichen Bindung.[437] Insoweit ist der Begriff für die Beschreibung der Abstimmung unpassend.[438] Denn bei der vbBPlanung findet ja durchaus eine rechtsförmliche Manifestation des Ergebnisses statt, nämlich im Durchführungsvertrag mit dem darin enthaltenen VEP und in letzter Konsequenz im vbBPlan selbst. Teilweise wird der Begriff Absprache aber auch auf Vorverhandlungen, etwa im Vorfeld von Verträgen und Verwaltungsakten, bezogen.[439] Nach diesem Verständnis ist der Begriff also auch prozessbezogen zu verstehen und erfasst mithin die Abstimmung bei der vbBPlanung.[440]

---

433 Ausführlich *Wolff/Bachof/Stober,* Verwaltungsrecht Bd. 2, § 57 Rn. 4 ff.; *Maurer,* Allgemeines Verwaltungsrecht, § 15 Rn. 14 ff.; *Peine,* Allgemeines Verwaltungsrecht, Rn. 312; auch *Battis,* Allgemeines Verwaltungsrecht, S. 250 ff.; vgl. auch *Schulte,* Schlichtes Verwaltungshandeln, S. 40 ff.

434 Vgl. den Veröffentlichungsband, VVDStRL 52, aus dem Jahre 1993. Die entsprechenden Beiträge von *Burmeister,* a. a. O. S. 190, und *Krebs,* a. a. O. S. 248 ff., wurden bereits mehrfach zitiert.

435 *Kunig,* DVBl. 1992, S. 1193 (1195); siehe auch *Kautz,* Absprachen, S. 45.

436 *Kunig,* DVBl. 1992, S. 1193 (1195); *Spannowsky,* Grenzen des Verwaltungshandelns, S. 69; vgl. auch *Di Fabio,* DVBl. 1990, S. 338 (339).

437 *Kunig,* DVBl. 1992, S. 1193 (1195); *Kautz,* Absprachen, S. 45. *Song,* Kooperatives Verwaltungshandeln, S. 44 f., betont in diesem Zusammenhang die „Ersatzfunktion" der Absprache und verwendet die Bezeichnung „Vermeidungs- bzw. Ersatzabsprachen".

438 Vgl. zum Problem *Kautz,* Absprachen, S. 49, der in Bezug auf § 12 BauGB von einer Formalisierung der Absprache spricht.

439 Ausführlich *Song,* Kooperatives Verwaltungshandeln, S. 42 ff.; auch *Wolff/Bachof/Stober,* Verwaltungsrecht Bd. 2, § 57 Rn. 15; *Spannowsky,* Grenzen des Verwaltungshandelns, S. 69.

440 Zu diesem Ergebnis kommt *Maslaton,* in: Hoffmann-Riem / Schneider (Hrsg.), Verfahrensprivatisierung im Umweltrecht, S. 125 (137 f.); ebenso *Spannowsky,* GewArch 44 (1998), S. 362 (366).

Bezieht man die Absprache allein auf das Ergebnis, so ist eine „Verförmlichung" wenigstens denkbar.[441] Eine rechtlich nicht bindende, vertragsersetzende Absprache ist begrifflich schon relativ scharf umrissen; hierauf könnte eine Rechtsformschöpfung möglicherweise aufbauen. Allerdings interessiert im hiesigen Zusammenhang ja gerade die vorbereitende Kommunikation, so dass dieser vielleicht gangbare Weg hier nicht weiter verfolgt werden soll. Legt man aber das verbreitete weite Verständnis zugrunde und bezieht die Absprache auch auf Vorverhandlungen, dann rückt eine scharfe rechtliche Konturierung als Voraussetzung für die Ausbildung einer Rechtsform wieder in weite Ferne. Insofern verwundert es nicht, dass auch die Absprache aus der Perspektive der Rechtsformenlehre in der Regel lediglich als eine Kategorie des schlicht-hoheitlichen Verwaltungshandelns diskutiert wird.[442] Auch erscheint der Bezug der Absprache auf den entscheidungsvorbereitenden Austausch insofern wenig sinnvoll, weil dieser Prozess schon mit dem informellen Verwaltungshandeln beschrieben wird.[443] Insgesamt bietet die Absprache für eine rechtsförmliche Typenbildung im Hinblick auf vorbereitende Kommunikationsprozesse jedenfalls keine begriffliche Basis.

(c) Zur Hinnehmbarkeit formloser vorbereitender Kommunikation

Andere Ansatzpunkte für eine rechtsförmliche Typenbildung sind nicht in Sicht. Man wird sich mit der Verortung der Abstimmung als schlicht-hoheitliches bzw. informelles Verwaltungshandeln einstweilen zufrieden geben müssen. Aus rechtsstaatlicher Sicht, und daraus zieht ja die Rechtsformenlehre ihre höhere Berechtigung, ist dies allerdings kein dramatisches Ergebnis. Zu bedenken ist nämlich, dass in der untersuchten Konstellation die kommunikative Konsenssuche, also die Abstimmung, der Vorbereitung einer ihr Ergebnis enthaltenden rechtsförmlichen Entscheidung dient. Dies bedeutet einen ganz wesentlichen Unterschied zu den Fällen, in denen das informelle Handeln selbst das Ergebnis bedeutet, etwa wie im Falle der regelungsersetzenden Absprache. Denn wenn sich der Kommunikationsprozess auf ein sich letztlich förmlich manifestierendes Staatshandeln bezieht, ergeben sich jedenfalls im Hinblick auf letzteres die präzisen, an die verschiedenen Rechtsformen geknüpften rechtsstaatlichen Standards. Das gilt insbesondere im Hinblick auf Verfahren und Rechtsschutz.

Diese Überlegung lässt sich am Fall der vbBPlanung konkret verdeutlichen. Zwar wird im Rahmen der Abstimmung der VEP ausgearbeitet. Im Hinblick auf diese Vorbereitungsphase ergeben sich in der Tat keine formspezifischen Anforderungen an das Verhalten der Gemeinde. Da das Ergebnis der informellen Abstimmung aber anschließend in den rechtsförmliche Plansatzung überführt wird, entsteht diesbezüglich eine rechtsstaatliche „Greifbarkeit". Denn an die Rechtsform

441 Ausführlich *Kautz,* Absprachen, S. 45 ff.

442 *Wolff/Bachof/Stober,* Verwaltungsrecht Bd. 2, § 57 Rn. 15; *Kunig,* DVBl. 1992, S. 1193 (1194).

443 Vgl. *Peine,* Allgemeines Verwaltungsrecht, Rn. 312.

des Bebauungsplanes, die Plansatzung, knüpfen sich wiederum die entsprechenden, im Falle des Bauplanungsrechts sehr spezifisch gesetzlich geregelten Systemfolgen: Zunächst muss das Planaufstellungsverfahren durchlaufen werden. Weiterhin greifen verbindliche Fehlerfolgenregelungen. Mit der Plansatzung liegt auch ein für jedermann feststellbares Ergebnis der Abstimmung vor, gegen das klare Rechtsschutzmöglichkeiten bestehen (§ 47 VwGO).

Diese Feststellungen lassen sich durchaus verallgemeinern, auch wenn oftmals an das rechtsförmliche Ergebnis, auf welches das informelle Handeln bezogen ist, nicht derart aufwendige Anforderungen wie an einen Bebauungsplan geknüpft sein werden. Durch die sich an die informelle Kommunikation anschließende Überführung in eine Rechtsform wird das hohe rechtsstaatliche Niveau von rechtsförmlichem Verwaltungshandeln jedenfalls hinsichtlich des Ergebnisses gewahrt. Insofern kann zumindest für den Fall des Kommunikationsprozesses in Vorbereitung eines rechtsförmlichen Verwaltungshandeln das Bedürfnis nach einer neuen Rechtsform des Verwaltungshandelns durchaus verneint werden.[444] Ergänzend lässt sich ein zwar dogmatisch nicht tragfähiges, aber praktisch durchschlagendes Argument anführen, das gegen eine zu weitgehende Formalisierung des Informellen im Vorfeld von rechtsförmlichen Entscheidungen spricht: Letztlich erscheint es unausweichlich, dass eine Formalisierung des Kommunikationsprozesses lediglich zu einer Vorverlagerung des Informellen führen würde.[445] Es käme gleichsam zu „Vorvorabsprachen". Die Verwaltungswirklichkeit zeigt, dass ein Bedürfnis nach einem informellen Vorlauf in vielen Fällen besteht. Dieses Bedürfnis wird sich Bahn brechen, auch wenn etwa die Vorbereitung einer Verwaltungsentscheidung weit vorwirkend formalisiert wird. Auch dies stützt die Ansicht, dass im Hinblick auf informelle Prozesse im Vorfeld rechtsförmlichen Verwaltungshandelns die Kreation einer Rechtsform nicht zwingend ist.[446] Etwas anderes mag sich in den Fällen ergeben, wo eine derartige förmliche Manifestation nicht erfolgt. Diese Frage bedarf weiterer Untersuchung, entfaltet aber vorliegend keine Relevanz.

c) Zwischenergebnis

Bei der vbBPlanung handelt es sich um eine Kombination der Rechtsformen öffentlich-rechtlicher Vertrag und Satzung sowie von vorgelagertem informellen Verwaltungshandeln als Unterfall schlicht-hoheitlichen Verwaltungshandelns. Die

---

444 Vgl. *Battis,* Allgemeines Verwaltungsrecht, S. 252, der als Beispiel den informellen Informationsaustausch vor Erlass einer gestuften, mit Nebenbestimmungen versehenen Genehmigung nennt.

445 So treffend *Schmidt-Preuß,* VVDStRL 56 (1997), S. 160 (179); *Schulte,* Schlichtes Verwaltungshandeln, S. 112; *Kunig/Rublack,* Jura 1990 S. 1 (6), verwendet das treffende Bild von Hase und Igel; aktuell *Ziekow,* in: ders. (Hrsg.), Public Private Partnership, S. 25 (57).

446 Insgesamt kritisch zum Versuch „vollständiger Verrechtlichung" des informellen Handelns *Möllers,* VerwArch 93 (2002), S. 22 (35).

Besonderheit der vbBPlanung liegt vor allem in der spezifischen, durch § 12 BauGB gesetzlich vorstrukturierten Kombination dieser Formen. Der bestehende verwaltungsrechtliche Formenkanon hat sich insofern als ausreichend erwiesen.

2. VbBPlanung und Organisationsformen des allgemeinen Verwaltungsrechts

Zu einer an den Institutionen des allgemeinen Verwaltungsrechts orientierten Untersuchung der vbBPlanung gehört auch eine entsprechende Einordnung der Rolle des Investors im Planungsprozess. Bei der vbBPlanung wird der Investor im Hinblick auf eine ganz bestimmte Aufgabe, nämlich die Ausarbeitung des Planentwurfes, punktuell in die ansonsten staatliche Aufgabenwahrnehmung eingebunden. Sein Handeln als Privater war aus der Perspektive der Handlungsrechtsformendebatte zwar uninteressant; es stellt sich aber die Frage, wie sein Verhältnis zur Gemeinde bzw. deren Aufgabenerfüllung durch den Formenkanon des allgemeinen Verwaltungsrechts erfassbar ist.

a) Zur Reformdiskussion im Organisationsrecht

Beim Nachdenken über die dogmatische Erfassung des Verhältnisses von in die staatliche Aufgabenerfüllung involvierten Privaten zur Verwaltung kommen zunächst die Begriffe Beleihung und Verwaltungshilfe in den Sinn. Damit wird wiederum ein Themenkreis des allgemeinen Verwaltungsrechts berührt; folgt man dessen klassischer Einteilung in die Bereiche Handlungsrechtsformen, Verfahren, Organisation und Staatshaftung, dann ist das Organisationsrecht der geeignete systematische Ort für diese Problematik.[447] Insofern lässt sich die hier interessierende Zuordnungsfrage in einen breiteren Diskussionskontext einordnen: Das Verwaltungsorganisationsrecht bildet einen Bereich des allgemeinen Verwaltungsrechts, der ebenso wie die Rechtsformen des Verwaltungshandelns Thema intensiver Reformdiskussionen ist.[448] Der Wandel staatlicher Aufgabenwahrnehmung, wie er sich in seiner ganzen Vielfalt in Kooperationsmodellen (Public-Private-Partnerships, Joint-Ventures etc.), differenzierten Privatisierungslösungen etc. ausdrückt, stellt auch das hergebrachte Organisationsrecht vor Probleme. Alte Idealvorstellun-

---

[447] Vgl. insofern auch den systematischen Diskussionsstandort – zumindest der Beleihung – bei *Battis,* Allgemeines Verwaltungsrecht, S. 55 ff.; *Maurer,* Allgemeines Verwaltungsrecht, § 21 Rn. 11, § 23 Rn. 56 ff.; *Peine,* Allgemeines Verwaltungsrecht, Rn. 38; auch *Frenz,* Staatshaftung, S. 47 ff.

[448] Zu dieser Diskussion umfassend *Schmidt-Aßmann,* Das allgemeine Verwaltungsrecht als Ordnungsidee, S. 205 ff.; vgl. auch *Trute,* in: Schuppert (Hrsg.), Jenseits von Privatisierung und „schlankem" Staat, S. 13 (28 ff.). Organisation wird darüber hinaus als Steuerungsressource verstanden und insofern auch im Rahmen der Steuerungsdiskussion thematisiert; *Schuppert,* Verwaltungswissenschaft, S. 544 ff.; *Trute,* in: Schmidt-Aßmann / Hoffmann-Riem (Hrsg.), Verwaltungsorganisationsrecht als Steuerungsressource, S. 249 ff.

gen (die hochformalisierte und hochzentralisierte, hierarchisch strukturierte bürokratische Organisation[449]) werden hinterfragt und ergänzt durch komplexere Ideen wie z. B. die der dezentralisierten, horizontal vernetzten Verwaltung[450], des Einsatzes von Verwaltungstrabanten etc.[451] Aber auch scheinbar unscheinbarere Fragen wie die Berufung Sachverständiger gehören in diesen Kontext.[452] Bei all dem ist zu bedenken, dass auch dem Organisationsrecht in seiner zentralen Strukturierungsfunktion für die Verwaltung und ihre Entscheidungsabläufe eine wichtige rechtsstaatliche Funktion zukommt. Die Diskussion hat deshalb manche Gemeinsamkeiten mit der um die Handlungsrechtsformenlehre.[453] Die im Folgenden zu diskutierende Frage nach der dogmatischen Einordnung der Rolle des Investors befindet sich sicherlich nicht im Kernbereich dessen, was in punkto Verwaltungsorganisationsrecht aktuell diskutiert wird. Sie kann aber durchaus in den Zusammenhang der weit umfassenderen Organisationsrechtsdiskussion gestellt werden.[454]

b) Dogmatische Einordnung der Rolle des Investors

Bei der dogmatischen Bestimmung der Stellung des Investors ist von den hergebrachten Ansatzpunkten Beleihung und Verwaltungshilfe auszugehen und zu untersuchen, ob die Rolle des Investors sich einer dieser Formen zuordnen lässt oder insoweit über dogmatische Weiter- oder Neuentwicklungen in diesem Bereich nachgedacht werden muss.[455]

aa) Planvorbereitung und Beleihung

Die stärkste Form der Inkorporation von Privaten in staatliches Handeln ist die Beleihung.[456] Die Diskussion um die einzelnen Beleihungstheorien soll hier nicht nochmals ausgebreitet werden.[457] Zugrunde gelegt wird hier folgendes Verständ-

---

449 *Schmidt-Aßmann,* Das allgemeine Verwaltungsrecht als Ordnungsidee, S. 208.

450 *Schmidt-Aßmann,* Das allgemeine Verwaltungsrecht als Ordnungsidee, S. 206 ff.

451 Hierzu *Schuppert,* Verwaltungswissenschaft, S. 894 ff.

452 Vgl. *Schmidt-Aßmann,* Das allgemeine Verwaltungsrecht als Ordnungsidee, S. 207. Zum Ganzen auch *Trute,* DVBl. 1996, S. 950 (962 f.).

453 *Schmidt-Aßmann,* DVBl. 1989, S. 533 Fn. 5.

454 Dies tut auch *Remmert,* Private Dienstleistungen, S. 251 ff.

455 Passend erscheint hier auf den ersten Blick auch der Terminus Inpflichtnahme. Damit ist aber in der Diskussion etwas anderes gemeint, nämlich die Überbürdung von Pflichten wie der Wegereinigungspflicht etc. auf Private. Vgl. hierzu umfassend *Jani,* Verwaltungsrechtliche Inpflichtnahme Privater.

456 Ausführlich zum geschichtlichen Hintergrund der Beleihung und den verschiedenen Beleihungstheorien *von Heimburg,* Verwaltungsaufgaben und Private, S. 30 ff.

457 Siehe hierzu z. B. *Seidel,* Privater Sachverstand, S. 27 f., mit knapper Darstellung von Aufgaben-, Rechtsstellungs- und gemäßigter Rechtsstellungstheorie.

nis: Beliehene sind natürliche oder juristische Privatpersonen, die mit der hoheitlichen Wahrnehmung bestimmter Verwaltungsaufgaben im eigenen Namen betraut sind; sie werden so zum Träger der öffentlichen Verwaltung[458] bzw. Teil der mittelbaren Staatsverwaltung[459], soweit ihr Kompetenzbereich reicht.[460] Eine derartige Rolle wird dem Investor bei der vbBPlanung nicht zugewiesen. Der Investor nimmt mit der Planung keine Hoheitsaufgaben wahr, denn die Planvorbereitung wurde (vorher) privatisiert. Es handelt sich bei der Planvorbereitung deshalb um genuin privates, nichthoheitliches Handeln. Auch durch den funktionalen Bezug dieser Tätigkeit zur Staatsaufgabe ändert sich daran selbstverständlich nichts. Allein die Gemeinde handelt im Rahmen der vbBPlanung hoheitlich. Der Investor als Vorhabenträger ist mithin kein Beliehener.[461]

bb) Planvorbereitung als Verwaltungshilfe

Eine andere Möglichkeit der Mitwirkung Privater an der Aufgabenerfüllung der Verwaltung ist der Einsatz von Verwaltungshelfern. Es ist zu untersuchen, ob die Planvorbereitung des Investors dogmatisch als Verwaltungshilfe eingeordnet werden kann. Die Beantwortung dieser Frage ist vom zugrundegelegten Verwaltungshilfebegriff abhängig.

(1) Der traditionelle Begriff der (unselbständigen) Verwaltungshilfe

Werden einem Privaten Verwaltungsaufgaben übertragen, ohne dass er bei ihrer Ausführung hoheitlich tätig wird, so ist er Verwaltungshelfer.[462] Diese Kerndefinition wird in der Regel auf verschiedene Weise spezifiziert: Verwaltungshelfer sei nur, wer *unselbständige* Hilfstätigkeiten nach Weisung der Behörde, also weisungsgebunden, wahrnehme[463] bzw. in untergeordneter Funktion tätig werde.[464]

---

458 *Battis,* Allgemeines Verwaltungsrecht, S. 55; *Ehlers,* in: Erichsen / Ehlers, Allgemeines Verwaltungsrecht, § 1 Rn. 16.

459 *Maurer,* Allgemeines Verwaltungsrecht, § 23 Rn. 56.

460 Vgl. für den Privatisierungskontext *Brüning,* NWVBl. 1997, S. 286 (287).

461 Allgemein stellt sich die Frage, ob in Fällen der funktionalen Privatisierung die Beleihung überhaupt eine denkbare Organisationsalternative ist; vgl. *Burgi,* Funktionale Privatisierung, S. 152 Fn. 25. Bejahend *Seidel,* Privater Sachverstand, S. 25; *Lee,* Privatisierung als Rechtsproblem, S. 176 ff.; im Zusammenhang mit § 4 b) BauGB *Reidt,* NVwZ 1998, S. 592; ausführlich *Ludwig,* Privatisierung staatlicher Aufgaben, S. 137. Im Grunde bedeutet eine Beleihung eine Organisationsprivatisierung. Wird dann der Beliehene in eine funktionale Privatisierung einbezogen, kann es sich allenfalls um eine unechte funktionale Privatisierung handeln. So im Ergebnis auch *Seidel,* a. a. O. S. 25.

462 *Battis,* Allgemeines Verwaltungsrecht, S. 56.

463 *Maurer,* Allgemeines Verwaltungsrecht, § 23 Rn. 60; *Ehlers,* in: Erichsen / Ehlers, Allgemeines Verwaltungsrecht, § 1 Rn. 17; *ders.,* Die Erledigung von Gemeindeaufgaben, S. 18; *Dreier,* Hierarchische Verwaltung, S. 249; auch *von Heimburg,* Verwaltungsaufgaben und Private, S. 130; vgl. weiterhin *von und zu Franckenstein,* UPR 2000, S. 288 (289). Umfas-

Klassische Beispiele für den Verwaltungshelfer sind etwa Schülerlotsen, sog. Ordnungsschüler und Abschleppunternehmer.[465] Nach diesem Verständnis der Verwaltungshilfe kann die Planvorbereitung durch den Investor ganz offensichtlich nicht unter diesen Begriff gefasst werden. Der Investor hat bei seiner Vorbereitungstätigkeit einen sehr weiten Gestaltungsspielraum und handelt auch trotz des Abstimmungsgebotes und den damit verbundenen Einwirkungsmöglichkeiten der Gemeinde nicht nach deren Weisung. Insofern kann auf die Ausführungen zum kooperativen Verwaltungshandeln verwiesen werden: Gemeinde und Investor begegnen sich auf einer Augenhöhe, nicht in einem hierarchischen Verhältnis, wo Weisungen möglich wären. Von einer unselbständigen Hilfstätigkeit kann nicht die Rede sein. Nach traditionellem Verständnis findet hier also keine Verwaltungshilfe statt.

Dieses Ergebnis kann man abstrahieren: Letztlich besteht insgesamt die Situation, dass ein selbständig handelnder Privater, der nicht mit Hoheitsbefugnissen ausgestattet wurde und somit kein Beliehener ist, mit dem herkömmlichen dogmatischen Repertoire nicht fassbar erscheint. Der herkömmliche Verwaltungshilfebegriff ist aufgrund seiner Enge für die dogmatische Erfassung dieser Beiträge in aller Regel nicht geeignet.[466] Dies ist gerade angesichts der wachsenden Bedeutung privater Beiträge zur staatlichen Aufgabenwahrnehmung, speziell nach funktionaler Privatisierung, unbefriedigend.

(2) Unechte Verwaltungssubstitution als Zwischentyp?

Verständlicherweise ist deshalb versucht worden, zwischen Beleihung und (unselbständiger) Verwaltungshilfe einen Zwischenbegriff zu kreieren, der den bei der staatlichen Aufgabenwahrnehmung mitwirkenden selbständig handelnden Privaten, dem keine hoheitlichen Kompetenzen übertragen werden, zu erfassen vermag. Einige Beachtung gefunden hat hierbei der Terminus „Verwaltungssubstitution". Dabei handelt es sich zunächst um einen Querschnittsbegriff, der generell den Verzicht des Staates auf die Wahrnehmung bestimmter Kompetenzbereiche beschreibt, ohne dass damit ein Kompetenzgewinn im Privatsektor einhergehen soll. Der Private ersetze in diesem Bereich die staatliche Tätigkeit.[467] Obwohl nicht nur

---

sende Literaturangaben zu den verschiedenen Merkmalen bei *Burgi*, Funktionale Privatisierung, S. 153 f.

464 *Wolff/Bachof/Stober*, Verwaltungsrecht Bd. 2, § 67 Rn. 22. Im Kontext des Staatshaftungsrechts wird oft davon gesprochen, dass der Private als „Werkzeug" des Staates tätig werde; vgl. nur *Ossenbühl*, Staatshaftungsrecht, S. 21.

465 Vgl. hierzu *Wolff/Bachof/Stober*, Verwaltungsrecht Bd. 2, § 67 Rn. 22; *Maurer*, Allgemeines Verwaltungsrecht, § 23 Rn. 60; *Dreier*, Hierarchische Verwaltung, S. 249.

466 Vgl. *Osterloh*, VVDStRL 54 (1995), S. 204 (235 f.). Nur vor dem Hintergrund des engen Begriffsverständnisses wird die Aussage bei *Wolff/Bachof/Stober*, Verwaltungsrecht Bd. 2, § 67 Rn. 30, verständlich, die Rechtsfigur des Verwaltungshelfers sei inzwischen nahezu bedeutungslos.

467 Grundlegend *von Heimburg*, Verwaltungsaufgaben und Private, S. 112 u. 139 ff.; zusammenfassend *Burgi*, Funktionale Privatisierung, S. 155; siehe auch *Frenz*, Staatshaftung,

im Hinblick auf die Rolle des Privaten im Aufgabenvollzug entwickelt, wird die Verwaltungssubstitution besonders in diesem Bereich diskutiert. Die Verwaltungssubstitution soll die Einschaltung eines selbständig handelnden Privaten in den Vollzug von Staatsaufgaben beschreiben.[468] In der Sache auf das Gleiche beziehen sich die Termini unechte Verwaltungssubstitution[469] und Verwaltungsmittler.[470]

Zur Überbrückung der beschriebenen Lücke ist eine solche Zwischenfigur nur dann sinnvoll und hilfreich, wenn sie hinreichende Konturschärfe entwickelt, sich also von den bestehenden Formen abgrenzen lässt, und darüber hinaus einen eigenen funktionalen Wert repräsentiert, also tatsächliche Phänomene bündelt, die eine spezifische, von den anderen Formen abweichende rechtliche Struktur aufweisen. Zunächst ist deshalb die Abgrenzbarkeit zur Beleihung auf der einen, zur Verwaltungshilfe auf der anderen Seite zu untersuchen. Die Abgrenzung zur Beleihung wirft keine besonderen Probleme auf: Bei der Verwaltungssubstitution werden wie bei der Verwaltungshilfe keine hoheitlichen Kompetenzen übertragen.[471] Als weitaus schwieriger stellt sich die Abgrenzung zum traditionellen Verwaltungshilfebegriff dar. Denn zunächst einmal bestehen große Gemeinsamkeiten. Ob unselbständige oder selbständige Tätigkeit im Aufgabenvollzug: Nach dem trägerbezogenen, formalen Staatsaufgabenbegriff handelt es sich in beiden Fällen um private Tätigkeiten, nicht um die Wahrnehmung von Staatsaufgaben, denn dies wäre eben nur nach Beleihung denkbar.[472] Die privaten Tätigkeiten sind allerdings auf eine Staatsaufgabe bezogen, sie sind in den gesellschaftlichen Sektor verlagerte Aufgabenteile mit funktionalem Bezug zu einer Staatsaufgabe. Das Kriterium des funktionalen Bezuges haben beide Formen gemeinsam.[473] Insofern weisen sie strukturell große Ähnlichkeit auf.

Als einziges Distinktionskriterium bleibt der Grad der Selbständigkeit. Dieses eher auf das Handeln denn die Stellung des Helfers bezogene Kriterium verursacht große Abgrenzungsschwierigkeiten.[474] Es ist im Grunde unmöglich, abstrakt zu

---

S. 51. *Von Heimburg* betont a. a. O. S. 60, dass es sich nicht um einen „mit neuem Inhalt“ verbundenen Begriff handeln soll, sondern einen Oberbegriff für verschiedene Varianten privater Mitwirkung in einer speziellen Organisationsform. Gleichwohl verwendet sie später die Begriffe Beleihung-Verwaltungshilfe-Verwaltungssubstitution als Dreiklang, S. 112 ff.

468 *von Heimburg,* Verwaltungsaufgaben und Private, S. 139; *Frenz,* Staatshaftung, S. 51; *Klowait,* Die Beteiligung Privater an der Abfallversorgung, S. 101. Vgl. hierzu auch *Burgi,* Funktionale Privatisierung, S. 155.

469 *Frenz,* Staatshaftung, S. 51; *Klowait,* Die Beteiligung Privater an der Abfallversorgung, S. 101.

470 Ausführlich *Brüning,* NWVBl. 1997, S. 286 ff.

471 *von Heimburg,* Verwaltungsaufgaben und Private, S. 139.

472 *Burgi,* Funktionale Privatisierung, S. 155 f. wirft den Vertretern der Verwaltungssubstitution in diesem Punkt Unpräzision und Etatisierung der Privattätigkeit vor. Vgl. auch *Bree,* Privatisierung der Abfallentsorgung, S. 45.

473 *Burgi,* Funktionale Privatisierung, S. 156.

474 *Burgi,* Funktionale Privatisierung, S. 154; *Bree,* Privatisierung der Abfallentsorgung, S. 45.

sagen, was selbständig bedeutet, da dies stark von den Eigengesetzlichkeiten des jeweiligen Aufgabenbereiches abhängt.[475] Selbst in einem bestimmten Aufgabenbereich lässt sich über den Grad der Selbständigkeit trefflich streiten; so kann man z. B. die Rolle des schon geradezu sprichwörtlichen, im Staatsauftrag tätigen Abschleppunternehmers durchaus unterschiedlich interpretieren.[476] Letztlich ist nicht ersichtlich, wie hier eine klare Abgrenzbarkeit und also die Vermeidung mehr oder minder willkürlicher Zuordnungen erreicht werden kann.[477]

Neben der praktischen Abgrenzungsfrage ist es im Übrigen überhaupt fraglich, ob im hiesigen, organisationsrechtlichen Untersuchungskontext die (Un-)Selbständigkeit ein geeignetes Differenzierungskriterium bilden kann. Zwar ist dieses Kriterium regelmäßig Teil der Begriffsbestimmungen zur Verwaltungshilfe. Zu bedenken ist allerdings, dass es in den allermeisten Äußerungen zu diesem Thema nicht um eine abstrakte, umfassende Bestimmung der „tatbestandlichen" Voraussetzungen der Verwaltungshilfe, ihrer Konturen und der an sie geknüpften Rechtsfolgen geht.[478] So wird etwa vielfach mit dem Begriff Verwaltungshilfe nur ein Kontrast zur Beleihung hergestellt. Vor allem aber ist die Auseinandersetzung mit der Verwaltungshilfe in der Literatur in aller Regel auf staatshaftungsrechtliche Fragen fokussiert. Im Vordergrund steht die Frage der Zurechenbarkeit des Handelns eines Privaten zur Verwaltung, um staatshaftungsrechtliche Ansprüche gegen den Staat zu ermöglichen.[479] Dies ist allerdings eine sehr spezielle Perspektive, die im Grunde vom gewünschten Ergebnis her denkt, nicht aber aus der Organisationsperspektive nach den Strukturen der Aufgabenerfüllung fragt. Gerade diese Strukturfrage interessiert allerdings im vorliegenden Zusammenhang. Die enge, auf die Zurechnungsfunktion abstellende Perspektive des Staatshaftungsrechts ist deshalb nicht geeignet, eine dogmatisch fundierte Typologie der Einbindung Privater in die staatliche Aufgabenwahrnehmung als Teil des Verwaltungsorganisationsrechts zu begründen.[480]

Da das Selbständigkeitskriterium also aus praktischen wie theoretischen Gründen kein tragfähiges Differenzierungskriterium bildet, andere Kriterien aber nicht in Sicht sind, erscheint eine Auffächerung der Organisationsformen jenseits der klar umrissenen Beleihung nicht zweckmäßig.

---

475 *Burgi*, Funktionale Privatisierung, S. 157.

476 Siehe die Zusammenfassung zu dieser Thematik bei *Burgi*, Funktionale Privatisierung, S. 123 f.

477 *Brüning*, NWVBl. 1997, S. 286 (290), ist insofern nicht zuzustimmen, wenn er hier fließende Übergänge für normal und akzeptabel hält. Dies mag für eine heuristische Typologie durchaus hinnehmbar sein, nicht aber für eine dogmatische Typenbildung, bei der auf Trennschärfe zu achten ist.

478 *Burgi*, Funktionale Privatisierung, S. 150, 153 u. 173; in der Sache auch *Remmert*, Private Dienstleistungen, S. 263.

479 Siehe z. B. *Ehlers*, Verwaltung in Privatrechtsform, S. 504 ff.; *Burgi*, Funktionale Privatisierung, S. 150 und 152.

480 Für *Burgi*, Funktionale Privatisierung, S. 173, wird durch das Abstellen auf dieses Kriterium eine „problemadäquate Betrachtung" erschwert.

(3) Erweiterter Begriff der Verwaltungshilfe

Nach dem Gesagten ist die Bildung eines einheitlichen Begriffes, der alle Fälle der Einbindung Privater in die Aufgabenerfüllung außerhalb der Beleihung umfasst, sinnvoll. Dabei bietet es sich an, auf den gut eingeführten Begriff des Verwaltungshelfers zurückzugreifen und ihn auf selbständige Tätigkeiten von Privaten zu erweitern. *Burgi* beschränkt sich zur Bestimmung der Verwaltungshilfe im Ergebnis auf ein „typusprägendes Merkmal", nämlich die „Erbringung eines Teilbeitrags mit funktionalem Bezug zu einer Staatsaufgabe".[481] Die Verwaltungshilfe beschreibt nach diesem Verständnis die Situation nach der Vornahme einer funktionalen Privatisierung.[482] Damit werden sowohl unselbständige wie selbständige private Tätigkeiten umfasst; das weite Verständnis der Verwaltungshilfe nimmt den traditionellen, engen Begriff ebenso in sich auf wie die Fälle, für die gerade in jüngerer Zeit vermehrt der Terminus des selbständigen Verwaltungshelfers in die Diskussion gebracht wurde.[483] Die Erfassung der vielfältigen nach funktionaler Privatisierung privat erbrachten Vorbereitungs- und Durchführungsaufgaben durch gesellschaftliche Akteure ist problemlos möglich. Das Privathandeln ist nur dann keine Verwaltungshilfe, wenn dieser funktionale Bezug fehlt – dann wird der Verwaltung nicht „geholfen".

Mit diesem Verständnis von Verwaltungshilfe ist ein klarer Gegenbegriff zur Beleihung aufgebaut. Beide Institute unterscheiden sich fundamental: Der Beliehene ist punktuell Teil der Verwaltungsorganisation, sein Handeln ist etatisiert. Der Verwaltungshelfer bleibt Privater und handelt als solcher. Dies ist nicht nur ein gradueller Unterschied, der sich letztlich nur nach wertender Entscheidung bestimmen lässt (wie das Maß der Selbständigkeit), sondern ein qualitativer. Die Zuordnung zu einem der Institute ist in eindeutiger Weise leistbar.[484] Wichtigste Konsequenz dieser Grundentscheidung ist das Eingreifen verschiedener Rechtsregime für das jeweilige Handeln. Privates Handeln ist grundrechtliche Freiheitsausübung, staatliches Handeln ist kompetenzgebunden. Der Beliehene muss sein Handeln gegenüber Dritten an den öffentlich-rechtlichen Maßstäben messen lassen, der Verwaltungshelfer unterliegt hier lediglich den Maßstäben des Privatrechts. Die vorgenommene Begriffsbestimmung der Verwaltungshilfe zeichnet sich insofern durch große Klarheit und Stringenz aus. Sie schließt die festgestellte dogmatische Lücke und verhilft dem Organisationsrecht in diesem Punkt zu systematischer Geschlossenheit.

Bleibt die Frage, wie mit diesem breiteren Verständnis der Verwaltungshilfe im für die Ausbildung des traditionellen Verwaltungshilfebegriffs prägenden Staatshaf-

---

481 *Burgi,* Funktionale Privatisierung, S. 146; *ders.,* DV 33 (2000), S. 183 (186).

482 *Burgi,* Funktionale Privatisierung, S. 170.

483 Siehe etwa *Di Fabio,* VVDStRL 56 (1997), S. 235 (273); *ders.,* JZ 1999, S. 585 (590); *Seidel,* Privater Sachverstand, S. 31; vgl. auch *Remmert,* Private Dienstleistungen, S. 263. Zu einem solchen weiten Verständnis neigen wohl auch *Battis,* in: Battis / Krautzberger / Löhr, § 4b Rn. 6; *Stollmann,* NuR 1998, S. 578 (580); *Lüers,* DVBl. 1998, S. 433 (444).

484 So auch *Bree,* Privatisierung der Abfallentsorgung, S. 45.

tungsrecht umzugehen ist. Es mag zuzugeben sein, dass das Kriterium der Unselbständigkeit in der Tat für die Begründung einer Staatshaftung nötig ist, und gerade in diesem Zusammenhang wird der Terminus klassischerweise verwendet. Drohender Begriffsverwirrung kann damit begegnet werden, dass für die Begründung der Staatshaftung weiterhin auf den herkömmlichen (engen) Verwaltungshilfebegriff abgestellt wird und dieser mit dem Zusatz „unselbständig" gekennzeichnet wird.

Folgefragen, die (auch) im Hinblick auf den erweiterten Verwaltungshilfebegriff von Bedeutung sind, betreffen unter anderem die Notwendigkeit einer gesetzlichen Grundlage für den Einsatz von Verwaltungshelfern[485] sowie die Ausgestaltung des Innenverhältnisses zwischen Staat und Privatem.[486] Diese Fragen liegen außerhalb der dogmatischen Typenbildung und können insofern an dieser Stelle nicht weiterverfolgt werden.

(4) Planvorbereitung als Verwaltungshilfe im weiteren Sinne

Bei Zugrundelegung des soeben dargelegten weiteren Verwaltungshilfebegriffs ist die Einordnung des Investors als Verwaltungshelfer und seines Beitrages als Verwaltungshilfe nunmehr leicht möglich: Mit obiger Einordnung der Planvorbereitung als Fall der funktionalen Privatisierung ist die Entscheidung im Grunde schon vorweggenommen. Denn der erweiterte Verwaltungshilfebegriff liefert gerade die „rechtstechnische" Beschreibung der Situation nach funktionaler Privatisierung.[487]

Allerdings ist zu ergänzen, dass die oben getroffene Feststellung, dass es sich bei der vbBPlanung durchaus nicht um ein typisches Beispiel der funktionalen Privatisierung handelt, hier ihre Entsprechung findet. Spiegelbildlich zur dortigen Diskussion kann auch hier auf den Fall der „einfachen" Planvorbereitung durch private Planungsbüros verwiesen werden: Diese Planungsbüros werden durch die Gemeinde mit der Planausarbeitung oder bestimmten Aspekten derselben beauftragt. Trotz des Auftragsverhältnisses ergeben sich hier beträchtliche Freiräume. Unter den klassischen Verwaltungshilfebegriff lässt sich dies nicht subsumieren.[488] Mit dem Einschluss von selbständigen Tätigkeiten in den Verwaltungshilfebegriff ist die Einordnung des privaten Planers als Verwaltungshelfer aber problemlos, er bildet einen typischen Fall des selbständigen Verwaltungshelfers.[489] Bei der vbBPlanung

---

485 Man wird insofern wohl danach zu differenzieren haben, wie weitgehend, d. h. wie wesentlich die Aufgabenübertragung ist. Siehe *Di Fabio*, VVDStRL 56 (1997), S. 235 (273); *Trute*, DVBl. 1996, S. 950 (957); *Seidel*, Privater Sachverstand, S. 31.

486 Zur Steuerung des Verwaltungshelfers *Schuppert*, StWStP 5 (1994), S. 541 (556).

487 *Burgi*, Funktionale Privatisierung, S. 100 u. 170; auch *Schuppert*, Verwaltungswissenschaft, S. 371; *Schoch*, DVBl. 1994, S. 962 (963); *Hoppe/Bleicher*, NVwZ 1996, S. 421 (422); ähnlich *Erbguth*, UPR 1995, S. 369 f.

488 *von und zu Franckenstein*, UPR 2000, S. 288 (289 f.), hält dies gleichwohl noch für möglich.

489 *Seidel*, Privater Sachverstand, S. 31; *Hoppe/Bleicher*, NVwZ 1996, S. 421 (422); *Burgi*, Funktionale Privatisierung, S. 134 f.; *von und zu Franckenstein*, UPR 2000, S. 288 (289 f.).

ergibt sich nun wiederum der Unterschied, dass hier in anderer Weise Eigeninitiative und Eigeninteresse des privaten Akteurs eine Rolle spielen. Die Rolle des Privaten ist hier sicherlich besonders weit von dem entfernt, was als Werkzeug der Verwaltung den Ausgangspunkt der Überlegungen zur Verwaltungshilfe bildete. Gleichwohl steht einer Einordnung als Verwaltungshilfe letztlich kein substantielles Argument entgegen. Zwar ist der private Planer bei der Planvorbereitung besonders frei und selbständig, aber es wurde eben deutlich gemacht, dass der Grad der Selbständigkeit zur Einordnung als Verwaltungshelfer ein irrelevantes Kriterium ist. Ebenso wenig gilt dies für das Eigeninteresse des privaten Akteurs. Dies könnte nur dann der Einordnung als Verwaltungshelfer entgegenstehen, wenn es zur Verneinung des funktionalen Bezuges führte. Insofern kann allerdings auf die Ausführungen zur funktionalen Privatisierung verwiesen werden: Eigeninteresse hindert eben nicht den funktionalen Bezug eines Aufgabenwahrnehmungsbeitrages zur Staatsaufgabe. Besteht der funktionale Bezug aber, so erfüllt der Beitrag das entscheidende Strukturmerkmal der Verwaltungshilfe. Es gibt mithin keinen Grund, der Planvorbereitung ihre Einordnung als Verwaltungshilfe zu verweigern, weil sie gleichzeitig eigeninteressegeleitetes, selbstregulatives Handeln repräsentiert. Der Investor fungiert also bei der vbBPlanung als Verwaltungshelfer.[490]

c) Zwischenergebnis

Der erarbeitete Verwaltungshilfebegriff ermöglicht die Erfassung selbständiger privater Beiträge zur staatlichen Aufgabenerfüllung. Die Tätigkeit des Investors in der vbBPlanung ist danach als Verwaltungshilfe und er selbst als Verwaltungshelfer einzuordnen.

IV. Ergebnis

Das Problem der „Hilflosigkeit der Dogmatik“ gegenüber dem Aufgabenwahrnehmungswandel hat sich im Fall der vbBPlanung als nicht dramatisch gezeigt. Der bestehende Formen- und Institutionenkanon des allgemeinen Verwaltungsrechts reicht zu ihrer adäquaten Erfassung weitestgehend aus. Neben der als nötig empfundenen Erweiterung der Verwaltungshilfe wurden bei der Untersuchung weitere Felder wünschenswerter Weiterentwicklungen des allgemeinen Verwaltungsrechts berührt. Dies gilt zum einen für die Ausdifferenzierung öffentlich-rechtlicher Vertragstypen. Zum anderen ist weiter über die Formalisierung informeller Prozesse für die Fälle, in denen sich diese nicht auf die Vorbereitung formellen Verwaltungshandelns beschränken, nachzudenken. Diese Fragen gehören zu den zukünftig zu bewältigenden Aufgaben der verwaltungsrechtlichen Dogmatik.

---

490 So auch *Grigoleit,* DV 33 (2000), S. 79 (93); *Erbguth/Wagner,* Bauplanungsrecht, Rn. 265a.

Schlussbetrachtung

Die vbBPlanung hat sich in der Untersuchung als markantes Beispiel für die Verfolgung neuer Wege bei der staatlichen Aufgabenwahrnehmung erwiesen. Sie verwirklicht ein Privatengagement integrierendes Aufgabenwahrnehmungskonzept, in dem sich drei verschiedene Strategien der Veränderung der Aufgabenwahrnehmung wiederfinden, nämlich Kooperation ebenso wie die Instrumentalisierung gesellschaftlicher Selbstregulierung und funktionale Privatisierung. Im Ergebnis kommt es zu einer differenzierten Aufgaben- und Verantwortungsteilung zwischen Staat und privatem Investor.

Die gesetzliche Regelung der vbBPlanung in § 12 BauGB (und seinen Vorgängerregelungen) bedeutet bei aller Neuartigkeit der Konstruktion dieses Planungsinstruments keine vollständige Neukreation aus dem Nichts, sondern stellt auch eine Zusammenführung verschiedener schon zuvor im beträchtlichen Umfang „neben dem Gesetz" praktizierter Planungsusancen in einer Norm dar. § 12 BauGB bedeutet insofern auch eine „Formalisierung des Informalen".[1] Diese Regelung verantwortungsteilender Planung ist dabei aber keineswegs lediglich Ausdruck gesetzgeberischer Anerkennung dieses Planungstyps, die der Verbesserung von dessen praktischer Akzeptanz dient. In erster Linie leistet § 12 BauGB und das ihn umgebende Regelungsgeflecht des Bauplanungsrechts eine exakte normative Strukturierung dieser Form verantwortungsteilender Aufgabenwahrnehmung. Mit dieser Strukturierung werden trotz der Einbindung Privater demokratische und rechtsstaatliche Anforderungen an die zu großen Teilen weiterhin staatliche Aufgabenwahrnehmung gesichert. Insofern bildet die vbBPlanung ein Beispiel dafür, wie der Staat seiner bei verantwortungsteilender Aufgabenwahrnehmung entstehenden Strukturschaffungspflicht gerecht werden kann.

Die Regelung der vbBPlanung in § 12 BauGB sorgt weiterhin für eine passgenaue Eingliederung dieses Planungsinstruments in das allgemeine Planungsrecht, und zwar als gleichwertiges, optionales Alternativmodell zur hergebrachten Bauleitplanung. Die vbBPlanung hat damit eine Ergänzungsfunktion zum regulären Planungsverfahren[2] und bedeutet eine Erweiterung des Handlungsspektrums der Gemeinde bei der Wahrnehmung ihrer Planungsaufgaben. Dieses Nebeneinander von traditioneller Planung und vbBPlanung im BauGB unterstreicht die zu-

1 Siehe zu dieser anschaulichen Formulierung nochmals *Quaas,* in: Schrödter, § 12 Rn. 5; *Schmidt-Preuß,* VVDStRL 56 (1997), S. 178 (184); *Grigoleit,* DV 33 (2000), S. 79 (80); *Voßkuhle,* VerwArch 92 (2001), S. 184 (206).

2 *Reidt,* NVwZ 1996, S. 1 (6), *Bielenberg,* ZfBR 1996, S. 6.

nehmende praktische Durchsetzung von innovativen Aufgabenwahrnehmungskonzepten, die keineswegs nur als exotische Experimentalregelungen in Sondergesetzen zu finden sind, sondern mehr und mehr Eingang in die Standardgesetze des Verwaltungsrechts finden.

Insgesamt ist § 12 BauGB als gelungenes Beispiel für die normative Umsetzung moderner Aufgabenwahrnehmungskonzepte einzuordnen. Er kann insofern eine Leitbildfunktion für entsprechende Umsetzungen in anderen Bereichen einnehmen.[3]

Mit diesem positiven Urteil zur Normqualität des § 12 BauGB ist allerdings nicht gesagt, dass die vbBPlanung in der Praxis keine Probleme verursachen kann. Man kann durchaus die Frage stellen, ob ein Planungsinstrument, das einen starken Investoreneinfluss explizit betont, überhaupt sinnvoll ist. Denn ein Blick auf so manches am Bedarf der Bevölkerung vorbeigeplante Gewerbegebiet und Einkaufszentrum auf der sprichwörtlichen grünen Wiese, besonders in den neuen Bundesländern, befördert Zweifel an der Integrierbarkeit von Investorenlaunen und einem gemeinwohlverpflichteten, nachhaltigen Städtebau.[4] Es ist immerhin denkbar, dass trotz der verankerten normativen Gemeinwohlsicherungen die Durchsetzung partikularer und eindimensionaler Investoreninteressen durch die gesetzliche Anerkennung einer Investorenplanung in § 12 BauGB letztlich doch gefördert wird. Denn auch die diffizilste Regelung wird nicht verhindern können, dass ein machtvoller Investor, mit entsprechendem Drohpotential ausgestattet, dennoch seine Interessen zur Durchsetzung bringt. Es wäre aber schlicht weltfremd, vor der Notwendigkeit von nachfragegeleiteten Planungen die Augen zu verschließen. Einmal mehr ist auf die Aussage des BVerwG zu verweisen, dass solche gerade im Hinblick auf Investitionsverwirklichung unvermeidlich sein können.[5] Mit dieser Nachfrageorientierung sind generell Gefahren für die planerische Gemeinwohlkonkretisierung verbunden – dies gilt für eine Nachfrageplanung im Gewand der regulären Bauleitplanung ebenso wie für die vorhabenbezogene Bebauungsplanung. Dass im letzteren Fall das Problem verschärft wird, erscheint keineswegs sicher und ist empirisch nicht belegt. Und wenn solche Planungen ohnehin stattfinden, ist es aus Gründen rechtsstaatlichen Klarheit durchaus zu begrüßen, dass das Planungsrecht dies reflektiert und eine entsprechende rechtliche Strukturierung vornimmt. Gefährlich ist eine Investorenplanung letztlich nur dann, wenn die Gemeinde sich dabei das Denken abnehmen lässt.[6] Hier liegt das eigentliche Problem: Letztlich bleibt auch die durch den Investor angeregte und mitvorbereitete Planungsentscheidung zuvorderst eine (kommunal)politische Entscheidung. Es bedarf des (politischen) Willens der Gemeinde, nötigenfalls Gemein-

---

[3] Vgl. zur Leitbildfunktion *Grigoleit,* DV 33 (2000), S. 79 (100).

[4] Vgl. auch *Reidt,* NVwZ 1996, S. 1 (6).

[5] Siehe nochmals BVerwGE 45, S. 309 (317) sowie § 10 IV 2 b) bb) (1).

[6] *Reidt,* NVwZ 1996, S. 1 (6).

wohlinteressen auch gegen Investorendruck durchzusetzen. Fehlt es an diesem Willen, bietet auch das formale Festhalten am herkömmlichen Planungsverfahren keinen Schutz vor Fehlplanungen. Städtebauliche Sünden fallen dann, so oder so, auf fruchtbares Bauland.

Literaturverzeichnis

Achterberg, Norbert: Allgemeines Verwaltungsrecht, 2. Auflage, Heidelberg 1986.

Bachmann, Bernd: Verhandlungen (mit) der Bauverwaltung, Opladen 1993.

Battis, Ulrich: Allgemeines Verwaltungsrecht, 3. Auflage, Heidelberg 2002.

– Anforderungen an ein modernes Bauordnungsrecht, in: DVBl. 2000, S. 1557 ff.

– Das System der räumlichen Gesamtplanung, in: Festschrift für Werner Hoppe, hrsg. von Wilfried Erbguth u. a., München 2000, S. 303 ff.

– Der vorhabenbezogene Bebauungsplan, in: 100 Jahre Allgemeines Baugesetz Sachsen, hrsg. von Hartmut Bauer / Rüdiger Breuer / Christoph Degenhart / Martin Oldiges, Stuttgart u. a. 2000, S. 507 ff.

– Öffentliches Baurecht und Raumordnungsrecht, 4. Auflage, Stuttgart u. a. 1999.

– Partizipation im Städtebaurecht, Berlin 1976.

– Probleme planungsbezogener städtebaulicher Verträge, in: ZfBR 1999, S. 240 ff.

– Terroristische Angriffe auf Kernkraftwerke – Die rechtliche Sicht, in: Fritz Ossenbühl (Hrsg.), Deutscher Atomrechtstag 2002, Baden-Baden 2003.

Battis, Ulrich / *Kersten,* Jens: Demokratie und Mitbestimmung im öffentlichen Dienst, in: DÖV 1996, S. 584 ff.

Battis, Ulrich / *Krautzberger,* Michael / *Löhr,* Rolf-Peter: Baugesetzbuch, Kommentar, 5. Auflage, München 1996.

– Baugesetzbuch, Kommentar, 8. Auflage, München 2002.

– Die Neuregelungen des Baugesetzbuches zum 1. 1. 1998, in: NVwZ 1997, S. 1145 ff.

Bauer, Hartmut: Informelles Verwaltungshandeln im öffentlichen Wirtschaftsrecht, in: VerwArch 78 (1987), S. 241 ff.

– Privatisierung von Verwaltungsaufgaben, in: VVDStRL 54 (1995), S. 243 ff.

– Verwaltungsrechtliche und verwaltungswissenschaftliche Aspekte der Gestaltung von Kooperationsverträgen bei Public Private Partnership, in: DÖV 1998, S. 89 ff.

– Zur notwendigen Entwicklung eines Verwaltungskooperationsrechts – Statement –, in: Gunnar Folke Schuppert (Hrsg.), Jenseits von Privatisierung und „schlankem" Staat, Baden-Baden 1999, S. 251 ff.

Benz, Arthur: Kooperative Verwaltung, Baden-Baden 1994.

Berg, Wilfried: Verfassungsfragen wirtschaftlicher Betätigung des Staates, in: ThürVBl. 1994, S. 145 ff.

Bielenberg, Walter: Aufstellung eines Vorhaben- und Erschließungsplans – Hinweise für die Praxis, in: ZfBR 1996, S. 6 ff.

Birk, Hans-Jörg: Bauplanungsrecht in der Praxis, 4. Auflage, Stuttgart u. a. 1998.

– Der Vorhaben- und Erschließungsplan: praxisbedeutsame Schwerpunkte, in: NVwZ 1995, S. 625 ff.

– Die neuen städtebaulichen Verträge nach dem BauGB und BauGBMaßnG seit dem 1. 5. 1993 unter besonderer Berücksichtigung der Rechtslage in Baden-Württemberg, in: VBlBW 1994, S. 130 ff.

Böckenförde, Ernst-Wolfgang: Demokratie als Verfassungsprinzip, in: Josef Isensee / Paul Kirchhof, Handbuch des Staatsrechts, Bd. I, Heidelberg 1987, § 22.

Bohne, Eberhard: Der informale Rechtsstaat, Berlin 1981.

– Informales Verwaltungs- und Regierungshandeln als Instrument des Umweltschutzes, in: VerwArch 75 (1984), S. 343 ff.

Bree, Axel: Die Privatisierung der Abfallentsorgung nach dem Kreislaufwirtschafts- und Abfallgesetz, Berlin 1998.

Brohm, Winfried: Alternative Steuerungsmöglichkeiten als „bessere" Gesetzgebung?, in: Hermann Hill (Hrsg.), Zustand und Perspektiven der Gesetzgebung, Berlin 1989, S. 217 ff.

– Die Dogmatik des Verwaltungsrechts vor den Gegenwartsaufgaben der Verwaltung, in: VVDStRL 30 (1972), S. 245 ff.

– Öffentliches Baurecht, 3. Auflage, München 2002.

– Sachverständige Beratung des Staates, in: Josef Isensee / Paul Kirchhof, Handbuch des Staatsrechts, Bd. II, 2. Auflage, Heidelberg 1998, § 36.

– Städtebauliche Verträge zwischen Privat- und Öffentlichem Recht, in: JZ 2000, S. 321 ff.

Brügelmann, Hermann: Baugesetzbuch, Kommentar, Loseblattsammlung, Stand 50. Lieferung, September 2002, Stuttgart u. a. 2002.

Brüning, Christoph: Der Verwaltungsmittler – eine neue Figur bei der Privatisierung kommunaler Aufgaben, in: NWVBl. 1997, S. 286 ff.

Budäus, Dietrich / *Grüning,* Gernod: Public Private Partnership – Konzeption und Probleme eines Instruments zur Verwaltungsreform aus Sicht der Public Choice-Theorie, in: Dietrich Budäus / Peter Eichhorn (Hrsg.), Public Private Partnership, Baden-Baden 1997, S. 25 ff.

Bull, Hans Peter: Die Staatsaufgaben nach dem Grundgesetz, 2. Auflage, Kronberg 1977.

Bundesministerium für Raumordnung, Bauwesen und Städtebau (Hrsg.): Bericht der Expertenkommission zur Novellierung des Baugesetzbuches, Bonn-Bad Godesberg 1996.

Bundesministerium für Umwelt, Naturschutz und Reaktorsicherheit (Hrsg.): Umweltgesetzbuch (UGB-KomE), Entwurf der Unabhängigen Sachverständigenkommission zum Umweltgesetzbuch beim Bundesministerium für Umwelt, Naturschutz und Reaktorsicherheit, Berlin 1998.

Burgi, Martin: Funktionale Privatisierung und Verwaltungshilfe, Tübingen 1999.

– Kommunales Privatisierungsfolgenrecht: Vergabe, Regulierung und Finanzierung, in: NVwZ 2001, S. 601 ff.

– Privat vorbereitete Verwaltungsentscheidungen und staatliche Strukturschaffungspflicht, in: DV 33 (2000), S. 183 ff.

Burmeister, Joachim: Verträge und Absprachen zwischen der Verwaltung und Privaten, in: VVDStRL 52 (1993), S. 190 ff.

Busse, Jürgen: Kooperatives Recht im Bauplanungsrecht, in: BayVBl. 1994, S. 353 ff.

Busse, Jürgen / *Grziwotz,* Herbert: VEP, Der Vorhaben- und Erschließungsplan, München und Berlin 1999.

Bussfeld, Klaus: Informales Verwaltungshandeln – Chancen und Gefahren, in: Hermann Hill (Hrsg.), Verwaltungshandeln durch Verträge und Absprachen, Baden-Baden 1990, S. 39 ff.

Dagtoglou, Prodromos: Die Beteiligung Privater an Verwaltungsaufgaben, in: DÖV 1970, S. 532 ff.

von Danwitz, Thomas: Vom Verwaltungsprivat- zum Verwaltungsgesellschaftsrecht – Zu Begründung und Reichweite öffentlich-rechtlicher Ingerenzen in der mittelbaren Kommunalverwaltung –, in: AöR 120 (1995), S. 595 ff.

Denninger, Erhard: Verfassungsrechtliche Anforderungen an die Normsetzung im Umwelt- und Technikrecht, Baden-Baden 1990.

Di Fabio, Udo: Das Kooperationsprinzip – ein allgemeiner Rechtsgrundsatz des Umweltrechts, in: NVwZ 1999, S. 1153 ff.

– Die Struktur von Planungsnormen, in: Festschrift für Werner Hoppe, hrsg. von Wilfried Erbguth u. a., München 2000, S. 75 ff.

– Privatisierung und Staatsvorbehalt, in: JZ 1999, S. 585 ff.

– System der Handlungsformen und Fehlerlehre, in: Kathrin Becker-Schwarze / Wolfgang Köck / Thomas Kupka / Matthias von Schwanenflügel (Hrsg.), Wandel der Handlungsformen im öffentlichen Recht, Stuttgart u. a. 1991, S. 47 ff.

– Verantwortung als Verfassungsinstitut, in: Festschrift für Friedrich Karl Fromme, hrsg. von Wolfgang Knies, Stuttgart und München 2002, S. 15 ff.

– Vertrag statt Gesetz?, in: DVBl. 1990, S. 338 ff.

– Verwaltungsentscheidung durch externen Sachverstand, in: VerwArch 81 (1990), S. 193 ff.

– Verwaltung und Verwaltungsrecht zwischen gesellschaftlicher Selbstregulierung und staatlicher Steuerung, in: VVDStRL 56 (1997), S. 235 ff.

Dolde, Klaus-Peter: Novellierung des Baugesetzbuches, in: NVwZ 1996, S. 209 ff.

Dose, Nicolai: Die verhandelnde Verwaltung, Baden-Baden 1997.

– Kooperatives Recht, in: DV 27 (1994), S. 91 ff.

– Zur Typologie öffentlicher Verwaltung, in: Carl-Eugen Eberle / Martin Ibler / Dieter Lorenz (Hrsg.), Festschrift für Winfried Brohm, München 2002, S. 693 ff.

Dose, Nicolai / *Voigt,* Rüdiger: Kooperatives Recht, in: dies. (Hrsg.), Kooperatives Recht, Baden-Baden 1995, S. 11 ff.

Dreier, Horst (Hrsg.): Grundgesetz, Kommentar, Band II, Tübingen 1998.

– Hierarchische Verwaltung im demokratischen Staat, Tübingen 1991.

Dreier, Johannes: Die normative Steuerung der planerischen Abwägung, Berlin 1995.

Ebsen, Ingwer: Der Bauplanungsgarantievertrag – ein neues Mittel vertraglicher Bindung der Gemeinde bei der Bauleitplanung?, in: JZ 1985, S. 57 ff.

Ehlers, Dirk: Die Erledigung von Gemeindeaufgaben durch Verwaltungshelfer, Köln u. a. 1997.

– Verwaltung in Privatrechtsform, Berlin 1984.

Eichenberger, Kurt: Gesetzgebung im Rechtsstaat, in: VVDStRL 40 (1982), S. 7 ff.

Emde, Ernst Thomas: Die demokratische Legitimation der funktionalen Selbstverwaltung, Berlin 1991.

Erbguth, Wilfried: Bauleitplanung und private Investitionen, in: VerwArch 89 (1998), S. 189 ff.

– Die Zulässigkeit der funktionalen Privatisierung im Genehmigungsrecht, in: UPR 1995, S. 369 ff.

Erbguth, Wilfried / *Wagner,* Jörg: Bauplanungsrecht, 3. Auflage, München 1998.

Erichsen, Hans-Uwe / *Ehlers,* Dirk: Allgemeines Verwaltungsrecht, 12. Auflage, Berlin 2002.

Ernst, Werner / *Zinkahn,* Willy / *Bielenberg,* Walter / *Krautzberger,* Michael: Baugesetzbuch, Kommentar, Loseblattsammlung, Stand 70. Lieferung, Januar 2003, München 2003.

Faber, Angela: Gesellschaftliche Selbstregulierungssysteme im Umweltrecht – unter besonderer Berücksichtigung der Selbstverpflichtungen, Köln 2001.

– Selbstregulierung und Kooperation bei der Bauleitplanung (Vorhaben- und Erschließungsplan § 12 BauGB), in: Festschrift für Werner Hoppe, hrsg. von Wilfried Erbguth u. a., München 2000, S. 425 ff.

Finckh, Andreas: Regulierte Selbstregulierung im Dualen System, Baden-Baden 1998.

Finkelnburg, Klaus / *Ortloff,* Karsten-Michael: Öffentliches Baurecht, Band I: Bauplanungsrecht, 5. Auflage, München 1998.

von und zu Franckenstein, Georg: Public Private Partnership in der Bauleitplanung, in: UPR 2000, S. 288 ff.

Frenz, Walter: Die Staatshaftung in den Beleihungstatbeständen, Berlin 1992.

– Selbstverpflichtungen der Wirtschaft, Tübingen 2001.

Gallwas, Hans-Ullrich: Die Erfüllung von Verwaltungsaufgaben durch Private, in: VVDStRL 29 (1971), S. 211 ff.

Glombik, Sabine: Der vorhabenbezogene Bebauungsplan, in: LKV 1999, S. 392 ff.

– Die Sonderregelungen für die neuen Bundesländer nach der Novelle des Baugesetzbuches, in: LKV 1999, S. 168 ff.

Gramm, Christof: Privatisierung und notwendige Staatsaufgaben, Berlin 2001.

Grigoleit, Klaus Joachim: Normative Steuerung von kooperativer Planung, in: DV 33 (2000), S. 79 ff.

Gronemeyer, Steffen: Praxiskommentar zum BauGB, Wiesbaden u. Berlin 1999.

Grziwotz, Herbert: Einführung in die Vertragsgestaltung im Öffentlichen Recht, in: JuS 1998, S. 1113 ff.

Günther, Klaus: Der Wandel der Staatsaufgaben und die Krise des regulativen Rechts, in: Dieter Grimm (Hrsg.), Wachsende Staatsaufgaben – sinkende Steuerungsfähigkeit des Rechts, Baden-Baden 1990, S. 51 ff.

Gusy, Christoph: Der Wandel präventiver Schutzgewährung in der staatlichen Finanzkrise, in: Wolfgang Hoffmann-Riem / Eberhard Schmidt-Aßmann (Hrsg.), Effizienz als Herausforderung an das Verwaltungshandeln, Baden-Baden 1998, S. 175 ff.

– Jenseits von Privatisierung und „schlankem" Staat: Duale Sicherheitsverantwortung, in: Gunnar Folke Schuppert (Hrsg.), Jenseits von Privatisierung und „schlankem" Staat, Baden-Baden 1999, S. 115 ff.

– Kooperation als staatlicher Steuerungsmodus, in: ZUR 2001, S. 1 ff.

– Privatisierung als Herausforderung an Rechtspolitik und Rechtsdogmatik, in: ders. (Hrsg.), Privatisierung von Staatsaufgaben: Kriterien – Grenzen – Folgen, Baden-Baden 1998, S. 330 ff.

Hagenah, Evelyn: Prozeduraler Umweltschutz, Baden-Baden 1996.

Hamann, Christian: Der Verwaltungsvertrag im Städtebaurecht, Berlin 2003.

Hamberger, Karl Martin: Der Vorhaben- und Erschließungsplan i. S. d. § 7 BauGB-MaßnahmenG, München 1994.

von Heimburg, Sibylle: Verwaltungsaufgaben und Private, Berlin 1982.

Heintzen, Markus: Beteiligung Privater an öffentlichen Aufgaben und staatliche Verantwortung, in: VVDStRL 62 (2003), S. 220 ff.

Hellriegel, Mathias: Mediation im Umweltrecht, Berlin 2002.

Helm, Thorsten Matthias: Rechtspflicht zur Privatisierung, Baden-Baden 1999.

Hengstschläger, Johannes: Privatisierung von Verwaltungsaufgaben, in: VVDStRL 54 (1995), S. 165 ff.

Herzog, Roman: Ziele, Vorbehalte und Grenzen der Staatstätigkeit, in: Josef Isensee / Paul Kirchhof, Handbuch des Staatsrechts, Bd. III, 2. Auflage, Heidelberg 1996, § 58.

Herzog, Roman / *Kunst,* Herrmann / *Schlaich,* Klaus / *Schneemelcher,* Wilhelm (Hrsg.): Evangelisches Staatslexikon, 3. Auflage, Stuttgart 1987.

Hoffmann-Riem, Wolfgang: Justizdienstleistungen im kooperativen Staat, in: Gunnar Folke Schuppert (Hrsg.), Jenseits von Privatisierung und „schlankem" Staat, Baden-Baden 1999, S. 159 ff.

– Konfliktmittler in Verwaltungsverhandlungen, Heidelberg 1989.

– Öffentliches Recht und Privatrecht als wechselseitige Auffangordnungen – Systematisierung und Entwicklungsperspektiven, in: Wolfgang Hoffmann-Riem / Eberhard Schmidt-Aßmann, Öffentliches Recht und Privatrecht als wechselseitige Auffangordnungen, Baden-Baden 1996, S. 261 ff.

– Reform des allgemeinen Verwaltungsrechts als Aufgabe – Ansätze am Beispiel des Umweltrechts –, in: AöR 115 (1990), S. 400 ff.

– Selbstbindungen der Verwaltung, in: VVDStRL 40 (1982), S. 187 ff.

– Tendenzen in der Verwaltungsrechtsentwicklung, in: DÖV 1997, S. 433 ff.

– Verfahrensprivatisierung als Modernisierung, in: Wolfgang Hoffmann-Riem / Jens-Peter Schneider, Verfahrensprivatisierung im Umweltrecht, Baden-Baden 1996, S. 9 ff.

– Vom Staatsziel Umweltschutz zum Gesellschaftsziel Umweltschutz, in: DV 28 (1995), S. 425 ff.

Hoffmann-Riem, Wolfgang / *Schmidt-Aßmann,* Eberhard: Vorwort, in: dies. (Hrsg.), Konfliktbewältigung durch Verhandlungen Band II, Baden-Baden 1990, S. 5.

Hofmann, Rainer: Privatisierung kommunaler Verwaltungsaufgaben, in: VBlBW 1994, S. 121 ff.

Holznagel, Bernd: Konfliktlösung durch Verhandlungen, Baden-Baden 1990.

Hoppe, Werner: Das Abwägungsgebot in der Novellierung des Baugesetzbuches, in: DVBl. 1994, S. 1033 ff.

– Planung, in: Josef Isensee / Paul Kirchhof, Handbuch des Staatsrechts, Bd. III, 2. Auflage, Heidelberg 1996, § 71.

Hoppe, Werner / *Beckmann,* Martin: Zur rechtlichen Unbedenklichkeit der alternativlosen Übernahme des Projektentwurfes eines privaten Vorhabenträgers durch die planende Gemeinde, in: DVBl. 1987, S. 1249 ff.

Hoppe, Werner / *Bleicher,* Herbert: Rechtsprobleme bei der Verfahrensprivatisierung von Standortauswahlverfahren im Abfallrecht, in: NVwZ 1996, S. 421 ff.

Hoppe, Werner / *Bönker,* Christian / *Grotefels,* Susan: Öffentliches Baurecht, 2. Auflage, München 2002.

Hoppe, Werner / *Grotefels,* Susan: Öffentliches Baurecht, München 1995.

Isensee, Josef: Gemeinwohl und Staatsaufgaben im Verfassungsstaat, in: Josef Isensee / Paul Kirchhof, Handbuch des Staatsrechts, Bd. III, 2. Auflage, Heidelberg 1996, § 57.

Jäde, Henning / *Dirnberger,* Franz / *Weiss,* Josef: BauGB und Baunutzungsverordnung, Kommentar, 3. Auflage, Stuttgart u. a. 2002.

Jani, Michael: Die partielle verwaltungsrechtliche Inpflichtnahme Privater zu Handlungs- und Leistungspflicht, Pfaffenweiler 1992.

Jestaedt, Matthias: Demokratieprinzip und Kondominialverwaltung, Berlin 1993.

Kämmerer, Jörn Axel: Privatisierung, Tübingen 2001.

– Verfassungsstaat auf Diät?, in: JZ 1996, S. 1042 ff.

Kautz, Steffen: Absprachen im Verwaltungsrecht, Berlin 2002.

Kippes, Stephan: Bargaining, Köln u. a. 1995.

Kirchhof, Paul: Mittel staatlichen Handelns, in: Josef Isensee / Paul Kirchhof, Handbuch des Staatsrechts, Bd. III, 2. Auflage, Heidelberg 1996, § 59.

Kloepfer, Michael: Umweltrecht, 2. Auflage, München 1998.

Kloepfer, Michael / *Elsner,* Thomas: Selbstregulierung im Umwelt- und Technikrecht, in: DVBl. 1996, S. 964 ff.

Klowiat, Jürgen: Die Beteiligung Privater bei der Abfallversorgung, Baden-Baden 1995.

Knack, Hans Joachim (Begründer): Verwaltungsverfahrensgesetz, 7. Auflage, Köln u. a. 2000.

Koch, Hans-Joachim: Das Kooperationsprinzip im Umweltrecht – ein Missverständnis?, in: NuR 2001, S. 541 ff.

Koch, Hans-Joachim: (Verfahrens-)Privatisierung im öffentlichen Baurecht, in: Wolfgang Hoffmann-Riem / Jens-Peter Schneider (Hrsg.), Verfahrensprivatisierung im Umweltrecht, Baden-Baden 1996, S. 170 ff.

Koch, Hans-Joachim / *Hendler*, Reinhard: Baurecht, Raumordnungs- und Landesplanungsrecht, 3. Auflage, Stuttgart u. a. 2001.

König, Klaus: „Neue" Verwaltung oder Verwaltungsmodernisierung: Verwaltungspolitik in den 90er Jahren, in: DÖV 1995, S. 349 ff.

– Programmsteuerungen in komplexen politischen Systemen, in: Die Verwaltung 7 (1974), S. 137 ff.

König, Klaus / *Benz*, Angelika: Zusammenhänge von Privatisierung und Regulierung, in: dies. (Hrsg.), Privatisierung und staatliche Regulierung, Baden-Baden 1997, S. 13 ff.

Kopp, Ferdinand O. / *Ramsauer*, Ulrich: Kommentar zum Verwaltungsverfahrensgesetz, 7. Auflage, München 2000.

Köster, Bernd: Die Privatisierung des Bauleitplanverfahrens und der Einsatz von Mediation in den Beteiligungsverfahren, Frankfurt am Main u. a. 2002.

– Mediation in der Bauleitplanung?, in: DVBl. 2002, S. 229 ff.

Krautzberger, Michael: Die Erfüllung öffentlicher Aufgaben durch Private, Berlin 1971.

Krautzberger, Michael / *Söfker*, Wilhelm: Baugesetzbuch mit BauNVO, 6. Auflage, München und Berlin 2001.

Krebs, Walter: Grundfragen des öffentlich-rechtlichen Vertrages, in: Dirk Ehlers / Walter Krebs (Hrsg.), Grundfragen des Verwaltungsrechts und des Kommunalrechts, Berlin 2000, S. 41 ff.

– Verträge und Absprachen zwischen der Verwaltung und Privaten, in: VVDStRL 52 (1993), S. 248 ff.

Krölls, Albert: Rechtliche Grenzen der Privatisierungspolitik, in: GewArch 41 (1995), S. 129 ff.

Kühling, Jürgen: Rechtsprechung des Bundesverwaltungsgerichts zum Fachplanungsrecht, in: DVBl. 1989, S. 221 ff.

Kunig, Philip: Alternativen zum einseitig-hoheitlichen Verwaltungshandeln, in: Wolfgang Hoffmann-Riem / Eberhard Schmidt-Aßmann (Hrsg.), Konfliktbewältigung durch Verhandlungen I, Baden-Baden 1990, S. 43 ff.

– Verträge und Absprachen zwischen Verwaltung und Privaten, in: DVBl. 1992, S. 1193 ff.

Kunig, Philip / *Rublack*, Susanne: Aushandeln statt Entscheiden?, in: Jura 1990, S. 1 ff.

Lamb, Irene: Kooperative Gesetzeskonkretisierung, Baden-Baden 1995.

Lange, Klaus: Staatliche Steuerung aus rechtswissenschaftlicher Perspektive, in: Klaus König / Nicolai Dose (Hrsg.), Instrumente und Formen staatlichen Handelns, Köln u. a. 1993, S. 173 ff.

Lecheler, Helmut: Privatisierung von Verwaltungsaufgaben, in: BayVBl. 1994, S. 555 ff.

Lee, Won-Woo: Privatisierung als Rechtsproblem, Köln u. a. 1997.

Löwer, Wolfgang: Energieversorgung zwischen Staat, Gemeinde und Wirtschaft, Köln u. a. 1989.

Lübbe-Wolff, Gertrude: Modernisierung des Umweltordnungsrechts, Bonn 1996.

Lübbe-Wolff, Gertrude / *Steenken,* Annette: Privatisierung umweltbehördlicher Aufgaben, in: ZUR 1993, S. 263 ff.

Ludwig, Frank: Privatisierung staatlicher Aufgaben im Umweltschutz, Berlin 1998.

Lüers, Hartwig: Die Bauleitplanung nach dem BauROG, in: DVBl. 1998, S. 433 ff.

Luhmann, Niklas: Lob der Routine, in: VerwArch 55 (1964), S. 1 ff.

– Politische Planung, 3. Auflage, Opladen 1983.

Marburger, Peter: Die Regeln der Technik im Recht, Köln u. a. 1979.

Martens, Wolfgang: Öffentlich als Rechtsbegriff, Bad Homburg u. a. 1969.

Maslaton, Martin: Privatisierungstendenzen im Baurecht unter besonderer Berücksichtigung des Vorhaben- und Erschließungsplanes, in: Wolfgang Hoffmann-Riem / Jens-Peter Schneider (Hrsg.), Verfahrensprivatisierung im Umweltrecht, Baden-Baden 1996, S. 125 ff.

Maunz, Theodor / *Dürig,* Günter u. a. (Hrsg.): Grundgesetz, Kommentar, Loseblattsammlung, Stand 41. Lieferung, Oktober 2002, München 2003.

Maurer, Hartmut: Allgemeines Verwaltungsrecht, 14. Auflage, München 2002.

– Der Verwaltungsvertrag – Probleme und Möglichkeiten, in: Hermann Hill (Hrsg.), Verwaltungshandeln durch Verträge und Absprachen, Baden-Baden 1990, S. 15 ff.

Mayer, Otto: Zur Lehre vom öffentlich-rechtlichen Vertrage, in: AöR 3 (1888), S. 3 ff.

Mayntz, Renate: Politische Steuerung und gesellschaftliche Steuerungsprobleme – Anmerkungen zu einem theoretischen Paradigma, in: Jahrbuch zur Staats- und Verwaltungswissenschaft 1987, Baden-Baden 1987, S. 89 ff.

Mehde, Veith: Neues Steuerungsmodell und Demokratieprinzip, Berlin 2000.

Menke, Rainard: Der vorhabenbezogene Bebauungsplan, in: NVwZ 1998, S. 577 ff.

Merten, Detlef: Bürgerverantwortung im demokratischen Verfassungsstaat, in: VVDStRL 55 (1996), S. 7 ff.

Möller, Frank: Öko-Audit und Substitution, Berlin 2001.

Möllers, Christoph: Theorie, Praxis und Interdisziplinarität in der Verwaltungsrechtswissenschaft, in: VerwArch 93 (2002), S. 22 ff.

Möschel, Wernhard: Privatisierung als ordnungspolitische Aufgabe, in: Festschrift für Joachim Gernhuber, hrsg. von Hermann Lange u. a., Tübingen 1993, S. 905 ff.

Müller, Karl: Der Vorhaben- und Erschließungsplan – rechtliche und praktische Aspekte, in: BauR 1996, S. 491 ff.

Müller, Nikolaus: Rechtsformenwahl bei der Erfüllung öffentlicher Aufgaben (Institutional Choice), Köln u. a. 1993.

Müller, Wolfgang / *Köster,* Rudolf / *Trunk,* Marion (Bearbeiter): Duden Fremdwörterbuch, 4. Auflage, Mannheim u. a. 1982.

Nahamowitz, Peter: Hierarchie und Kooperation als staatliche Handlungsmuster, in: Rüdiger Voigt (Hrsg.), Der kooperative Staat, Baden-Baden 1995, S. 119 ff.

Nisipeanu, Peter: Das Scoping-Verfahren nach § 5 UVPG – Dargestellt an (ab)wasserwirtschaftlichen Genehmigungsverfahren, in: NVwZ 1993, S. 319 ff.

Obermayer, Klaus: Verwaltungsverfahrensgesetz, Kommentar, hrsg. von Roland Fritz, 3. Auflage, Neuwied und Kriftel 1999.

Oberrath, Jörg-Dieter / *Hahn,* Oliver: Kompendium Umweltrecht, 2. Auflage, Stuttgart u. a. 2000.

Oebbecke, Janbernd: Weisungs- und unterrichtungsfreie Räume in der Verwaltung, Köln u. a. 1986.

Offele, Josef: Zum Bauplanungs- und Bauordnungsrecht, in: Hermann Hill (Hrsg.), Verwaltungshandeln durch Verträge und Absprachen, Baden-Baden 1990, S. 90 ff.

Ossenbühl, Fritz: Die Erfüllung von Verwaltungsaufgaben durch Private, in: VVDStRL 29 (1971), S. 137 ff.

– Die Handlungsformen der Verwaltung, in: JuS 1979, S. 681 ff.

– Staatshaftungsrecht, 5. Auflage, München 1998.

Osterloh, Lerke: Privatisierung von Verwaltungsaufgaben, in: VVDStRL 54 (1995), S. 204 ff.

Pabst, Heinz-Joachim: Verfassungsrechtliche Grenzen der Privatisierung im Fernstraßenbau, Berlin 1997.

Pauly, Walter: Grundlagen einer Handlungsformenlehre im öffentlichen Recht, in: Kathrin Becker-Schwarze / Wolfgang Köck / Thomas Kupka / Matthias von Schwanenflügel (Hrsg.), Wandel der Handlungsformen im öffentlichen Recht, Stuttgart u. a. 1991, S. 25 ff.

Peine, Franz-Joseph: Allgemeines Verwaltungsrecht, 6. Auflage, Heidelberg 2002.

– Grenzen der Privatisierung – verwaltungsrechtliche Aspekte, in: DÖV 1997, S. 353 ff.

– Öffentliches Baurecht, 3. Auflage, Tübingen 1997.

Peters, Hans: Öffentliche und staatliche Aufgaben, in: Rolf Dietz / Heinz Hübner (Hrsg.), Festschrift für Hans Carl Nipperdey Bd. II, München und Berlin 1965, S. 877 ff.

Pietzcker, Jost: Der Vorhaben- und Erschließungsplan, Baden-Baden 1993.

– Verfahrensprivatisierung und staatliche Verfahrensverantwortung, in: Wolfgang Hoffmann-Riem / Jens-Peter Schneider (Hrsg.), Verfahrensprivatisierung im Umweltrecht, Baden-Baden 1996, S. 284 ff.

Pippke, Nicole: Öffentliche und private Abfallentsorgung, Berlin 1999.

Pitschas, Rainer: Entwicklung der Handlungsformen im Verwaltungsrecht – Vom Formendualismus des Verwaltungsverfahrens zur Ausdifferenzierung der Handlungsformen, in: Willi Blümel / Rainer Pitschas (Hrsg.), Reform des Verwaltungsverfahrensrechts, Schriftenreihe der Hochschule Speyer, Band 114, S. 229 ff.

– Kommunale Selbstverwaltung und Mediation. Zur Notwendigkeit neutraler Streitschlichtung in Konflikten mit der lokalen Zivilgesellschaft, in: Carl-Eugen Eberle / Martin Ibler / Dieter Lorenz (Hrsg.), Festschrift für Winfried Brohm, München 2002, S. 709 ff.

– Verantwortungskooperation zwischen Staat und Bürgergesellschaft. Vom hierarchischen zum partnerschaftlichen Rechtsstaat am Beispiel des Risikoverwaltungsrechts, in: Karl-Peter Sommermann / Jan Ziekow (Hrsg.), Perspektiven der Verwaltungsforschung, Berlin 2002, S. 223 ff.

– Verwaltungsverantwortung und Verwaltungsverfahren, München 1990.

Püttner, Günter: Die Einwirkungspflicht, in: DVBl. 1975, S. 353 ff.

– Öffentliche Unternehmen als Instrument staatlicher Politik, in: DÖV 1983, S. 697 ff.

– Wider den öffentlich-rechtlichen Vertrag zwischen Staat und Bürger, in: DVBl. 1982, S. 122 f.

Rehbinder, Manfred: New Public Management – Rückblick, Kritik und Ausblick, in: Carl-Eugen Eberle / Martin Ibler / Dieter Lorenz (Hrsg.), Festschrift für Winfried Brohm, München 2002, S. 727 ff.

Reidt, Olaf: Chancen und Risiken des Vorhaben- und Erschließungsplans, in: NVwZ 1996, S. 1 ff.

– Der „neue" Vorhaben- und Erschließungsplan / vorhabenbezogene Bebauungsplan nach dem BauROG, in: BauR 1998, S. 909 ff.

– § 4 b BauGB – Die Einschaltung Dritter in die Bauleitplanung, in: NVwZ 1998, S. 592 ff.

Remmert, Barbara: Private Dienstleistungen in staatlichen Verwaltungsverfahren, Tübingen 2003.

Ritter, Ernst-Hasso: Das Recht als Steuerungsmedium im kooperativen Staat, in: StWStP 1 (1990), S. 50 ff.

– Der kooperative Staat, in: AöR 104 (1979), S. 389 ff.

Roellecke, Gerd: Ein Rechtsbegriff der Planung, DÖV 1994, S. 1024 ff.

Röhl, Hans Christian: Verwaltungsverantwortung als dogmatischer Begriff, in: Die Wissenschaft vom Verwaltungsrecht, DV 1999 / Beiheft 2, S. 33 ff.

Ronellenfitsch, Michael: Selbstverantwortung und Deregulierung im Ordnungs- und Umweltrecht, Berlin 1995.

Sachs, Michael (Hrsg.): Grundgesetz, Kommentar, 3. Auflage, München 2003.

Sanden, Joachim: Umweltrecht, Baden-Baden 1999.

Scharmer, Eckart: Städtebauliche Verträge nach § 6 BauGB-Maßnahmegesetz, in: NVwZ 1995, S. 219 ff.

Schink, Alexander: Organisationsformen für die kommunale Abfallwirtschaft, in: VerwArch 85 (1994), S. 251 ff.

Schlichter, Otto / *Stich,* Rudolf (Hrsg.): Berliner Schwerpunkte Kommentar zum Baugesetzbuch 1998, Berlin 1998.

– (Hrsg.): Berliner Kommentar zum Baugesetzbuch, 2. Auflage, Köln u. a. 1995.

Schlichter, Otto / *Stich,* Rudolf / *Driehaus,* Hans-Joachim / *Paetow,* Stefan: Berliner Kommentar zum Baugesetzbuch, 3. Auflage, Köln u. a. 2002

Schliepkorte, Jörg: Der Vorhaben- und Erschließungsplan, 2. Auflage, Bonn 1998.

Schmidt, Reiner: Die Reform von Verwaltung und Verwaltungsrecht, in: VerwArch 91 (2000), S. 149 ff.

– Staatliche Verantwortung für die Wirtschaft, in: Josef Isensee / Paul Kirchhof, Handbuch des Staatsrechts, Bd. III, 2. Auflage, Heidelberg 1996, § 83.

Schmidt-Aßmann, Eberhard: Das allgemeine Verwaltungsrecht als Ordnungsidee, Berlin u. a. 1998.

– Der Rechtsstaat, in: Josef Isensee / Paul Kirchhof, Handbuch des Staatsrechts, Bd. I, Heidelberg 1987, § 24.

– Die Lehre von den Rechtsformen des Verwaltungshandelns, in: DVBl. 1989, S. 533 ff.

– Öffentliches Recht und Privatrecht: Ihre Funktion als wechselseitige Auffangordnungen, in: Wolfgang Hoffmann-Riem / Eberhard Schmidt-Aßmann (Hrsg.), Öffentliches Recht und Privatrecht als wechselseitige Auffangordnungen, Baden-Baden 1996, S. 7 ff.

– Verwaltungslegitimation als Rechtsbegriff, in: AöR 116 (1991), S. 329 ff.

– Verwaltungsverantwortung und Verwaltungsgerichtsbarkeit, in: VVDStRL 34 (1976), S. 221 ff.

– Zur Funktion des allgemeinen Verwaltungsrechts, in: DV 27 (1994), S. 137 ff.

– Zur Gesetzesbindung der verhandelnden Verwaltung, in: Carl-Eugen Eberle / Martin Ibler / Dieter Lorenz (Hrsg.), Festschrift für Winfried Brohm, München 2002, S. 547 ff.

– Zur Reform des Allgemeinen Verwaltungsrechts – Reformbedarf und Reformansätze –, in: Wolfgang Hoffmann-Riem / Eberhard Schmidt-Aßmann / Gunnar Folke Schuppert (Hrsg.), Reform des allgemeinen Verwaltungsrechts, Baden-Baden 1993, S. 11 ff.

Schmidt-Aßmann, Eberhard / *Krebs,* Walter: Rechtsfragen städtebaulicher Verträge, 2. Auflage, Köln u. a. 1992.

Schmidt-Preuß, Matthias: Steuerung durch Organisation, in: DÖV 2001, S. 45 ff.

– Verwaltung und Verwaltungsrecht zwischen gesellschaftlicher Selbstregulierung und staatlicher Steuerung, in: VVDStRL 56 (1997), S. 160 ff.

Schneider, Jens-Peter: Kooperative Verwaltungsverfahren, in: VerwArch 87 (1996), S. 38 ff.

– Öko-Audit als Scharnier in einer ganzheitlichen Regulierungsstrategie, in: DV 28 (1995), S. 361 ff.

Schoch, Friedrich: Privatisierung von Verwaltungsaufgaben, in: DVBl. 1994, S. 962 ff.

Scholz, Rupert: Verwaltungsverantwortung und Verwaltungsgerichtsbarkeit, in: VVDStRL 34 (1976), S. 145 ff.

– Privatisierung im Baurecht, Berlin 1997.

Schrödter, Hans: Kommentar zum Baugesetzbuch, 6. Auflage, München 1998.

Schulte, Martin: Schlichtes Verwaltungshandeln, Tübingen 1995.

Schulze-Fielitz, Helmuth: Das Flachglas-Urteil des Bundesverwaltungsgerichts – BVerwGE 45, 309, in: Jura 1992, S. 201 ff.

– Kooperatives Recht im Spannungsfeld von Rechtsstaatsprinzip und Verfahrensökonomie, in: DVBl. 1994, S. 657 ff.

– Staatsaufgabenentwicklung und Verfassung, in: Dieter Grimm (Hrsg.), Wachsende Staatsaufgaben – sinkende Steuerungsfähigkeit des Rechts, Baden-Baden 1990, S. 11 ff.

Schuppert, Gunnar Folke: Das Gesetz als zentrales Steuerungsinstrument des Rechtsstaates, in: Gunnar Folke Schuppert (Hrsg.), Das Gesetz als zentrales Steuerungsinstrument des Rechtsstaates, Baden-Baden 1998, S. 105 ff.

– Die öffentliche Verwaltung im Kooperationsspektrum staatlicher und privater Aufgabenerfüllung – Erscheinungsformen von Public Private Partnership als Herausforderung an Verwaltungsrecht und Verwaltungswissenschaft, in: Dietrich Budäus / Peter Eichhorn (Hrsg.), Public Private Partnership, Baden-Baden 1997, S. 93 ff.

– Die öffentliche Verwaltung im Kooperationsspektrum staatlicher und privater Aufgabenerfüllung: Zum Denken in Verantwortungsstufen, in: DV 31 (1998), S. 415 ff.

– Die Privatisierungsdiskussion in der deutschen Staatsrechtslehre, in: StWStP 5 (1994), S. 541 ff.

– Grenzen und Alternativen von Steuerung durch Recht, in: Dieter Grimm (Hrsg.), Wachsende Staatsaufgaben – sinkende Steuerungsfähigkeit des Rechts, Baden-Baden 1990, S. 217 ff.

– Grundzüge eines zu entwickelnden Verwaltungskooperationsrechts, Gutachten im Auftrag des Bundesministeriums des Inneren, www.staat-modern.de / projekte / beschreib / Daten / gutachten_schuppert.pdf, am 10. 07. 2003.

– Jenseits von Privatisierung und „schlankem" Staat: Vorüberlegung zu einem Konzept von Staatsentlastung durch Verantwortungsteilung, in: Christoph Gusy (Hrsg.), Privatisierung von Staatsaufgaben: Kriterien-Grenzen-Folgen, Baden-Baden 1998, S. 72 ff.

– Verwaltungsrechtswissenschaft als Steuerungswissenschaft. Zur Steuerung des Verwaltungshandelns durch Verwaltungsrecht, in: Wolfgang Hoffmann-Riem / Eberhard Schmidt-Aßmann / Gunnar Folke Schuppert, Reform des allgemeinen Verwaltungsrechts, Baden-Baden 1993, S. 65 ff.

– Verwaltungswissenschaft, Baden-Baden 2000.

– Zur notwendigen Neubestimmung der Staatsaufsicht im verantwortungsteilenden Verwaltungsstaat, in: ders. (Hrsg.), Jenseits von Privatisierung und „schlankem" Staat, Baden-Baden 1999, S. 299 ff.

Seidel, Achim: Privater Sachverstand und staatliche Garantenstellung im Verwaltungsrecht, München 2000.

Söfker, Wilhelm: Der Vorhaben- und Erschließungsplan, in: Festschrift für Otto Schlichter, hrsg. von Jörg Berkemann u. a., Köln u. a. 1995, S. 389 ff.

Song, Dongsoo: Kooperatives Verwaltungshandeln durch Absprachen und Verträge beim Vollzug des Immissionsschutzrechtes, Berlin 2000.

Spannowsky, Willy: Der Planer als Rechtsgestalter, in: DÖV 1996, S. 1017 ff.

– Grenzen des Verwaltungshandelns durch Verträge und Absprachen, Berlin 1994.

– Rechtsprobleme im Schnittfeld zwischen städtebaulichen Verträgen und Satzungen, in: GewArch 44 (1998), S. 362 ff.

Stelkens, Paul / *Bonk,* Heinz Joachim / *Sachs,* Michael: Verwaltungsverfahrensgesetz, Kommentar, 6. Auflage, München 2001.

Stern, Klaus: Das Staatsrecht der Bundesrepublik Deutschland, Band II, München 1980.

Stich, Rudolf: Die Rechtsentwicklung von der imperativen zur kooperativen Städtebaupolitik, in: ZfBR 1999, S. 304 ff.

Stollmann, Frank: Aufgabenerledigung durch Private im öffentlichen Gesundheitsdienst, in: DÖV 1999, S. 183 ff.

– Die Einschaltung Dritter im neuen Städtebaurecht, in: NuR 1998, S. 578 ff.

Stüer, Bernhard: Das Bauplanungsrecht in den neuen Bundesländern, in: DVBl. 1992, S. 266 ff.

– Der Bebauungsplan, 2. Auflage, München 2001.

– Handbuch des Bau- und Fachplanungsrechts, München 1997.

– Städtebaurecht 1998, in: DVBl. 1997, S. 1201 ff.

Tettinger, Peter: Die rechtliche Ausgestaltung der Public Private Partnership, in: DÖV 1996, S. 764 ff.

– Privatisierungskonzepte für die Abfallwirtschaft, in: Festschrift für Karl Heinrich Friauf, hrsg. von Rudolf Wendt u. a., Heidelberg 1996, S. 569 ff.

Thieme, Werner: Über die Notwendigkeit einer Reform des allgemeinen Verwaltungsrechts, in: DÖV 1996, S. 757 ff.

Thurow, Birgitta: Der vorhabenbezogene BPlan, ein zukunftsweisendes Planungsinstrument?, in: UPR 2000, S. 16 ff.

Tietze, Michael: Kooperation im Städtebau, Berlin 2003.

Tomerius, Stephan: Informelle Projektabsprachen im Umweltrecht, Baden-Baden 1995.

Treutner, Erhard: Kooperativer Rechtsstaat, Baden-Baden 1998.

Trute, Hans-Heinrich: Funktionen der Organisation und ihre Abbildung im Recht, in: Eberhard Schmidt-Aßmann / Wolfgang Hoffmann-Riem (Hrsg.), Verwaltungsorganisationsrecht als Steuerungsressource, Baden-Baden 1997, S. 249 ff.

– Verantwortungsteilung als Schlüsselbegriff eines sich verändernden Verhältnisses von öffentlichem und privatem Sektor, in: Gunnar Folke Schuppert (Hrsg.), Jenseits von Privatisierung und „schlankem" Staat, Baden-Baden 1999, S. 13 ff.

– Verwaltung und Verwaltungsrecht zwischen gesellschaftlicher Selbstregulierung und staatlicher Steuerung, in: DVBl. 1996, S. 950 ff.

– Verzahnungen von öffentlichem und privatem Recht – anhand ausgewählter Beispiele –, in: Wolfgang Hoffmann-Riem / Eberhard Schmidt-Aßmann (Hrsg.), Öffentliches Recht und Privatrecht als wechselseitige Auffangordnungen, Baden-Baden 1996, S. 167 ff.

Turiaux, André: Der Vorhabenbezogene Bebauungsplan gem. § 12 BauGB: Beschleunigungspotential, Durchführungsverpflichtung und praktische Probleme, in: NJW 1999, S. 391 ff.

Uechtritz, Michael: Öffentliches Baurecht, 3. Auflage, Köln 2002.

Uerpmann, Robert: Das öffentliche Interesse, Tübingen 1999.

Voigt, Rüdiger: Der kooperative Staat, in: ders. (Hrsg.), Der kooperative Staat, Baden-Baden 1995, S. 33 ff.

Voßkuhle, Andreas: Beteiligung Privater an öffentlichen Aufgaben und staatliche Verantwortung, in: VVDStRL 62 (2003), S. 266 ff.

– Das Kompensationsprinzip, Tübingen 1999.

– Die Reform des Verwaltungsrechts als Projekt der Wissenschaft, in: DV 32 (1999), S. 545 ff.

– Gesetzgeberische Regelungsstrategien der Verantwortungsteilung zwischen öffentlichem und privatem Sektor, in: Gunnar Folke Schuppert (Hrsg.), Jenseits von Privatisierung und „schlankem“ Staat, Baden-Baden 1999, S. 47 ff.

– „Schlüsselbegriffe“ der Verwaltungsrechtsreform, in: VerwArch 92 (2001), S. 184 ff.

Wagner, Jörg: Der Entwurf der Novelle des Baugesetzbuches, in: DVBl. 1996, S. 704 ff.

Wahl, Rainer: Die Einschaltung privatrechtlich organisierter Verwaltungseinrichtungen in den Straßenbau, in: DVBl. 1993, S. 517 ff.

– Rechtsfragen der Landesplanung und Landesentwicklung Bd. 1, Berlin 1978.

Weinrich, Dirk: Recht als Medium gesellschaftlicher Selbststeuerung, Frankfurt am Main u. a. 1996.

Weiss, Wolfgang: Privatisierung und Staatsaufgaben, Tübingen 2002.

Wilke, Dieter: Über Verwaltungsverantwortung, in: DÖV 1975, S. 509 ff.

Wirth, Axel: Der Bauherr als Baubehörde: Chancen des Vorhaben- und Erschließungsplanes, in: BauR 1999, S. 130 ff.

Wolff, Hans Julius: Typen im Recht und in der Rechtswissenschaft, in: Studium Generale 1952, S. 195 ff.

Wolff, Hans Julius / *Bachof,* Otto / *Stober,* Rolf: Verwaltungsrecht, Band 1, 11. Auflage, München 1999.

– Verwaltungsrecht, Band 2, 6. Auflage, München 2000.

Ziekow, Jan: Public Private Partnership und Verwaltungsverfahrensrecht, in: Karl-Peter Sommermann / Jan Ziekow (Hrsg.), Perspektiven der Verwaltungsforschung, Berlin 2002, S. 269 ff.

– Verankerung verwaltungsverfahrensrechtlicher Kooperationsverhältnisse, in: ders. (Hrsg.), Public Private Partnership – Projekte, Probleme, Perspektiven –, Speyer 2003, S. 25 ff.

Sachwortverzeichnis